南沙大桥工程建设系列丛书

钢桥面热拌环氧沥青混凝土铺装

广东省公路建设有限公司
广东省公路建设有限公司虎门二桥分公司
保利长大工程有限公司　编著
华南理工大学
广州肖宁道路工程技术研究事务所有限公司

人民交通出版社股份有限公司

北　京

内 容 提 要

本书主要对广东南沙大桥钢桥面铺装的科研、设计、施工、质量保证、质量检验和使用性能评价等进行了系统总结。全书共分 11 章，分别为钢桥面铺装概述，广东南沙大桥钢桥面铺装使用条件分析，广东南沙大桥钢桥面铺装方案比选与设计，热拌环氧沥青混凝土铺装材料与试验研究，钢桥面防腐层环氧富锌漆与试验研究，试拌试铺、模拟试验段和首件制三阶段验证实施，施工技术研究与装备研发，钢桥面铺装施工工艺与管理，基于大数据的钢桥面铺装施工质量评价与改进，质量检验和阶段性使用性能评价，总结与展望。本书的相关成果为我国钢桥面铺装技术的发展积累了宝贵的经验，对提高我国钢桥面铺装的耐久性和使用性能具有重要意义。

本书可供从事道路与桥梁工程科研、设计、施工和管理等的人员参考借鉴，也可为相关专业的在校研究生作为教材或学习参考使用。

图书在版编目（CIP）数据

钢桥面热拌环氧沥青混凝土铺装／广东省公路建设有限公司等编著. — 北京：人民交通出版社股份有限公司，2021.10

（南沙大桥工程建设系列丛书）

ISBN 978-7-114-16642-6

Ⅰ．①钢… Ⅱ．①广… Ⅲ．①钢桥—桥面板—沥青混凝土—桥面铺装 Ⅳ．①U448.363.33

中国版本图书馆 CIP 数据核字（2021）第 198676 号

```
Gangqiaomian Reban Huanyang Liqing Hunningtu Puzhuang
```
书　　名：钢桥面热拌环氧沥青混凝土铺装
著 作 者：广东省公路建设有限公司
　　　　　广东省公路建设有限公司虎门二桥分公司
　　　　　保利长大工程有限公司
　　　　　华南理工大学
　　　　　广州肖宁道路工程技术研究事务所有限公司
责任编辑：郭晓旭
责任校对：孙国靖　龙　雪
责任印制：张　凯
出版发行：人民交通出版社股份有限公司
地　　址：（100011）北京市朝阳区安定门外外馆斜街 3 号
网　　址：http://www.ccpcl.com.cn
销售电话：(010)59757973
总 经 销：人民交通出版社股份有限公司发行部
经　　销：各地新华书店
印　　刷：北京建宏印刷有限公司
开　　本：787×1092　1/16
印　　张：25.25
字　　数：604 千
版　　次：2021 年 10 月　第 1 版
印　　次：2023 年 6 月　第 2 次印刷
书　　号：ISBN 978-7-114-16642-6
定　　价：188.00 元

（有印刷、装订质量问题的图书由本公司负责调换）

丛书顾问委员会

主　　任	周海涛					
副 主 任	邓小华	刘晓华	贾绍明	黄成造	曹晓峰	童德功
	职雨凤					
委　　员	凤懋润	杨盛福	陈冠雄	左智飞	钟建驰	李守善
	姜友生	黄建跃	吉　林	高宗余	邵长宇	郑明珗
	张劲泉	史永吉	葛耀君	贺栓海	李　乔	侯金龙
	左明福	林　鸣	钟显奇	张钱松	刘永忠	王　瓒
	鲁昌河	吴玉刚	洪显城	兰恒水	张家慧	张　栋
	王康臣	陈伟乐	钟振光	鲁茂好	游小聪	苏志东
	肖广成	叶觉明	阎友联			

丛书编审委员会

主　　编	邓小华					
副 主 编	吴玉刚	王康臣	陈伟乐	崖　岗	代希华	
编　　委	李彦兵	张太科	周旭东	陈晓斌	曹植英	马　林
	姚志安	张鑫敏	鲜　荣	朱　超	朱　鹏	卢靖宇
	张秉银	张春声	陈学文	李金晖	禹金银	金志坚
	童俊豪	丁东平	蔡依花	赖嘉华	吴明远	罗旭东
	欧阳效勇	黄厚卿	谭立心	吴建军	杨　敏	王晓夫
	罗超云	王中文	杨东来	毛　磊	徐　伟	张顺先
	李伟雄	聂　文	毛浓平	薛花娟	张海良	唐茂林
	王晓明					
编 审 组	周海涛	凤懋润	杨盛福	贾绍明	黄成造	陈冠雄
	张劲泉	左智飞	黄建跃	张肖宁	叶觉明	阎友联

本册编审组

主　　编　王中文
副 主 编　吴玉刚　崔　岗　马　林　代希华　毛　磊　张顺先
　　　　　　徐　伟
编写人员
　　　　　　第 1 章　马　林(概述)
　　　　　　第 2 章　徐　伟(钢桥面铺装使用条件分析)
　　　　　　第 3 章　徐　伟(钢桥面铺装方案比选与设计)
　　　　　　第 4 章　聂　文(热拌环氧沥青混凝土铺装材料与试验研究)
　　　　　　第 5 章　聂　文(钢桥面防腐层环氧富锌漆与试验研究)
　　　　　　第 6 章　张顺先(试拌试铺、模拟试验段和首件制三阶段验证实施)
　　　　　　第 7 章　杨东来(施工技术研究与装备研发)
　　　　　　第 8 章　毛　磊　毛浓平(钢桥面铺装施工工艺与管理)
　　　　　　第 9 章　李伟雄(基于大数据的钢桥面铺装施工质量评价与改进)
　　　　　　第 10 章　马　林　聂　文(质量检验和阶段性使用性能评价)
　　　　　　第 11 章　马　林(总结与展望)
主　　审　张肖宁

丛 书 序

2019年4月南沙大桥(原虎门二桥)建成通车,成为珠江口东西两岸又一新的"黄金通道"。南沙大桥位于珠江三角洲核心区域,连接珠江口两岸的广州南沙和东莞,是粤港澳大湾区快速交通网络的重要节点,是纳入《粤港澳大湾区发展规划纲要》的重大交通设施项目。

南沙大桥工程全长12.9km,八车道高速公路标准,包括主跨1200m的大沙水道桥和主跨1688m的坭洲水道桥等两座特大跨径钢箱梁悬索桥,是世界上少有的同期建成两座主跨千米以上特大型悬索桥的集群工程。

南沙大桥是全体建设者以虎门大桥"艰苦探索、自主建设"的精神为榜样,历经十年规划、研究、设计、施工等,以"安全耐久、和谐美观、环保节约、科学创新"为目标,以"平安百年品质工程"为理念,在虎门大桥通车20多年后取得的特大型桥梁建设又一新进步、新成果,进一步推动了我国由桥梁大国向桥梁强国迈进的新征程。

大桥建设中,针对珠江口的环境条件和大跨径悬索桥特点,开展了超大跨径悬索桥抗风、合理结构体系与关键装置、正交异性钢桥面板构造细节与疲劳性能、一体化除湿系统及可更换成品索预应力锚固系统等研究,成为大桥工程设计有力支撑。此外,在国内率先开展了1960MPa高性能桥梁缆索关键技术及产业化研究,攻克了大跨径缆索桥梁关键材料核心技术等卡脖子难题,实现了全产业链国产化批量生产和规模化应用,形成了具有自主知识产权的高性能桥梁缆索全产业链产品性能和质量标准体系,推动我国桥梁缆索制造业进入了国际领先水平。

大桥建设中,针对通航安全保障、防御台风措施、特殊梁段安装、线形控制、合龙与体系转换等方面的安全风险和技术难题,深入开展施工方案研究,发展了先导索无人机牵引、基于物联网的索股架设控制、浅滩区钢箱梁连续荡移安装及活动托架法、临时索前吊后支法安装无索梁段等工法,保障了安全、提高了质量、提升了工效。在大型索鞍、超宽钢箱梁制造中,采用机器人自动焊接、三维激光跟踪测量、超声相控阵焊缝检测评定等新技术,实现了我国桥梁钢箱梁制造技术、装备的升级换代。

大桥建设中,针对重交通、高温、多雨等严苛的运营条件,开展了热拌环氧沥青混凝土的性能评价与材料设计,钢桥面铺装精细化施工的组织、管理、装备、工艺等一系列创新,保障了13万 m^2 的钢桥面铺装高水平实施,推动了我国特大型桥梁钢桥面热拌环氧沥青铺装技术的新进步。

大桥建设中,始终贯彻"精品建造、精细管理"的现代工程管理理念,创立了"方案审查、首件验收、过程检查、技术总结"的管理"四步法";全面推行"工序流程卡"和"专控工序"制度;践行了"高标准,细程序,严监控"的标准化、程序化与精细化管理,为打造公路行业"品质工程"积累了宝贵经验;在公路行业率先开展了特大型桥梁工程BIM+技术研究,探索了基于BIM+的建养一体化管理平台建设,带动了公路行业BIM+技术的广泛应用,推动了我国桥梁全寿命周期信息化管理迈上新台阶。

"南沙大桥工程建设系列丛书"再现了大桥建设的全过程,展现了大桥设计、施工、科研、管理等各方面的技术成果,是全体建设者十年心血和汗水的结晶。希望本书能为桥梁建设者提供有益的借鉴,也为我国特大型桥梁建设历史留下一笔宝贵的财富。

2021年7月

序

  钢箱梁桥面铺装是目前桥面铺装工程领域中最为活跃的工程与技术研究方向。

  一方面，随着我国公路建设事业的蓬勃发展，跨越江河湖海和深山峡谷的特大型钢结构桥梁建设项目不仅数量庞大，而且建设规格与技术难度不断挑战世界桥梁建设的技术极限。这些作为公路网关键节点的特大型钢结构桥梁，其建设质量和使用寿命对于实现交通强国建设宏伟目标至关重要。钢桥面铺装是这类钢结构桥梁建设的重要组成部分，也是实现上述宏伟目标的基础与保障，不断提高钢结构桥梁桥面铺装工程质量与技术水平至关重要。

  另一方面，钢结构桥梁桥面铺装工程建设质量和工程技术十分复杂。与普通公路路面结构不同，铺设于钢结构之上的桥面铺装不仅需要适应钢结构桥梁的振动与变形特点、显著提高铺装结构在复杂荷载条件下的疲劳寿命，也必须有效保证铺装与钢结构的相互衔接，保护钢结构在复杂环境下免于环境侵蚀，并提供足够的刚度使之与钢结构共同承担车辆荷载作用。

  经过将近三十年的工程实践，我国在钢桥面铺装工程技术领域积累了丰富的经验。浇注式沥青铺装和环氧树脂沥青混合料铺装已经成为这类工程技术发展的主流。与国外同类技术比较，我国在采用这些铺装结构的工程实践中，原材料性能、铺装材料设计、铺装结构设计、施工质量精细化管理等技术问题得到不断的改进，钢桥面铺装质量得到显著的提高。

  在钢桥面铺装技术不断发展的背景下，进一步消除局部出现的钢桥面铺装早期病害，提高铺装质量稳定性与可靠性，进一步改善钢桥面铺装抗滑、抗车辙、防止层间脱离等路用性能，不断引进新材料、新工艺、新装备和新的质量评定手段以提高工程建设质量水平，仍然是目前钢桥面铺装工程技术领域需要持续研究解决的关键技术问题。

  为了攻克这些技术难题，本书作者们为我国道路建设者分享了广东南沙大桥的建设经验与技术成果，编著了这部成果丰富、内容翔实的工程技术专著。该书在总结钢桥面铺装技术发展背景和分析广东南沙大桥钢桥面铺装使用条件的基础上，系统论述了钢桥面铺装结构选型的原则、热拌环氧沥青混合料的性能评价与材料设计、环氧富锌漆应用等应用技术研究成果，总结了钢桥面铺装精细化施工的组织、管理、施工机具革新及质量改进的创新性技术成果,详细介绍了基于大数据和新技术的钢桥面铺装施工质量控制与质量保证的方法、手段与应用技术。这些内容涵盖了我国钢桥面热拌环氧沥青混凝土铺装技术的最新进展,具有重要的应用价值。

  非常欣慰地得知,广东南沙大桥开放交通一年多来,钢桥面热拌环氧沥青混凝土铺装以优良的路用性能耐受了超级繁重的交通荷载和酷热潮湿的海洋性气候环境。目前钢桥面铺装运行状况良好,获得了工程管理部门和社会各界的交口赞誉。

  感谢本书作者们在钢桥面铺装建设和本书编写过程中付出的艰苦努力。希望这部著作对我国未来的钢桥面铺装技术发展有所贡献。

2020 年 5 月 11 日

前　言

广东南沙大桥过江通道工程是粤港澳大湾区高速公路网连接广州和东莞、跨越珠江口东西两岸的重要通道之一。广东南沙大桥工程包括两座大跨径悬索桥：坭洲水道桥，为双塔双跨悬索桥，跨径布置为658m+1688m+522m（钢箱梁长度为2236m）；大沙水道桥，为双塔单跨悬索桥，跨径布置为360m+1200m+480m（钢箱梁长度为1200m）。广东南沙大桥钢桥面热拌环氧沥青混凝土铺装面积约为13.6万m^2，预期交通特征是货车比例高、大交通量，减少或避免超大规模热拌环氧沥青混凝土铺装施工病害、早期病害，保证热拌环氧沥青混凝土铺装路用性能和耐久性是南沙大桥工程建设中的重要任务和课题。

热拌环氧沥青混凝土铺装在我国应用近20年以来，以往项目主要参考工程经验进行设计和施工。铺装层环氧沥青混合料主要采用连续细级配型，存在铺装表面构造深度偏低的情况。对于钢桥面板喷砂除锈、环氧富锌漆防腐层的设计及施工控制相关技术指标，因施工设备和技术发展，需要进一步深入研究和优化设计。热拌环氧沥青混凝土铺装施工中人工操作控制较多，不利于提高施工工效和质量控制。热拌环氧沥青混凝土铺装施工质量评价缺乏快速有效的检测评价手段。这些问题对于大规模热拌环氧沥青混凝土铺装工程的实施和质量保证形成一定制约。

基于超大规模热拌环氧沥青混凝土铺装工程，广东南沙大桥建设者从铺装设计、施工、检测等方面开展了系统深入研究和集成创新工作。主要在以下方面取得进展：

（1）热拌环氧沥青混凝土铺装结构及混合料优化设计，有效平衡铺装耐久性和铺装表面构造抗滑性能。

（2）钢桥面板喷砂除锈粗糙度、环氧富锌漆材料及膜厚、防水黏结层的一体化设计，优化确定相关指标和质量控制要求。

（3）研发了智能化温控、混合、泵送装置系统，实现了热拌环氧沥青混合料的自动精准配制与生产控制。

（4）研发了环氧树脂黏结层智能化涂布系统，实现了黏结层施工机械化、自动化、智能化精确控制。

（5）针对热拌环氧沥青混凝土铺装的高精度施工要求，形成了全幅摊铺、智能压实、全生产线动态控制的施工技术体系,制定了精细化品质工程施工管理体系。

(6)基于三维探地雷达、路面抗滑纹理测试仪、红外成像仪、无核密度仪等检测方法,形成了热拌环氧沥青混凝土铺装厚度、压实、抗滑、病害识别的综合检测评价体系,实现了热拌环氧沥青混凝土铺装的快速精确检测评价反馈控制。以上研究和技术发展显著推动了热拌环氧沥青混凝土铺装应用技术进步。

本书是基于广东南沙大桥热拌环氧沥青混凝土铺装研究探索、创新和应用的工程实践总结,也是项目团队十余年相关研究的系统总结。广东南沙大桥2019年4月通车后高峰期日均交通量超15万辆,目前钢桥面铺装表现优良,相关研究成果和工程应用经验可为高温、多雨、重交通条件的钢桥面热拌环氧沥青混凝土铺装设计、施工、科研提供参考。我国钢桥面铺装技术研究仍面临着建设机遇和挑战,相信不断加强的探索研究和技术交流将促进我国钢桥面铺装技术的进一步发展。

全书共分11章,第1章由广东省公路建设有限公司马林编写,第2、3章由华南理工大学徐伟编写,第4、5章由广州肖宁道路工程技术研究事务所有限公司聂文编写,第6章由保利长大工程有限公司张顺先编写,第7章由保利长大工程有限公司杨东来编写,第8章由保利长大工程有限公司毛磊、毛浓平编写,第9章由广州肖宁道路工程技术研究事务所有限公司李伟雄编写,第10章由广东省公路建设有限公司马林、广州肖宁道路工程技术研究事务所有限公司聂文编写,第11章由广东省公路建设有限公司马林编写。

参与本书编写人员还有徐永钢、黄雷、黄志勇、刘广云、贺军、程凯、熊春龙、江胜文、陈搏、纪方利、罗传熙、林启宗、张温庭、王慧斌、江冠文、胡美娟、王钊栋、颜俊键、江财峰、唐嘉明、肖小泉、练健雄等人。

相关课题研究及本书的编写,得到了广东省交通运输厅和广东省交通集团的大力支持,有关专家对课题研究和本书编写提出了宝贵建议,在此表示衷心感谢。限于编者水平,错漏之处在所难免,不当之处,敬请读者批评指正,以便修改完善。

作　者

2020年5月

目　　录

- 第1章　钢桥面铺装概述 ··· 001
  - 1.1　钢桥面铺装技术发展概况 ·· 002
  - 1.2　典型钢桥面铺装体系概况 ·· 019
  - 1.3　钢桥面铺装典型病害概况 ·· 030
  - 1.4　本章小结 ·· 040
- 第2章　广东南沙大桥钢桥面铺装使用条件分析 ·· 041
  - 2.1　工程简介 ·· 041
  - 2.2　广东南沙大桥钢桥面铺装环境气候分析 ······································· 043
  - 2.3　广东南沙大桥钢桥面铺装荷载条件分析 ······································· 044
  - 2.4　广东南沙大桥钢桥面铺装结构受力分析 ······································· 045
  - 2.5　本章小结 ·· 072
- 第3章　广东南沙大桥钢桥面铺装方案比选与设计 ······································· 073
  - 3.1　国外典型地区钢桥面铺装应用调查 ··· 073
  - 3.2　我国钢桥面铺装应用调查分析 ··· 078
  - 3.3　广东虎门大桥钢桥面铺装应用情况评价分析 ································· 080
  - 3.4　广东南沙大桥钢桥面铺装结构设计与性能要求 ······························· 091
  - 3.5　钢桥面铺装结构设计 ·· 094
  - 3.6　钢桥面铺装关键技术问题分析 ··· 098
- 第4章　热拌环氧沥青混凝土铺装材料与试验研究 ······································· 100
  - 4.1　铺装材料原材料指标与选型 ·· 100
  - 4.2　环氧沥青混合料结构层位适用性功能研究与性能评价 ····················· 137
  - 4.3　环氧沥青混合料疲劳耐久性能研究 ··· 162
  - 4.4　本章小结 ·· 171
- 第5章　钢桥面防腐层环氧富锌漆与试验研究 ·· 172
  - 5.1　广东南沙大桥钢桥面铺装防腐层材料优选研究 ······························· 172
  - 5.2　环氧富锌漆优选研究 ·· 188
  - 5.3　钢桥面铺装中环氧富锌漆质量保证体系 ······································· 203
  - 5.4　本章小结 ·· 213

第6章　试拌试铺、模拟试验段和首件制三阶段验证实施 … 214
6.1　第一阶段——试拌试铺 … 214
6.2　第二阶段——引桥模拟试验段铺筑 … 229
6.3　第三阶段——首件制施工 … 237
6.4　本章小结 … 241

第7章　施工技术研究与装备研发 … 243
7.1　施工技术研究 … 243
7.2　设备装备研发 … 253
7.3　本章小结 … 264

第8章　钢桥面铺装施工工艺与管理 … 265
8.1　钢桥面铺装施工控制原则 … 265
8.2　钢桥面铺装施工组织策划 … 268
8.3　钢桥面铺装施工及关键技术 … 273
8.4　质量保证体系 … 293
8.5　风险预测与应急预案 … 295
8.6　信息化管理与文明施工 … 299
8.7　本章小结 … 306

第9章　基于大数据的钢桥面铺装施工质量评价与改进 … 307
9.1　项目质量管理体系 … 307
9.2　基于大数据的钢桥面铺装无损检测方法 … 315
9.3　基于大数据的铺装下层施工质量评价与改进 … 319
9.4　基于大数据的铺装上层施工质量评价与改进 … 330
9.5　基于大数据的环氧富锌漆膜厚控制 … 347
9.6　本章小结 … 353

第10章　质量检验和阶段性使用性能评价 … 354
10.1　质量检验 … 355
10.2　广东南沙大桥钢桥面铺装阶段性使用性能评价 … 370

第11章　总结与展望 … 381
11.1　总结 … 381
11.2　展望 … 382

参考文献 … 383

第 1 章　钢桥面铺装概述

自 20 世纪 90 年代以来，随着我国经济建设的高速发展与基础设施建设实力的不断提高，构筑完善的快速交通网络与综合运输体系的要求日益增长，越来越多的大跨径钢桥建成并投入使用，在完善区域公路网布局和功能方面发挥着巨大的作用。特别是党的十八大以来，我国陆续提出京津冀协同发展、长江经济带发展、粤港澳大湾区建设、长三角一体化发展等国家战略，越来越多跨江跨海的大桥和通道工程建成、投入使用。大跨径钢桥为实现高质量发展和交通强国建设，全面建成社会主义现代化强国提供了有力的支撑。

钢桥面铺装是一个世界性的技术难题，同时由于我国特殊的交通荷载、气候环境等特点，钢桥面铺装的问题显得尤为突出。钢桥面铺装出现早期病害，或者由于耐久性不足，在远未达到设计使用寿命前即出现明显的疲劳开裂等原发或次生病害，出现大修重铺等情况，严重影响了大跨径桥梁发挥正常的交通行驶功能，进而造成严重的社会影响和经济损失。

国外对钢桥面铺装技术的研究起步较早。第二次世界大战之后，德国率先开始对此进行研究，接着是英国、法国、美国和日本等国家。这些国家针对钢桥面铺装开展了大量的研究和工程实践，针对各国特定的环境因素和交通条件，分别构筑了适合本国国情的钢桥面铺装体系。我国对钢桥面铺装技术的研究起步较晚。20 世纪 80 年代，我国最早应用钢桥面铺装技术的是广东省肇庆马房大桥，而 20 世纪 90 年代广东虎门大桥的建设才真正意义上拉开了我国钢桥面铺装技术研究和应用的序幕。随后，我国陆续建设了一批大跨径钢桥（如江阴长江公路大桥、厦门海沧大桥、南京八卦洲长江大桥等），钢桥面铺装技术在这些桥上得以实践，取得了一定程度的发展。进入 21 世纪以后，随着杭州湾跨海大桥、舟山西堠门大桥、青岛胶州湾大桥、南京栖霞山长江大桥和港珠澳大桥等一大批跨海跨江通道的建成通车，我国在钢桥面铺装领域取得了较大的进步。

过去 30 年，我国工程技术和科研人员针对钢桥面铺装进行了大量的研究和实践，历经了一个认识与再认识的过程，走过了一条曲折前进和螺旋上升的道路，取得了丰富的经验和成果。但总体来说，我国的钢桥面铺装技术还不成熟，研究和应用时间较短，很多工程应用还需要更长的时间去检验，需要进一步总结已有工程经验，实事求是，具体问题具体分析，走理论与实践相结合的道路，进一步探索适合我国国情的钢桥面铺装体系。钢桥面铺装施工要求高度的专业化、标准化和精细化，行业内普遍认为对钢桥面铺装应重点讲究"三分设计、七分施工"。钢桥面铺装要求非常严密、高效完善的施工组织保障体系，非常高水准的施工技术控制水平，非常严苛的施工质量保证体系。总而言之，钢桥面铺装技术仍然是我国公路建设中亟待解决的难题。

1.1 钢桥面铺装技术发展概况

钢桥面铺装直接铺筑在钢桥面板上,通常厚度在30～80mm,与钢桥面板紧密联结形成一种复合结构,共同承受车辆荷载和外部环境,在提供安全抗滑、平整舒适的路面行驶功能的同时,对钢桥面板的整体刚度进行有效补充,承担保护钢桥面板的功能,延长钢桥面板体系的使用寿命。钢桥面铺装虽然不是大跨径钢桥的主体支承结构,但其铺设的意义重大,对发挥公路桥梁的功能、保护桥梁结构、延长桥梁使用寿命起着至关重要的作用。

1.1.1 正交异性钢桥面板概况

1.1.1.1 正交异性钢桥面板发展概况

现代意义上的大跨径钢梁基本采用正交异性钢桥面板结构,即在钢桥面板的底面用纵肋和横肋作为补强,作为加劲梁、横肋、纵肋的组合体共同发挥作用,是一种结构效率很高的结构,如图1-1-1所示。桥面结构横纵两个方向弹性性能不同,同一方向不同位置的桥面刚度也存在差异,因此造成构造上的各向异性,这些因素形成了正交异性钢桥面板的刚度及变形的不均匀性,这种桥面板特点也对钢桥面铺装性能提出了更高的要求。

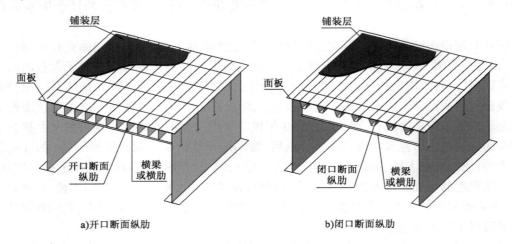

图1-1-1 钢桥面板示意图

现代意义上的正交异性钢桥面板起源于德国1934年在Feldweg桥(跨径8.0m+2×12.5m+8.0m)上试验的一种新型钢桥面系结构。该桥的桥面系中面板作为纵梁和横梁共用的上翼缘,参与纵向和横向两个方向的共同工作,同时具有较小的结构高度和自重,从而减少了下部结构的工程数量。德国工程师认识到,要想获得更好的经济性,应当在大跨度桥梁上应用钢桥面板结构,同时让其与主要承重构件(如加劲梁)共同工作。

第二次世界大战后,联邦德国大量毁于战争破坏的桥梁亟待修复和重建,但钢材供应紧张,这就给以正交异性钢板作桥面系的钢梁桥提供了一个蓬勃发展的机会。

1950年联邦德国在内卡(Neckar)河上建成的Kurpfalz桥(跨径56.1m+74.8m+56.1m),钢桥面板不但作为桥面系,同时还作为梁的上翼缘参与其共同工作;1951年联邦德国在莱茵河上建成了世界上第一座采用正交异性钢桥面板结构的悬索桥——Cologne-Muelheim 桥（跨径 85m + 316m + 85m），此为钢桥面板结构应用的又一里程碑；1954 年联邦德国建成了世界上首座采用闭口纵向加劲肋的钢桥面板结构桥梁——Weser bridge Porta（跨径 63.7m + 77.7m + 106.1m）；目前最为常用的纵向加劲肋形式——U 形肋出现于 1954 年联邦德国建成的 Duisburg-Homberg 自锚式悬索桥（跨径 130m + 285m + 130m）；1957 年联邦德国建成了世界上第一座采用正交异性钢桥面板结构的双塔双索面斜拉桥——Duesseldorf-North 桥（跨径 108m + 260m + 108m）；1961 年联邦德国建成了世界上第一座采用正交异性钢桥面板结构的钢桁梁桥——Fulda 河桥（跨径 79m + 91m + 107m + 143m + 104m + 91m + 79m），该桥为板桁组合结构桥梁，其钢桥面板作为桁梁上弦的一部分与主桁共同工作。

1963 年加拿大温哥华建成了世界上第一座采用正交异性钢桥面板结构的系杆拱桥——Port Mann 桥（跨径 110m + 366m + 110m），这也是北美地区第一座采用正交异性钢桥面板结构的桥梁。英国第一座采用正交异性钢桥面板的桥梁是 1964 年建成的福斯（Forth）公路桥（主跨 1006m），其后英国于 1966 年建成的三跨连续悬索桥赛文（Severn）桥（跨径 305m + 988m + 305m）成为世界上第一座采用正交异性钢桥面板扁平钢箱梁的缆索支撑体系桥梁（图 1-1-2）。荷兰第一座正交异性钢桥面板桥梁是 1968 年建成的 Hartel 桥和 Harmsen 桥。

图 1-1-2　英国赛文（Severn）桥

我国从 20 世纪 60 年代开始，在逐渐引进、消化、吸收国外相关资料的基础上对正交异性钢桥面板进行了研究，1970 年建成了架设在南同蒲线与陇海线的联络线上的潼河桥（简支箱梁，跨度 32m），1982 年建成了汉江斜腿刚构桥（连续钢箱梁，跨径 56m + 64m + 64m + 64m + 56m）。20 世纪 80 年代初，中国铁道科学研究院等相关单位以西江大桥为研究背景，对正交异性钢桥面板与主桁共同工作时的结构特性进行了详细的分析和试验研究。我国 1980 年建成的广东省肇庆马房大桥（14×64m 简支钢箱梁桥）（图 1-1-3）、1987 年建成的山东省胜利黄河大桥（连续双箱钢斜拉桥，主跨 288m）（图 1-1-4）均采用了正交异性钢桥面板。

自 20 世纪 90 年代中期开始，正交异性钢桥面板在我国蓬勃发展，陆续建成的西陵长江大桥、广东虎门大桥、江阴长江公路大桥、南京八卦洲长江大桥、润扬长江公路大桥、武汉天兴洲长江大桥、苏通长江公路大桥、杭州湾大桥、舟山金塘大桥和舟山西堠门大桥等百余座大跨径钢箱梁或钢桁梁悬索桥、斜拉桥、系杆拱桥、连续梁桥，以及大量的城市立交桥都使用了正交异性钢桥面板。

图 1-1-3 广东省肇庆马房大桥

图 1-1-4 山东省胜利黄河大桥

正交异性钢桥面板由于其具备自重轻、整体性能好、能够与加劲梁共同工作等明显优势，被世界各国广泛采用。在其发展历程中，世界各国桥梁工作者对正交异性钢桥面板进行了大量理论和试验研究以及实桥验证，取得了大量成果，主要体现在对各种构造和细节的改进以及制造工艺的改善等方面，如面板厚度、纵肋和横梁（肋）的断面形式及其几何尺寸和间距、横梁（肋）间距、纵肋与面板的连接、纵肋与横梁（肋）的连接等。这些构造细节的差异直接与钢桥面板的疲劳耐久性能密切相关。例如面板厚度从早期的 10～12mm 过渡到现今的 14～18mm；纵肋从开口肋过渡到 U 形闭口肋；U 形肋与面板的连接从外侧贴角焊接过渡到 75%～80% 熔透率的部分熔透焊接，直至近期又发展到 U 形肋内外双面全熔透焊接；面板和横肋腹板对接连接处横肋过焊孔宽度从 100mm 过渡到 75mm；U 形肋与横肋交叉连接部位横肋腹板上的弧形缺口形状逐步优化；钢桥面板工地连接从全焊连接过渡到面板焊接、纵肋栓接，等等。逐步淘汰了一些疲劳性能不足的构造，综合考虑钢桥面板的设计、制造和安装，并陆续反映在钢桥设计规范中。

1.1.1.2 正交异性钢桥面板构造特点及疲劳问题

正交异性钢桥面板由面板和焊接于面板上的纵向和横向加劲肋组成，面板上设置一定厚度的铺装层（图 1-1-5）。其中，平行于桥轴方向的纵向加劲肋称为纵肋，垂直于桥轴方向的横向加劲肋称为横肋。对于箱形截面的钢梁，通常在箱内设置实腹式带肋板件（或斜撑＋环向框架），以增强主梁的抗扭转能力，这种结构称为横隔板。

正交异性钢桥面板中，纵肋和毗邻的部分翼缘钢板形成纵梁，横肋和毗邻的部分翼缘钢板形成横梁，其传递竖向荷载的机理与棋盘式的格子梁几乎相同。对于没有用肋加强的匀质板（例如厚钢板），由于厚度到处一样，其在纵向和横向单位宽度截面的惯性矩就一样，为了明确其特点，称为正交同性板。对于用纵肋和横肋加强的钢板，由于纵肋和横肋所分别组成的纵梁和横梁按单位宽度计算的截面惯性矩不一样，因此形象地称为正交异性钢桥面板。

正交异性钢桥面板在均布荷载作用下有很大的极限承载力，然而在集中荷载作用下会产生较大的局部"鼓曲状"变形，而且任一部件的竖向挠曲变形都将引起与之相邻部件的面外挠曲变形，在焊缝约束处产生次应力。同时，由于影响线长度很短，一个车辆荷载或相邻两个轮载作用就产生一次应力变化，在桥梁设计使用寿命内，轮载作用次数数量巨大，往往高达到次 $10^7 \sim 10^8$ 以上，这是正交异性钢桥面板易产生多发性疲劳裂纹的主要原因之一。同时，正交异性钢桥面板构造复杂,纵横肋交叉,焊缝数量众多,施焊难度大,工厂制造和现场的组装精度和焊接质量(特别是某些焊缝的熔深、咬边和焊接缺陷)要求较高,也是潜在的疲劳裂纹源。

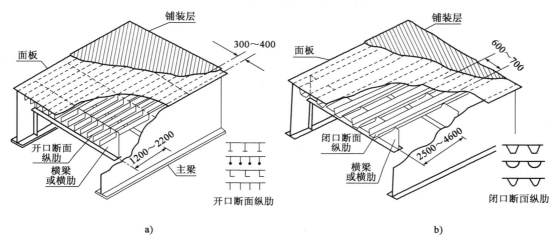

图 1-1-5　典型正交异性钢桥面板构造示意图(尺寸单位:mm)

正交异性钢桥面板自其应用之初,饱受疲劳裂缝问题的困扰,低龄化问题突出。一些桥梁服役不久,正交异性钢桥面板就产生了疲劳裂纹,一旦出现疲劳开裂,面板的结构刚度弱化及裂缝反射,又将很快导致面板上的铺装层发生病害,直接影响结构安全和行车安全。有调查表明,最早在大跨度钢桥发现正交异性钢桥面板出现疲劳开裂的是英国的赛文(Severn)桥,该桥在开通5年后即发现正交异性钢桥面板的裂纹。随着正交异性钢桥面板在全世界范围内的广泛使用,欧洲、日本和美国也陆续出现大量正交异性钢桥面板疲劳开裂的案例。我国自20世纪90年代开始大规模修建采用正交异性钢桥面板的钢桥,特别是大跨径索支撑钢桥。尽管我国在设计时借鉴和参考了国外正交异性钢桥面板桥的设计思想和规范指南,但是限于当时的整体认知水平和我国的特殊国情,一些桥梁在服役不久,钢桥面板即出现大量疲劳裂纹,对桥梁结构的安全和耐久性造成很大影响。

由于正交异性钢桥面板桥构造的特点和复杂性,正交异性钢桥面板产生疲劳裂纹的外因是车辆荷载,特别是重载车辆,内因是构造细节设计和制造不合理。典型疲劳裂纹分为主应力引起的疲劳和面外次应力引起的疲劳,目前发现出现数量最多的是纵肋与横肋交叉连接部位、纵肋与面板连接部位。作为桥梁重要组成部分的正交异性钢桥面板,其构造细节的优劣对整个桥梁的安全性和经济性(全寿命周期成本)影响很大,因此在设计之前要对其工厂组装和焊接要点,以及构件运输方法、现场安装设备和要点等进行充分研究。德国和日本已经将钢桥面板的结构设计、制造和安装与构造细节的疲劳性能进行综合考虑,即在确定工厂制造和现场安装方法之后,再对整个构造细节加以研究和修改完善,这与通常用疲劳验算来确保结构耐久性的思路有很大的不同。针对正交异性钢桥面板的疲劳问题,国内外投入了大量的人力和物力对正交异性钢桥面板的疲劳进行系统研究,从简单的小尺寸模型试验发展到大尺寸足尺模型试验,将正交异性钢桥面板的设计、制造和安装与疲劳综合考虑,取得了一系列研究成果,并陆续反映在各自的钢桥设计规范中。我国正交异性钢桥面板的应用稍晚,但随着大跨径桥梁的蓬勃发展,需要充分总结这方面的经验和教训,以促进我国正交异性钢桥面板的设计、制造和安装健康发展。

1.1.2 钢桥面铺装研究及技术发展概况

1.1.2.1 钢桥面铺装的特点

如前所述，正交异性钢桥面板是由面板和焊接于面板上的纵向和横向加劲肋组成的薄板结构，构造复杂，结构整体刚度不大，在纵、横两个方向上弹性性能不同，同一方向上不同位置的桥面刚度也存在明显差异，从而导致钢桥面板的刚度及变形在各方向上的不均匀性（各向异性），因而对钢桥面铺装性能提出了更加严苛的要求。与传统的沥青路面结构相比，钢桥面铺装的外部环境和使用条件更不利，作用形式更为复杂，主要表现在以下几个方面：

（1）钢桥面铺装与传统沥青路面结构不同，铺装层不是作用在具备基层和路基的半无限弹性层状均质体上，也不同于水泥混凝土桥面或钢混组合式桥面具备刚性底板支撑，而是直接铺筑在正交异性钢桥面板上。由于桥面板柔度大，在车辆荷载、温度变化、风载等外部环境以及桥梁结构自身变形的共同作用下，桥面板本身的受力、变形、位移、振动等都对钢桥面铺装层的工作状态有直接影响。

（2）钢板在自然环境中会生锈腐蚀，尤其是在沿海高温多雨、潮湿盐雾地区，钢板的腐蚀会更加严重。这就要求钢桥面铺装必须具备优异的防水性能，能够承担钢桥面板的防腐功能。

（3）受钢材的导热系数大和钢箱梁的箱室温度效应影响，在夏季极端高温时段，钢桥面板的温度可超过70℃，且持续时间长，导致钢桥面铺装长时间处于高温不利状态，尤其是钢桥面铺装与钢桥面板的联结界面处在更高的温度场中。这对钢桥面铺装材料本身以及铺装与钢板之间的联结材料的高温稳定性都提出了非常严酷的要求。

（4）钢桥面铺装的受力模式与传统沥青路面不同。由于纵横向加劲肋支撑作用，在车辆荷载作用下，纵横向加劲肋、纵横向隔板顶部的铺装层表面受力状态出现负弯矩区，铺装层最大拉应力或拉应变均出现在铺装层表面，在使用过程中易在铺装层表面负弯矩区处产生疲劳开裂现象。对于钢桥面铺装而言，疲劳裂缝是从铺装层表面向底面扩展的，而对于一般沥青路面而言，沥青面层所受最不利状态（最大拉应力和应变）均出现在面层底部，则疲劳裂缝是从面层的底部向顶部扩展，因而两者疲劳破坏形式有本质区别。

（5）大跨径钢桥通常建设在重要的过江跨海通道上，作为交通枢纽咽喉要道，需要承担繁重的交通功能，对国民经济的发展起着至关重要的作用。钢桥面铺装要长期接受巨大的交通量和重载交通的考验，维持其正常的行使功能关系着整个交通路网的正常运行，一旦铺装出现病害则需要封路维修，造成严重的社会经济影响。

伴随着大跨径钢桥的发展，特别是正交异性钢桥面板的大量使用，作为大跨径钢桥建设三项关键技术（高强钢材、高超焊接技术、钢桥面铺装技术）之一的钢桥面铺装技术历经了长足的发展和应用，人们逐渐从工程技术和社会经济效益方面认识到钢桥面铺装的主要目的和重要意义在于：

（1）保护钢桥面板，延长桥梁使用寿命。如前所述，正交异性钢桥面板在各个方向上刚度和变形分布很不均匀，又由于大跨径桥梁在自重和经济的比选上，钢桥面板不可能做得太厚，在上面铺筑一定厚度的铺装保护层，能够对钢桥面板的刚度进行有效补强，减弱刚度正交异性的现象，共同承受车辆荷载，改善受力状态，有效减小正交异性钢桥面板的应力应变水平，提高正交异性钢桥面板的疲劳寿命;从另一个角度分析,铺装层也可视为钢桥面板的一个加强防腐层,隔绝水和有害物质的侵蚀,有效提高钢板的防腐性能;同时汽车轮胎未直接行驶在钢板上,有效减小车辆荷载对钢结构的直接冲击和震动所可能造成的损伤和破坏。

(2)提供行驶舒适性和安全性。通过特殊的材料设计和结构组合设计,在钢桥面板上设置一定厚度的铺装功能层,可提供舒适平整、安全抗滑的路面,有效提高行驶舒适性和安全性,同时可有效减少行车噪声。

由此,人们逐渐重视钢桥面铺装的使用功能及耐久性,认为合理和可靠的钢桥面铺装体系,不仅能够提供舒适的行车环境,提高桥梁作为交通要道的综合服务能力,而且能作为桥梁结构的有效防护体系,防止水分和其他有害物质的浸蚀,保证桥梁主体结构的耐久性。桥面铺装作为桥梁结构的重要组成部分,不但承受车辆荷载的直接作用,而且还受到雨水等外界因素的浸蚀作用。合理可靠的钢桥面铺装体系应具备以下几个特点:

(1)应具备表面抗滑、耐磨、平整的性能,为使用者提供一个舒适的行车环境,保证车辆行驶的安全。

(2)桥面铺装作为桥梁上部结构的重要组成部分,应具备优异的防水防渗透性能,避免因雨水和有害物的侵入对桥面板和桥梁主体结构造成影响。

(3)由于正交异性钢桥面板在车辆荷载作用下受力形式复杂,特别是处在纵横加劲肋负弯矩区,在车辆荷载作用下易产生疲劳开裂,因此,要求桥面铺装具备优异的抗疲劳开裂性能。

(4)桥面铺装与桥面板之间应具备良好的黏结性能,使桥面板与铺装层成为一个整体,共同承受车辆荷载和外部环境的作用,提高桥面铺装的耐久性和变形协调性(追随性)。

(5)桥面铺装直接暴露于外界自然环境中,应具备良好的抗环境老化性能、优异的抗高温变形性能和低温抗裂性能。

1.1.2.2 国内外钢桥面铺装研究及技术发展

欧洲、日本和美国等经济发达国家和地区,大跨径桥梁建设的研究和发展起步较早,钢桥面铺装研究和技术得到了长足的发展,基本形成了各自的钢桥面铺装体系理论;20世纪90年代广东虎门大桥的建设才真正意义上拉开了我国钢桥面铺装技术研究和应用的序幕,经过近30年的发展,我国在钢桥面铺装领域研究取得了长足的进步。本节从钢桥面铺装层材料及材料性能研究、钢桥面铺装黏结防水层研究、钢桥面铺装结构设计研究、钢桥面铺装结构受力状态研究、钢桥面铺装施工质量控制管理研究等方面对国内外钢桥面铺装研究与技术发展进行阐述。

1)钢桥面铺装层材料及材料性能研究进展情况

国内外常用的钢桥面铺装材料主要包括以下几类:浇注式沥青混合料(Guss Asphalt Matrix,GA)、环氧沥青混合料(Epoxy Asphalt Matrix,EA)和改性SMA(Stone Matrix Asphalt)等。

(1)浇注式沥青混凝土

浇注式沥青混凝土是指在高温下进行拌和,依靠沥青混合料自身的流动性摊铺成型,空隙率小于1%的无须碾压的沥青混合物。德国最早将其用于钢桥面铺装,美国、加拿大等北美国家紧随其后,引入了浇注式沥青混凝土并将其用于钢桥面铺装,如美国曼哈顿大桥、加拿大莫瑞马坎大桥等。德国最早称浇注式沥青混凝土为 Guβ(流入路面),而后将其命名为 Guss Asphalt(GA,德国浇注式沥青混合料)。日本在引入浇注式沥青混凝土时延用了 GA 这一命名。英国等国家利用材料特性将其命名为沥青玛琋脂混凝土(Mastic Asphalt,MA)。

浇注式沥青混凝土有较好的整体性能和良好的防水性能,期望寿命一般可以达到20年以上,在服务期内能保持良好的性能,维修量较小。浇注式沥青混凝土常可用于桥面铺装层下层。浇注式沥青混凝土前期投资相对较高,但由于它的使用寿命长和良好的路面性能,和普通沥青相比,有着明显的优越性。

1963年,英国运输和道路研究所(TRRL)利用建造赛文(Severn)桥的机会,在重交通干道上利用原计划用在该桥上的两段钢箱梁建造了相应的试验桥,并进行了跟踪观测与研究。在经过为期10年的观测与研究后,TRRL认为对英国的环境而言,钢桥面铺装材料以符合《道路、人行道和建筑物铺设地面用沥青砂胶(石灰石集料)规范》(BS1447:1962)的沥青玛琋脂混凝土为好。日本研究认为,湖沥青掺量过多会导致施工拌和困难,并会使混合沥青的脆性变大,低温性能降低,因此日本主张减少胶结料中湖沥青的比例。同时建议采用标号较低的20~40号直馏石油沥青以防止混合沥青的针入度过大。以多田宏行为代表的专家根据日本的特点对德国浇注式沥青混凝土的组成及相应的技术标准做了较大的调整,逐步形成了符合日本国情的一整套技术。日本的研究认为,浇注式沥青混凝土材料组成上的"两高一低"(高细集料含量与高沥青含量、低粗集料含量),使得它的空隙率几乎接近于零,整个混合料具有较强的变形协调能力与良好的密水性,因此日本将浇注式沥青混凝土作为其钢桥面铺装下层的首选材料。

我国对浇注式沥青混凝土的使用始于香港青马大桥(图1-1-6)和江阴长江公路大桥。香港青马大桥由于在施工中局部钢板表面结露,全桥通车使用后,钢桥面铺装层出现了鼓包,经过修复完善后至今运营状况良好。江阴长江公路大桥全桥通车使用数月后,钢桥面铺装层表面就出现较多纵向裂缝和严重的车辙,引起这些病害破坏的主要原因是铺装层材料的高温稳定性和疲劳性能不足以及大量超载车和重载车的通行。浇注式沥青混凝土的低温性能相对较好,这就是它在欧洲和日本等国家得到较为广泛运用的原因,但是它的高温稳定性相对不足,而我国南方城市持续高温环境的特点,使得对浇注式沥青混凝土铺装还需要进一步研究。

图1-1-6 采用浇注式沥青混凝土的香港青马大桥

2011年,钱觉时等对浇注式沥青混凝土进行优化,采用A级70号沥青(A-70):特立尼达湖沥青(TLA)为75:25的比例,加入SBS等改性剂,使浇注式沥青混合料疲劳性能在$800\mu\varepsilon$

下可达 50 万次。

2012 年,张博对影响浇注式沥青混凝土性能的几种因素(沥青结合料、外掺剂、级配、油石比)进行了对比分析研究,通过相关理论分析和大量的室内试验验证,论证了改善浇注式沥青混凝土路用性能的配合比设计方法的可行性和可操作性。

华南理工大学张肖宁教授团队在浇注式沥青混凝土铺装方面开展了许多的研究:

2014 年 5 月,聂文基于港珠澳大桥桥面铺装研究,建立了浇注式沥青混凝土小梁试件冲击韧性与四点疲劳试验疲劳寿命、总耗散能的相关性,得出冲击韧性与四点疲劳各疲劳具有良好的相关性。

2014 年 12 月,张肖宁、容洪流、黄文柯等使用南非 MLS66 型加速加载设备,采用大型直道高温性能加速加载试验,对港珠澳大桥拟采用的两种英国体系的钢桥面浇注式沥青混凝土铺装结构的高温性能进行研究。

2016 年,张顺先采用硬度值及动稳定度作为浇注式沥青混凝土高温稳定性的评价指标,从细集料级配组成设计、可溶沥青用量、矿粉含量、老化程度等方面分析浇注式沥青混凝土高温稳定性的影响因素。研究结果表明:设计较细的细集料级配、使用较大的矿粉用量以及沥青结合料的老化作用,都可以提高浇注式沥青混凝土的高温稳定性能,而增加可溶沥青用量则会降低浇注式沥青混凝土的高温稳定性能。

2017 年,秦杰君通过 Cooker 生产的浇注式沥青混合料与室内试验拌和的混合料进行对比分析,表明:浇注式沥青混合料室内试验目标配合比的沥青含量适当降低有利于提高混合料的高温稳定性。浇注式沥青混合料室内试验拌和比 Cooker 拌和条件下沥青老化速度快,应根据 Cooker 拌和确定浇注式沥青混合料施工时间窗口与控制指标。

(2)SMA

SMA 是一种由沥青、矿粉和纤维稳定剂组成的沥青玛琋脂结合料,间断级配形成矿料骨架,结合料填充其中形成的骨架密实混合料。

SMA 也起源于德国。SMA 最早使用的目的是减少车辙。欧美等国家看重其良好的耐水性和低温抗裂性,将其大量应用于道路和钢桥面铺装。而随着 SMA 的快速发展,日本利用其良好的抗滑性和高温稳定性,将其铺设在钢桥面铺装层上层,作为铺装层上层结构。

SMA 两个主要组成特征:①粗集料含量较多,它们相互嵌锁形成结构骨架,当粗集料形成相互紧靠接触时,粗集料间的相互锁挤作用最强,具有高稳定性,因而,SMA 具有较强的抗变形能力和良好的高温稳定性;②由沥青、细集料、矿粉和纤维稳定剂组成的结合料填充在结构骨架中,不仅将骨架黏结在一起,还能填充骨架空隙,从而使得 SMA 有较好的柔性和耐久性。

2001 年,张起森对厦门海沧大桥的钢桥面铺装方案(SMA 铺装形式)进行了 6 种沥青混凝土铺装的直道疲劳试验分析,研究了铺装层的应力场分布情况,统计分析了随着轴载次数的不断增加,应力—应变的分布情况。试验表明:钢桥面铺装层的力学特性接近线弹性材料,在开始作用荷载时,铺装层得到了进一步压实,减小沥青混凝土层的空隙率将使其劲度增加,混合料所受应变略有降低,有利于提高铺装层使用寿命。在疲劳试验过程中,残余应变随荷载作用次数的增加而增大,但与回弹应变的比值较小。

2008 年 4 月,李雪莲通过 60～75℃高温车辙试验、三轴试验、水稳定性试验和疲劳试验等,研究了钢桥面复合铺装结构表层 SMA13 的各项路用性能。研究表明:随着聚酯纤维用量的增加,沥青混合料的最佳油石比逐渐增大,但增大速率随纤维掺量的增大而逐渐放缓,随着聚酯纤维用量的增加,沥青混合料的空隙率先减小后增大,随着纤维用量的增加,矿料间隙率与沥青饱和度均有所增加,混合料的低温性能和疲劳耐久性能得到了提高。

(3)环氧沥青混凝土

环氧沥青是在基质沥青中加入环氧树脂,与固化剂经过复杂的化学改性得到的不可逆的固化物。经过这个化学改性过程,沥青的热塑性能得到质的改变,从而获得较好的力学性能。

1967年,在圣—马特奥海沃德大桥(San Mateo. Hayward Bridge)上,美国首次将环氧沥青混凝土作为钢桥面铺装主要材料。接着,美国许多桥梁采用了环氧沥青混凝土铺装技术,如金门大桥(Golden Gate Bridge)、黑尔博格斯大桥(Hale Boggs Bridge)、圣地亚哥大桥(San Diego Bridge)、海湾大桥(Bay Bridge)和狮门大桥(Lion's Gate Bridge)等,这些桥梁的环氧沥青混凝土铺装层取得较好的运营效果,有的铺装层使用年限长达30年。随后,加拿大、荷兰和澳大利亚等国家建造了许多环氧沥青混凝土铺装层的桥梁。

桥面铺装疲劳试验模型见图1-1-7,试验结果数据见表1-1-1。试验数据表明环氧沥青混凝土抗疲劳性能明显优于普通沥青混凝土,该试验结果促进了环氧沥青混凝土铺装在美国的广泛应用。

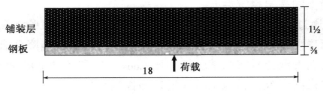

图 1-1-7　桥面铺装疲劳试验模型(尺寸单位:in[①])

美国 1976 年环氧沥青混凝土桥面铺装疲劳试验　　　　　表 1-1-1

防腐保护层		弯曲疲劳寿命(首次断裂循环次数)			
		普通沥青混凝土		环氧沥青混凝土	
		1	2	1	2
A 涂层	环氧煤焦油	3800	3000	$<1 \times 10^6$	167000
	无环氧煤焦油	2100	11000	505000	213000
B 涂层	环氧煤焦油	4100	10000	$<1 \times 10^6$	992000
	无环氧煤焦油	13800	8000	$<1 \times 10^6$	794000

美国的钢桥面铺装表现差异较大,很大程度与钢桥面的刚度、重载交通数量和比例,及铺装类型和铺装层厚度相关。

1972年卡拉斯改变了普通沥青混凝土疲劳小梁的尺寸,将小梁的尺寸由原来的 15×0.5×0.5(in)改为了 15×3×3(in)。用改进后的小梁来研究环氧沥青混凝土的疲劳特性,不仅减少了疲劳特性测定的时间和成本,还减小了控制应力模式下环氧沥青混凝土疲劳寿命的离散性。

---

① 1in = 0.0254m。

澳大利亚西门大桥管理局对粘贴在钢板上的各种沥青混凝土进行等应变的弯曲疲劳试验。试验表明：环氧沥青混凝土的疲劳寿命达到 5×10^6 次，而同等试验条件下沥青混凝土的疲劳寿命仅能达到 0.29×10^6 次，两者相差了 17 倍之多。

用环氧沥青拌制的沥青混合料拥有强度高、韧性好和抗疲劳性能、温度稳定性、耐腐蚀性能优良等良好的性能。环氧沥青拥有和钢材较为接近的延展性和收缩性，当外界温度发生变化时，环氧沥青混凝土铺装层能跟着钢桥面板板热胀冷缩，可大幅度减小因界面剪切推移产生病害的概率。且环氧沥青混凝土抗拉强度一般是普通沥青的 3~4 倍。

2000 年，东南大学对环氧沥青混合料进行相关性能研究。从试验中可以看出：随着应力水平的增加，环氧沥青混合料蠕变应变速率增长缓慢，具有较低的蠕变模量和较好的抵抗荷载变形能力，适用于桥面铺装。

2010 年 5 月，庞渊研究集料、环氧沥青类型、温度和油石比四个因素对环氧沥青混凝土钢桥面铺装层的疲劳性能的影响。研究表明：温度是对环氧沥青混合料疲劳性能影响最主要的因素，其次是集料种类、油石比、环氧沥青类型。

2010 年 11 月，张付军通过应力控制的疲劳试验对空隙率、摊铺等待时间、环氧树脂掺量和用油量进行了试验研究。研究结果显示：环氧沥青混合料的疲劳寿命随着空隙率的增大而减小；60min 摊铺等待时间疲劳寿命最大；随着用油量的增大，环氧沥青混合料的绝对疲劳次数也在增大。

2010 年 12 月，黄明等通过三分点小梁疲劳试验，对比了控制应力和控制应变两种加载模式下环氧沥青混合料的疲劳性能。试验发现采用应变控制得到的疲劳寿命具有较高的离散性，环氧沥青混合料的破坏常为脆性破坏。

2012 年，丛培良等研究了环氧沥青及其混合料性能的影响因素。研究表明：环氧沥青混合料在成型前或成型后，随着养生时间的增加，试件的空隙率、矿料间隙率增大，沥青饱和度降低。

2017 年 1 月，孙海军等采用高性能沥青路面间接拉伸（Superpave IDT）试验和半圆弯曲（SCB）试验对环氧沥青混合料的疲劳性能进行了研究。发现 4~20℃时，环氧沥青混合料的疲劳性能随着温度的升高而逐渐提高。

2017 年 2 月，凌建明等采用应力控制的疲劳试验方法，研究了空隙率、摊铺等待时间、油石比与环氧沥青混合料疲劳寿命之间的关系。周伯明等研究认为：环氧沥青混合料的疲劳性能随着空隙率的减少而提高，环氧沥青混合料压实度至少要高于 97%。

华南理工大学张肖宁教授团队在环氧沥青混凝土铺装方面开展了许多研究：

2006 年，徐伟对三种常见的钢桥面铺装材料，即环氧沥青混凝土、SBS 改性 SMA 及 Rosphalt 沥青混凝土的疲劳性能进行了试验研究。试验表明：环氧沥青混凝土与普通沥青混凝土相比具有优异的抗疲劳性能，同时表现出非线性的特征。

2013 年，聂文等通过实验验证了以冲击韧性作为评价环氧沥青混凝土配合比设计指标的可行性，并证明了冲击韧性和疲劳性能之间具有良好的线性相关性，可以用冲击韧性指标快速评价环氧沥青混凝土的疲劳性能，具有良好的工程应用价值。

2016 年，许龙采用应变控制的加载模式对富环氧沥青级配、传统密实级配、粗级配三种环氧沥青混合料的疲劳性能进行了试验研究。研究认为：在 600με 下，三种混合料都表现出优异的抗疲劳性能;在800με和1000με下,富环氧沥青混合料优于粗级配环氧沥青混合料。

2018年,耿杰通过沥青混合料四点弯曲疲劳试验评价了级配、油石比对环氧沥青混合料疲劳性能影响。研究表明:针对拉拔和剪切试件成型所采用的车辙板法、轮碾振动法、小模具静压法特点和存在的问题,提出旋转压实成型拉拔和剪切试件的方法。

2019年,聂文从表面能理论出发,采用沥青酸值试验、浸水前后拉拔试验和环氧沥青砂浆宽频域动态剪切模量试验,评价不同类型沥青和环氧树脂结合的环氧沥青混凝土的抗水损性能,建立了环氧沥青抗水损害能力的评价方法,提高了环氧沥青混凝土铺装的抗水损性能。

2) 钢桥面铺装防水黏结层研究进展

各国桥面铺装黏结层材料及体系各不相同,使用防水黏结材料的经验和技术决定了该国防水黏结材料的发展状况。目前,常用于钢桥面铺装的防水黏结层材料有三类:溶剂型黏结材料、热固性黏结材料和甲基丙烯酸树脂类材料。

(1) 溶剂型黏结材料

溶剂型黏结材料一般多指乳化沥青和可溶性橡胶沥青。可溶性沥青橡胶在日本使用较多,日本推荐使用沥青橡胶系列溶剂型防水黏结材料和橡胶系列溶剂型防水黏结材料。日本钢桥面铺装常用的黏结材料见表1-1-2。

日本钢桥面铺装常用的黏结材料　　　　表1-1-2

种　类	形　态	种　类	形　态
沥青乳剂系列	乳剂型	橡胶系列	溶剂型
沥青橡胶系列	溶剂、乳剂型	硬化树脂系列(环氧、尿烷系列)	变形无溶剂型

宜昌长江公路大桥在总结以往研究成果的基础上,着重进行了溶剂型黏结剂研制,达到及时施工,保护防护漆免受污染,进一步降低防水黏结层的施工难度的目的。

(2) 热固性黏结材料

热固性黏结材料指环氧沥青,它通过往沥青中掺入一定比例的环氧树脂及固化剂与催化剂后在加热条件下发生复杂物理化学反应而得到。它将环氧树脂加入沥青中,经与固化剂发生固化反应,形成不可逆的固化物。

这种材料从根本上改变了沥青的热塑性质,赋予沥青全新的优良物理力学性能。与溶剂型黏结材料相比,这种材料无论在黏结能力、变形能力,还是在热稳定性方面,都具有明显优势且使高温时车辙与推移现象明显减少。美国钢桥的防水黏结层大多采用这种黏结材料,均取得了很好的使用效果。

美国环氧沥青一般分为A、B两组分。组分A是由双酚A和表氯醇(epichlorohydrin)经反应得到的液态双环氧树脂(diepoxy resin),不含稀释剂(diluent)、软化剂(flexibilizer)或增塑剂(plasticizer),也不含无机填料、色素或其他污染物或不溶物质。组分B是一种由石油沥青和环氧树脂固化剂组成的匀质合成物。它不含不可溶物质(比如无机填料或色素等)和污染物。A组分加热到82~93℃,B组分加热到141~152℃,然后混合,混合后搅拌几分钟,使得A、B组分充分反应。

国内的热固性黏结材料研究从引进国外的技术开始。

2008年,陈志一依托广州珠江黄埔大桥钢桥面铺装项目对防水黏结层进行了研究,研究表明环氧沥青黏结材料的黏结效果优于溶剂型黏结材料。

2011年,张争奇运用拉拔试验、斜剪试验对比研究了SBS改性沥青、改性乳化沥青、环氧沥青3种防水黏结层材料的性能。研究表明环氧沥青作为桥面防水黏结层的材料,其剪切、拉拔强度明显高于其他类型材料,且在钢板基面上的黏结强度要高于水泥混凝土基面。

20世纪90年代初,张肖宁等华南理工大学研究员提出了富沥青混凝土(Full asphalt AC, FAC)。FAC以粗集料为骨架、细集料与沥青胶浆填充骨架孔隙的技术方案,既保证骨架充分嵌挤,又使孔隙率得到有效控制。2018年,FAC被应用于钢桥面铺装,这一设计既保证铺装下层具有良好的钢板追随性和抗疲劳性能,又克服了铺装下层因孔隙率极低易形成鼓包的难题,同时,其又具备良好的密水性和优良的上层抗滑能力。

(3)甲基丙烯酸树脂类材料

Eliminator防水层(两层)是用甲基丙烯酸甲酯(MMA)基树脂制成的一种双组分(A组和B组)的环氧。这种防水材料的防水能力显著,而且具有很好的层间黏结力,同时具有防腐效果。因Eliminator防水黏结材料有足够好的剪切强度和黏结强度,能够确保本防水体系的低温抗裂性、耐久性、水稳性和抗变形能力。

国内的研究从广东虎门大桥开始,开展了防水黏结层的详细探讨。广东虎门大桥科研工作者通过收集分析国内外钢桥铺装的建成应用现状,经过系统详细分析欧洲和日本等国家和地区的应用后编制的技术规范要求,选择的防水黏结体系主要包括Eliminator防水胶和改性沥青黏结层。

2018年,王刚结合天津机场二期扩建高架桥项目对Eliminator防水层进行了研究。研究表明防水黏结层是钢箱梁桥面铺装层的薄弱环节,在选择防水黏结层材料组成时,必须充分考虑到防水材料的抗剪强度。

3)钢桥面铺装结构设计研究进展

(1)国外钢桥面铺装结构设计研究进展

德国是钢桥面铺装研究最早的国家,德国桥面铺装标准发展情况见表1-1-3。表中数据反映出德国桥面铺装技术标准经过近30年的发展,在1992年制定了较系统的钢桥面铺装标准。随着交通荷载及新材料发展,德国的钢桥面铺装技术也在不断完善和发展,尤其是近年随着轴载、交通量增加,桥面铺装出现一些病害,相关部门开始着手研究进一步的解决措施。

德国桥面铺装标准发展历史　　　　　　　　表1-1-3

年　份	标准发展情况
1961	开始根据铁路标准制定普通混凝土桥面铺装标准
1965	为防止裂缝,采用预应力混凝土桥面
1966	加设防水层,制定试验标准
1976	制定混凝土桥面铺装正式标准
1977	制定钢桥面铺装标准
1984	反应型树脂薄层铺装,用于开启式桥梁桥面铺装
1987	制定ZTV-BEL-B混凝土桥面铺装标准

续上表

年 份	标准发展情况
1992	制定 ZTV-BEL-ST 92 钢桥桥面铺装标准
……	改进
2001	制定 ZTV-ING 标准
2003	卷材用于混凝土桥面铺装,ZTV-ING,Teil 7 卷材(双层卷材); ZTV-ING,Teil 8 反应型树脂薄层 10mm

日本道路协会在1961年版沥青铺装纲要中公布了与钢桥面铺装有关的技术规范及准则,包含钢桥面铺装和一般道路沥青铺装比较,必须考虑的项目有加热混合式沥青铺装、橡胶沥青铺装及沥青橡胶乳液(Asphalt Rubber Latex)薄层铺装共3种。

1960后日本大型桥梁所使用的桥面铺装着重于减轻自重,因此在1967年版的沥青铺装纲要之中,追加了树脂铺装及块状沥青铺装(Asphalt Block Pavement,限定用于人行步道桥)两种铺装。同时增加了考虑下列两点:

①与钢桥面的附着性及融和性良好,抵抗反复疲劳性能优良;
②钢桥面接缝处的铺装平坦性可以加以改善,并减少龟裂。

美国自1967年开始引入正交异性钢桥面板结构形式,设计规范主要参考借鉴德国相关规范。

1973年美国国家公路与运输协会(AASHTO)桥梁设计规范首次列入正交异性钢桥面板设计条款,但在此规范中,以及后续版本和技术文献中几乎没有关于桥面铺装的要求、设计指导的信息。

美国桥梁设计规范 *AASHTO LRFD Bridge Design Specification*(2012年)提出了钢桥面铺装设计基本原则。2012年美国联邦公路局出版了《正交异性钢桥面板桥梁设计施工养生手册》(*Manual for design, Construction and Maintenance of Orthotropic Steel Deck Bridges*),对钢桥面铺装设计、试验评价、施工、维修养生给出了详细说明。

Pelikan W.和 Esslinger M. 于1957年共同提出了P-E法,该方法将钢桥面铺装分成了三个体系。由于该方法操作简单、计算精度高,在欧美国家钢桥面设计方面有着广泛的应用。Tatsuo Nishizawa 采用有限条和有限棱柱单元使正交异性钢桥面铺装的有限元计算更简单快捷,其考虑材料黏弹性的计算模型,使高温计算结果更符合实际,所设计的铺装层更符合实际需求。

(2)国内钢桥面铺装结构设计研究进展

2006年我国出版第一部钢桥面铺装设计方面的参考指南《公路钢箱梁桥面铺装设计与施工技术指南》;2012年开始编制行业推荐性规范《公路钢桥面铺装设计与施工技术规范》(JTG/T 3364-02—2019),该规范于2019年5月已颁布。

2006年8月,徐伟等对钢桥面铺装技术发展进行了详细分析,介绍了德国、日本、美国、荷兰等国家的钢桥面铺装基本情况,并分析了SMA、浇注式沥青混凝土、环氧沥青混凝土等铺装材料的特点及应用情况。通过对我国钢桥面铺装情况的详细分析,总结了钢桥面铺装技术发展趋势,提出了钢桥面铺装设计必须考虑的铺装温度、交通荷载、桥面板结构因素,分析了我国钢桥面铺装的特殊要求。

2006年12月，张肖宁等运用子模型有限元法分析了桥梁整体变形及局部轮载作用下铺装内部受力状态及应变分布特点；为优化设计铺装层结构，分析了铺装层模量对其应变状态影响。分析结果表明：大跨径钢桥整桥变形对铺装层受力状态影响很小，钢桥面铺装设计的控制受力因素是轮载局部作用下铺装层的横向应变，铺装层模量对铺装层的受力状态有显著影响，通过采取提高铺装层刚度、过渡层的结构优化设计措施，可以显著改善铺装层的受力状态，降低铺装层的应变水平。

2007年，明图章等对钢桥面铺装结构体系进行优化设计，建立以钢桥面铺装结构体系整体造价与铺装结构表面极限应力为指标的目标函数，此设计方法有利于改善铺装层的受力状态，并降低了铺装结构体系的造价，达到铺装结构体系设计最优化，这种方法可应用于新建钢桥面结构设计。

2009年，陈先华等针对钢桥面铺装体系轴载换算、疲劳断裂问题进行了研究分析，并提出了基于有限元理论钢桥面铺装体系的设计指标和设计方法。

2013年，张肖宁等针对钢桥面铺装材料环氧沥青混凝土出现的疲劳开裂问题，分析了现有设计理论和方法的不足之处。在断裂力学和能量法原理的基础上，提出以冲击韧性作为环氧沥青混凝土配合比设计的评价指标，通过试验验证了该指标的可行性；采用剩余劲度模量比来反映环氧沥青混凝土的疲劳性能，并建立冲击韧性和剩余劲度模量比之间的关系。

4）钢桥面铺装结构受力状态研究进展

钢桥面铺装层直接铺设在正交异性钢桥面板上，正交异性钢桥面板为铺装层提供柔性支撑，其受力变形特性直接影响铺装层的力学特性，铺装层对外荷载进行缓冲分散，进而影响钢桥面的受力和变形。因而，钢桥面铺装结构是一个复杂受力整体，国内外许多学者对这一复杂受力结构做了大量研究。

（1）钢桥面铺装结构研究

国外对钢桥面铺装结构的研究从理论推导分析开始。

1967年，Metcalf 基于平截面假定将钢桥面铺装结构近似看成简支梁，在跨中施加集中荷载，得到钢桥面板和铺装层劲度模量比 n 和挠度 f 及铺装层拉应变间的关系曲线。

1983年，Cullimore 将钢桥面铺装结构简化成复合悬臂梁进行计算分析，引入应力函数 Φ，建立不考虑体荷载下的应力函数方程，并通过引入一个多项式来满足边界条件，得到铺装层内的应力分布。

随着计算机技术的快速发展和有限元方法的运用，国外许多学者开始运用有限元软件对钢桥面铺装结构进行仿真分析。

2002年，Medani 等通过建立钢桥面铺装结构的仿真模型，分析了钢桥面板和铺装层间的不同黏结状态和铺装层不同材料参数对钢桥面铺装结构力学特性的影响，并将模型结果和试验结构进行对比分析。对比结果表明：当钢桥面板和铺装层间的剪应力达到一定值时，钢桥面板和铺装层将产生相对滑移；铺装层截面应变沿厚度方向的分布不是线性的，且铺装层截面应变和钢桥面板沿厚度方向分布的斜率不同。

2004年，Kolstein 将钢桥面铺装结构近似看成复合简支梁，分析了钢桥面板和铺装层间的不同黏结状态对铺装层受力特性的影响。数据显示：钢桥面板和铺装层处于完全分离的状态时,复合简支梁的受力特性可以直接由材料力学中的叠加法得到。

2010年,Liu等利用CAPA-3D有限元软件对正交异性钢桥面铺装结构进行仿真分析,建立了能反映纵肋刚度和横肋挠曲影响的钢桥面铺装复合结构模型。

国内许多学者也对钢桥面铺装结构力学特性做了大量的理论推导和有限元分析。

2002年,李昶构造钢桥面铺装结构有限元模型,假定钢箱梁整桥变形对钢桥面板铺装体系受力和变形影响很小,可以忽略不计,且认定钢桥面板和铺装层无间隙连续连接,分析了桥面板的尺寸、支撑条件、加劲肋和横隔板的形式等不同的结构参数对铺装系力学特性的影响。

2004年,徐伟等应用子模型法研究扁平流线型钢箱梁的力学性能,分析了钢箱梁整体受力变形对其关键部位受力和变形的影响,并将结果和实测数据进行对比分析,验证了子模型法的可靠性。罗剑运用整体到局部的层次分析方法,分析了大跨径钢混结构桥梁整体变形对钢桥面铺装受力的影响。结果表明:在竖向荷载作用下,钢混结构桥梁整体变形对钢桥面铺装受力的影响很小。

2006年1月,陈先华应用部分共同作用原理构造了钢桥面铺装有限元模型,模型中考虑了钢桥面板和铺装层的层间滑移效应,并结合试验分析了钢桥面板和环氧沥青混凝土铺装层的作用机理。结果表明:钢桥面铺装结构横截面上的应变沿钢桥面板和铺装层厚度方向均是线性分布,但在两者中分布的斜率不相同,铺装层中斜率比钢桥面板中的斜率大不到10%。

2006年9月,黄卫以润扬长江公路大桥为例,用有限元软件取桥部分结构作为计算模型对铺装层进行计算分析。在单轮荷载作用下加载0.7MPa的竖向荷载,水平荷载为竖向荷载一半即0.35MPa,计算分析设置防水黏结层和不设置防水黏结层两种情况下铺装层及钢板与防水黏结层的受力情况。发现当设置防水黏结层时铺装层和钢板与防水黏结层层间最大剪应力减小了;钢板与防水黏结层间的剪应力和剪应变与轮载作用位置关系不大,防水黏结层与钢板间的最大剪应力为0.403MPa,最大剪应变为1.77×10^{-2}。

2012年,陈磊磊应用子模型法和混合单元法构造了大跨径悬索桥有限元模型,分析了大跨径悬索桥整桥的受力变形对其钢桥面铺装体系力学行为的影响。结果表明影响较为显著。所以,当加劲梁柔度较大时,不能忽略整桥变形对铺装层的影响。

(2)铺装层计算方法

在许多桥梁设计中,一般将沥青混凝土铺装系作为桥梁二期恒载的一部分参与计算分析,而将铺装层作为结构模型的一部分进行受力分析的情况较少,这必然造成计算结果的偏差。沥青混凝土铺装体系受钢桥面板的加劲方式(各种形式的纵、横加劲肋)的影响较大,建立计算模型和解析求解均有较大的难度。针对钢桥面铺装体系,国内外广泛采用有限元数值方法进行求解分析。

2001年,Tatsuo Nishizaw等建立了一种由钢桥面板、铺装层和连接单元组成的混合型有限单元模型,混合单元中铺装层采用有限棱柱单元(Prism Element)分析、钢桥面板采用有限条单元(Strip Element)分析以及采用古德曼模型(Goodman Model)分析钢桥面板和铺装层的连接单元,且将铺装层看作理想的线性黏弹性材料,采用伯格斯模型(Burgers Model 由Kelvin模型和Max-well模型串联而成)分析。

2009年,Xu Q.等通过室内拉拔和剪切试验,结合三维有限元模型分析车辆荷载下层间界面力学响应。结果表明温度对防水黏结层黏结强度影响显著,层间摩擦力可以提高层间抗剪强度。

2014年,Kim T. W.等采用三维有限元模型评价了路面设计参数对交通荷载作用下正交异性钢桥面铺装性能的影响。结果表明牢固的层间黏结能够增加铺装层的疲劳抗裂能力。

国内许多学者也对钢桥面铺装体系进行了大量的有限元数值分析。

2001年,顾兴宇等基于有限元理论,研究了钢桥面板和铺装层界面最大剪应力的影响因素,并分析了钢桥面板参数和荷载对铺装层受力特性的影响。

2007年,邓强民通过有限元软件建模分析了荷载形状对钢桥面铺装力学响应的影响。研究表明:矩形荷载计算结果比椭圆和长圆荷载小;而与实测值的对比分析表明,在标准胎压、标准轴载下长圆荷载的计算结果与实测值更接近。

2019年,马林等建立三维有限元模型,研究了正交异性钢桥面环氧沥青混凝土铺装层疲劳耐久性极限的受力影响因素,分析了最不利荷载位置处铺装层的极限受力情况,提出应提高环氧沥青混凝土铺装层的弹性模量,并应严格控制通行车辆的轴重,以提高钢桥面铺装层的耐久性。

5)钢桥面铺装施工质量控制管理研究进展

(1)沥青路面施工质量管理

沥青路面施工质量管理技术是伴随着质量管理学的发展而不断提高和完善的。施工技术规范是指导工程顺利进行,使工程质量满足设计和使用要求的重要工具。沥青路面施工技术规范的发展经历了方法规范、最终产品规范、性能规范、质量保证规范的过程。从19世纪50年代美国首次采用规范形式指导施工,发展到今天的具有激励和惩罚机制的质量保证规范,沥青路面施工的质量检测技术、质量过程控制技术、质量改进技术、质量验收方法都取得了巨大的进步。

我国自改革开放以来,随着沥青路面的大规模修建以及随之出现的工程质量问题,一些省(自治区、直辖市)和研究机构对沥青路面的施工质量控制开展了研究。广东开阳高速公路有限公司联合华南理工大学,结合开阳高速公路沥青路面建设实践,开展高速公路沥青路面施工控制系统研究,最终形成了《高速公路沥青路面施工 QA/QS 系统研究报告》和《沥青路面施工 QC/QA 计算机管理系统》两大成果。江苏省也提出了高性能沥青混合料的拌和、运输、摊铺及碾压施工各技术环节的施工控制要求和质量检测标准、施工质量控制和质量保证(QC/QA)体系。

一些机构和学者在沥青路面无损检测方法、沥青路面质量动态控制、沥青路面质量评价方法、沥青路面关键工艺改进、沥青材料设计理论等方面取得了成果。如张肖宁等应用粗集料空隙填空法(CAVF)设计沥青混合料,该方法具有设计目的性强、简便易行、适用面广、与现场的生产配合比设计衔接紧密的特点;王端宜等开发了应用数字图像技术评价和测量沥青路表面构造深度的方法,该方法精度高、操作简便、成本低廉,是一种有前途的路面功能测试方法;李海滨、沙爱民应用改进的 AHP 法计算出路面质量控制指标体系中各指标的权重,模糊综合评价分析施工质量控制情况,能实时监控路面施工,实现控制的针对性和时效性;刘金辉、孙文州等将平均值—极值控制图技术应用于广东茂湛二期高速公路的面层施工管理,取得良好的应用效果。

(2) 沥青路面与钢桥面铺装施工质量管理的难点

钢桥面铺装比一般沥青路面的施工环境和受力环境更复杂,对路面防水的要求更高,其施工质量的控制显得更困难。钢桥面铺装施工质量管理的要点:①总体工程临近通车时间,项目工期较紧;②施工天气环境的要求苛刻,对降水、空气湿度、温度和露点温度均有严格的要求;③从原材料的控制,到整个施工工艺的把控要求极其严格,混合料的拌和、运输、摊铺和碾压都有非常严格的要求,对细节控制要求很高;④对于环氧沥青混凝土铺装的施工时间、温度、工作界面要求非常严格。施工控制直接影响铺装的质量和耐久性。

(3) 钢桥面铺装施工管理的研究进展

①润扬长江公路大桥。

2004 年 4 月,润扬长江公路大桥开始进入钢桥面铺装施工,于当年年底完成钢桥面铺装施工。为保证钢桥面环氧沥青混凝土铺装的施工质量,项目组组织制订了《润扬长江公路大桥钢桥面铺装施工指导意见》(以下简称《指导意见》)。《指导意见》对铺装材料、施工设备施工的前期准备工作、环氧沥青混合料的铺筑、中央分隔带和检修道的施工等环节的注意事项、技术要求施工步骤和细节都进行了全面详细的规定,并对各步骤的质量标准进行了明确的规定,确保工程施工有条不紊地按计划进行。

②南京长江第四大桥。

为了系统引进钢桥面铺装技术,结合南京长江第四大桥双塔三跨悬索桥的结构及使用条件,项目组重点从文献与资料查阅、现场调研、气候与交通等使用条件、铺装结构与疲劳性能以及混合料的技术性能等几方面开展研究工作,并制订了《南京长江第四大桥钢桥面铺装专项试验规程》,规定了各项试验与评价的方法,结合我国国内的相关试验办法,对各层铺装所使用的材料进行综合性研究。

根据调研的资料和前期开展的研究成果,项目组开展南京长江第四大桥施工工艺与方案研究、施工管理标准研究、养生工艺研究等,并编制《桥面铺装施工指南》。

③港珠澳大桥。

港珠澳大桥项目对钢桥面铺装施工技术开展了深入的研究。结合沥青路面施工质量控制提出钢桥面的施工质量控制方法。项目质量控制可分为三个阶段:事前控制、过程控制、事后控制。基于沥青路面施工过程特点,对于沥青路面施工质量过程控制的重点是事前控制和过程控制两个阶段,即前期准备、试验段检验总结及施工过程控制。

为了提高钢桥面铺装施工质量检测代表性水平,港珠澳大桥项目提出通过采用无损检测的方法,加大了检测频率、覆盖率。建立基于概率统计的分层随机取样方法,明确采用随机取样方法、确定取样位置的步骤。随机取样是材料或产品的任一部分有相同概率被选为样本的取样方式,所有试样无论试样的大小、类型或用途,在选择时都不带有偏向性,完全是随机的。在科学地确定取样频率、取样方法的基础上,对检测样本数据进行统计分析,为客观、全面评价钢桥面铺装质量提供数据,进而为施工控制提供依据。

钢桥面铺装工程数量较大,但多数铺装规模不大,在施工技术及质量控制方面开展的研究较少,主要在较大规模的钢桥面铺装项目开展了一定的施工技术及质量控制研究。对于环氧沥青混凝土铺装的施工技术及质量控制深入系统的研究较少。

港珠澳大桥对钢桥面铺装方案应用、铺装结构设计、铺装结构计算、铺装材料、施工控制等方面的研究发展进行了调查分析。文献资料显示,钢桥面铺装技术逐渐完善和发展,特别是近几年,我国相关研究进展较快。但钢桥面铺装仍然是一个技术难点问题,在以下方面可以进一步加强研究工作:

①钢桥面铺装受力应变水平显著高于一般路面,同时钢桥面铺装需要考虑铺装层温度、车辆荷载条件,需要明确钢桥面铺装的使用环境、材料力学性能及路用要求。

②环氧沥青混合料主要借鉴典型的密实级配类型,对于改善铺装表面构造、抗滑性能缺乏深入研究和工程应用。

③钢桥面防腐层是铺装结构体系的重要环节,关于环氧富锌漆防腐层的漆膜厚度、锌粉含量、功能作用等方面技术要求、功能机理、施工控制指标等不够清晰。

④对于环氧沥青混凝土铺装施工工艺、设备、质量控制,主要在环氧沥青基本要求基础上,参照一般沥青路面施工技术,缺乏针对性的系统研究、开发,施工控制的精细化管理不足,需要进一步提高环氧沥青混凝土铺装施工技术水平。

⑤钢桥面铺装质量检测评价主要参照一般沥青混凝土铺装,基于无损检测技术的钢桥面铺装的快速、精确、科学评价技术方法需要进一步研究。

结合广东南沙大桥钢桥面铺装工程实践,本书针对铺装应用及病害分析、铺装材料优化设计、防腐层、施工工艺、施工设备、质量控制及检测评价等相关技术问题开展系统研究和技术攻关。

1.2 典型钢桥面铺装体系概况

1.2.1 钢桥面铺装体系简介

钢桥面铺装直接铺设在钢桥面板上,主要由结构层和界面功能层组成。结构层通常由保护层(缓冲过渡层)和磨耗层两层结构层组成。界面功能层是指主要承担防腐、防水和黏结等作用的界面层,通常包括防腐层和防水黏结层等,典型示意图如图1-2-1所示。

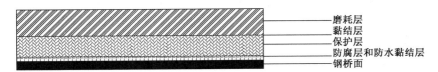

图1-2-1 钢桥面铺装示意图

1.2.1.1 防水黏结层

为实现钢桥面板与铺装层之间的强力有效黏结,防止钢桥面板被腐蚀而导致铺装层与钢桥面板出现脱层,须在钢桥面板与铺装层之间设置一层防水黏结层。钢桥面铺装防水黏结层通常须满足如下要求:

(1)要求防水层黏结层具有良好的层间结合力和变形能力。

(2)要求防水黏结层具有良好的高温稳定性和低温抗裂性。

(3)要求防水黏结层具有良好的抗疲劳能力。

(4)要求防水黏结层具有良好的水稳定性、抗化学腐蚀能力。

防水黏结层材料通常可分为沥青类和树脂类：

1）沥青类材料

沥青类材料作为钢桥面铺装的防水黏结材料，主要具有如下特点：

(1)防水黏结层是通过物理过程实现与钢板的有效黏结。

(2)防水黏结层材料会随着温度的升高而出现软化或者融化，随着温度降低形成不断增强的韧性，该过程具有一定的可逆性。

沥青类防水黏结材料大致可分为以下两大类：

热熔型沥青类材料：主要包括特种聚合物改性沥青等，如高黏度聚合物改性沥青。其施工特点就是经高温熔化，采用专门沥青洒布车进行喷洒，以保证洒布的均匀性、洒布量的可控性、洒布的有效性。

溶剂型沥青类材料：主要包括沥青、树脂、溶剂等成分。其中的溶剂主要有煤焦油、苯类（如二甲苯）、酯类（如醋酸丁酯、乙酸丁酯、松香甘油酯等）、醇类（如月桂醇）、乙醚、丙酮等有机溶剂。常温施工，可采用人工涂布或机械喷涂。煤焦油、苯等溶剂对人体有伤害，所以使用越来越少，建议使用更环保的酯类和醇类有机溶剂。

2）反应性树脂类材料

反应性树脂类材料作为钢桥面铺装的防水黏结材料，主要具有如下特点：

(1)防水黏结层是通过化学反应过程实现与钢板的有效黏结，该化学过程一般是不可逆的。

(2)防水黏结层材料不会随着温度的升高而出现软化或者融化，黏结层一旦形成，就具有一定的稳定性。

(3)防水黏结层可以单独，也可以与缓冲层共同构成相对独立的防水体系。

环氧树脂类：环氧树脂、固化剂为环氧树脂类黏结剂的主要成分，两组分按一定比例混合料，在一定温度和时间条件下完成固化，通过化学反应过程实现与钢板的有效黏结。环氧树脂类防水黏结层施工特点是常温施工，可采用人工涂布或机械喷涂。

甲基丙烯酸树脂类：甲基丙烯酸树脂类防水体系具有与基底及铺装层黏结性能好、抗刺破能力强、抗氯离子渗入、耐腐蚀性能强等特点，而且能抵抗铺装层高达240℃的高温，并能在低温度下迅速固化等。

1.2.1.2 磨耗层

磨耗层铺装上层直接与汽车轮胎接触，主要承担车辆荷载及提供行驶功能等。磨耗层通常需具备优异的高温稳定性（抗车辙能力）、疲劳耐久性和低温抗裂性，以及保证行驶功能的抗滑性、耐磨性和平整度。

磨耗层材料可分为碾压型混合料和浇注式沥青混凝土。这两种材料各有不同特点。浇注式沥青混凝土的高温稳定性比较敏感，并且易产生抗滑性能降低问题，同时浇注式沥青混凝土施工工艺难度较大；而浇注式沥青混凝土抵抗疲劳开裂的性能较强，与钢桥面板间的黏结性能优于碾压型沥青混合料，并具有良好的密实性。碾压型混凝土的高温稳定性较好，普通碾压型沥青混凝土的抗疲劳开裂性能相对较低，一般采用高弹改性沥青混凝土或环氧树脂类混凝土提高抗疲劳开裂性能。

磨耗层混合料的黏结料可分为热塑性材料和热固性材料,沥青属于热塑性材料,树脂属于热固性材料。环氧树脂是性能优良的钢桥面铺装材料,但树脂类材料施工难度较大、造价较高。目前多采用添加改性剂方法改善沥青混合料性能,主要是降低混合料对温度的敏感性,提高沥青混合料抗疲劳开裂性能。

一般沥青类铺装材料模量与钢桥面板相比较低,对钢桥面系与铺装结构组成的复合结构刚度贡献较小,需要提高铺装层模量,以增强钢桥面铺装复合结构的整体刚度。一般对一种材料如果提高其模量,往往其变形性能——韧性会降低,因此在材料研发中需要解决这一矛盾体,优化设计高模量、高韧性的铺装材料,以达到对钢桥面系的补强和耐久性的综合效果。

1.2.1.3 保护层(缓冲过渡层)

保护层为铺装下层,在与铺装上层一起承受车辆荷载的同时,与黏结防水层一起组成防水体系,保护下承层桥面钢板,因此保护层在具备高温稳定性、疲劳耐久性和低温抗裂性能的同时,还应具备优异的密水性能。

保护层通常采用浇注式沥青混凝土和热固性环氧沥青混凝土。浇注式沥青混凝土作为铺装下层,可充分发挥其优异的密水性、疲劳耐久性和对钢板的变形追从性能;热固性环氧沥青混凝土作为铺装下层,通过特殊的混合料级配设计,在发挥环氧沥青混凝土优异的高温稳定性和疲劳耐久性能的同时,也可保证其密水性。

1.2.2 典型钢桥面铺装材料应用概况

1.2.2.1 SMA

我国1997年开始在广东虎门大桥采用SMA进行钢桥面铺装时,SMA配合比设计是参照日本的级配和国内少量的路面工程经验形成的。由于对SMA本身认识不足和对桥面铺装的温度及荷载使用条件考虑不到位,大桥于1997年5月通车半年后,桥面铺装即产生了车辙、横向推移等病害,并于2003年重新进行翻修。随后针对广东虎门大桥在使用中产生的病害,科研工作者对SMA沥青胶结料、设计级配和防水黏结层进行了改进,重点提高SMA的高温性能和抗裂性能,并将研究成果应用于汕头岩石大桥、厦门海沧大桥、武汉白沙洲大桥等桥面铺装中,但使用效果不理想,在通车不久后即桥面铺装发生破坏。根据前期研究成果和经验,在随后的重庆鹅公岩长江大桥、上海卢浦大桥等桥面铺装中,对沥青胶结料和防水黏结层进行改进,使用效果较理想。国内采用双层SMA作为铺装的部分桥梁见表1-2-1。

国内采用双层SMA桥面铺装的部分桥梁　　　　表1-2-1

桥梁名称	主跨(m)	建成时间(年)	铺装厚度
广东虎门大桥	888	1997	3.0cm SMA13 + 3.0cm SMA13
汕头岩石大桥	518	1998	3.0cm SMA13 + 3.0cm SMA13
厦门海沧大桥	648	1999	3.0cm SMA10 + 3.0cm SMA10
武汉白沙洲大桥	618	1999	3.0cm SMA13 + 3.0cm SMA10
重庆鹅公岩大桥	600	2002	3.0cm SMA10 + 3.0cm SMA10
武汉军山大桥	460	2001	3.0cm SMA13 + 3.0cm SMA13

续上表

桥梁名称	主跨(m)	建成时间(年)	铺装厚度
宜昌长江公路大桥	960	2001	3.0cm SMA10 + 3.0cm SMA13
上海卢浦大桥	880	2002	3.0cm SMA10 + 3.0cm SMA13

1.2.2.2 浇注式沥青混凝土

浇注式沥青混凝土作为铺装层材料,其主要优点:空隙率接近零,具有优良的防水、抗老化性能,抗裂性能强,对钢板追从性、与钢板间的黏结性能好于一般沥青混凝土。浇注式沥青混凝土主要弱点是:高温稳定性差,易形成车辙。施工需要一系列专用设备,施工期长。在热带和亚热带夏季气温高且持续时间长的地区,其高温稳定性是一个技术难点。浇注式沥青混凝土采用了特立尼达湖沥青(Trinidad LaKD Asphalt,TLA),浇注式沥青混凝土中的湖沥青含量一般为10%~30%,也有TLA含量达到70%情况,主要依据使用环境要求和所采用的基质沥青特点而不同。

世界上最早采用TLA修筑浇注式沥青混凝土桥面铺装的是1929年修建的苏丹尼罗河大桥。由于其独特的防水、抗老化、抗疲劳性能以及对钢桥面板优良的随从性和黏结性能,浇注式沥青混凝土在国外广泛应用于桥面铺装,具有代表性的还有德国的Oberkasseler桥、英国的亨伯尔桥、法国的诺曼底大桥、瑞典的霍加库斯藤大桥、丹麦的大贝尔特东桥、日本的明石海峡大桥和多多罗大桥等。

欧洲发明了浇注式沥青混凝土技术,日本则使其得到了长足发展和广泛应用。1950年日本着手研究钢桥面铺装,并于1955年首先在东京都的新六桥完成两层式沥青混凝土铺装;1956年日本在从德国引进相应的技术后,以多田宏行先生为代表的铺装专家根据日本本国的特点,对德国GA的材料组成及相应的技术标准作了较大的调整,逐步形成了符合日本国情的一整套技术,并且在1961年《沥青铺装纲要》中公布了相关的技术规范。根据对日本国内300多座大桥的统计资料(表1-2-2),有近70%以上的钢桥面采用了浇注式沥青混凝土作为铺装材料。

日本钢桥面铺装结构调查资料　　　表1-2-2

铺装上层	铺装下层	桥梁数(百分比)
热拌沥青混凝土 30~40mm	热拌沥青混凝土 40~50mm	83(27%)
浇注式沥青混凝土 30~40mm	浇注式沥青混凝土 30~40mm	71(23%)
热拌沥青混凝土 30~40mm	浇注式沥青混凝土 40~50mm	123(41%)
单层沥青混凝土 50~70mm		23(8%)
单层浇注式沥青混凝土 50~70mm		3(1%)

英国把浇注式沥青混合料称作沥青玛琦脂混合料,其组成与浇注式沥青混合料十分相近。沥青玛琦脂混合料的组成为14%~16%的硬质沥青与石灰石细集料(矿粉含量40%~60%)拌制成沥青玛琦脂,然后再与40%~50%的粗集料(总混合料质量比)拌制成沥青玛琦脂混合料。其组成见表1-2-3。

沥青玛琋脂混合料组成   表1-2-3

沥青玛琋脂		粗集料（通过率）		
筛孔	分计筛余(%)	筛孔	规范	实测
2.36	0	14	—	100
0.6	0~25	10	—	99.7
0.3	5~35	6.3	<40	38.8
0.075	10~30	5	—	17.7
矿粉	40~60	3.35	—	2.8
沥青含量(%)	14~16	—		

英国沥青玛琋脂混凝土（MA）与德国、日本的浇注式沥青混凝土主要区别在工艺不同，英国工艺是首先将湖沥青与一般沥青拌和均匀，然后加入矿粉和0~2.36细集料，拌制成沥青玛琋脂（也可以制备成块状运输到异地使用），将沥青玛琋脂及加热的5~10mm碎石按比例加入拌和运输车内中，拌和2~6h升温至200~240℃，采用专用的摊铺机进行浇注式摊铺。一般还要在其表面上撒布一层粒径约15mm预拌碎石，经碾压将碎石压入沥青玛琋脂混凝土中（约露出1/3高度）。

对照德国ZTV沥青规范和英国标准BS1447，可以看出英国的MA与德国的GA，其原则性区别只是MA中的粗集料在大颗粒范围内不使用分等级的颗粒，几乎使用单粒径的碎石，而GA中则是采用的连续级配。两者在黏结剂技术要求和铺装表面撒布碎石的规格上稍有不同，而其他诸如运输和摊铺则完全一样，但因拌和工艺的差异，使其施工效率差异较大（MA拌和2~6h），所用材料也有明显区别（MA一般不适宜使用聚合物改性沥青）。

我国对GA的应用过程，是一个逐渐改良的过程，反复的应用—改良—应用使得GA的性能不断提升，采用浇注式沥青混凝土铺装的钢桥面寿命不断延长，现在的浇注式沥青混凝土铺装比起我国第一次引进浇注式沥青混凝土铺装时，寿命约延长了2~3倍。

我国于20世纪90年代开始引进浇注式沥青混凝土技术，在江阴长江公路大桥和香港青马大桥应用，以及台湾的新东大桥和高屏大桥上应用。其中，台湾新东大桥和台湾高屏溪大桥等桥是在日本技术人员主持下完成的，其铺装层结构均为40mm厚浇注式沥青混凝土+40mm厚改性沥青混凝土，桥面铺装使用状况比较好。在后续建设的深圳湾公路大桥、香港昂船洲大桥都采用了沥青玛琋脂+SMA铺装结构，整体使用情况良好。

早期钢桥面浇注式沥青混凝土层产生了大面积破坏，其中一个主要原因是桥面铺装设计时，未考虑到国外交通气候条件与国内有很大差异，未充分考虑当地的交通和气候条件。

《公路钢桥梁铺装设计与施工技术指南》（JTG/T 336-02—2019）详细列出了不同使用条件下浇注式沥青混凝土性能技术指标及施工要求，为我国钢箱梁桥桥面铺装的设计与施工提供了技术指导。

国内专家在对GA（MA）及其铺装结构研究的同时，根据最新的研究成果，在国内的一系列工程中加以应用。我国GA（MA）材料在钢桥面铺装工程中，累计30多项工程，53余万平方米，见表1-2-4。

国内 GA(MA)材料的应用情况　　　　　　　表 1-2-4

序号	桥梁名称	地址	现铺装结构	铺装面积(万 m²)	通车时间
1	香港青马大桥	香港	MA	6.2	1997.05
2	胜利黄河大桥	山东东营	GA + SMA	1.1	2003.07
3	无锡蓉湖大桥	江苏无锡	GA + SMA	0.6	2003.11
4	安庆长江大桥	安徽安庆	GA + SMA	2.7	2004.07
5	天津子牙河大桥	天津	GA + SMA	0.7	2004.08
6	昆洛路朱家村立交桥	云南昆明	GA + SMA	0.7	2006.03
7	长沙环线三汊矶大桥	湖南长沙	GA + SMA	2.4	2006.08
8	重庆长江大桥	重庆	GA + SMA	0.3	2006.08
9	S312 立交主跨桥	江苏无锡	GA + SMA	0.7	2006.10
10	平阴黄河公路大桥	山东聊城	GA + SMA	0.6	2006.11
11	汕头岩石大桥	广东汕头	GA + SMA	2.7	2007.01
12	深圳湾公路大桥	香港	MA + SMA	1.3	2007.07
13	重庆菜园坝长江大桥	重庆	GA + SMA	3.1	2007.10
14	江西贵溪大桥	江西鹰潭	GA + SMA	0.5	2008.10
15	贵州北盘江大桥	贵州兴仁	GA + SMA	1.7	2008.11
16	南昌英雄大桥	江西南昌	GA + SMA	2.4	2009.02
17	重庆朝天门长江大桥	重庆	GA + SMA	3.5	2009.04
18	上海长江大桥	上海	双层 GA	1.2	2009.09
19	南宁大桥	广西南宁	GA + SMA	1.0	2009.06
20	台湾高屏溪大桥	台湾	GA + SMA	1.5	2001.03
21	香港昂船洲大桥	香港	MA + SMA	5.2	2009.12
22	赣州章江大桥	江西赣州	GA + SMA	1.4	2010.05
23	福州鼓山大桥	福建福州	GA + SMA	1.7	2010.05
24	上海闵浦二桥	上海	GA + SMA	1.0	2010.05
25	闵嘉高架桥	上海	GA + SMA	2.3	2010.05
26	南京江心洲大桥	江苏南京	GA + SMA	0.8	2010.11
27	赣州公路大桥	江西赣州	GA + SMA	1.4	2010.08
28	南京栖霞山大桥	江苏南京	GA + SMA	4.5	2012.12
29	厦漳大桥	福建漳州	GA + SMA	2.4	2013.05
30	马鞍山长江大桥	安徽马鞍山	GA + SMA	6.1	2013.12
31	普立特大桥	云南宣威	GA + SMA	1.4	2015.08
32	龙江特大桥	云南保山	GA + SMA	2.6	2016.05
33	鸭池河大桥	贵州毕节	GA + SMA	1.8	2016.07
34	驷马长江大桥	重庆	GA + SMA	3.0	2017.12

续上表

序号	桥梁名称	地址	现铺装结构	铺装面积(万 m²)	通车时间
35	港珠澳大桥	香港、澳门、广东珠海	GA+SMA	50	2018.10
36	秀山大桥	浙江舟山	GA+SMA	2.1	2019.09
37	杨泗港长江大桥	湖北武汉	GA+SMA	5.2	2019.10
38	赤水河红军大桥	贵州习水县	GA+SMA	2.8	2020.01
39	太洪长江大桥	重庆	GA+SMA	2.4	2020.10
40	青山长江大桥	湖北武汉	GA+SMA	3.7	2021.04

1.2.2.3 环氧沥青混凝土

20世纪50年代末,壳牌石油公司开始采用环氧树脂对石油沥青进行改性的研究,研发出Shell Epoxy Asphalt等高强热固性环氧沥青材料,在军用机场、交通土建工程领域中逐渐得到广泛应用。

1959年,壳牌公司的环氧沥青混凝土首次应用于美军机场的路面铺装,如图1-2-2所示。相关机构1963年对壳牌(shell)公司3种环氧沥青混凝土铺装在20个机场的使用情况进行了调查分析。调查结果显示:①环氧沥青混凝土铺装可以抵抗漏油侵蚀和喷气式飞机冲击;②薄层环氧沥青罩面会出现开裂,但开裂不易发展为松散、脱落;③气候对环氧沥青混凝土铺装有影响,温度越低则越易开裂。

图1-2-2 环氧沥青混凝土铺装在美军机场的应用照片

1967年美国San Mateo-Hayward大桥首次将环氧沥青混凝土用作钢桥面的铺装层,经过近35年使用后,铺装层于2002年出现开裂和推移。1967年后,环氧沥青混凝土成为美国大跨径钢桥面铺装的一种主要铺装材料。

自1998年开始,南京八卦洲长江大桥开展了钢桥面铺装技术的系统研究工作,2000年环氧沥青混凝土铺装在南京八卦洲长江大桥铺装工程中成功应用。随着润扬长江公路大桥、南京长江第三大桥、杭州湾跨海大桥、武汉阳逻长江大桥、天兴洲公铁两用大桥等大跨径钢桥的建设,环氧沥青混凝土铺装技术相继在国内多座跨江、跨海大跨径钢桥中得到运用并不断完善。

20世纪70年代,日本对环氧沥青混合料的配制、模量、应力松弛性能、破坏性能进行了研究。20世纪90年代,日本对环氧沥青的认识进入到较为成熟的阶段,环氧沥青在日本的应用日渐深入。日本生产的热拌环氧沥青专利产品也于2004年进入我国市场,在江苏沿江高速公路跨锡澄高速公路的钢桥、江阴长江公路大桥钢桥面铺装大修工程(中间行车道)、连云港疏港通道桥等工程中得到应用,其后在广东的珠江黄埔大桥、广东虎门大桥、广州东沙大桥、广东江顺大桥、广东肇庆马房大桥、广东揭阳榕江大桥等钢桥面铺装中得到应用,钢桥面环氧沥青混凝土铺装设计与施工成套技术也在此期间得到不断完善和发展。

目前,我国钢桥面环氧沥青混凝土铺装领域主要存在3种沥青产品:

①温拌环氧沥青混凝土,拌和温度110~120℃;

②热拌环氧沥青混凝土,拌和温度160~185℃;

③冷拌环氧混凝土,拌和温度为常温。

下面重点介绍温拌环氧沥青混凝土、热拌环氧沥青混凝土、冷拌环氧沥青混凝土在钢桥面铺装应用概况。

(1)温拌环氧沥青混凝土

①进口温拌环氧沥青混凝土。

经初步统计,自2000年开始至2010年12月,进口温拌环氧沥青混凝土在我国用于20余座钢桥面铺装,其中6座发生严重病害,3座基本无或很少病害,其他12座发生多处局部病害。整体上温拌环氧沥青混凝土本身是一种性能非常优良的材料,具有优异的抗疲劳、耐高温、耐久性能。从发生病害原因上分析,主要是温拌环氧沥青混凝土施工要求相当苛刻,施工中难以达到该材料的技术指标要求。因此温拌环氧沥青混凝土铺装主要问题是施工控制难度相当大、可靠性低。已有工程经验也表明,2000—2010年在我国应用进口温拌环氧沥青混凝土铺装成功率约为16.7%。进口温拌环氧沥青混凝土铺装在国内部分钢桥的应用情况见表1-2-5。

进口温拌环氧沥青混凝土铺装在国内部分钢桥的应用情况　　表1-2-5

桥　名	桥　型	铺装结构	建成时间
南京八卦洲长江大桥	钢箱梁斜拉桥	5cm 双层	2000.10
舟山桃夭门大桥	钢箱梁斜拉桥	5.5cm 双层	2003.11
天津大沽桥	钢箱梁系杆拱	5.5cm 双层	2004.10
润扬长江公路大桥	钢箱梁悬索	5.5cm 双层	2004.10
南京长江第三大桥	钢箱梁斜拉桥	5cm 双层	2005.10
湛江海湾大桥	钢箱梁斜拉桥	5.5cm 双层	2006.10
佛山平胜大桥	钢箱梁悬索	5.5cm 双层	2006.8
杭州湾跨海大桥南、北航道桥	钢箱梁斜拉桥	5.5cm 双层	2006.10
苏通长江公路大桥	钢箱梁斜拉桥	5.5cm 双层	2007.10
深圳后海大桥	连续箱梁	6cm 双层	2007.5
武汉阳逻长江大桥	钢箱梁悬索桥	6cm 双层	2007.9
舟山西堠门大桥	钢箱梁悬索桥	5.5cm 双层	2008.9
舟山金塘大桥	钢箱梁斜拉桥	5.5cm 双层	2008.9
广东珠江黄埔大桥	钢箱梁悬索桥	5.5cm 双层	2008.10
荆岳长江大桥	钢箱梁斜拉桥	5.5cm 双层	2010.8
鄂东长江公路大桥	钢箱梁斜拉桥	5.5cm 双层	2010.8

②国产温拌环氧沥青混凝土。

2007年,我国开始使用国产温拌环氧沥青混凝土,主要工程见表1-2-6,其中部分工程发生早期病害。

国产温拌环氧沥青混凝土铺装在国内部分钢桥应用 表1-2-6

桥　　名	桥　　型	铺装结构	铺装建成时间
天津富民桥	钢箱梁悬索桥	5.5cm 双层	2007.10
天津国泰桥	钢桁架桥	6cm 双层	2008.9
武汉天兴洲长江大桥	钢箱梁斜拉桥	6cm 双层	2009.1
上海长江大桥	钢箱梁斜拉桥	5.5cm 双层	2009.8
上海闵浦大桥	钢桁架斜拉桥	5.5cm 双层	2009.11

(2)热拌环氧沥青混凝土

目前国内应用较多的树脂类混凝土,主要是温拌环氧沥青混凝土和热拌环氧沥青混凝土,这两种环氧沥青混凝土差别较大:温拌环氧沥青混凝土养生周期长(30～45d),施工温度约为120℃;热拌环氧沥青混凝土养生周期短(4～10d),而且热拌环氧沥青混凝土高温施工(约180℃)可以去除水分,显著减少或避免铺装层鼓包开裂病害。热拌环氧沥青混凝土相对温拌环氧沥青混凝土模量较高,但韧性相对较低,在广东虎门大桥铺装维修项目中根据工程需要,对热拌环氧沥青混凝土配比进行了改进优化设计,在保证提高的模量同时,也显著提高了热拌环氧沥青混凝土的韧性,与温拌环氧沥青混凝土韧性、疲劳性能接近。改进后的热拌环氧沥青混凝土具有良好的施工性能、高模量、高韧性、耐疲劳等综合优势。

热拌环氧沥青混凝土铺装在我国的应用情况表明,整体上表现良好,未出现发生严重病害情况,部分工程出现少数局部鼓包病害,在我国应用热拌环氧沥青混凝土逐渐稳步增加。温拌、热拌环氧沥青混凝土在我国应用情况的按年铺装面积的统计图见图1-2-3。

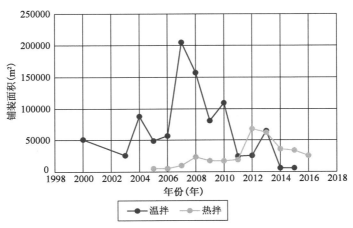

图1-2-3　温拌、热拌环氧沥青在我国应用情况

在我国桥梁工程应用情况如表1-2-7所示。

热拌环氧沥青混凝土在我国桥梁工程应用情况　　　　表 1-2-7

施工年份	桥 梁 名 称	桥 型	主跨(m)	用途	铺装厚度(cm) 基层	铺装厚度(cm) 面层
2005	江阴长江公路大桥	悬索桥	1385	维修	3	2
2007	连云港田湾跨海桥	箱梁桥	160	新铺	3	3
2007	润扬大桥	悬索桥	1490	维修	—	5
2008	黄埔大桥	悬索桥	1108	新铺	3	3
2009	虎门大桥	悬索桥	884	维修	3.5	3.5
2010	东沙大桥	斜拉桥	300	新铺	3	3
2011	江苏省常州西绕城钢桥	箱梁桥	300	新铺	3.5	SMA 4
2012	泰州大桥	悬索桥	1060×2=2180	新铺	GUSS 3.5	2.5
2013	大榭二桥	斜拉桥	808	新铺	2.5	3
2013	江苏省太仓港钢桥	箱梁桥	120	新铺	4	3.5
2013	上海长江大桥	斜拉桥	996.8	维修	—	5.5
2013	凤凰一桥	斜拉桥	370	新铺	3	3
2013	刘家峡大桥	悬索桥	536	新铺	3	SMA 3
2014	广东省伦桂路钢桥	斜拉桥	239	新铺	3	SMA 4
2014	小西冲立交匝道桥	箱梁桥	156	维修	3	SMA 3
2014	五象大桥	斜拉桥	590	新铺	3	3
2014	江顺大桥	斜拉桥	1020	新铺	3	2.5
2015	斜港大桥	桁架桥	318	新铺	ER 3	4
2015	小榄特大桥	钢拱桥	220	新铺	3.5	4
2015	辽宁省大连南部滨海大桥	悬索桥	460	新铺	3	2.5
2015	铁心桥	连续梁桥	153	新铺	3	SMA 5
2015	马房北京大桥	连续梁桥	64×14=896	维修	—	8
2015	云蒙大桥	悬索桥	370	新铺	3	SMA 4
2015	清水河大桥	悬索桥	1130	新铺	双层环氧树脂黏结层	
2016	仁皇山大桥	连续梁桥	128	新铺	3	SMA 4
2016	城西大桥	连续梁桥	75	新铺	3	SMA 4
2016	广东省南沙蕉门河中心区双桥项目车行桥工程	钢拱桥	175.5	新铺	2.5	2.5
2016	榕江特大桥	斜拉桥	380	新铺	2.5	3
2016	贵州贵阳BRT通道	梁桥	2000	新铺	3.8	3.8
2016	荆岳长江大桥	斜拉桥	816	维修	单层5.5	
2017	荆岳长江大桥	斜拉桥	816	维修	3	2.5
2018	平胜大桥	悬索桥	350	维修	2.5	3

续上表

施工年份	桥梁名称	桥型	主跨(m)	用途	铺装厚度(cm)	
					基层	面层
2019	南沙大桥	悬索桥	1688+1200	新铺	3	3.5
	肇云大桥	悬索桥	738	新铺	3	3
	九江长江大桥	钢桁梁桥	162×8+216+180	维修	3	SMA 4
2020—2021	虎门大桥	悬索桥	884	维修	3.5	3.5

(3)冷拌环氧沥青混凝土

RS 钢桥面铺装典型结构由 EBCL + RA05 + SMA-10 三层组成。EBCL 作为防水黏结层；RA05 作为铺装整体化层、刚度过渡层、隔温层；高黏改性沥青 SMA-10 作为表面功能层，如图 1-2-4 所示。

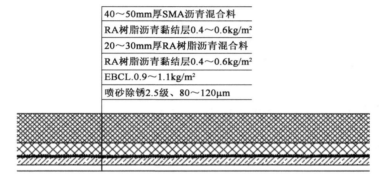

图 1-2-4　ERS 钢桥面铺装示意图

ERS(EBCL + RA05 + SMA)钢桥面铺装技术目前也在不断完善发展中，整体上工程应用时间较短，2008 年后的部分 ERS 钢桥面铺装表现较好，但也有部分钢桥面铺装出现较严重的病害。ERS 钢桥面铺装方案的 RA05 与 SMA 之间黏结性能是一个需要注意的问题。ERS(EBCL + RA05 + SMA)钢桥面铺装的可靠性、耐久性还有待时间和工程实践的进一步检验。

ERS 的 EBCL + RA05 属于冷拌施工树脂类铺装材料。ERS 钢桥面铺装自西陵长江大桥(2004 年)开始应用，其后在杭州市江东大桥(九桥)(2008 年)、宁波庆丰桥(2008 年)、广州猎德大桥(2009 年)、宁波青林湾大桥(2010 年)、宜昌长江公路大桥(2010 年)、嘉绍大桥(2013 年)等钢桥面铺装中得到应用。

嘉绍大桥 2015 年交通量约 28886 辆/d，夏季高温时段钢桥面铺装采用洒水降温。钢桥面铺装整体表现良好，局部有病害发生，如图 1-2-5 所示。

在重载交通情况下，青林湾大桥、明州大

图 1-2-5　嘉绍大桥钢桥面铺装照片(2015 年)

桥、江东大桥等项目通车3～4年后；ERS钢桥面铺装出现车辙和推移情况。

1.3 钢桥面铺装典型病害概况

大跨径钢桥面铺装技术是一个世界性的技术难题，尤其对正交异性钢桥面板。同时，由于我国特殊的交通、气候等条件也导致钢桥面铺装问题突出，特别是钢桥面铺装的早期病害一直是困扰我国钢桥面铺装的棘手问题。在一些早期通车的钢桥面铺装桥梁中，通车1～2年内铺装即出现严重的病害，对铺装不得不进行大修，严重影响了大跨径桥梁的交通功能，造成了明显的社会经济影响。

在过去30年时间里，我国的钢桥面铺装体系经历了从技术引进、技术改进到技术创新的螺旋式上升过程，大量的科研和工程技术人员开展了不间断的尝试和攻关，在铺装结构体系的理论、设计、材料的研发应用、施工技术、维修养生等方面取得了显著成果，有效提高了钢桥面铺装性能和使用寿命。但总体上说，我国的钢桥面铺装起步较晚，研究和技术应用的时间还较短，在引进、消化吸收和创新的过程中，也伴随着大量经验教训的积累，多数工程的应用还需用更长时间去检验，一些技术的应用还不成熟，目前还未形成比较完善和成熟的体系。

下面主要对我国几种典型钢桥面铺装体系（双层SMA、浇注式沥青混凝土、环氧沥青混凝土铺装）的使用状况和病害发生情况的调查结果进行介绍，简要分析病害发生的原因和规律。

1.3.1 双层SMA类钢桥面铺装使用状况及病害分析

我国典型双层SMA类钢桥面铺装修建及维修情况数据见表1-3-1。对我国典型的典型双层SMA类钢桥面铺装病害进行调查分析，主要病害是车辙、开裂、推移。

国典型双层SMA类钢桥面铺装修建及维修情况　　　　表1-3-1

桥　名	建成时间	第一次大修时间	第二次大修时间
西陵长江大桥	1996	1997	—
广东虎门大桥	1997.5	1998.12	2003.11
江阴长江公路大桥	1999.9	2003	2004
汕头岩石大桥	1999	2004	2008
厦门海沧大桥	1999	2002	
武汉军山长江大桥	2001.10	2004	2009
武汉长江白沙洲大桥	2000.6	2002	—
重庆长江鹅公岩大桥	2000.12	2003	—

1.3.1.1 车辙病害

初期部分双层SMA类钢桥面铺装一般在通车1～2年内出现较严重的车辙病害，见图1-3-1。已有调查资料表明出现车辙病害的原因包括外部因素和铺装自身因素：外部因素主要是桥面铺装的高温（近70℃）和交通重载超载问题；铺装自身因素主要是沥青混合料级配和沥青性能影响,如果钢桥面铺装黏结层出现滑移,也会加速铺装车辙的恶化发展。近年由于改性沥青的高温性能提高以及沥青混合料级配优化控制改进,双层 SMA 类钢桥面铺装的高温稳定性得到显著改善。

1.3.1.2 脱层、推移

双层 SMA 类钢桥面铺装也易出现沿纵向的推移病害,见图 1-3-2。尤其是纵坡较大、重载较严重的大跨径钢桥面铺装易出现较严重的推移病害。钢桥面铺装推移病害的直接原因是黏结层强度不足或失效。钢桥面铺装在轮胎的纵向

图 1-3-1　双层 SMA 铺装车辙病害

水平制动力或驱动力作用下产生滑移,高温环境下,雨季雨水进入铺装层底部,加速了钢桥面铺装的推移病害。对钢桥面铺装推移病害位置开挖发现,钢桥面铺装与钢桥面之间基本没有黏结,钢桥面铺装与钢桥面处于脱层状态,而且层间处于潮湿状态。

a)　　　　　　　　　　　　　　　　　b)

图 1-3-2　双层 SMA 铺装推移、脱层病害

一般钢桥面铺装的推移病害首先在高温雨季发现,因此应特别注意加强钢桥面铺装的高温黏结性能。

1.3.1.3 开裂、坑槽

双层 SMA 类钢桥面铺装开裂病害主要出现在轮迹带位置,一般开始在车道轮迹位置出现轻微的纵向裂缝,裂缝基本平行,并逐渐发展,之后容易产生坑槽,严重情况下出现坑槽连通情况(图 1-3-3)。开裂、坑槽病害对交通安全造成较大的影响。

双层 SMA 类钢桥面铺装开裂病害主要由于钢桥面铺装横向变形较大,造成钢桥面铺装产生疲劳开裂破坏,出现开裂后,雨水进入铺装层也会加速病害发展,最终出现坑槽和脱落情况。

1.3.2　浇注式沥青混凝土钢桥面铺装使用状况及病害分析

浇注式沥青混凝土中的沥青胶浆是由直馏沥青与天然沥青经适当比例混合所形成的硬质沥青。一般常用的直馏沥青等级以针入度分级为 20～40,天然沥青采用精制特立尼达湖沥

青。日本浇注式沥青混凝土配合设计采用硬质沥青,其沥青含量的经验值约在7%～10%之间。在日本与欧洲,矿物填料和一般粗细粒料一样重要。例如在一般的密级配沥青混凝土,一般需要6%～10%的矿物填充料,而浇注式沥青混凝土则需要20%～28%的填料,填料数量对拌和结果会有很大影响。随着交通荷载的增加,对桥面铺装高温性能要求不断提高,单纯添加TLA沥青在一些环境已经不能满足要求,目前已开始采用聚合物改性沥青玛琋脂,完全采用聚合物改性沥青作为胶结料或聚合物改性沥青与TLA沥青混合作为胶结料。

a)

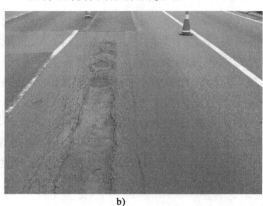
b)

图1-3-3　双层SMA铺装开裂、坑槽病害

由于聚合物改性沥青玛琋脂不仅具有优良的高温性能,也具有良好的低温性能,聚合物改性沥青玛琋脂可以作为钢桥面铺装防水层、保护层或磨耗层的材料。但是聚合物改性材料对高温比常规材料更敏感,过高温度或长时间加热能够导致改性剂产生变化,降低或改变改性沥青胶浆性能。如果聚合物改性沥青黏度过高,浇注式施工难度很大,这也是聚合物改性沥青玛琋脂路用性能与施工性能之间需要平衡的矛盾。因此必须确保聚合物改性沥青的均匀性和热稳定性,采取有效措施避免或降低施工过程中聚合物改性沥青的离析和变化。

1.3.2.1　车辙病害

浇注式沥青混凝土钢桥面铺装典型病害是车辙,见图1-3-4。由于浇注式沥青混凝土铺装的高温稳定性较低,在我国高温、重载条件下,浇注式沥青混凝土铺装往往很快出现严重车辙病害。

图1-3-4　浇注式沥青混凝土铺装车辙病害

浇注式沥青混凝土在引入我国后,形成了浇注式沥青混凝土为铺装下层(保护层)、热拌沥青混凝土为面层(磨耗层)的典型铺装方案,其综合高温稳定性得到一定程度改善和提高,上面层热拌沥青混凝土一般采用改性SMA。GA(MA)+SMA引入我国后,得到了广泛应用,对GA铺装结构及其材料进行了调整和改进,并通过不断应用总结,对其性能进行完善。多数应用GA(MA)+SMA铺装方案的桥梁处于中、轻交通荷载情况,在少数高温、重载桥梁项目上出现

了较严重车辙、推移病害,见图 1-3-5。

1.3.2.2 开裂病害

浇注式沥青混凝土钢桥面铺装,在重载、薄桥面钢板情况下,一般会出现严重的开裂病害,见图 1-3-6。浇注式沥青混凝土钢桥面铺装开裂病害主要是由铺装材料产生疲劳破坏造成的。

图 1-3-5　GA(MA)+SMA 铺装车辙病害　　　　图 1-3-6　浇注式混凝土铺装开裂病害

1.3.3　环氧沥青混凝土钢桥面铺装使用状况及病害分析

与普通沥青混凝土不同,环氧沥青混凝土的性能受成型温度、时间、湿度等因素变化的影响很大,对施工质量控制体系的要求相当高,并且在摊铺后必须保证有足够长的养生期,以确保环氧沥青混凝土能够基本完成固化。

环氧沥青混凝土铺装主要产生鼓包开裂(坑槽)、接缝开裂、纵向开裂、推移开裂、连续开裂、局部脱层等病害,具体情况如下。

1.3.3.1　鼓包开裂

鼓包开裂是环氧沥青混凝土铺装的典型病害,由于环氧沥青混凝土铺装空隙率一般低于 3%,基本不透气,施工过程中环氧沥青混凝土内滞留水分无法排出,部分情况下在施工碾压后就出现鼓包或开裂(图 1-3-7),一般经过刺孔放汽或挖补处理可以得到有效修复(图 1-3-8)。

图 1-3-7　鼓包开裂　　　　　　　　　　　图 1-3-8　鼓包修复

如果在施工中环氧沥青混凝土内滞留水分情况没有被发现,则桥面铺装可能在运营阶段天气炎热的情况下逐渐出现鼓包现象,在车辆荷载的循环作用下鼓包开裂继续扩展,出现线形开裂、分叉开裂(图1-3-9)、环形开裂(图1-3-10),进一步出现塌陷坑槽,水在车辆荷载产生的压力作用下从塌陷处下渗到铺装层内部(图1-3-11),在铺装层中和钢板之间产生拍打效应,即在动水压力作用下不断冲击钢板(或黏结层),从而导致钢板锈蚀(图1-3-12)。因此,对于鼓包情况应及时处理,避免因鼓包造成桥面铺装开裂或坑槽病害(图1-3-13)。

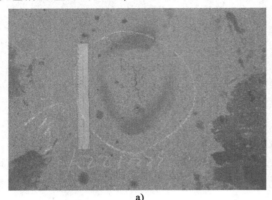
a)

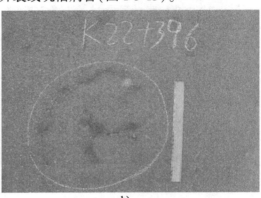
b)

图1-3-9 环氧沥青混凝土铺装鼓包线形开裂、分叉开裂

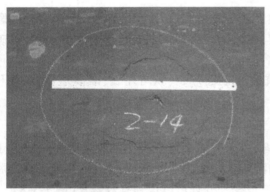

图1-3-10 环氧沥青混凝土铺装鼓包环形开裂

图1-3-11 环氧沥青混凝土铺装鼓包开裂发展(浸水)

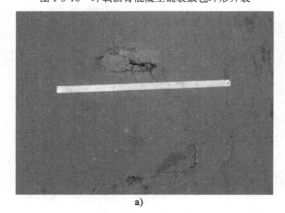
a)

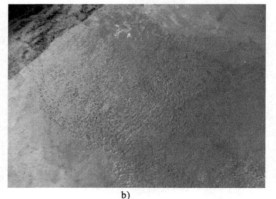
b)

图1-3-12 环氧沥青混凝土铺装鼓包开裂发展(返锈)

1.3.3.2 接缝开裂

环氧沥青混凝土铺装一般按宽度为 4~7m 分幅施工,并分为上下两层进行摊铺,由此存在一个接缝处理问题。该接缝属于冷接缝,要求接缝平顺、密实。但在实际环氧沥青钢桥面铺装施工中,存在局部接缝处理效果不好的情况,尤其是接缝位置压实不足、接缝不密实,引起接缝位置的开裂病害。如果下面层接缝位置不够密实平顺,会引起其上面层的开裂(图 1-3-14),上面层接缝处理不当也会出现开裂(图 1-3-15)。一般环氧沥青混凝土钢桥面铺装接缝尽可能不设在轮迹带位置,以避免轮载加速接缝开裂病害。调查显示,整体上环氧沥青混凝土钢桥面铺装接缝开裂问题不是特别突出。

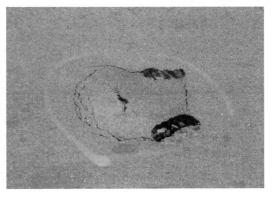

图 1-3-13 环氧沥青混凝土铺装鼓包开裂发展(坑槽)

a)
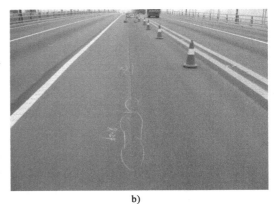
b)

图 1-3-14 环氧沥青混凝土铺装接缝开裂

图 1-3-15 环氧沥青混凝土铺装接缝开裂

1.3.3.3 纵向开裂

部分桥梁的环氧沥青混凝土钢桥面铺装在轮迹带位置出现纵向开裂病害。纵向开裂基本位于加劲肋上缘位置,其横向间距基本与加劲肋间距相同。纵向开裂病害可能进一步发展为网裂,乃至坑槽(图 1-3-16、图 1-3-17)。出现纵向开裂病害的桥梁一般重载、超载情况较严重,初步分析表明环氧沥青混凝土钢桥面铺装纵向开裂病害主要是铺装材料结构性强度破坏。

1.3.3.4 推移开裂、连续开裂

部分桥梁的环氧沥青混凝土钢桥面铺装在轮迹带位置出现推移开裂病害,也出现连续不规则开裂情况。这种推移、连续开裂是环氧沥青钢

桥面铺装最严重的病害。调查显示，这种病害基本出现在温拌环氧沥青混凝土铺装工程，见图 1-3-18 和图 1-3-19。

图 1-3-16　环氧沥青混凝土铺装纵向开裂初期

图 1-3-17　环氧沥青混凝土铺装纵向开裂、网裂

图 1-3-18　环氧沥青混凝土铺装推移开裂

图 1-3-19　环氧沥青混凝土铺装连续开裂

1.3.4　钢桥面铺装损伤病害机理分析

SMA、浇注式沥青混凝土、环氧沥青混凝土等典型类型钢桥面铺装具有各自特点和适应性，其病害机理也有较大差异。以下分别分析 SMA、浇注式沥青混凝土、环氧沥青混凝土等典型类型钢桥面铺装损伤病害机理。

1.3.4.1　SMA 类沥青混凝土钢桥面铺装病害机理分析

SMA 类沥青混凝土钢桥面铺装病害主要表现为：车辙、推移、开裂等。

（1）车辙：SMA 类沥青混凝土钢桥面铺装车辙病害主要与铺装层沥青混凝土高温稳定性、重载交通、高温环境等因素综合作用有关。SMA 类沥青混凝土钢桥面铺装车辙病害的自身原因是 SMA 类沥青混凝土高温性能不足，可能由于沥青高温指标较低、混合料级配不够合理或施工质量控制等因素引起 SMA 沥青混凝土高温性能不足。

（2）推移：SMA 类沥青混凝土钢桥面铺装推移病害主要由于黏结层体系性能不足，导致铺装层与桥面板间产生滑移，进而产生推移开裂病害。黏结层体系性能不足一方面由于黏结层自身强度,尤其是高温强度较低;另一方面由于铺装层、黏结层之间缺乏有效黏结,如树脂类黏结层与铺装层可能存在黏结困难问题(图1-3-20),处于脱离状态。

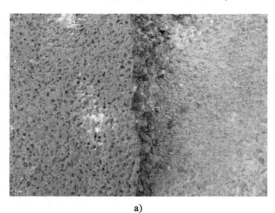 

a) b)

图1-3-20 SMA类沥青混凝土钢桥面铺装黏结层脱离

(3)开裂:SMA类沥青混凝土钢桥面铺装开裂病害主要与铺装层沥青混凝土抗疲劳性能、重载交通、桥面板刚度等因素综合作用有关。SMA类沥青混凝土钢桥面铺装开裂病害的自身原因是混凝土抗疲劳开裂性能不足。

1.3.4.2 浇注式沥青混凝土钢桥面铺装病害机理分析

浇注式沥青混凝土钢桥面铺装病害主要表现为:车辙、开裂等。

(1)车辙:浇注式沥青混凝土钢桥面铺装车辙病害主要与铺装层沥青混凝土高温稳定性、重载交通、高温环境等因素综合作用有关。浇注式沥青混凝土钢桥面铺装车辙病害的自身原因是浇注式沥青混凝土高温性能不足,引起浇注式沥青混凝土车辙病害。

(2)开裂:浇注式沥青混凝土钢桥面铺装开裂病害主要与铺装层沥青混凝土抗疲劳性能、重载交通、桥面板刚度等因素综合作用有关。浇注式沥青混凝土钢桥面铺装开裂病害的自身原因是其混凝土抗疲劳开裂性能不足。

1.3.4.3 环氧沥青混凝土钢桥面铺装病害机理分析

环氧沥青混凝土钢桥面铺装病害主要表现为:鼓包开裂、纵向开裂、脱层开裂等。

(1)鼓包开裂:环氧沥青混凝土的空隙率基本低于3%,不透气。如果施工过程中环氧沥青混凝土内或层间进入水,可能导致环氧沥青混凝土出现鼓包病害,如果水量较大或混凝土温度较高,鼓包会在碾压后马上出现,此情况一般较好处理;反之,在通车后高温季节出现鼓包开裂,并在轮载作用下加速鼓包开裂病害的扩展,如果维修处理不当,最后可能发展为坑槽病害。一般鼓包开裂病害分布位置随机,有时有一定规律,整体上一般集中出现在一个区域,在轮迹带区域的鼓包开裂病害发展较快。

(2)纵向开裂:环氧沥青混凝土的抗疲劳性能优良,一般表现出良好的抗疲劳耐久性,但在部分重载、超载情况严重的桥梁出现了纵向开裂,而且开裂基本位于轮迹带区域的加劲肋上缘位置。从纵向开裂病害发生位置和交通条件分析,纵向开裂主要由于环氧沥青混凝土铺装材料的结构性强度破坏。环氧沥青混凝土铺装往往在超过一定应变水平情况下,很快发生疲

（3）脱层开裂：脱层开裂是环氧沥青混凝土铺装的一种主要病害，如图 1-3-21 所示，一般面积较大，连续长度可能超过 10m，宽度 1~2m。打开脱层开裂位置的铺装层，发现一般脱层多发生在钢板表面，部分发生在上下层之间。脱层的黏结层的颜色表现与正常情况颜色有差异，见图 1-3-22，黏结层为橙黄色，而且基本没有黏结强度，一般黏结层为无色或黑色，这也表明黏结层材料出现异常。脱层开裂后，雨水会进入脱层位置，脱层的黏结层处于潮湿状态，加速脱层病害发展，见图 1-3-23。

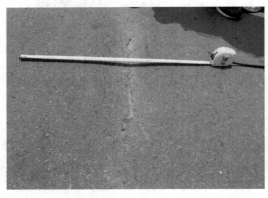

图 1-3-21　温拌环氧沥青混凝土铺装脱层开裂病害

图 1-3-22　铺装脱层开裂的黏结层颜色呈橙黄色

病害调查中，发现脱层病害的铺装层与桥面板间基本无黏结，黏结层完全失效，见图 1-3-24。脱层病害边缘的铺装层与钢板间黏结牢固，未脱层铺装层很难打开，脱层的界限分明，见图 1-3-25 和图 1-3-26。脱层区域分布呈现不规则的特点（图 1-3-27），产生脱层直接原因是黏结层强度不足或失效，但黏结层强度不足或失效的原因目前尚不确定，初步分析认为可能与环氧沥青混凝土黏结层施工时环氧树脂与固化剂的比例、混合均匀性情况有关。脱层区域不规则分布特点似与黏结层洒布施工路径有一定相似关联（图 1-3-28）。由于脱层位置黏结层的材料组成和性能检测难度较大，目前还不确定脱层病害的根本原因，但可以确定的是由于黏结层强度不足或失效导致铺装层脱层病害，应从黏结层材料、施工、控制等方面进一步查找原因，以提高钢桥面铺装的整体质量。

图 1-3-23　铺装脱层开裂的黏结层潮湿状况

图 1-3-24　铺装脱层开裂的黏结层失效状况

图 1-3-25 铺装脱层的黏结层状况

图 1-3-26 铺装脱层的黏结层状况

图 1-3-27 铺装脱层位置的分布情况

图 1-3-28 铺装黏结层洒布施工

1.3.5 钢桥面铺装病害分析总结

1.3.5.1 病害类型

根据对SMA类、浇注式、环氧沥青混凝土三种典型钢桥面铺装典型病害和成因进行分析总结,见表1-3-2。

钢桥面铺装典型病害总结分析　　　　　表1-3-2

铺装类型		典型病害及原因分析
SMA类混凝土	车辙	铺装层沥青混凝土高温稳定性不足,重载、超载严重等原因
	开裂	铺装层沥青混凝土疲劳破坏,钢桥面顶板较薄,重载、超载严重等原因
	推移	钢桥面铺装黏结层强度不足,尤其是高温条件下黏结强度较低
浇注式混凝土	车辙	铺装层沥青混凝土高温稳定性不足,重载、超载严重等原因
	开裂	铺装层沥青混凝土疲劳破坏,钢桥面顶板较薄,重载、超载严重等原因
	推移	高温情况下,浇注式沥青混凝土与钢桥面板之间抗剪力处于较低水平

续上表

铺装类型		典型病害及原因分析
环氧沥青混凝土	鼓包开裂	施工过程中桥面铺装内部进入水分,高温膨胀,轮胎冲击作用
	纵向开裂	铺装层沥青混凝土疲劳或强度破坏,重载、超载严重等原因
	脱层开裂	钢桥面铺装黏结层强度失效或不足

1.3.5.2 病害产生影响因素

钢桥面铺装病害产生的主要因素分析如下:

(1)铺装材料性能达不到性能要求

由于钢桥面铺装的使用环境条件要求,钢桥面铺装材料的高温稳定性、抗疲劳耐久性、与桥面板的黏结性能是重要指标要求,如果其中任一项指标达不到要求,都会导致钢桥面铺装破坏。如浇注式沥青混凝土的高温稳定性到不到要求,将产生车辙病害;沥青混凝土抗疲劳性能不足将产生开裂病害;黏结层强度不足将产生脱层、推移病害。因此,设计中要求桥面铺装材料达到相应技术指标要求,是保证桥面铺装性能的基础。

(2)铺装使用条件过于苛刻

桥面铺装使用条件过于苛刻,超过铺装材料的正常性能水平,将导致钢桥面铺装破坏。如超载严重,将产生超过铺装材料性能极限的变形,导致铺装发生破坏。

(3)钢桥面铺装施工质量控制

钢桥面铺装材料只有满足施工质量控制要求,才能达到铺装材料设计性能水平。如果施工质量控制出现问题,将导致钢桥面铺装产生破坏。

钢桥面铺装施工质量引起的病害可分为两种类型:

①局部随机病害:如钢桥面铺装的局部鼓包病害,一般这种病害很难完全避免,但也不会引起桥面铺装整体严重病害。

②系统性病害:这种病害分布面积较大,而且有一定规律,这种病害影响较大,应严格避免出现这种系统性病害。

不同铺装材料的施工质量控制要求和难度相差较大,总体上环氧沥青混凝土铺装施工质量控制要求较高,尤其是温拌性环氧沥青混凝土施工质量控制难度很大,容易出现系统性病害。

1.4 本章小结

本章首先从正交异性钢桥面板和钢桥面铺装研究及技术发展两个方面阐述了钢桥面铺装技术发展概况,明确保护钢结构使之不承受环境侵蚀与荷载损伤;然后从钢桥面铺装体系组成及典型钢桥面铺装材料应用情况等方面重点阐述了典型钢桥面铺装体系概况,铺装应具有良好的力学性能和足够的表面功能;最后通过对我国几种典型钢桥面铺装体系(SMA、浇注式沥青混凝土、环氧沥青混凝土铺装)的使用状况和病害发生情况的调查,分析和总结了病害发生的原因和规律。总之,目前我国的钢桥面铺装技术仍存在进一步改善提高的空间,大跨径钢桥面铺装仍然是我国公路建设中亟待解决的技术难题。

第 2 章　广东南沙大桥钢桥面铺装使用条件分析

钢桥面铺装使用环境条件与一般路面相比更苛刻,正交异性钢桥面板的刚度相对较低,同时铺装层温度也较一般路面高,大跨径桥梁也面临着较大交通量、重载交通的荷载特点。针对广东南沙大桥开展交通荷载、铺装层温度和铺装层结构受力的等使用条件进行综合分析,为广东南沙大桥钢桥面铺装结构设计、铺装材料设计及运营养生提供参考。

2.1　工程简介

2.1.1　工程概况

广东南沙大桥是广东省高速公路网规划中连接广州和东莞的重要东西向通道,路线起于广州市南沙区东涌镇,顺接国道主干线广州绕城公路南环段,同时与广珠北线高速公路连接,经广州市南沙区、番禺区,并先后跨越大沙水道、海鸥岛、坭洲水道后,穿越虎门港进入东莞市沙田镇,终点与广深沿江高速公路相接,并预留东延穿越厚街镇、大岭山至寮步镇出口,路线全长 12.891km。广东南沙大桥上游距珠江黄埔大桥约 20km,下游距广东虎门大桥约 10km。本项目的建设,对于缓解广东虎门大桥交通压力、改善珠江番莞两岸交通流结构、完善广东省高速公路网、保障珠江两岸交通安全、均衡珠江两岸经济发展、促进珠江西岸经济崛起、实施广东省《珠江三角洲地区改革发展规划纲要》起到至关重要的作用。广东南沙大桥过江通道工程包括两座大跨径悬索桥,分别是坭洲水道桥的双塔双跨悬索桥[跨径布置为 658m + 1688m + 522m(钢箱梁长度为 548m + 1688m)]、大沙水道桥双塔单跨悬索桥[跨径布置为 360m + 1200m + 480m(钢箱梁长度为 1200m)],广东南沙大桥主桥效果图见图 2-1-1 和图 2-1-2。广东南沙大桥钢箱梁桥的标准梁段设置实腹式横隔板,间距 3.2m;顶板 U 肋上口宽 300mm,下口宽 170mm,高 280mm,U 肋中心距 600mm;顶板在外侧重车道厚 18mm,内侧快车道厚 16mm。广东南沙大桥钢桥面铺装总面积约 13.6 万 m^2。

图 2-1-1　坭洲水道桥效果图

图 2-1-2　大沙水道桥效果图

2.1.2　钢桥面铺装设计条件

广东南沙大桥钢桥面铺装主要技术标准：
(1)公路等级：八车道高速公路。
(2)设计速度：100km/h。
(3)桥面宽度：40.5m，其中行车道宽 $2\times(4\times3.75)m+2\times3m$。
(4)桥面纵坡：2.5%。
(5)桥面横坡：2.0%。
(6)设计洪水频率：1/300。
(7)主要荷载标准：
①车辆荷载等级：公路—Ⅰ级。
②设计温度：年平均温度22.4℃，极端最高温度38.2℃，极端最低温度0.9℃；月平均最高温度28.6℃，月平均最低温度14.4℃，日平均最高温度33.3℃，日平均最低温度4℃。

铺装设计需要重点考虑钢桥面板刚度、环境温度与交通荷载3个基本条件。
(8)广东南沙大桥钢桥面板结构。
顶板在外侧重车道厚18mm，内侧快车道厚16mm；顶板U肋高280mm，板厚8mm，中心距600mm；横隔板由上、下两块板竖向组焊而成，上板为顶板横向加筋板，厚10(14)mm，具体参数见表2-1-1。

广东虎门二桥钢桥面板结构参数　　　　　　　　表2-1-1

梁高		4m(箱梁中心线处)
梁宽		44.7m
顶板厚		16mm(快车道)、18mm(重车道)
顶板U肋	厚	8mm
	上口宽	300mm
	下口宽	170mm
	高	280mm
	标准间距	600mm
横隔板标准间距		3.2m
横隔板厚		10mm、14mm

(9)广东南沙大桥钢桥面铺装温度。

根据气象资料并结合对多个钢桥面铺装温度测试评价:低温时铺装温度略高于环境温度,高温时铺装温度比环境温度高20~30℃,铺装底面及钢板温度比环境温度高15~20℃。广东南沙大桥桥址地区温度为0.9~38.2℃,钢桥面铺装使用温度范围为0~70℃。

(10)广东南沙大桥所处路网节点和钢桥面铺装交通荷载特点。

广东南沙大桥作为广东省高速公路网规划中连接广州和东莞的重要东西向通道,为粤港澳大湾区互联互通打通新的动脉,对构筑大湾区快速交通网络、促进区域间经济发展要素的快速流动和珠三角地区完善交通体系意义深远。

根据工程可行性(简称工可)分析数据可知,广东南沙大桥项目建成通车初年全线平均交通量预计为31744pcu/d,桥梁段交通量预计为31953pcu/d,预计2040年全线平均交通量为104831pcu/d。

2.1.3 钢桥面铺装建设条件

(1)工期:2018年1月至2019年1月。
(2)钢桥面铺装面积约13.6万 m²,铺装工程规模较大。
(3)施工条件:气候条件复杂,雨季时间长,不良天气较多,钢桥面铺装有效施工时间短。
(4)钢桥面铺装设计年限15年。

2.1.4 钢桥面铺装设计基本原则

(1)考虑广东南沙大桥交通网络节点功能及规模,参考借鉴成熟的铺装技术,技术风险相对较小,保证工程可靠性和耐久性。

(2)根据广东南沙大桥特重交通荷载等级,以及货车比例较高的情况,选择相适应的钢桥面铺装方案。

(3)钢桥面铺装方案满足施工工期和施工场地布置要求,满足钢桥面铺装施工质量控制要求。

(4)钢桥面铺装方案中的施工工艺技术较成熟,选择具有丰富施工经验的钢桥面铺装承包商。

(5)钢桥面铺装经济性较好,具有良好的耐久性,减少因维修造成的交通影响,并具有寿命周期成本优势。

(6)钢桥面铺装方案便于快速维修养生,以减少对交通的影响。

2.2 广东南沙大桥钢桥面铺装环境气候分析

1)温度

年平均气温22.4℃,最热月7月平均气温28.6℃,最冷月1月平均气温14.4℃,极端最高气温38.2℃(1994年7月2日),极端最低气温0.9℃(1975年12月16日)。

2) 降水

年平均降水量 1813.2mm,年降水量最小为 1219.6mm(1991 年),最大为 2710.9mm(2008年),约为最小年份的 2.2 倍。年内雨水主要集中在汛期(4~9 月份),占全年雨量的 82.8%;冬半年(10 月~翌年 3 月)降水量只占全年的 17.8%。

3) 风速

年平均风速 2.0m/s,年内各月风速春、夏季大,秋、冬季小;东莞 10min 最大风速为 20.0m/s(受 1983 年 9 月 9 日在珠海登陆的 8309 号台风登陆影响)。

经过对广东南沙大桥为期一年的桥位气象观测与研究,并综合考虑东莞气象站、沙田测风站的同期实测风资料,推算得到广东南沙大桥桥位距海平面各高度、各重现期 10min 平均风速,见表 2-2-1。

广东南沙大桥桥位气象观测数据   表 2-2-1

高度(m)	重现期(a)					
	10	30	50	100	120	200
10	24.4	29.2	31.5	34.4	35.2	37.4
50	29.6	35.5	38.3	41.8	42.8	45.5
80	31.6	37.6	40.5	44.3	45.3	48.1
100	32.2	38.6	41.7	45.5	46.5	49.4
200	35.1	42	45.3	49.4	50.6	53.8

4) 相对湿度

年平均相对湿度 77%,但湿度的季节变化明显,在春夏季高湿季节,相对湿度时常达到 100%,但在冬季干燥季节,极端最小湿度只有 11%(2008 年 3 月 4 日)。

2.3 广东南沙大桥钢桥面铺装荷载条件分析

广东南沙大桥连接珠江三角洲东西两岸,珠江三角洲是全国经济发展最为迅速的地区之一,其城市化水平达到了 60% 左右。根据《珠江三角洲城镇群协调发展规划》(2004—2020),珠江三角洲经济区划分为东部区域、中部区域、西部区域。由于特殊的地理条件的制约,珠三角东部区域与西部区域的联系依靠广深通道、广东虎门大桥和虎门轮渡。而根据对广深通道、广东虎门大桥和虎门轮渡的交通流量分析可知,广东虎门大桥和虎门轮渡主要是承担珠江东岸地区与中山、珠海及粤西地区的联系,珠江西岸广佛都市圈及以西地区与珠江东岸地区的联系则主要依靠广深通道;本项目建成通车后,横跨珠江口中部地区东西两岸,使得珠江口东西两岸在地理位置上的经济合作与互补性得到加强,带来了新的经济增长极;另一方面,本项目直接影响区之一的番禺区是广州市城市发展战略"南拓"的重点区域,是广州未来的新城区,是广州市新火车站所在地,是广州市未来客货流,特别是客流的集散地。无论从广州市未来城市南移,还是珠三角粤港澳经济的融合来看,珠江东西两岸无论是在经济上,还是在交通上,都会有较大的增长。

本项目建成通车初年,全线平均交通量为31744pcu/d,桥梁段交通量为31953pcu/d。根据本项目基年OD表可以分析,2008年经由广深通道广州南部地区及佛山地区与东莞深圳联系的交通需求约4万pcu/d,经广东虎门大桥广州南部及佛山地区与东莞深圳联系的交通量约为3.4万pcu/d。这两部分交通量在本项目建成通车后,均有部分直接转移到本项目上,初期交通量较大。

项目的建成通车,对合理组织珠江东西两岸的交通起着重要的作用。从项目交通量增长率来看,前期交通量增长较快,后期交通量增长逐渐放缓,并逐渐趋于稳定。这主要因为与项目相关的广深通道、广东虎门大桥目前交通压力较大,基本趋于饱和,项目建成通车后,迅速转移了部分相关通道交通压力,使得本项目初期交通量较大;随着经济的发展,本项目交通量也得到增长,但由于受通行能力的限制,增长率放缓,并逐渐趋于稳定。本项目推荐方案中2020年交通量为51865pcu/d、2025年为73065pcu/d、2030年为89639pcu/d、2035年为100063pcu/d,年均增长率2015—2020年为10.32%、2020—2025年为7.09%、2025—2030年为4.17%、2030—2035年为2.22%。

工可调查时间对于桥梁建设而言有一定前置,并且近年来我国社会经济发展较快,工可的预测难度较大。珠三角过江通道的交通量巨大,当前通道主要为广东虎门大桥、黄埔大桥等,而广东虎门大桥面临结构检测和大修,如果对广东虎门大桥交通进行限行,较长时间内对广东南沙大桥的交通流有显著影响,广东南沙大桥的交通量将急剧增长,超出原预测交通量,对钢桥面铺装的性能提出很高的要求。

2.4 广东南沙大桥钢桥面铺装结构受力分析

2.4.1 分析方法

由于钢桥面铺装层直接铺设在正交异性板上,而正交异性钢桥面板柔度大,在移动车辆荷载的影响下,钢桥面桥受力复杂,受力比一般的带基层路面铺装复杂。早期对钢桥面铺装的研究主要集中在铺装材料特性方面,未能意识到钢桥结构的正交异性对铺装层受力性能的影响。近年来,世界各国桥梁工作者逐渐注意到正交异性钢桥面系结构参数的变化对铺装层受力性能的重要影响。钢桥面铺装层由于受到加劲肋的加劲支撑作用,在车辆荷载作用下,加劲肋、横肋(横隔板)、纵隔板顶部的铺装层表面出现负弯矩,铺装层最大拉应变均出现在铺装层表面,一旦铺装层表面最大拉应变超过铺装材料的极限抗拉强度,在铺装表面即出现裂缝。通过多层次有限元数值模拟分析广东南沙大桥钢桥面铺装受力状态和特征。

采用三维有限元分析技术,对广东南沙大桥钢桥面铺装体系进行两个层次的力学分析,首先利用有限元分析软件Midas分析不同交通荷载作用下桥面系最不利状态截段(简称第一体系分析);其次应用子模型法,通过ABAQUS软件深入分析不同交通荷载条件下铺装层的应力应变水平状况,并研究考虑防水黏结层作用下的铺装层应力场及疲劳性能分析(简称第二体系分析),为广东南沙大桥钢桥面铺装结构体系设计提供科学理论依据。

2.4.2 结构建模及计算参数

广东南沙大桥两座大跨径悬索桥坭洲水道桥和大沙水道桥桥型布置如图 2-4-1 所示,标准横断面图如图 2-4-2 所示。

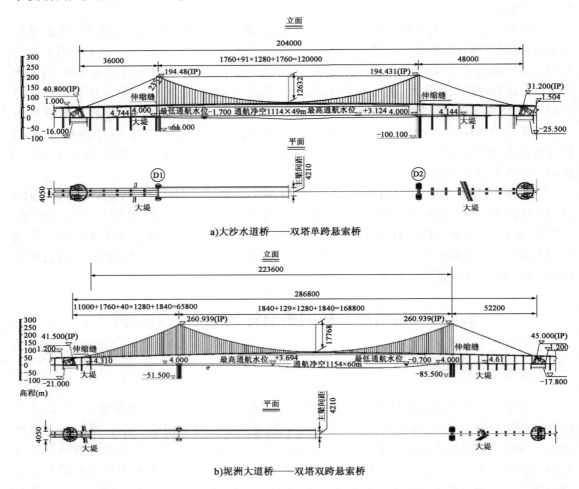

图 2-4-1 广东南沙大桥桥型布置图(尺寸单位:cm)

2.4.3 广东南沙大桥坭洲水道桥双塔双跨悬索桥第一体系计算结果

悬索桥为缆索支撑桥梁,其结构体系可分为四种主要构件:①加劲梁;②支撑加劲梁的缆索体系;③支撑缆索体系的索塔;④竖向和水平支撑缆索体系的锚碇。

悬索桥结构为多次超静定,高度非线性结构,分析计算非常复杂,一般要借助计算机进行分析。桥梁结构设计中一般把悬索桥简化为空间杆系结构进行桥梁结构整体性计算,基本可以满足工程设计需要,这样处理结构模型较简单,便于结构的优化设计,提高计算效率。沥青混凝土弹性模量约为水泥混凝土的 1/20,而且桥面铺装层一般较薄(50~80mm),而一般混凝土桥面板厚度在 200mm 以上,在桥梁整体结构力学分析中,不计入铺装层结构刚度。根据坭洲水道桥设计图纸,利用 Midas 建立第一体系模型(图 2-4-3)。其中,吊杆与主缆采用只受拉结构单元,加劲梁、主塔以及主塔横梁采用梁单元,吊杆与主缆内部基于大位移与小位移的初始内力利用 Midas 悬索桥建模助手内部计算程序计算获得,全模型节点共 895 个,单元共 896 个(其中只受拉单元 698 个,普通梁单元 198 个),固定支承 8 个,刚性连接 173 个。主缆、吊杆、加劲梁及塔墩材料参数见表 2-4-1。坭洲水道桥吊索编号如图 2-4-4 所示。

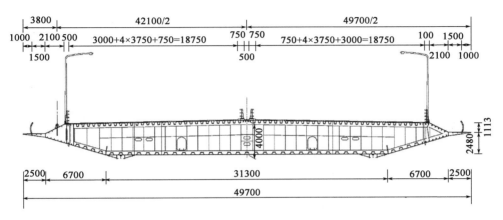

图 2-4-2 广东南沙大桥标准横断面图(尺寸单位:cm)

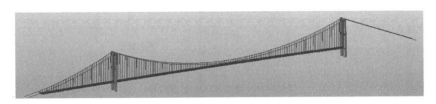

a)坭洲水道桥的双塔双跨悬索桥整体

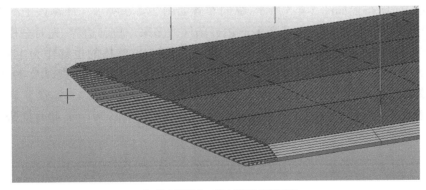

b)坭洲水道桥的双塔双跨悬索桥局部

图 2-4-3 坭洲水道桥有限元模型

模 型 材 料 参 数　　　　　　　表2-4-1

项　目	弹性模量 （MPa）	泊松比	线膨胀系数 （℃$^{-1}$）	重度 （kN/m³）	阻尼比	实腹圆截面面积 （m²）
主缆	2.05×10^5	0.3	1.2×10^{-5}	78.5	0.02	0.62839
吊杆	2.05×10^5	0.3	1.2×10^{-5}	78.5	0.02	0.00428
加劲梁	2.06×10^5	0.3	1.2×10^{-5}	76.98	0.02	
塔墩	3.00×10^4	0.2	1.0×10^{-5}	25	0.05	

注：吊杆和主缆的截面面积均列出其中所用最多的一种。

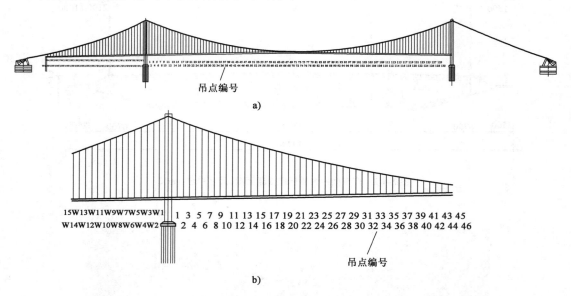

图 2-4-4　坭洲水道桥吊索编号

按照《公路桥涵设计通用规范》（JTG D60—2004），采用双向八车道布置汽车—超20级车队，车辆荷载的横向布置如图2-4-5所示，纵向布置如图2-4-6所示。计算该工况下桥梁的受力状态，分析桥面板的轴向应变。子模型的边界条件大多采用位移边界，先对全桥模型进行分析后，由整体结构中相应位置节点的位移插值确定。因此，以整桥的位移作为主要分析对象，位移形变最大的点位于主桥39号索下，39号索附近的37、38、39、40号索以及41号索下的关键截面位移如表2-4-2所示。39号索附近的37、38、39、40号索以及41号索下节点的内力和应力情况如表2-4-3所示。挠曲线的主跨跨中最大值挠度为471.791cm，此时挠跨比为1/570，满足挠跨比容许值。

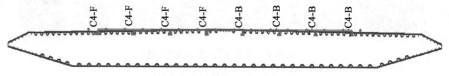

图 2-4-5　对称荷载横向布置图

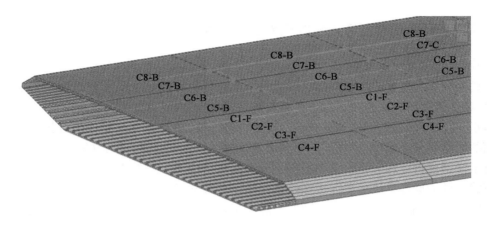

图 2-4-6 对称荷载纵向布置图

关键截面位移　　　　　　　　　　　　　　　　　　　　表 2-4-2

位置(索号)		DX(m)	DY(m)	DZ(m)
37	max	0.765187	0.135886	3.141033
	min	-0.72516	-0.13589	-4.71091
38	max	0.766231	0.132104	3.11846
	min	-0.72624	-0.1321	-4.71697
39	max	0.767299	0.128331	3.091566
	min	-0.72735	-0.12833	-4.71791
40	max	0.76839	0.124579	3.060538
	min	-0.72847	-0.12458	-4.7139
41	max	0.7695	0.120857	3.025538
	min	-0.7296	-0.12086	-4.70513

关键截面内力　　　　　　　　　　　　　　　　　　　　表 2-4-3

位置(索号)		轴向(kN)	剪力 τ_y (kN)	剪力 τ_z (kN)	力矩(kN·m)	弯矩 M_y (kN·m)	弯矩 M_z (kN·m)
37	max	1753.47	95.18	1497.52	8939.83	90731.53	74492.48
	min	-1782.46	-95.18	-1938.88	-8939.83	-59684.8	-74492.5
38	max	1734.7	96.45	1497.4	8939.84	90605.13	73867.61
	min	-1761.36	-96.45	-1938.93	-8939.84	-59423.7	-73867.6
39	max	1715.4	97.71	1497.29	8939.86	90481.93	73201.89
	min	-1739.58	-97.71	-1938.97	-8939.86	-59170	-73201.9
40	max	1695.57	98.95	1497.2	8939.91	90362.02	72495.46
	min	-1717.13	-98.95	-1939.01	-8939.91	-58923.9	-72495.5
41	max	1675.22	100.16	1497.14	8939.92	90245.44	71748.5
	min	-1694.01	-100.16	-1939.04	-8939.92	-58685.9	-71748.5

2.4.4 应用子模型法对桥面局部受力分析

2.4.4.1 分析模型建立

子模型计算方法是对模型局部区域进行精细分析的有限元计算方法。子模型法基于圣维南原理,即所要分析区域距离切割边界距离适当,子模型内就可以得到较精确解。子模型法基本过程是,首先用较粗的网格划分对整体模型进行计算;然后建立将要详细分析的子模型,并用较细的网格划分子模型,子模型的位移边界条件由整体模型相应位置的节点位移插值确定;最后对子模型进行计算分析。本书根据上节的整桥结构受力分析结果,应用子模型法,选取最不利荷载条件下局部梁段的桥面板在轮载作用下变形进行分析。

选取 39 号索下标准梁节段,模型取节段半幅以对称结构降低计算量,节段长度为 12.6m,5 个横隔板,计算模型尺寸见表 2-4-4。有限元分析模型如图 2-4-7 ~ 图 2-4-10 所示。模型顶板、模型底板、U 形肋、横隔板等钢板结构采用壳单元(S4R),铺装层沥青层采用实体单元(C3D8R),模型单元总数量为 72133 个,节点总数量为 78714 个。铺装层选取模量 5000MPa 作为主要计算点。计算时假设各结构为完全连续的各向同性弹性体。子模型的位移边界条件由整体模型相应位置的节点位移插值确定。桥面铺装局部加载采用单车加载,车载模型采用公路路面设计标准中要求的轴重 100kN 的双轮组作为标准荷载,即 BZZ-100,双轮着地间距为 100mm 的两个 200mm×200mm 正方形。对局部梁段的桥面板在轮载作用下受力进行分析。

桥面铺装数值模型参数　　　　表 2-4-4

项　目		尺寸参数(mm)	弹性模量(MPa)	泊　松　比
顶板厚度		16	210000	0.3
底板厚度		16		
横隔板厚度		10		
横隔板标准间距		2600		
顶板 U 形肋	厚度	8	210000	0.3
	上口宽	240		
	下口宽	10		
	高度	120		
	标准间距	480		
底板 U 形肋	厚度	6	210000	0.3
	上口宽	330		
	下口宽	140		
	高度	168		
	标准间距	660		
铺装层厚度	上面层	35	5000	0.25
	下面层	30	5000	0.25

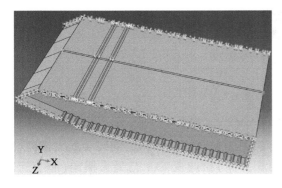

图2-4-7 桥梁节段计算分析模型图

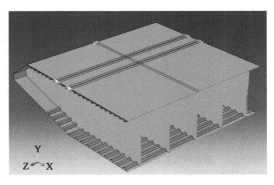

图2-4-8 桥梁节段计算分析模型局部剖面

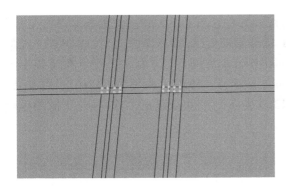

图2-4-9 双轮组标准荷载作用位置

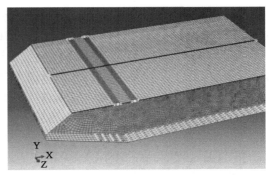

图2-4-10 网格化后分析模型

2.4.4.2 最不利荷载位置分析

随着车辆在桥面上行驶,荷载作用位置在不断变化,铺装层结构的内力也在不断变化。考虑到车载仅对其车轮附近区域作用明显,相邻区域呈现指数衰减,所以主要分析局部荷载工况即可。为了确定有限元模型计算时最不利荷载的作用位置,在各车道上布置几个具有代表性的局部荷载工况,以分析对铺装层受力最不利的荷载布置形式,从而确定考虑钢桥面板整体受力时铺装层的最大应力值。由于广东南沙大桥设计车道为半幅四车道,单车局部最不利布载形式为最外侧车道(重车道)布载,单车局部荷载布置在重车道。横向荷载局部布置采用3种形式:横向荷载位置1为两车轮中线与U形肋边缘重合(用H1表示);横向荷载位置2为两车轮中线距离U形肋边缘1/4标准间距(用H2表示);横向荷载位置3为两车轮中线距离U形肋边缘1/2标准间距(用H3表示)。重车道横向荷载局部布置形式如图2-4-11所示。纵向荷载局部布置采用3种形式:纵向荷载位置1为两车轮中线与横隔板重合(用Z1表示);纵向荷载位置2为两车轮中线距离横隔板1/4标准间距(用Z2表示);纵向荷载位置3为两车轮中线距离横隔板1/2标准间距(用Z3表示)。重车道纵向荷载局部布置形式如图2-4-12所示。现进行9种工况的铺装层受力分析。

9种不同工况下的最大横向拉应变E11、最大横向拉应力S11、最大纵向拉应变E33、最大纵向拉应力S33、最大竖向剪应变E13、最大竖向剪应力S13云图如图2-4-13～图2-4-21所示。

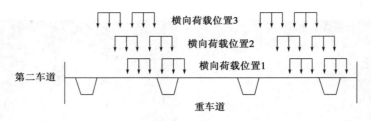

图 2-4-11 重车道横向荷载布置形式示意图

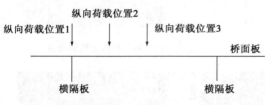

图 2-4-12 重车道纵向荷载布置形式示意图

由图 2-4-13a)、b)可知,铺装层最大横向(垂直行车方向)拉应变 E11 与最大横向(垂直行车方向)拉应力 S11 发生在铺装层上面层上表面,且位于两车轮中线即 U 形肋边缘正上方,大小分别为 247.1με 和 1.397MPa;由图 2-4-13c)、d)可知,铺装层最大纵向(行车方向)拉应变 E33 与最大纵向(行车方向)拉应力 S33 发生在铺装层上面层下表面,且位于车轮正下方,大小分别为 194.5με 和 1.179MPa;由图 2-4-13e)、f)可知,铺装层最大竖向剪应变 E13 与最大竖向剪应力 S13 发生在 U 形肋边缘正上方,且位于横隔板附近,大小分别为 146.1με 和 0.2922MPa。

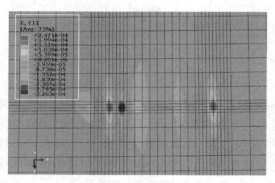

a)横向拉应变E11云图

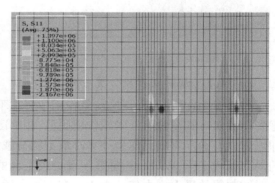

b)横向拉应力S11云图

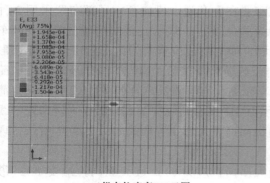

c)纵向拉应变E33云图

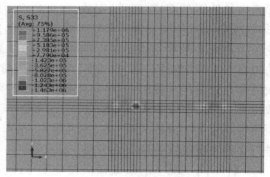

d)纵向拉应力S33云图

图 2-4-13

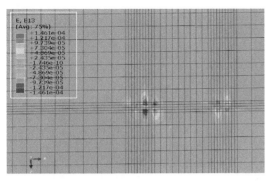 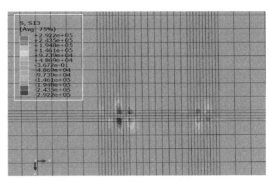

e)竖向剪应变E13云图　　　　　　　　　f)竖向剪应力S13云图

图 2-4-13　工况1(H1-Z1)应变、应力云图(应变单位:m;应力单位:Pa)

由图2-4-14a)、b)可知,铺装层最大横向(垂直行车方向)拉应变 E11 发生在铺装层上面层上表面,且位于两车轮中线即 U 形肋边缘正上方,大小为 220.3με;而最大横向(垂直行车方向)拉应力 S11 发生在铺装层上面层下表面,且位于车轮正下方,大小 1.369MPa;由图 2-4-14c)、d)可知,铺装层最大纵向(行车方向)拉应变 E33 与最大纵向(行车方向)拉应力 S33 发生在铺装层上面层下表面,且位于车轮正下方,大小分别为 242.8με 和 1.478MPa;由图 2-4-14e)、f)可知,铺装层最大竖向剪应变 E13 与最大竖向剪应力 S13 发生在车轮最外侧边缘处,大小分别为 218.1με 和 0.4362MPa。

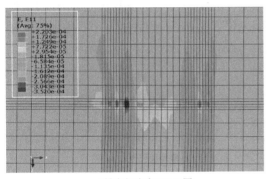 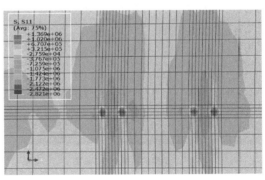

a)横向拉应变E11云图　　　　　　　　　b)横向拉应力S11云图

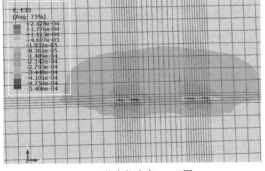 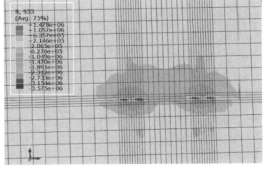

c)纵向拉应变E33云图　　　　　　　　　d)纵向拉应力S33云图

图 2-4-14

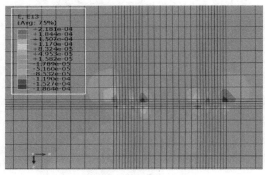
e) 竖向剪应变E13云图

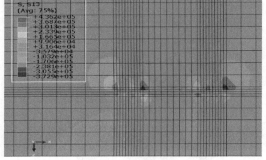
f) 竖向剪应力S13云图

图 2-4-14　工况 2(H1-Z2)应变、应力云图(应变单位:m;应力单位:Pa)

由图 2-4-15a)、b)、c)、d)可知,铺装层最大横向(垂直行车方向)拉应变 E11 与最大横向(垂直行车方向)拉应力 S11 以及铺装层最大纵向(行车方向)拉应变 E33 与最大纵向(行车方向)拉应力 S33 均发生在铺装层上面层的下表面,且位于车轮正下方,大小分别为 185.3με、0.9793MPa 和 146.4με、0.8549MPa;由图 2-4-15e)、f)可知,铺装层最大竖向剪应变 E13 与最大竖向剪应力 S13 发生在车轮最外侧边缘处,大小分别为 152.8με 和 0.3057MPa。

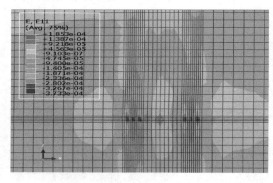
a) 横向拉应变E11云图

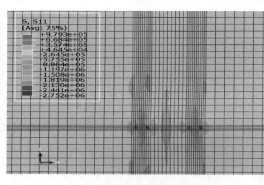
b) 横向拉应力S11云图

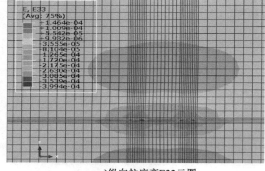
c) 纵向拉应变E33云图

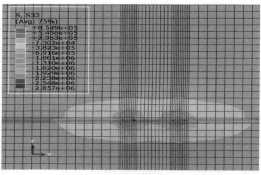
d) 纵向拉应力S33云图

图 2-4-15

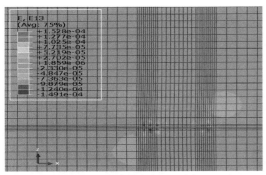
e) 竖向剪应变E13云图

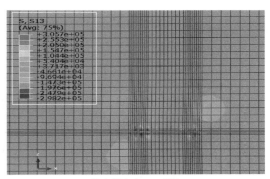
f) 竖向剪应力S13云图

图 2-4-15 工况3(H1-Z3)应变、应力云图(应变单位:m;应力单位:Pa)

由图2-4-16a)、b)可知,铺装层最大横向(垂直行车方向)拉应变E11与最大横向(垂直行车方向)拉应力S11均发生在铺装层上面层上表面,且位于两车轮中线即距离U形肋边缘1/4标准间距处正上方,大小分别为250.5$\mu\varepsilon$和1.417MPa;由图2-4-16c)、d)可知,铺装层最大纵向(行车方向)拉应变E33与最大纵向(行车方向)拉应力S33发生在铺装层上面层下表面,且位于车轮正下方,大小分别为194.5$\mu\varepsilon$和1.180MPa;由图2-4-16e)、f)可知,铺装层最大竖向剪应变E13与最大竖向剪应力S13发生在车轮最外侧边缘处,大小分别为146.7$\mu\varepsilon$和0.2935MPa。

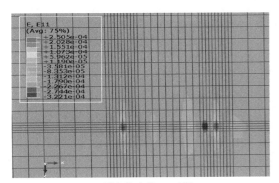
a) 横向拉应变E11云图

b) 横向拉应力S11云图

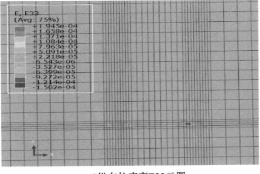
c) 纵向拉应变E33云图

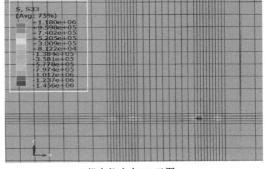
d) 纵向拉应力S33云图

图 2-4-16

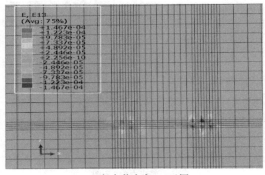
e) 竖向剪应变E13云图

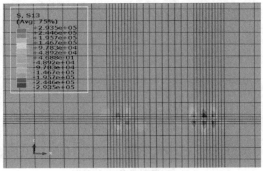
f) 竖向剪应力S13云图

图2-4-16 工况4(H2-Z1)应变、应力云图(应变单位:m;应力单位:Pa)

由图2-4-17a)、b)、c)、d)可知,铺装层最大横向(垂直行车方向)拉应变E11与最大横向(垂直行车方向)拉应力S11以及铺装层最大纵向(行车方向)拉应变E33与最大纵向(行车方向)拉应力S33均发生在铺装层上面层下表面,且位于车轮正下方,大小分别为231.1με、1.446MPa和241.7με、1.494MPa;由图2-4-17e)、f)可知,铺装层最大竖向剪应变E13与最大竖向剪应力S13发生在车轮最外侧边缘处,大小分别为183.3με和0.3666MPa。

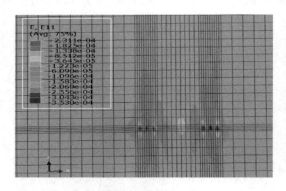

a) 横向拉应变E11云图

b) 横向拉应力S11云图

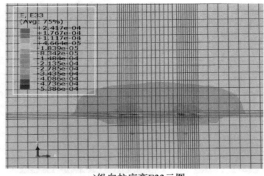
c) 纵向拉应变E33云图

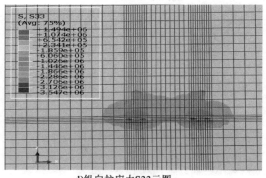
d) 纵向拉应力S33云图

图 2-4-17

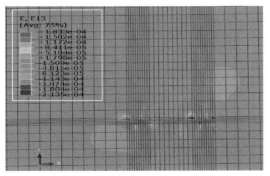
e) 竖向剪应变E13云图

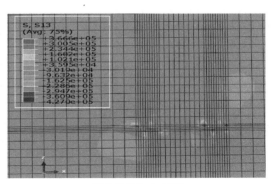
f) 竖向剪应力S13云图

图 2-4-17　工况 5(H2-Z2)应变、应力云图(应变单位:m;应力单位:Pa)

由图 2-4-18a)、b)、c)、d)可知,铺装层最大横向(垂直行车方向)拉应变 E11 与最大横向(垂直行车方向)拉应力 S11 以及铺装层最大纵向(行车方向)拉应变 E33 与最大纵向(行车方向)拉应力 S33 均发生在铺装层上面层下表面,且位于车轮正下方,大小分别为 196.4$\mu\varepsilon$、1.039MPa 和 143.6$\mu\varepsilon$、0.8652MPa;由图 2-4-18e)、f)可知,铺装层最大竖向剪应变 E13 与最大竖向剪应力 S13 发生在车轮最外侧边缘处,大小分别为 147.9$\mu\varepsilon$ 和 0.2959MPa。

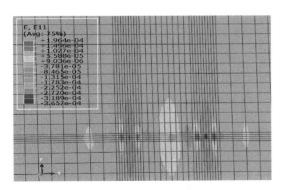
a) 横向拉应变E11云图　　　　　　　　　　b) 横向拉应力S11云图

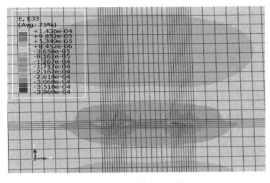
c) 纵向拉应变E33云图

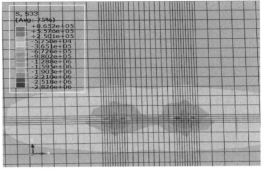
d) 纵向拉应力S33云图

图　2-4-18

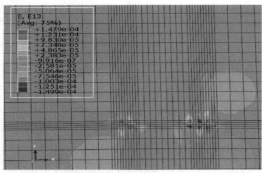
e)竖向剪应变E13云图

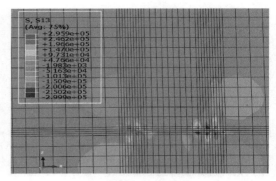
f)竖向剪应力S13云图

图2-4-18　工况6(H2-Z3)应变、应力云图(应变单位:m;应力单位:Pa)

由图2-4-19a)、b)、c)、d)可知,铺装层最大横向(垂直行车方向)拉应变E11与最大横向(垂直行车方向)拉应力S11以及铺装层最大纵向(行车方向)拉应变E33与最大纵向(行车方向)拉应力S33均发生在铺装层上面层下表面,且位于车轮正下方,大小分别为258.0$\mu\varepsilon$、1.510MPa和194.4$\mu\varepsilon$、1.255MPa;由图2-4-19e)、f)可知,铺装层最大竖向剪应变E13与最大竖向剪应力S13发生在车轮最外侧边缘处,大小分别为144.5$\mu\varepsilon$和0.2889MPa。

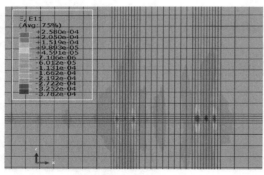
a)横向拉应变E11云图

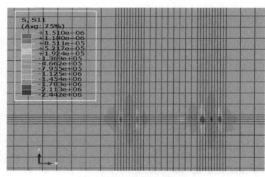
b)横向拉应力S11云图

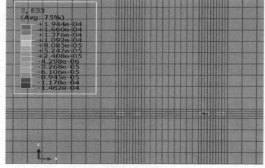
c)纵向拉应变E33云图

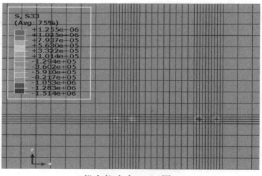
d)纵向拉应力S33云图

图　2-4-19

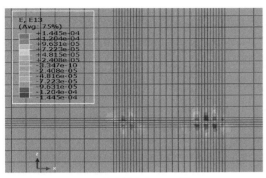 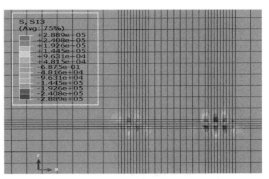

e)竖向剪应变E13云图　　　　　　　　　f)竖向剪应力S13云图

图 2-4-19　工况7(H3-Z1)应变、应力云图(应变单位:m;应力单位:Pa)

由图2-4-20a)、b)、c)、d)可知,铺装层最大横向(垂直行车方向)拉应变 E11 与最大横向(垂直行车方向)拉应力 S11 以及铺装层最大纵向(行车方向)拉应变 E33 与最大纵向(行车方向)拉应力 S33 均发生在铺装层上面层下表面,且位于车轮正下方,大小分别为 245.7με、1.565MPa 和 254.7με、1.628MPa;由图2-4-20e)、f)可知,铺装层最大竖向剪应变 E13 与最大竖向剪应力 S13 发生在车轮最外侧边缘处,大小分别为 207.8με 和 0.4157MPa。

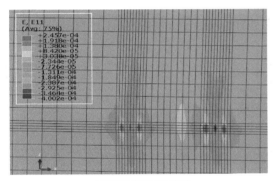 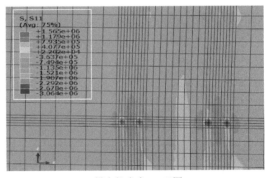

a)横向拉应变E11云图　　　　　　　　　b)横向拉应力S11云图

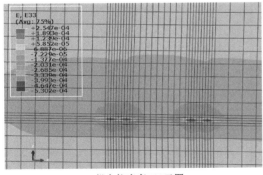 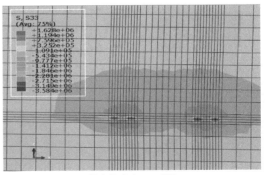

c)纵向拉应变E33云图　　　　　　　　　d)纵向拉应力S33云图

图 2-4-20

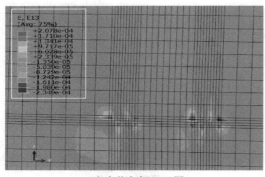
e) 竖向剪应变E13云图

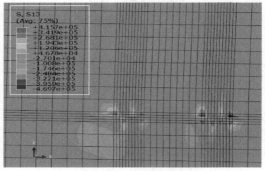
f) 竖向剪应力S13云图

图2-4-20　工况8(H3-Z2)应变、应力云图(应变单位:m;应力单位:Pa)

由图2-4-21a)、b)、c)、d)可知,铺装层最大横向(垂直行车方向)拉应变E11与最大横向(垂直行车方向)拉应力S11以及铺装层最大纵向(行车方向)拉应变E33与最大纵向(行车方向)拉应力S33均发生在铺装层上面层下表面,且位于车轮正下方,大小分别为221.9$\mu\varepsilon$、1.248MPa和149.9$\mu\varepsilon$、0.9936MPa;由图2-4-21e)、f)可知,铺装层最大竖向剪应变E13与最大竖向剪应力S13发生在车轮最外侧边缘处,大小分别为159.5$\mu\varepsilon$和0.3191MPa。

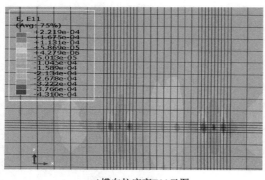
a) 横向拉应变E11云图

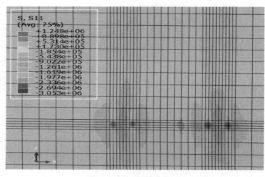
b) 横向拉应力S11云图

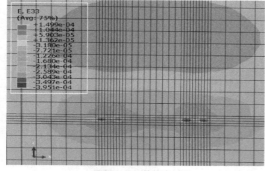
c) 纵向拉应变E33云图

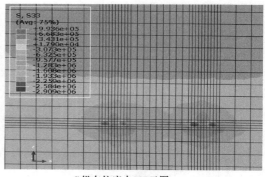
d) 纵向拉应力S33云图

图 2-4-21

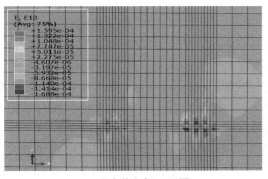
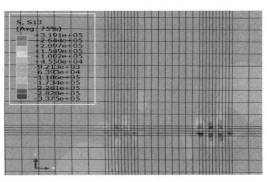

e) 竖向剪应变E13云图　　　　　　　f) 竖向剪应力S13云图

图 2-4-21　工况9(H3-Z3)应变、应力云图(应变单位:m;应力单位:Pa)

将上述不同荷位作用下铺装层的最大应力应变值汇总,见表2-4-5、表2-4-6。

桥梁节段不同荷位作用下铺装层的应变值(με)　　　　　表2-4-5

工　况	最大横向拉应变 E11	最大纵向拉应变 E33	最大竖向剪应变 E13
H1-Z1	247.1	194.5	146.1
H1-Z2	220.3	242.8	218.1
H1-Z3	185.3	146.4	152.8
H2-Z1	250.5	194.5	146.7
H2-Z2	231.1	241.7	183.3
H2-Z3	196.4	143.6	147.9
H3-Z1	258.0	194.4	144.5
H3-Z2	245.7	254.7	207.8
H3-Z3	221.9	149.9	159.5

桥梁节段不同荷位作用下铺装层的应力值(MPa)　　　　　表2-4-6

工　况	最大横向拉应力 S11	最大纵向拉应力 S33	最大竖向剪应力 S13
H1-Z1	1.397	1.179	0.292
H1-Z2	1.369	1.478	0.436
H1-Z3	0.979	0.855	0.306
H2-Z1	1.417	1.180	0.294
H2-Z2	1.446	1.494	0.367
H2-Z3	1.039	0.865	0.296
H3-Z1	1.510	1.255	0.289
H3-Z2	1.565	1.628	0.416
H3-Z3	1.248	0.994	0.319

由表2-4-5可知,最大横向拉应变 E11 为 $258.0\mu\varepsilon$,工况为 H3-Z1,即两车轮中线距离 U 形肋边缘1/2标准间距,且两车轮中线与横隔板重合;最大纵向拉应变 E33 为 $254.7\mu\varepsilon$,工况为 H3-Z2,即两车轮中线距离 U 形肋边缘1/2标准间距,且两车轮中线距离横隔板1/4标准间

距;最大竖向剪应变 E13 为 218.1με,工况为 H1-Z2,即两车轮中线与 U 形肋边缘重合,且两车轮中线距离横隔板 1/4 标准间距。

由表 2-4-6 可知,最大横向拉应力 S11 为 1.565MPa,工况为 H3-Z2,即两车轮中线距离 U 形肋边缘 1/2 标准间距,且两车轮中线距离横隔板 1/4 标准间距;最大纵向拉应力 S33 为 1.628MPa,工况为 H3-Z2,即两车轮中线距离 U 形肋边缘 1/2 标准间距,且两车轮中线距离横隔板 1/4 标准间距;最大竖向剪应力 S13 为 0.436MPa,工况为 H1-Z2,即两车轮中线与 U 形肋边缘重合,且两车轮中线距离横隔板 1/4 标准间距。

钢桥面铺装易发生沿纵向加劲肋上缘开裂为主要破坏形式,综合考虑铺装层表面最大横向拉应变、最大横向拉应力、最大纵向拉应变、最大纵向拉应力、最大竖向拉应变以及最大竖向拉应力,选取工况为 H3-Z2 为最不利荷载计算荷位,即两车轮中线距离 U 形肋边缘 1/2 标准间距,且两车轮中线距离横隔板 1/4 标准间距,后续计算以此荷位进行计算。

2.4.4.3 铺装层模量影响分析

沥青混凝土在常温下为黏弹性材料,沥青混凝土模量随温度有较大变化。同时沥青混凝土的模量也会随混合料的级配、沥青性能及各组成比例的不同有较大变化。针对沥青混凝土模量的一般变化范围,对广东南沙大桥采用 1000MPa、3000MPa、5000MPa、7000MPa、10000MPa、15000MPa 6 个模量进行对比分析。应变、应力云图如图 2-4-22～图 2-4-27 所示,计算结果见表 2-4-7。

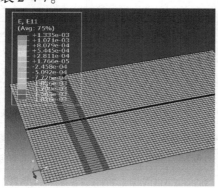
a)横向拉应变 E11 云图

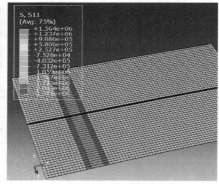
b)横向拉应力 S11 云图

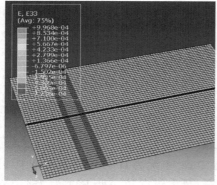
c)纵向拉应变 E33 云图

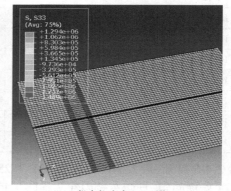
d)纵向拉应力 S33 云图

图 2-4-22

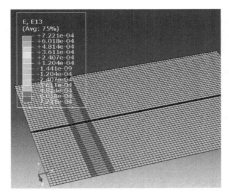

e) 竖向剪应变E13云图　　　　　　　　f) 竖向剪应力S13云图

图2-4-22　模量为1000MPa应变、应力云图（应变单位：m；应力单位：Pa）

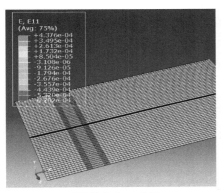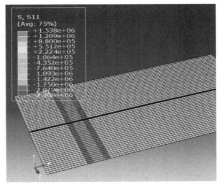

a) 横向拉应变E11云图　　　　　　　　b) 横向拉应力S11云图

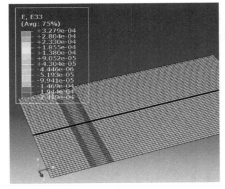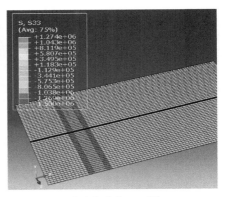

c) 纵向拉应变E33云图　　　　　　　　d) 纵向拉应力S33云图

图　2-4-23

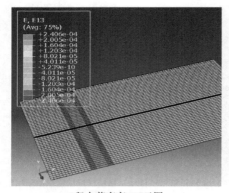
e) 竖向剪应变E13云图

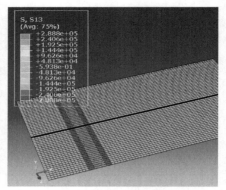
f) 竖向剪应力S13云图

图 2-4-23　模量为3000MPa 应变、应力云图(应变单位:m;应力单位:Pa)

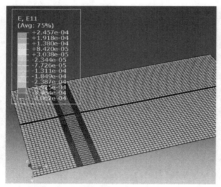
a) 横向拉应变E11云图

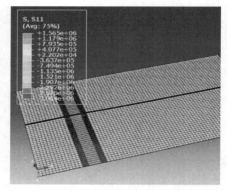
b) 横向拉应力S11云图

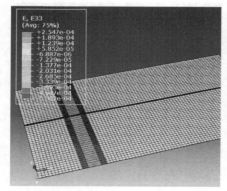
c) 纵向拉应变E33云图

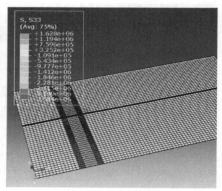
d) 纵向拉应力S33云图

图　2-4-24

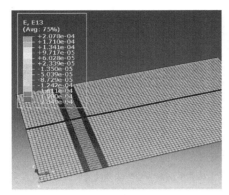

e) 竖向剪应变E13云图　　　　　　　f) 竖向剪应力S13云图

图 2-4-24　模量为5000MPa应变、应力云图(应变单位:m;应力单位:Pa)

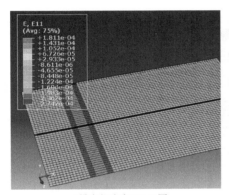 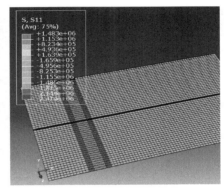

a) 横向拉应变E11云图　　　　　　　b) 横向拉应力S11云图

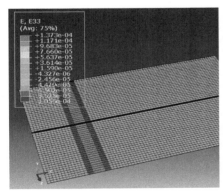 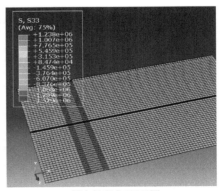

c) 纵向拉应变E33云图　　　　　　　d) 纵向拉应力S33云图

图　2-4-25

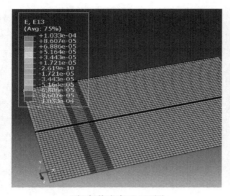
e)竖向剪应变E13云图

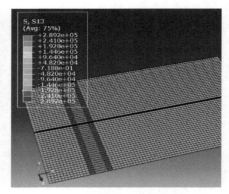
f)竖向剪应力S13云图

图 2-4-25　模量为7000MPa应变、应力云图(应变单位:m;应力单位:Pa)

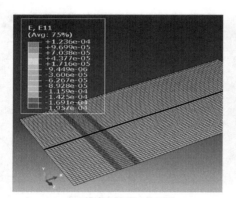
a)横向拉应变E11云图

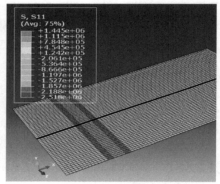
b)横向拉应力S11云图

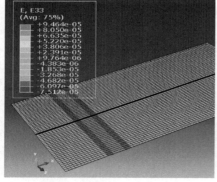
c)纵向拉应变E33云图

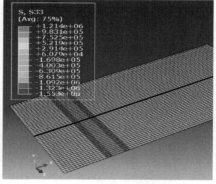
d)纵向拉应力S33云图

图　2-4-26

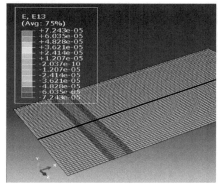
e) 竖向剪应变E13云图

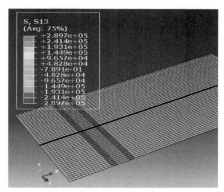
f) 竖向剪应力S13云图

图2-4-26 模量为10000MPa应变、应力云图（应变单位：m；应力单位：Pa）

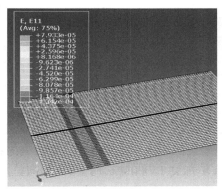
a) 横向拉应变E11云图

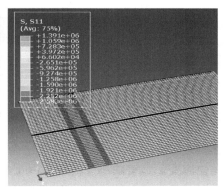
b) 横向拉应力S11云图

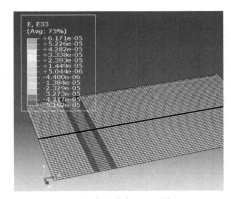
c) 纵向拉应变E33云图

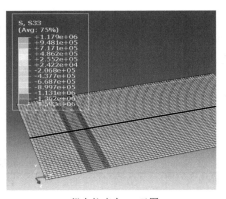
d) 纵向拉应力S33云图

图 2-4-27

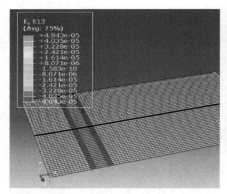
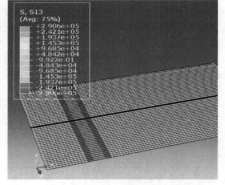

e)竖向剪应变E13云图　　　　　　　　f)竖向剪应力S13云图

图 2-4-27　模量为15000MPa 应变、应力云图(应变单位:m;应力单位:Pa)

桥梁节段不同铺装层不同模量的铺装层应变、应力值　　　　　　表 2-4-7

模　量	最大横向拉应变 E11($\mu\varepsilon$)	最大横向拉应力 S11(MPa)	最大纵向拉应变 E33($\mu\varepsilon$)	最大纵向拉应力 S33(MPa)	最大竖向剪应变 E13($\mu\varepsilon$)
1000MPa	1335.0	1.564	996.8	1.294	722.1
3000MPa	437.6	1.538	327.9	1.274	240.6
5000MPa	245.7	1.565	254.7	1.628	234.9
7000MPa	181.1	1.483	137.3	1.238	103.3
10000MPa	123.6	1.445	94.64	1.214	72.43
15000MPa	79.33	1.391	61.71	1.179	40.43

由表 2-4-7 可知,随着铺装层的模量增大,铺装层的最大横向拉应变、最大纵向拉应变以及最大竖向拉应变都显著减小。模量从1000MPa 增加到15000MPa 时,最大横向拉应变、最大纵向拉应变以及最大竖向拉应变分别减少了93.8%、94.1%及94.4%。因此,铺装层沥青混凝土的模量对铺装层的应变有较大的影响,提高铺装层的模量有利于改善铺装层结构的受力状态。而最大横向拉应力以及最大纵向拉应力变化较小,后续计算仅以铺装层的应变指标进行比较分析。

2.4.4.4　超载对铺装层受力影响分析

一直以来,车辆超载是我国公路破坏的一个主要原因。近年来,由于高速公路计重收费的出台,各级公路运输部分对超载超限车辆打击力度的加大,车辆超载超限的现象有所好转,但是仍然没有发生根本性的变化,车辆超载超限现象仍然普遍存在。因而,有必要对汽车超载对桥面铺装层的影响进行研究。根据河北工业大学的研究,轮胎的胎压并不是随着轴重的增加而呈线性增长,而是满足表 2-4-8 中的关系。

轴重与轮压、轮胎接地面积的关系　　　　　　表 2-4-8

轴重(kN)	100	120	160	200	220	250	300
接地面积(cm²)	356	396	476	556	596	656	752
半径(cm)	10.65	11.227	12.309	13.303	13.774	14.450	15.472
接地压强(MPa)	0.70	0.758	0.840	0.899	0.923	0.953	0.997

根据表2-4-8可知,在标准轴载100kN时,接地压强0.7MPa;当轴载增加1倍达到200kN时,接地压强增加到约0.9MPa;当轴载超载2倍,达到300kN时,接地压强约1.0MPa。为了研究超载对广东南沙大桥桥面铺装受力的影响,分析铺装层模量采用5000MPa,胎压在0.7～1.2MPa情况下桥面铺装层受力的变化。模型计算应变云图见图2-4-28～图2-4-31。计算结果见表2-4-9。

a)横向拉应变E11云图

b)纵向拉应变E33云图

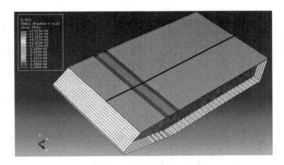

c)竖向剪应变E13云图

图 2-4-28　接地压为0.7MPa应变云图(应变单位:m)

a)横向拉应变E11云图

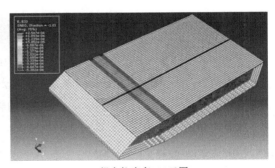

b)纵向拉应变E33云图

图 2-4-29

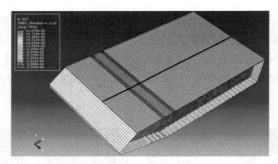

c)竖向剪应变E13云图

图 2-4-29　接地压为 0.8MPa 应变云图(应变单位:m)

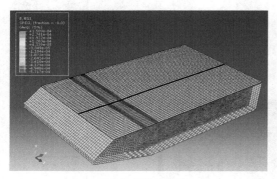

a)横向拉应变E11云图

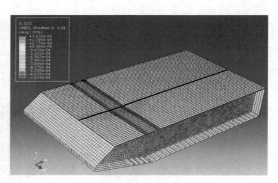

b)纵向拉应变E33云图

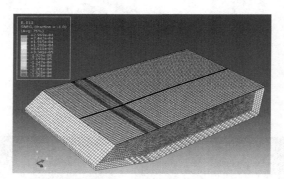

c)竖向剪应变E13云图

图 2-4-30　接地压为 1.0MPa 应变云图(应变单位:m)

超载对铺装层的影响　　　　　　　表 2-4-9

接地压(MPa)	0.7	0.8	1.0	1.2
最大横向拉应变 E_{11} ($\mu\varepsilon$)	245.7	280.7	350.9	421.1
最大纵向拉应变 E_{33} ($\mu\varepsilon$)	254.7	291.1	363.9	436.7
最大剪应变 E_{13} ($\mu\varepsilon$)	234.9	237.5	296.9	356.3

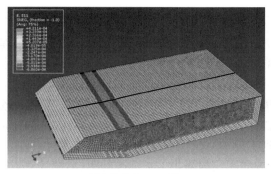
a) 横向拉应变E11云图

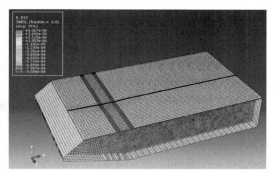
b) 纵向拉应变E33云图

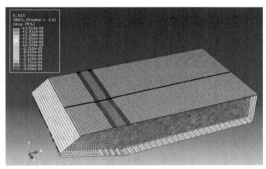
c) 竖向剪应变E13云图

图2-4-31　接地压为1.2MPa应变云图(应变单位:m)

由表2-4-9及图2-4-32可知,随着轴载的增加,铺装层的最大横向拉应变E11、最大纵向拉应变E33以及最大剪应变E13也相应增加。胎压每增加0.1MPa,最大横向拉应变E11了35.1με,最大纵向拉应变E33增加了36.4με。当胎压达到1.2MPa时,最大横向拉应变E11、最大纵向拉应变E33分别增加到422.1με、436.7με,增加幅度达到71%,最大剪应变E13幅度达到52%。过高的荷载水平可能导致铺装层过早破坏。因而,应严格限制通行车辆的轴载,避免超载车辆造成铺装层的早期破坏。

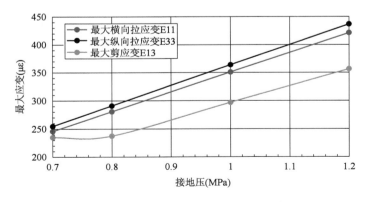

图2-4-32　超载对铺装层最大应变的影响趋势

2.4.5 小结

首先利用 Midas 分析不同交通荷载作用下广东南沙大桥桥面系最不利状态截段（简称第一体系分析）；其次应用子模型法，通过 ABAQUS 深入分析不同交通荷载条件下铺装层的应力应变状况，并研究考虑防水黏结层作用下的铺装层应力场以及疲劳性能分析，得到以下结论：

（1）对单车局部布荷形式中最外侧车道（重车道）布载布置 9 种局部荷载工况进行受力分析，综合考虑铺装层表面最大横向拉应变、最大横向拉应力、最大纵向拉应变、最大纵向拉应力、最大竖向拉应变及最大竖向拉应力，计算得到工况 H3-Z2 为最不利荷载计算荷位，即两车轮中线距离 U 形肋边缘 1/2 标准间距，且两车轮中线距离横隔板 1/4 标准间距，后续计算以此荷位进行计算。

（2）随着铺装层的模量增大，铺装层的最大横向拉应变、最大纵向拉应变以及最大竖向拉应变都显著减小，模量从 1000MPa 增加到 15000MPa 时，最大横向拉应变、最大纵向拉应变以及最大竖向拉应变分别减少了 93.8%、94.1% 以及 94.4%。因此，铺装层沥青混凝土的模量对铺装层的应变有较大的影响，提高铺装层的模量有利于改善铺装层结构的受力状态。

（3）随着轴载的增加，铺装层的最大横向拉应变 E_{11}、最大纵向拉应变 E_{33} 以及最大剪应变 E_{13} 也相应增加。胎压每增加 0.1MPa，最大横向拉应变 E_{11} 了 35.1$\mu\varepsilon$，最大纵向拉应变 E_{33} 增加了 36.4$\mu\varepsilon$。当胎压达到 1.2MPa 时，最大横向拉应变 E_{11}、最大纵向拉应变 E_{33} 分别增加到 422.1$\mu\varepsilon$、436.7$\mu\varepsilon$，增加幅度达到 71%，最大剪应变 E_{13} 幅度达到 52%。

（4）根据钢桥面铺装受力状态及相关工程经验，环氧沥青混凝土属于热固性材料，需要重点考虑其抗疲劳耐久性能，铺装层沥青混凝土的抗疲劳性能应满足 15℃、500$\mu\varepsilon$ 应变条件下不发生疲劳破坏。

2.5 本章小结

（1）广东南沙大桥钢桥面铺装总面积约 13.6 万 m^2，双向八车道，桥面宽度 40.5m，铺装规模较大，桥面宽度大，需要解决大规模铺装施工、宽幅施工及质量控制等技术问题。

（2）广东南沙大桥桥址地区年平均降水量 1813.2mm，年平均相对湿度 77%，但湿度的季节变化明显，在春夏季高湿季节，相对湿度时常达到 100%。该桥钢桥面铺装使用温度约在 0～70℃。要求铺装层就有优良的水稳定性和抗高温性能，并要注意降雨、较大湿度对施工的影响。

（3）广东南沙大桥处于粤港澳大湾区核心区域，交通枢纽功能重要，也将面临大交通量、重载交通荷载，因此钢桥面铺装需要就有优良的可靠性和耐久性。

（4）铺装层沥青混凝土需要满足高温稳定性、水稳定性、抗滑性能的基本路用性能要求，同时具有优良的抗疲劳性能，抗疲劳性能应满足 15℃、500$\mu\varepsilon$ 应变条件下不发生疲劳破坏。

（5）钢桥面铺装结构作为复合结构体系，需要保证铺装层与正交异性钢板的整体性、密水防水性，防腐层、黏结防水层是保证钢桥面铺装整体性的关键环节，需要在设计、施工、质量检测等环节保证防腐层、黏结防水层质量和可靠性。

第 3 章　广东南沙大桥钢桥面铺装方案比选与设计

我国的科研工作者和工程技术人员在钢桥面铺装研究、设计、施工等方面进行了大量科学研究工作和技术探索,取得了较好的效果,但较多正交异性钢桥面铺装出现了早期病害,主要是桥面铺装发生高温车辙、脱层推移、开裂、坑槽等病害。我国正交异性钢桥面铺装病害与我国的气候环境、交通荷载特点、桥面板刚度、铺装材料、施工控制等因素相关,尤其我国的大跨径桥梁多处于气候炎热地带,并且重交通、超载问题较严重。目前,大跨径正交异性钢桥面板的桥面铺装病害问题仍然是我国公路建设中亟须解决的一个技术难题。

通过调查国内外典型铺装方案特点、使用效果、适应性和存在问题,分析不同铺装方案性能表现、适应性、技术要求等,为广东南沙大桥钢桥面铺装方案选择提供参考依据。

3.1　国外典型地区钢桥面铺装应用调查

分别对欧洲、日本、北美等地区的典型钢桥面铺装方案和使用情况进行调查分析,为设计广东南沙大桥钢桥面铺装方案提供参考。

3.1.1　欧洲典型钢桥面铺装应用状况

欧洲的环境温度相对温和,交通荷载相对较轻,早期钢桥面铺装以浇注式(或 MA)为主,由于交通荷载和交通量增加影响,近十几年也开始采用聚合物改性沥青混凝土、SMA 磨耗层等铺装结构形式。以下介绍欧洲典型工程的钢桥面铺装结构和铺装材料应用案例。

1)瑞典滨海高大桥

1997 年建成通车的瑞典高海岸桥(High coast bridge)钢桥面铺装采用图 3-1-1 所示方案。

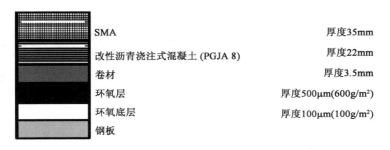

图 3-1-1　瑞典高海岸桥钢桥面铺装方案

2) 法国米洛高架桥

2004年12月17日建成通车的2460m长的法国米洛高架桥钢桥面铺装采用了图3-1-2所示方案。

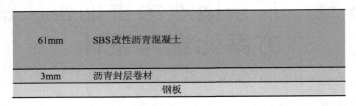

图3-1-2　法国米洛高架桥铺装结构

3) 土耳其博斯普鲁斯海峡大桥一桥

土耳其博斯普鲁斯海峡大桥一桥位于伊斯坦布尔境内,横跨博斯普鲁斯海峡,连接欧亚大陆。该悬索桥由英国、联邦德国及土耳其三国联合设计,桥梁总长1510m,主跨长1074m,桥下净空64m,钢箱梁顶板厚12mm,桥宽39m,为双向六车道通行的市政公路桥梁。

大桥于1970年动工建设,1973年正式建成通车,于1991年进行第一次桥面铺装翻修,计划于2014年进行第二次桥面铺装翻修。桥面铺装使用寿命分别为18年、23年。桥面铺装采用单层浇注式沥青混凝土铺装方案,该桥以小型汽车通行为主,交通量约为18万辆/d,限制大货车等重载量通行。使用了22年后,桥面铺装出现较明显车辙和局部损坏。目前钢桥面铺装有明显车辙和局部损坏,土耳其博斯普鲁斯海峡大桥一桥交通量较大,见图3-1-3。

4) 英国赛文大桥

英国赛文(Severn)大桥1966年建成通车,主桥悬索桥加劲梁首先采用流线型扁平钢箱梁,主跨988m,钢箱梁顶板厚12mm,梁高3.0m,双向4车道,交通量约为17000辆/d,全桥限载44t。桥面铺装采用单层35mm厚浇注式沥青混凝土,钢桥面铺装1991年进行第一次翻修,桥面铺装使用寿命为25年。该桥铺装表面采用2mm磨耗层罩面,目前铺装主体良好,主要是表面磨耗层出现局部脱层病害,见图3-1-4。

图3-1-3　土耳其博斯普鲁斯海峡大桥一桥

图3-1-4　英国赛文(Severn)大桥

3.1.2　日本典型钢桥面铺装应用状况

日本的浇注式沥青混凝土技术的研究开始于20世纪50年代。1955年,浇注式沥青混凝土双层铺装结构应用于日本东京都的新六桥上,在铺装上层仍然选择了改性沥青混凝土作为承重层。日本早在1980年已有超过40%的桥梁采用了下面层浇注式沥青混凝土+上面层改性I型沥青混凝土的双层结构,总厚度60~75mm。

日本主要桥面铺装结构一般为下面层采用30~40mm浇注式沥青混凝土,磨耗层采用30~40mm沥青混凝土,一般不采用单独的防水层,只是在处理后的钢桥面上涂布溶剂型沥青黏结层,日本钢桥面铺装防水层设置与欧洲不同,日本认为浇注式沥青混凝土本身可以满足放水功能要求。

1)明石海峡大桥

1998年通车的明石海峡大桥采用日本钢桥面铺装典型结构,下面层采用浇注式沥青混凝土,磨耗层采用沥青混凝土,通车近20年的明石海峡大桥钢桥面铺装整体表现良好,2008年调查资料显示重车道有轻度的车辙,见图3-1-5。

2)冲绳那霸泊大桥

日本冲绳那霸泊大桥,见图3-1-6,最陡纵断坡度5.6%,路面温度超过60℃的总天数约40d,超过40℃的总天数约达7个月。那霸泊大桥钢桥面铺装采用下面层40mm浇注式沥青混凝土+上面层40mm改性沥青混凝土,浇注式沥青混凝土铺装材料的高温指标要求提高了5℃,车辙动稳定度规定为65℃时300次/mm以上,贯入度试验温度为45℃;上面层改性沥青混凝土车辙动稳定度规定为温度65℃时850次/mm以上,60℃时1500次/mm以上。于通后进行了5d的交通量调查,调查结果为平均1d单方向混合交通量达17000辆,并且该输港通道货车比例较高。

图3-1-5 日本明石海峡大桥钢桥面铺装(2008年)

图3-1-6 日本冲绳那霸泊大桥

3.1.3 北美典型钢桥面铺装应用状况

美国钢桥面较多采用环氧沥青混凝土铺装,也有部分钢桥梁采用改性沥青混凝土钢桥面铺装,以下对美国典型钢桥面铺装进行分析。

1)金门大桥

1986年金门大桥更换桥面板时采用了正交异性钢桥面板,钢桥面铺装采用温拌环氧沥青混凝土。2008年调查情况显示金门大桥钢桥面铺装有较多的开裂,也出现严重网裂,局部有坑槽,横向接缝出现破损,见图3-1-7。截至2016年,金门大桥已运行30年,日均交通量10万辆，金门大桥也在计划进行下一次的钢桥面铺装大修。

2）新卡齐尼兹大桥（New Carquinez Strait bridge）

新卡齐尼兹大桥位于美国旧金山东北20mile，取代1927年建成的悬臂桁架结构桥梁，是自1973年至2000年以来美国首座大跨径悬索桥。新卡齐尼兹大桥采用封闭钢箱梁，钢箱梁3m高，29m宽，总长1056m，主跨728m，于2000年4月开始建设，2003年12月建成。桥面板厚16mm，加劲肋厚8mm，满足相邻加劲肋位移差小于2.5mm的规定，桥面板刚度相对较高，可以改善桥面铺装受力状态环境。新卡齐尼兹大桥地处位置9月最高日均气温约为23℃，气温相对较温和。

美国新卡齐尼兹大桥如图3-1-8所示。

图3-1-7　金门大桥钢桥面铺装（2008年）　　　　图3-1-8　美国新卡齐尼兹大桥

新卡齐尼兹大桥铺装层设计思想是为提供防水功能，并易于维修，其中底层涂膜作为钢板防水层，下面的保护层高密度沥青混凝土作为底层涂膜的保护层，并构成第二道防水层，磨耗层作为易损结构层，要求可以通过普通设备进行维修，并且维修过程中不会破坏或不需更换下面层及底层涂膜。

新卡齐尼兹大桥桥面铺装方案最终定为TLA沥青混凝土，铺装具体结构见图3-1-9。

25mm橡胶改性沥青混凝土（5%胶乳+95%混合沥青）
13mm高密度沥青混凝土（40%TLA+60%AC20）
2mm丙乙酸类溶剂涂膜
16mm钢板

图3-1-9　新卡齐尼兹大桥桥面铺装方案

3）旧金山—奥克兰海湾大桥的东跨单塔自锚式悬索桥

美国西海岸的旧金山—奥克兰海湾大桥的东跨单塔自锚式悬索桥，由上海振华重工集团有限公司和上海浦江缆索股份有限公司制造加劲梁和主缆。该桥交通量约28万辆/d。该桥钢桥面铺装面积为33348m²，铺装结构为双层1in❶厚温拌环氧沥青混凝土，于2013年9月通

---

❶　1in≈25.4mm。

车。该桥温拌环氧沥青混凝土钢桥面铺装施工照片见图3-1-10。

该桥设计寿命为150年,桥面铺装设计寿命为25~40年。

4)加拿大狮门大桥(Lions Gate bridge)

加拿大狮门大桥于1938年建成通车,2002年主悬索桥更换了正交异性钢桥面板,采用环氧沥青混凝土铺装,目前使用状况良好。狮门大桥2012年日均交通量为60285辆/d,交通车辆限制为小汽车、14.3t以下货车、巴士。

狮门大桥北引桥在1975年更换为正交异性钢桥面板结构,顶板厚12mm,U肋间距305mm,每跨跨径25m。狮门大桥北引桥铺装历程如下:

图3-1-10 旧金山—奥克兰海湾大桥东跨单塔自锚式悬索桥钢桥面铺装施工

(1)1975年,采用了单层38mm厚环氧沥青混凝土铺装,该铺装层使用18年。

(2)1993年开始出现纵向裂缝,采用了铣刨部分环氧铺装层,之后加铺改性沥青混凝土进行了维修,到1997—1998年开始出现严重的脱层病害。

(3)2001年完全铲除旧铺装层,采用50mm厚聚合物改性沥青混凝土铺装,2008年开始出现严重纵向裂缝和坑槽。

(4)2013年选择狮门大桥北引桥铺装维修方案。

对7种方案进行综合比选:开级配聚合物磨耗层(Bolidt ZOK)、环氧沥青混凝土、浇注式沥青混凝土、聚合物改性沥青混凝土、聚酯混凝土、Rosphalt 50混凝土、特立尼达湖沥青,对铺装施工和使用等19项指标进行综合权重打分比较,最后环氧沥青混凝土铺装最高分,环氧沥青混凝土铺装比第二排序的方案分高了17%,最后确定维修方案选用环氧沥青混凝土铺装。

3.1.4 国外典型地区钢桥面铺装应用状况分析

通过对欧洲、日本、北美等典型钢桥面铺装方案、铺装材料、使用情况的调研,分析总结如下:

(1)浇注式沥青混凝土是欧洲钢桥面铺装的典型铺装材料,浇注式沥青混凝土钢桥面铺装在欧洲整体表现良好。实际表现情况也与交通量和交通荷载特点直接相关,在英国、德国,交通荷载以小汽车为主的条件下,钢桥面铺装表现较好;而在交通量大、货车比例较高交通条件,钢桥面铺装出现较明显车辙。这也表明,浇注式沥青混凝土铺装的高温性能较敏感,交通荷载特征会直接影响浇注式沥青混凝土铺装的高温性能表现。

(2)日本钢桥面铺装以浇注式沥青混凝土+改性密级配沥青混凝土的结构形式为主,整体上钢桥面铺装表现良好,日本大跨径钢桥交通荷载相对较轻,而且多数钢桥采用钢桁架加劲梁,有利于降低钢桥面铺装温度。但在重载交通情况下的国道、高架桥,浇注式沥青混凝土钢桥面铺装也出现车辙推移等病害。

(3)美国、加拿大重交通的大跨径钢桥面铺装多采用环氧沥青混凝土,环氧沥青混凝土钢桥面铺装可到达20年以上的使用寿命,其前提是施工质量得到良好控制。也有部分桥梁采用密实型改性沥青混凝土钢桥面铺装,此类桥梁一般交通量不大。

从欧洲、日本、北美的钢桥面铺装方案和使用表现发现：

(1) 浇注式沥青混凝土铺装在温度相对温和、中轻等级的交通荷载条件下具有较好的表现和适用性，也具有优良的耐久性。

(2) 环氧沥青混凝土铺装在高温、重交通情况下表现出优异的性能，表现出良好的高温稳定性和抗疲劳耐久性，但环氧沥青混凝土铺装施工控制要求更加严格，如果施工质量控制出现问题，将出现早期病害。

(3) 国外典型地区钢桥面铺装方案和工程应用情况调查表明，应根据铺装材料特点和铺装层技术要求选择铺装方案。

3.2 我国钢桥面铺装应用调查分析

为了解决钢桥面铺装早期病害和耐久性问题，我国借鉴和探索应用了多种铺装方案，典型的钢桥面铺装结构包括双层 SMA（方案 A）、双层环氧沥青混凝土铺装（EA）（方案 B）、浇注式沥青混凝土 + SMA 铺装（方案 C）、单层浇注式沥青混凝土铺装（GA）（方案 D）、树脂类混凝土 + SMA 铺装（方案 E），也有一些新型的铺装结构，如浇注式沥青混凝土 + 环氧沥青混凝土铺装（方案 F）、UHPC 薄层组合铺装体系（方案 G）等。

双层 SMA 铺装方案在 2000 年以前应用较多，此铺装方案工程出现较多开裂、推移、车辙、坑槽等病害，2000 年之后很少采用。

双层环氧沥青混凝土铺装自 2000 年南京八卦洲长江大桥采用开始在我国应用，其后环氧沥青混凝土铺装逐渐开始广泛应用。

单层浇注式沥青混凝土钢桥面铺装 1997 年在香港青马大桥应用，1999 年在江阴长江公路大桥应用。浇注式沥青混凝土 + SMA 铺装 2003 年在山东胜利黄河公路大桥开始应用。

ERS（EBCL + RA05 + SMA）冷拌环氧沥青混凝土组合型钢桥面铺装自西陵长江大桥（2004 年）开始应用。

2011 年江苏常州西绕城高速公路京杭运河特大桥梁钢桥面采用环氧沥青混凝土铺装层 + SMA 组合结构新形式。

2012 年江苏泰州大桥采用浇注式沥青混凝土 + 环氧沥青混凝土铺装方案。

我国典型钢桥面铺装结构应用情况见表 3-2-1，根据钢桥面铺装应用实践情况，重点分析浇注式沥青混凝土铺装和环氧沥青混凝土铺装方案的特点和应用。

我国典型钢桥面铺装层结构方案　　表 3-2-1

铺装方案	A	B	C	D	E	F	G
上面层	SMA	EA	SMA	GA	SMA	EA	薄层
下面层	SMA	EA	GA		EA	GA	UHPC
开始应用（年份）	1997	2000	2003	1997	2004	2012	2011
桥梁名称	广东虎门大桥	南京八卦洲长江大桥	胜利黄河大桥	青马大桥	西陵长江大桥	泰州大桥	广东肇庆马房大桥

3.2.1 新型组合铺装结构体系

3.2.1.1 UHPC 薄层组合铺装体系

近年 UHPC 组合钢桥面铺装新型结构开始试验研究应用,该方案在钢面板上增设超高性能混凝土 UHPC 层,然后铺筑沥青混凝土磨耗层,UHPC 组合钢桥面铺装结构见图 3-2-1。新型组合桥面结构中的 UHPC 层与钢桥面一同形成组合结构受力,提高了钢桥面整体的刚度。新型组合桥面结构中的 UHPC 采用活性粉末混凝土(Reactive Powder Concrete,RPC),是一种高强度、高韧性和高耐久性的超高性能纤维增强水泥基复合材料,RPC 的组成部分包括水泥、粉煤灰、石英砂、石英粉、钢纤维、减水剂等,其 7d 抗压强度≥120MPa,7d 抗弯拉强度≥22MPa,具有超高强度和超高韧性的特点。RPC 组分中不含粗集料,可减少材料内部的孔隙与微裂缝等缺陷,获得超高的力学性能。

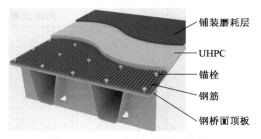

图 3-2-1 UHPC 钢桥面铺装示意图

3.2.1.2 环氧沥青混凝土 + SMA 组合铺装体系

2011 年江苏常州西绕城高速公路京杭运河特大桥梁钢桥面采用了下面层环氧沥青混凝土铺装层和上面层 SMA 组合结构新形式,这种铺装结构可以相对降低铺装造价,提高铺装表面构造,SMA 表面层便于维修。

3.2.1.3 浇注式沥青混凝土 + 环氧沥青混凝土组合铺装体系

江苏泰州大桥采用下面层浇注式沥青混凝土、上面层热拌环氧沥青混凝土铺装方案,2012 年 11 月通车,截至 2013 年底日均交通量近 1 万辆/d(表 3-2-2)。2015 年 10 月调查显示桥面铺装无病害,只有少量桥面被硬物砸伤、车辆制动划痕等,见图 3-2-2。

泰州大桥交通量数据　　　　表 3-2-2

年份	2012	2013	2014	2015
断面流量(辆/d)	7049	9549	12437	15246

图 3-2-2 泰州大桥钢桥面铺装照片(2015 年)

3.2.2 铺装材料应用情况分析

典型钢桥面铺装的综合性能和适用性调查分析表明,目前我国钢桥面铺装技术仍处于发展阶段,相关设计技术规范、理论研究还不够完善或空缺,钢桥面铺装的实际工程表现对铺装方案选择和设计具有非常重要的参考价值。

对三种典型钢桥面铺装沥青混合料基本性能进行比较,具体情况见表3-2-3。试验数据表明,环氧沥青混凝土表现出优异的路用性能,改性SMA性能良好,浇注式沥青混凝土的高温稳定性较低。

不同沥青混凝土基本性能比较　　　　　表3-2-3

混合料类型	改性SMA	环氧沥青混凝土			浇注式沥青混凝土
		热拌	温拌	冷拌	
高温性能	良	优	优	优	中
水稳定性	优	优	优	优	优
密水性	良	优	优	优	优
施工可控性	高	高	中	高	高

目前国内应用较多的树脂类混凝土主要是温拌环氧沥青混凝土和日本近代化成株式会社热拌环氧沥青混凝土,这两种环氧沥青混凝土施工性能差别较大,温拌环氧沥青混凝土养生周期长(30~45d),混合料施工温度约为120℃。热拌环氧沥青混凝土养生周期短(4~10d),而且热拌环氧沥青混凝土高温施工(约180℃)可以去除水分,显著减少或避免铺装层鼓包开裂病害。热拌环氧沥青混凝土的韧性与温拌环氧沥青混凝土韧性、疲劳性能接近,两种环氧沥青混凝土具体比较见表3-2-4。改进型热拌环氧沥青混凝土变形性能进一步提高;热拌环氧沥青混凝土具有良好的施工性能、高模量、高韧性、耐疲劳等综合优势;应用情况表明热拌环氧沥青混凝土钢桥面铺装病害较少。

温拌、热拌环氧沥青混凝土性能比较　　　　　表3-2-4

环氧沥青混凝土类型	温拌	热拌	热拌改进型
养生期	30~45d	3~10d	3~10d
施工温度	110~121℃	165~185℃	165~185℃
车辙动稳定度(次/mm)	>10000	>10000	>10000
60℃马歇尔稳定度(kN)	52	81	81
15℃四点弯拉弯曲模量(MPa)	11000	14000	13000
15℃极限弯拉应变($\mu\varepsilon$)	15100	12600	15990
疲劳性能(15℃,600$\mu\varepsilon$)	不破坏	不破坏	不破坏

3.3　广东虎门大桥钢桥面铺装应用情况评价分析

3.3.1　广东虎门大桥钢桥面系

广东虎门大桥是广深高速公路的重要组成部分,地处广东东莞与番禺之间,跨越珠江入海口,为联系粤东、粤西、深圳与珠海两经济特区,香港与澳门两行政特区的交通枢纽,对珠江三角洲的经济发展具有重要意义。广东虎门大桥于1992年10月开工建设,于1997年6月竣工通车。

广东虎门大桥是中国第一座现代化大跨度悬索桥,主航道采用单跨双绞悬索桥,主缆跨径(302+888+348.5)m,加劲梁为3.012m高、扁平流线型闭合箱梁,宽度为35.6m,矢跨比为1/10.5,具有较好的抗风性能。主航道桥跨径888m,桥面宽度为35.6m,双向六车道,中央设1.5m的分隔带。主缆直径68.7cm,由110束127ϕ5mm镀锌高强钢丝组成,两主缆中心间距33m。吊索采用4ϕ52mm金属芯钢丝绳,吊索间距12m。虎门大桥概貌如图3-3-1所示。

图3-3-1 广东虎门大桥

广东虎门大桥加劲梁采用扁平闭合流线型钢箱梁,全宽35.6m,桥轴中心线处梁高3.012m,桥面设置2%双向横坡。桥面板为正交异性钢桥面板,板厚12mm,闭口U形加劲肋规格为320mm×260mm×8mm,间距620mm;底板及两侧斜腹板厚10mm,其上加劲肋采用球形扁钢,间距400mm。梁内每隔4m设置横隔板一道,板厚8mm,吊索处横隔板加厚至10mm,横隔板上设人孔及管道预留孔,使全桥箱内空间贯通。全桥加劲梁划分为34段标准段,一个中跨段,两个端段及两个合龙段。标准段长24m,吊重约300t。正交异性钢桥面板横断面如图3-3-2所示,钢桥面板结构基本参数见表3-3-1。

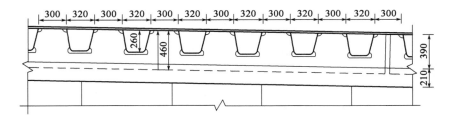

图3-3-2 正交异性钢桥面板横断面图(尺寸单位:mm)

钢桥面板结构基本参数　　　表3-3-1

顶板厚度	12mm
顶板U形加劲肋板厚度	8mm
U形加劲肋横截面尺寸	320mm×260mm×8mm
加劲梁横隔板间距、钢板厚度	4000mm、8mm

3.3.2 广东虎门大桥桥面铺装应用历程

3.3.2.1 第一次铺装

广东虎门大桥于1997年6月建成通车,是国内首次进行大跨度悬索桥钢箱梁桥面铺装的桥梁。该桥采用SMA分体系进行铺装,铺装组成结构形式为钢桥面板无机富锌底漆层+3mm双组分反应型Eliminator防水黏结层+2~3mm聚合物改性沥青碎石缓冲层+6cm改性沥青SMA13铺装层。由于广东虎门大桥铺装是我国首座大跨径钢箱梁桥面铺装工程,对钢箱梁桥面铺装认识不深入,经验欠缺,所设计的SMA铺装层材料高温稳定性能不理想,导致通车后第2年的夏天,铺装层开始出现了不同程度推移和车辙病害,路面车道标线扭曲最大位移达到16cm。为保证钢桥面铺装的使用性能,1998年12月对SMA铺装层表面铣刨了2~2.5cm,并重新铺设了3cm厚SMA10混凝土,总厚度控制在不大于7cm。与前期铺设的SMA铺装体系不同,重新铺筑的SMA改性沥青中提高了聚乙烯(PE)的含量,加强混合料的高温稳定性能。在随后的1年中使用状况总体表现较好,但局部部位出现了坑槽现象。清除破损后的铺装层,发现防水黏结层出现了破裂、脱层及推移等病害。

3.3.2.2 第二次铺装

2000年初,钢桥面铺装层在慢(重)车道轮迹位置处开始出现少量的纵向裂缝,裂缝基本呈平行状。随着时间的延长,裂缝逐渐发展,个别位置处裂缝呈现月牙形或网状,随后产生了坑槽、推移等病害,究其原因主要是SMA铺装层抗疲劳及抗裂性能较差,在车辆荷载的重复作用下产生了疲劳微裂缝。随着时间的增长,铺装层材料内部损伤进一步加剧,导致疲劳裂缝进一步扩大,尤其是广东虎门大桥地处高温多雨的环境中,在车辆荷载的动水压力作用下,水分极易通过裂缝进入到铺装层中,导致铺装层出现水损坏及防水黏结层黏结力下降等问题,进而使铺装层产生坑槽、推移等病害。历年广东虎门大桥钢桥面铺装维修面积统计见表3-3-2。

历年虎门大桥钢桥面铺装维修面积统计　　　表3-3-2

时间	2000年	2001年	2002年	2003年1—9月
面积	74m²	756m²	2095m²	2390m²

2003年初,虎门大桥下游桥面铺装层产生的开裂、推移、车辙等病害日趋严重,尤其是在多雨季节,病害产生速度较快。挖除产生病害的铺装层,发现钢板已有生锈现象,表明铺装层产生的病害已影响桥面板主体结构。由于铺装层已产生病害,难以满足行车舒适的需要,经过多次维修方案比选,决定采用改进后的双层SMA10方案重新铺装。铺装结构层依次是:钢板喷砂除锈;第一层0.2~0.3mm改性环氧黏结剂,上撒0.3~0.6mm的铁钢砂;第二层0.4~0.6mm改性环氧黏结剂,上撒1.17~2.36mm的碎石;两层溶剂型黏结剂,厚0.1~0.2mm;2~

5mm 橡胶沥青砂胶防水层,此防水层和改性环氧黏结层组成钢桥面铺装的防水隔离层;33mm 铺装下层 SMA10(设计空隙率 2%~3%,具有良好密实性和整体性);改性乳化沥青黏结层;33mm 铺装上层 SMA10(设计空隙率 3%~4%,具有较好的热稳定性、抗裂性和表面抗滑性能)。

2003 年维修后各车道铺装表现和后继维修情况如下:

(1) 东行方向重车道

2004—2006 年钢桥面铺装逐渐出现开裂和坑槽病害,2006 年底钢桥面铺装出现严重推移、车辙、开裂,2007 年 5—9 月采用 SBS 高弹改性沥青 SMA 对局部破坏位置进行维修,2007 年 7 月铺装层开始出现严重推移。

(2) 西行方向重车道

2006—2007 年,钢桥面铺装逐渐产生开裂现象,至 2009 年 6 月,铺装层开裂现象加剧。

3.3.2.3 第三次铺装

2008 年 12 月—2013 年 1 月对广东虎门大桥破坏较严重的车道逐年采用高温拌和环氧沥青混凝土进行重新铺装,重新铺装方案如下:铺装层按功能要求的不同,分层设计;桥面铺装设计总厚度 70mm,结构组成为 35mm 环氧沥青混凝土(EA10) + 黏结层 + 35mm 环氧沥青混凝土(EA10) + 防水黏结层。

采用高温拌和环氧铺装时间安排如下:2009 年 12 月—2010 年 1 月对西行重车道进行高温拌和环氧沥青混凝土铺装;2010 年 11 月—2011 年 1 月对西行主车道进行高温拌和环氧沥青混凝土铺装;2012 年 10—12 月对西行超车道进行高温拌和环氧沥青混凝土铺装;2014 年 3 月,东行重车道部分位置采用高温拌和环氧沥青混凝土进行重新铺装;2015 年 12 月对东行中间车道和重车道病害较严重的位置采用高温拌和环氧沥青混凝土进行重新铺装。

迄今为止,最早采用高温拌和环氧沥青混凝土进行重新铺装的车道使用效果良好,局部有裂缝等现象。与前期几次铺装效果相比改善明显,表明该热拌环氧沥青在大跨径钢箱梁桥面铺装中具有较好的路用性能。

广东虎门大桥主行车道钢桥面铺装按照(6×3.75×888m)面积计,行车道总铺装面积为 19980m²,标准车年平均日交通量如图 3-3-3 所示。

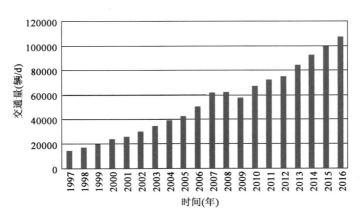

图 3-3-3 广东虎门大桥历年交通量统计图

3.3.3 广东虎门大桥钢桥面系的损伤状况

广东虎门大桥自从 1997 年 6 月服役以来,为珠江三角洲地区经济发展发挥了重大作用。广东虎门大桥属于我国第一座现代化大跨径悬索桥,在钢桥面系及铺装设计方面没有成熟的经验可借鉴,国外虽然大跨径桥梁建设起步较早,积累了较多的设计与建设经验,但广东虎门大桥在交通荷载条件、气候环境条件等方面与国外类似桥梁有较大差异。由于广东虎门大桥地处高温多雨地区,长期承受重载和超载车辆的重复作用,导致广东虎门大桥使用条件更加苛刻,钢桥面系及铺装在车辆荷载的作用下,在受力不利位置处极易产生较大的应力—应变幅,为钢桥面系及桥面铺装带来不利影响。

迄今为止,广东虎门大桥桥面铺装工程已经历 3 次彻底维修,前两次均采用 SMA 铺装体系,由于 SMA 铺装层模量较低,在车辆荷载的作用下,极易在桥面板负弯矩区产生较大的拉应变,加之超载的影响,对桥面板结构造成了一定的损伤。2010 年,广东虎门大桥管理有限公司对桥面系整体使用情况进行检测和健康诊断,发现广东虎门大桥桥面系在多年超载重车作用下钢箱梁桥面板出现了病害,具体反映在以下方面:

(1) U 肋与面板连接部位面板纵向开裂,部分裂纹已裂至面板顶面,致使桥面铺装出现纵向开裂,如图 3-3-4 所示。

a) 桥面板顶面纵向裂纹　　　　　　　　　b) 纵肋与桥面板角焊缝开裂状况

图 3-3-4　桥面板开裂

(2) 横隔板与 U 肋相交的过焊孔附近开裂,如图 3-3-5、图 3-3-6 所示。

(3) U 肋嵌补段仰焊焊缝出现裂缝,如图 3-3-7 所示。

3.3.4 热拌环氧沥青混凝土铺装在广东虎门大桥上的应用

调查表明,国内外多座大跨径正交异性钢桥面板在使用过程中出现了裂缝现象,研究人员提出了多种正交异性钢桥面板加固改造方案,但大部分方案使用效果并不理想,有些方案甚至进一步加剧了钢桥面板的损伤。广东虎门大桥维修主要通过改进桥面铺装层结构,减小正交异性钢桥面板各部位的应力和变形,改善桥面板及铺装层的受力状态。

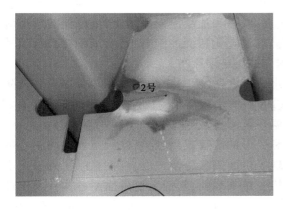
图 3-3-5 横隔板过焊孔下端焊缝开裂

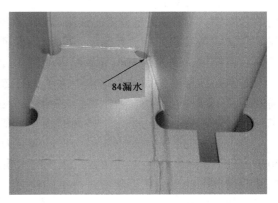
图 3-3-6 过焊孔上端横隔板母材开裂

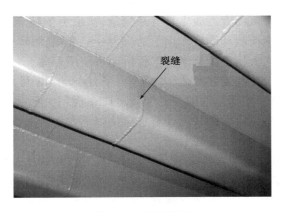
图 3-3-7 嵌补段裂缝

3.3.4.1 铺装结构设计

钢桥面行车道铺装层厚度按功能要求的不同分层设计,铺装结构见图 3-3-8。桥面铺装设计总厚度 70mm,结构组成为 35mm 环氧沥青混凝土(EA10) + 黏结层 + 35mm 环氧沥青混凝土(EA10) + 防水黏结层。

- 35mm EA-10 环氧沥青混凝土
- 0.4kg/m² 环氧树脂黏结层
- 35mm EA-10 环氧沥青混凝土
- 0.4kg/m² 环氧树脂黏结层
- 喷砂除锈 Sa2.5 级,粗糙度达到 50~100μm
- 12mm 钢桥面板

图 3-3-8 广东虎门大桥环氧沥青混凝土铺装方案

在铺装前应对钢桥面进行喷砂除锈处理。根据《涂覆涂料前钢材表面处理 表面清洁度的目视评定 第 1 部分:未涂覆过的钢材表面和全面清除原有涂层后的钢材表面的锈蚀等级和处理等级》(GB/T 8923.1—2011),要求钢桥面喷砂除锈清洁度达到 Sa2.5 级,即"非常彻底的喷射除锈,钢材表面无可见的油脂、污垢、氧化皮、铁锈和油漆涂层等附着物,任何的痕迹应仅是点状或条纹状的轻微色斑"。同时,为保证防腐层与钢桥面的附着力,要求钢桥面板喷砂除锈后粗糙度达到 50~100μm。喷砂除锈 4h 内完成黏结层涂布。

防水黏结层在桥面铺装结构中除了具有防水效果之外,还应具有:①良好层间结合力及防腐效果;②良好的低温抗裂性和随从变形能力;③良好的水稳性和耐久性等。针对上述性能要求,结合铺装结构体系,采用钢桥面铺装专用高温环氧树脂黏结剂作为防水黏结层材料。

为了解新铺装方案对钢箱梁构件局部应力和变形的改善效果,北京铁科工程检测中心在 2010 年 12 月—2011 年 1 月结合广东虎门大桥现场桥面铺装更换进度,对钢箱梁桥面板在不同铺装情况下的受力状态响应进行试验检测。检测结果表明,新铺装对桥面系各构件及构件连接部位受力均有一定的改善效果,其中以对纵肋与面板连接部位、面板受力改善尤其显著,相对于原有铺装状态,改善幅度在 20%~55% 之间。

因此,采用高温拌和环氧沥青混凝土具有高模量、抗疲劳的特点,能够有效改善桥面系受力状态,减少桥面系在车辆荷载和温度作用下的应力—应变幅,缓解桥面系在外界条件作用下的损伤程度,延长广东虎门大桥主桥悬索桥工程桥面系使用寿命。

由于广东虎门大桥 SMA 铺装方案破坏较严重,于 2008 年 12 月采用高温拌和环氧沥青混凝土进行钢桥面铺装维修。根据以往铺装经验及对广东虎门大桥桥址区域交通条件、气候条件的再认识,广东虎门大桥钢桥面铺装设计要求应从以下方面考虑:

(1)铺装层要求具有良好的抗车辙性能

从广东虎门大桥的气候环境条件来看,年极端最高气温相对比较高,加之钢桥面的热储作用使得铺装层的温度显著高于一般路面面层的温度。因此,如何保证桥面铺装层在重交通荷载作用下具有较高的高温稳定性,以期能够有效防止或延缓沥青铺装层车辙的出现,是桥面铺装设计的技术关键。

(2)铺装层要求具有良好的抗疲劳开裂性能

在交通荷载作用下,桥面铺装层要协同钢板变形而产生反复的挠曲变形,特别是在钢板 U 肋顶部对应的铺装表面易受弯曲应力作用而开裂。因此,铺装设计要重点之一是铺装层的抗疲劳开裂性能。

(3)铺装层与钢板之间应具有良好的层间结合能力

交通荷载作用下,桥面铺装层与钢板同步变形,要求铺装层与钢板之间必须具有良好的层间结合力。

(4)铺装层对桥面板等钢结构应具有良好的保护作用

广东虎门大桥桥位地区年降雨量大于 1700mm,雨量充沛,气候潮湿,水分极易导致钢板锈蚀,降低铺装结构层的耐久性和桥梁钢结构的使用寿命。因此,在铺装设计中,还要重点考虑铺装结构体系对钢板的保护作用和防腐作用。

(5)沥青铺装具有良好的抗滑性能

广东虎门市属于夏炎热、冬温潮湿地区,暴雨、阵雨现象较为常见。在这种气候条件下,桥面湿滑,面层抗滑性能降低,存在很大的交通隐患,桥面铺装设计应考虑保证具有良好的抗滑性能,以确保交通安全。

(6)沥青铺装具有良好的变形协调能力

桥面铺装层的温度变化幅度和速度远大于普通路面,铺装层与桥面钢板热变形会相互影响和制约,如果铺装层和钢板的热收缩系数相差过大,温度应力可能导致铺装开裂或层间滑移,因此要求沥青铺装具有良好的变形协调能力。

3.3.4.2 集料及矿粉

环氧沥青混凝土所用细集料满足表3-3-3要求,粗集料满足表3-3-4要求。

细集料技术指标 表3-3-3

试 验 项 目	技 术 要 求	试 验 方 法
表观相对密度	≥2.60	JTG E42—2005 T 0327
吸水率(%)	≤1.5	JTG E42—2005 T 0330
坚固性(%)	≤5.0	JTG E42—2005 T 0340
砂当量(%)	≥65	JTG E42—2005 T 0334
<0.075mm的含量(水洗法)(%)	≤2(仅对3号料)	JTG E42—2005 T 0333
亚甲蓝值(g/kg)	≤25	JTG E42—2005 T 0349
含水率(%)	≤1	JTG E42—2005 T 0103

注:试验方法参照规范为《公路工程集料试验规程》(JTG E42—2005),下同。

粗集料技术指标 表3-3-4

试 验 项 目	技 术 要 求	试 验 方 法
抗压强度(MPa)	≥120	参照岩石抗压强度试验方法
洛杉矶磨耗(%)	≤22	JTG E42—2005 T 0317
磨光值(BPN)	≥47	JTG E42—2005 T 0321
针片状颗粒含量(%)	≤5	JTG E42—2005 T 0312
压碎值(%)	≤12	JTG E42—2005 T 0316
黏附性(级)	≥4	JTJ 052—2000 T 0616
吸水率(%)	≤1.5	JTG E42—2005 T 0307
含水率(%)	≤1	JTG E42—2005 T 0103
视密度(g/cm^3)	≥2.65	JTG E42—2005 T 0304
坚固性(%)	≤5	JTG E42—2005 T 0314
软石含量(%)	≤1	JTG E42—2005 T 0320
小于0.075mm颗粒含量(%)	≤1	JTG E42—2005 T 0310

矿质填料采用石灰岩或岩浆岩中的强基性岩石等憎水性石料磨制的矿粉,不应含泥土杂质和团粒,要求干燥、洁净,其质量满足表3-3-5的技术要求。

矿粉技术性能指标 表3-3-5

试验项目		技术要求	试验方法
表观密度(g/cm³)		≥2.50	JTG E42—2005 T 0352
外观		无团粒结块	—
含水率(%)		≤1	JTG E40—2007 T 0103
通过率(%)	0.6mm	100	JTG E42—2005 T 0351
	0.15mm	90~100	
	0.075mm	70~100	
亲水系数		≤1	JTG E42—2005 T 0353
塑性指数(%)		≤4	JTG E42—2005 T 0355
安定性		不变质	JTG E42—2005 T 0355

3.3.4.3 热拌环氧沥青混凝土技术指标

热拌环氧沥青混凝土由基质沥青、环氧树脂(主剂)和固化剂(硬化剂)组成。主剂和固化剂按照重量比56∶44混合后所形成的混合料,再与沥青按照质量比50∶50的比例混合,固化成型。环氧树脂和沥青混合时使用A-70基质沥青,A-70基质沥青要满足表3-3-6所要求的各项技术指标,环氧树脂(主剂)满足表3-3-7技术要求,固化剂满足表3-3-8技术要求,环氧树脂养生固化后的物理性能见表3-3-9。

A-70基质沥青的技术指标 表3-3-6

指 标	单 位	技术要求	试验方法
针入度(25℃、100g、5s)	0.1mm	60~70	T 0604
针入度指数PI	—	-1.5~1.0	T 0604
软化点 $T_{R\&B}$	℃	44.0~52.0	T 0606
延度(10℃、5cm/min)	cm	≥15	T 0605
延度(15℃、5cm/min)	cm	≥100	T 0605
蜡含量(蒸馏法)	%	≤2.2	T 0615
闪点	℃	≥260	T 0611
溶解度	%	≥99	T 0607
密度(15℃)	g/cm³	≥1.000	T 0603
RTFOT后残留物			
质量变化	%	≤0.6	T 0610 或 T 0609
残留针入度比(25℃)	%	≥55	T 0604
残留延度(10℃)	cm	≥6	T 0605

注:本表所参考的标准为《公路工程沥青及沥青混合料试验规程》(JTG E20—2011)。

主剂的物理性能和技术指标   表 3-3-7

物 理 性 能	规 定 值	试 验 方 法
黏度(23℃)(P)	1000~5000	ASTM D445
相对密度@ 23℃	1.00~1.20	ASTM D1475
环氧当量	190~210	ASTM D1652
闪点(克立夫兰敞口杯)(℃)	≥230	ASTM D92
外观	淡黄色透明液体	肉眼观测

固化剂的物理性能和技术指标   表 3-3-8

物 理 性 能	规 定 值	试 验 方 法
黏度(23℃)(P)	100~700	ASTM D445
相对密度(23℃)	0.70~1.00	ASTM D1475
酸值(mg,KOH/g)	150~200	ASTM D664
闪点(克立夫兰敞口杯)(℃)	≥145	ASTM D92
外观	淡黄褐色液体	肉眼观测

环氧树脂养生固化后的物理性能   表 3-3-9

物 理 性 能	规 定 值	试 验 方 法
质量比(主剂/固化剂)	56/44	—
拉伸强度*(23℃)(MPa)	3.0 以上	JIS K 7113
破坏延伸率*(23℃)(%)	100 以上	JIS K 7113

注：* 60℃的烘箱里养生 4d 后的试验值。

环氧沥青养生固化后的技术指标见表 3-3-10。

环氧沥青的养生固化后的技术指标   表 3-3-10

物 理 特 性	标 准 值	试 验 方 法
质量比(基质沥青/环氧树脂)	50/50	—
相对密度(23℃)	1.05	JTG/E 20—2001 T 0603—2011
针入度(1/10mm)	5~20	JIS K 2207
软化点*(℃)	≥100	JIS K 2207
拉伸强度*(23℃)(MPa)	≥2.5	JIS K 7113
破坏延伸率*(23℃)(%)	≥100	JIS K 7113

注：* 60℃的烘箱里养生 4d 后的试验值。

试验时将基质沥青加热到 160℃、环氧树脂加热到 60℃，两者放入搅拌器里搅拌 4min 后制成试件，然后在 150℃烘箱里放置 0.5h，在 60℃烘箱里养生 4d，常温下放置 1d 后进行试验。

3.3.4.4 热拌环氧沥青混凝土

热拌环氧沥青混合料 EA10 的矿料级配应该满足表 3-3-11 的要求，环氧沥青混凝土性能技术指标，应满足表 3-3-12 的要求。

热拌环氧沥青混凝土 EA 10 的矿料级配组成   表3-3-11

筛孔尺寸		通过下列筛孔(方孔筛,mm)的质量百分率(%)							
		13.2	9.5	4.75	2.36	1.17	0.6	0.3	0.15	0.075
EA10	级配上限	100	100	75	70	55	40	32	23	14
	级配下限	100	95	65	50	39	27	21	14	7

环氧沥青混凝土性能技术指标   表3-3-12

试验项目		技术要求	试验方法
马歇尔稳定度(60℃)(kN)	固化试件	≥60	JTJ 052—2000 T 0709
	未固化试件	≥9	
马歇尔流值(60℃)(mm)	固化试件	2.0~5.0	
	未固化试件	2.0~5.0	
车辙动稳定度(次/mm)	60℃,0.7MPa	≥10000	JTJ 052—2000 T 0719
	70℃,0.7MPa	≥7000	
空隙率(%)		1.5~3	JTJ 052—2000 T 0705
冻融劈裂强度比(%)		≥90	JTJ 052—2000 T 0729
低温弯曲应变(-10℃,50mm/min)		$\geq 3 \times 10^{-3}$	JTJ 052—2000 T 0715
残留稳定度(%)		≥90	JTJ 052—2000

广东虎门大桥钢桥面采用热拌环氧沥青混凝土,施工过程实施精细化管理,在不中断交通情况下完成多车道维修,如图 3-3-9 所示,取得了较好的经济效益和社会效益。

a)　　　　　　　　　　　　　　　　　b)

图 3-3-9　高温拌和环氧沥青混凝土施工

3.3.4.5 应用效果

自 2008 年采用高温拌和环氧沥青混凝土对原有广东虎门大桥 SMA 铺装体系进行维修,使用 7 年后进行检测,除在施工完成后,个别部位出现极少量的"鼓包"外,经处理后正常使用。通过对 7 年以来桥面铺装使用状况跟踪调查表明,高温拌和环氧沥青混凝土铺装使用性能良好,未出现明显的车辙、推移、开裂等病害问题。广东虎门大桥管理有限公司分别于 2009—2015 年分车道对原有铺装进行更换,所有更换车道使用效果表现良好,未出现任何形式的病害发生。

北京铁科工程检测中心于2010年12月—2011年1月结合广东虎门大桥现场桥面铺装更换进度,对钢箱梁桥面板在不同铺装情况下的受力状态响应进行试验检测,检测结果表明新铺装对桥面系各构件及构件连接部位受力均有一定的改善效果,其中以对纵肋与面板连接部位、面板受力改善尤其显著,相对于原有铺装状态,改善幅度在20%~55%之间。通过高温拌和环氧沥青混凝土的铺筑,改善原桥面系受力状态,减小桥面系应力—应变幅,有效减缓了桥面系的疲劳损伤,延长工作使用寿命和服役年限。

3.3.4.6　热拌环氧沥青混凝土长期性能评价

1)热拌环氧沥青混凝土长期使用后力学性能评价

为评价广东虎门大桥钢桥面铺装采用的环氧沥青混凝土经过7年使用后的力学性能,2015年11月在现场切割取样经行15℃小梁弯曲试验,并与2009年试验室试样进行比较,数据见表3-3-13,试验数据表明使用7年的环氧沥青混凝土力学性能仍然良好,表现出良好的耐久性。

环氧沥青混凝土小梁弯曲试验性能比较数据　　　　表3-3-13

小梁弯曲试验试样	空隙率(%)	弯拉强度(MPa)	拉应变($\mu\varepsilon$)	弯曲劲度模量(MPa)
2015年现场取样(2009.01铺筑)	4.1	16.6	6.81×10^{-3}	2407
试验室(2009.01)	2.9	19.8	7.94×10^{-3}	2507
现场取样/试验室试样	—	83.6%	85.7%	96.0%

2)环氧沥青混凝土长期路用性能评价

为评价广东虎门大桥钢桥面铺装长期路用性能,分别于2013年、2014年、2015年进行了全面检测评价,具体数据见表3-3-14,检测评价数据反映广东虎门大桥钢桥面铺装处于优良水平,2015年进行了局部维修养生,路面技术状况比2014年有所提高。

广东虎门大桥钢桥面铺装公路技术状况评定明细表　　　　表3-3-14

检测时间	方向	MQI	PQI	路面分项指标			
				PCI	RQI	RDI	SRI
2015年	西行	94.7(优)	93.6	93.3	94.1	88.8	99.4
	东行	93.9(优)	92.9	93.5	93.3	86.0	99.1
2014年	西行	91.4(优)	95.4	97.3	94.2	91.8	98.8
	东行	89.4(良)	94.2	95.8	93.7	88.7	98.8
2013年	西行	96.2(优)	94.6	96.3	93.5	91.0	98.4
	东行	94.9(优)	92.7	92.3	93.1	88.9	97.8

3.4　广东南沙大桥钢桥面铺装结构设计与性能要求

广东南沙大桥铺装受力分析显示铺装材料应具有良好的抗疲劳耐久性,同时铺装层模量对其受力状态有显著影响。对典型钢桥面铺装应用情况进行了调查分析,重点对邻近的广东虎门大桥钢桥面铺装应用情况进行跟踪调查。根据广东南沙大桥钢桥面结构特点及相关工程经验进行铺装结构设计。

3.4.1 钢桥面铺装技术要求

钢桥面铺装设计需要重点考虑桥面板刚度、温度环境、交通荷载特点三个基本条件,针对广东南沙大桥分析基本设计条件如下。

3.4.1.1 广东南沙大桥钢桥面板结构

(1)顶板在外侧重车道厚18mm,内侧快车道厚16mm,U肋板厚8mm,顶板最小厚度为18mm;

(2)顶板U肋上口宽300mm,下口宽170mm,高280mm,U肋中心距600mm,厚8mm;

(3)横隔板纵向最大间距10m,其间设置间距2.5m的横隔肋。

参考《公路钢箱梁桥面铺装设计与施工技术指南》的规定,本项目肋间相对挠度、肋间曲率半径计算结果见表3-4-1,满足《公路钢箱梁桥面铺装设计与施工技术指南》的规定。

广东南沙大桥桥面板肋间相对挠度、肋间曲率半径计算结果　　表3-4-1

项目	顶板厚度(mm)		要求(mm)
	18	16	
肋间相对挠度(mm)	0.11	0.13	≤0.4
肋间曲率半径(m)	50	44	≥20

3.4.1.2 广东南沙大桥钢桥面铺装温度环境

年平均温度22.4℃,极端最高温度38.2℃,极端最低温度0.9℃;月平均最高温度28.6℃,月平均最低温度14.4℃,日平均最高温度33.3℃,日平均最低温度4℃。根据广东南沙大桥临近区域和相似桥型的钢桥面铺装调查分析,拟订广东南沙大桥钢桥面铺装温度范围为0~70℃。

3.4.1.3 广东南沙大桥钢桥面铺装交通荷载特点

参考广东南沙大桥工程可行性研究报告,广东南沙大桥交通量预测结果见表3-4-2,广东南沙大桥交通量车型构成预测结果见表3-4-3。

广东南沙大桥交通量预测结果(pcu/d)　　表3-4-2

计算年份	2020	2025	2030	2035	2040
全线平均交通量	51865	73065	89639	100063	104831
年均增长率(%)	10.32	7.09	4.17	2.22	0.94

注:经济增长中方案+中收费方案。

广东南沙大桥交通量车型构成预测结果(%)　　表3-4-3

特征年份	微型客车	轻型客车	大型客车	小型货车	中型货车	大型货车	特大型货车	特种车	合计
2020	50.18	2.19	7.13	8.82	17.22	5.77	8.46	0.23	100
2025	50.46	2.10	7.15	8.71	16.84	5.82	8.72	0.20	100
2030	51.92	2.05	7.17	8.52	15.44	5.85	8.87	0.18	100

续上表

特征年份	微型客车	轻型客车	大型客车	小型货车	中型货车	大型货车	特大型货车	特种车	合计
2035	52.53	1.97	7.18	8.39	14.95	5.87	8.94	0.17	100
2040	53.26	1.88	7.20	8.34	14.29	5.89	8.98	0.16	100

根据预测分析广东南沙大桥铺装设计年限15年,年均增长率取3%,累计交通量为4270万次/车道,参照我国《公路沥青路面设计规范》(JTG D50—2006),属于特重交通荷载等级;大客车及中型以上的各种货车交通量按3个货车车道计算,2020年达到3355辆/(d·车道),也属于特重交通荷载等级。

2018年广东虎门大桥01月的日均货车统计数据见表3-4-4,广东虎门大桥维修可能限制货车通行,将转移大部分交通量至广东南沙大桥,初步考虑20%的综合增加系数,广东南沙大桥实际交通量将比工可预测值显著增加,按照我国《公路沥青路面设计规范》(JTG D50—2017),交通量年增长率按照3%计算,每个车道15年设计年限的大客车及货车累计交通量为 105×10^6 辆,属于极重交通荷载等级,初步估算每车道设计年限15年内累计轴载为3.17亿次。

2018年1月广东虎门大桥的日均货车统计数据(辆)　　表3-4-4

货车车型	小于5t	5~10t	10~20t	20~40t	40t以上	合计	标准车
广东虎门大桥	11652	7422	9785	3985	1705	34549	50534
预测广东南沙大桥(20%增加系数)	14080	9245	12988	4726	1886	42925	62166

3.4.1.4　广东南沙大桥钢桥面路线纵断面线型特点

广东南沙大桥跨越大沙水道、坭洲水道两个重要航道,主线引桥全长10.028km,桥面纵坡2.5%,整体而言广东南沙大桥两个大跨径钢桥处于长大纵坡顶部区域,纵断面示意见图3-4-1。货车车速受到纵坡影响有一定程度降低,纵向水平方向驱动力也较大,广东南沙大桥纵断面线形上对钢桥面铺装的高温稳定性、抗剪切性能、抗疲劳耐久性均提出了较高的要求。

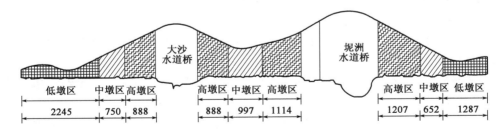

图3-4-1　广东南沙大桥纵断面示意图(尺寸单位:cm)

3.4.2　铺装层性能要求

广东南沙大桥钢桥面铺装技术特点和要求分析如下:

(1)基于粤港澳大湾区经济规模、社会情况,以及广东南沙大桥所处路网位置,预期广东南沙大桥将面临极重交通荷载等级,不仅需要考虑铺装对重载交通的适应性,而且要保证大交通量的通畅要求。

(2) 广东南沙大桥处于高温、多雨环境,较国内其他地区的桥梁面临的高温期持续时间更长、年降雨量更高,需要重点考虑铺装材料高温和水稳定性。

(3) 广东南沙大桥的大跨径主桥处于长大纵坡线形顶部区域,对铺装层材料的抗剪及抗高温车辙性能提出了更高的要求。

(4) 铺装维修将对交通网络带来严重影响,应保证铺装层的耐久性,减少因铺装维修带来交通影响。

(5) 广东南沙大桥处于高温多雨地区,对路面的抗滑要求也更高,要求钢桥面铺装具有良好的表面构造和抗滑性能。

(6) 广东南沙大桥钢桥面铺装工程量规模大,对施工控制要求高,应采用较成熟的铺装方案,保证工程质量可靠性。

(7) 广东南沙大桥钢桥面顶板厚度为16mm、18mm,虽然属于较厚桥面板,但对于重载交通条件,对钢桥面铺装抗疲劳耐久性要求仍然很高,需要基于钢桥面铺装复合结构体系出发,优化设计铺装材料、铺装结构,降低铺装层应变水平,提高铺装层抗疲劳耐久性。

3.5 钢桥面铺装结构设计

3.5.1 铺装层结构设计分析

广东省的交通量具有重载大的特点,加之广东省高温多雨的气候环境,对钢桥面铺装材料和铺装结构方案均提出了非常高的要求,钢桥面铺装也成为一个技术难点。广东南沙大桥钢桥面铺装需要考虑重载交通、高温多雨、工程规模大、耐久性要求高等特点,进行优化设计。

对各层铺装材料的具体要求:

(1) 防水黏结层

为桥面钢板提供可靠抗腐蚀保护,并牢固黏结钢板与上面的铺装层,具有一定的防水防腐功能,需要具有可靠的抗剪性能,一般黏结底层材料的黏结力较高,才能满足以上要求。

(2) 缓冲层(铺装下面层)

能够抵抗油、水、矿物的侵蚀,对温度条件具有较强的适应性,并能抵抗疲劳破坏。

(3) 黏结层

黏结层铺装上层、下层,满足黏结强度要求,同时具有耐久性、可靠性、稳定性,施工简便。

(4) 磨耗层(铺装上面层)

具有良好的表面抗滑能力、平整度及低噪声性能,具有抗老化、耐腐蚀性能,对温度适应能力强,具有高温稳定性及抗疲劳性能。

3.5.2 钢桥面铺装性能要求与方案设计

对于钢桥面铺装材料,一般需要满足以下基本要求:

(1) 铺装材料需要具有抗车辙性能;

(2) 铺装材料具有低温抗裂、抗疲劳性能;

(3) 各层铺装材料之间需要可靠黏结;

(4) 铺装材料提供充分的抗滑能力。

3.5.2.1 广东南沙大桥行车道铺装方案设计背景分析

为确定广东南沙大桥钢桥面铺装方案,对国内外典型地区钢桥面铺装应用情况、典型铺装材料性能特点、钢桥面铺装病害特点和原因进行了系统调查分析,具体总结分析如下:

(1) 浇注式沥青混凝土铺装方案、环氧沥青混凝土铺装方案是两种较成熟钢桥面铺装形式。从国内外钢桥面铺装方案使用情况整体上说明,浇注式沥青混凝土铺装在温度相对温和、中轻等级的交通荷载条件下具有较好的表现和适用性,也具有优良的耐久性。环氧沥青混凝土铺装在高温、重载交通情况下表现出优异的性能,表现出良好的高温稳定性和抗疲劳耐久性,但环氧沥青混凝土铺装施工控制要求更加严格,如果施工质量控制出现问题,将出现早期病害。国外典型地区钢桥面铺装方案和工程应用情况调查表明,应根据铺装材料特点和铺装层技术要求选择铺装方案。

(2) 我国应用的钢桥面铺装基本覆盖了世界上典型的铺装方案,每种铺装方案的特点和差别也较显著,而且部分铺装方案整体上应用时间还不长,我国大跨径桥梁项目在选择钢桥面铺装方案时也存在较大难度。纵观国内外钢桥面铺装应用及性能表现情况,很难简单确定某种钢桥面铺装方案的优劣。已有钢桥面铺装应用工程经验也表明,针对具体钢桥面铺装工程,从气候、交通荷载等级、桥面结构、施工可控性等方面综合因素考虑选择钢桥面铺装方案表明是非常关键的。

(3) 钢桥面铺装病害产生的原因包括外部因素和铺装自身因素。外部因素主要是铺装温度、交通荷载、桥面板刚度;铺装自身因素主要包括混合料的胶结料性能、混合料级配类型、混合料配合比、施工控制质量等因素。整体上钢桥面铺装病害受多因素影响,需要从铺装设计、材料设计、试验测试、施工控制等方面采取有效措施才能减少病害,也需要针对不同病害特点和病害机理采取相应的维修养生措施,保证钢桥面铺装整体性能和耐久性。

(4) 高温稳定性、抗疲劳耐久性、施工可控性、重载交通条件是广东南沙大桥钢桥面铺装方案选择的重点考虑因素。结合国内外工程应用经验,环氧沥青混凝土铺装是广东南沙大桥较适宜的钢桥面铺装方案类型。

3.5.2.2 广东南沙大桥钢桥面铺装技术特点和要求分析

对我国应用较多的 SMA + 浇注式沥青混凝土铺装、热拌环氧沥青混凝土铺装、温拌环氧沥青混凝土铺装、SMA + 环氧沥青混凝土铺装组合式的钢桥面铺装方案性能特点进行对比分析,具体见表3-5-1,表中分析数据显示不同铺装方案的差异也较大,需根据工程特点和要求选择合适的铺装方案。

铺装方案比较分析　　　　表 3-5-1

内容	铺装类型			
	SMA + 浇注式沥青混凝土	热拌环氧沥青混凝土	温拌环氧沥青混凝土	SMA + 环氧沥青混凝土
工程应用案例	较多	较少	较多	较少
铺装材料特点	高温性能较低	高温、抗疲劳性能优良	高温、抗疲劳性能优良	SMA 施工养生较方便
耐久性	一般	好	好	好

续上表

内容	铺装类型			
	SMA+浇注式沥青混凝土	热拌环氧沥青混凝土	温拌环氧沥青混凝土	SMA+环氧沥青混凝土
施工技术复杂性	复杂	中等	复杂	中等
施工质量可控性	好	好	中等	中等
技术成熟度	成熟	成熟	成熟	较成熟
尚存在主要技术问题	较少	较少	施工控制难度大	较少
应用表现	整体优良	整体优良	局部病害	整体优良

综合考虑广东南沙大桥的高温多雨、重载大交通量、长大纵坡等技术要求，充分借鉴相邻地区广东虎门大桥等项目成熟的铺装技术，桥面铺装方案的技术风险应相对较低。根据国内外铺装方案调研、铺装病害分析、典型铺装方案适用性分析，广东南沙大桥钢桥面铺装推荐方案采用双层环氧沥青混凝土。环氧沥青混凝土具有良好的高温稳定性和抗疲劳性能，铺装上层、下层根据功能需求选用不同级配的环氧沥青混凝土，结合料应采用较成熟的热拌环氧沥青。

由于较薄厚度铺装层压实和平整性存在一定难度，考虑工程造价和铺装层施工厚度要求，对广东南沙大桥行车道钢桥面铺装结构建议：铺装上面层厚度35mm，采用较粗级配，提供较好抗滑性能和耐久性；铺装下层厚度30mm，采用较细级配，提供较好密实性和黏结性能。

根据广东南沙大桥设计文件、资料及调查、研究分析，广东南沙大桥钢桥面铺装主要设计参数确定为表3-5-2。

广东南沙大桥钢桥面铺装主要设计参数　　　　表3-5-2

项目	内容	项目	内容
计算行车速度	100km/h	设计标准轴载	BZZ-100
车辆荷载等级	公路—Ⅰ级	桥面沥青铺装层使用温度范围	0~70℃
设计交通量(累计标准轴载)	4270万次/车道	使用年限	15年

3.5.2.3　广东南沙大桥行车道钢桥面铺装方案

广东南沙大桥行车道钢桥面铺装结构见图3-5-1，铺装设计总厚度65mm，结构组成为：上面层35mm环氧沥青混凝土(EA-10，粗级配)+黏结层+下面层30mm环氧沥青混凝土(EA-10，细级配)+防水黏结层+环氧富锌漆。如果钢桥面铺装施工组织实施满足要求，可取消环氧富锌漆。

其中，铺装下层采用30mm厚的较细级配环氧沥青混凝土，该层侧重于密实防水及与钢桥面板紧密连接；铺装上层采用35mm厚的较粗环氧沥青混凝土，该层侧重表面抗滑、平整、密实；考虑上面层级配较粗，适当增加了黏结层用量(为0.6kg/m²)。

3.5.2.4　广东南沙大桥中央分隔带钢桥面铺装推荐方案

中央分隔带铺装功能主要是防水、排水、保护钢桥面板。由于受路缘石、护栏影响，不便于机械摊铺、碾压，考虑中央分隔带施工条件和功能要求，浇注式沥青混凝土具有良好流动性，采用人工摊铺即可完成施工。广东南沙大桥中央分隔带拟采用浇注式沥青混凝土，铺装表面涂绿色涂料,满足景观设计需要,具体铺装方案见图 3-5-2。如果钢桥面铺装施工组织实施满足要求,可取消环氧富锌漆。

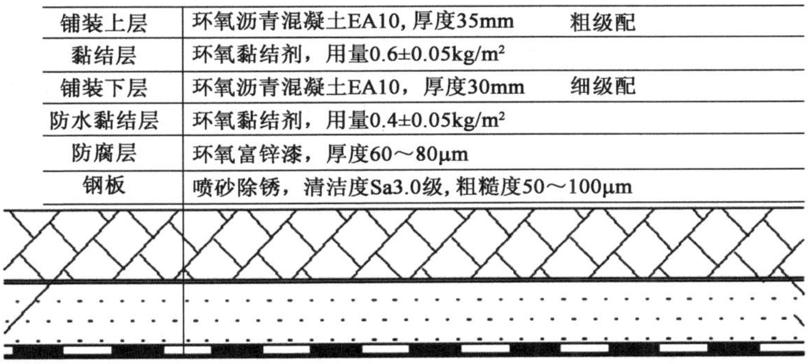

铺装上层	环氧沥青混凝土EA10,厚度35mm	粗级配
黏结层	环氧黏结剂,用量0.6±0.05kg/m²	
铺装下层	环氧沥青混凝土EA10,厚度30mm	细级配
防水黏结层	环氧黏结剂,用量0.4±0.05kg/m²	
防腐层	环氧富锌漆,厚度60~80μm	
钢板	喷砂除锈,清洁度Sa3.0级,粗糙度50~100μm	

图 3-5-1　行车道钢桥面铺装结构示意图

厚度65mm浇注式沥青混凝土

用量为0.4kg/m²环氧树脂黏结层

厚度60~80μm环氧富锌漆

钢桥面板　　喷砂除锈,清洁度Sa2.5级,粗糙度达50~100μm

图 3-5-2　中央分隔带钢桥面铺装结构示意图

3.5.3　钢桥面铺装材料性能指标要求

根据广东南沙大桥所处气候环境、交通荷载、钢桥面板结构特点,确定钢桥面铺装黏结层、铺装层的性能指标要求。

黏结层需要保证钢桥面铺装与钢桥面板的整体性,高温、低温环境下应具有可靠的强度,黏结层强度技术指标要求见表 3-5-3。

黏结层强度技术指标要求　　　　　表 3-5-3

试验项目	技术要求	试验方法
与钢板黏结强度(23℃)(MPa)	≥3.0	《公路钢箱梁桥面铺装设计与施工技术指南》
与钢板黏结强度(60℃)(MPa)	≥1.0	

铺装层需要具有优良的强度、水稳定性、高温稳定性、抗疲劳耐久性,铺装层混合料性能指标要求见表 3-5-4。

铺装层混合料技术指标要求　　　　　表 3-5-4

试验项目	技术要求	试验方法
击实次数(次)	双面50	JTG E20—2011 T 0702
空隙率(%)	0~3	JTG E20—2011 T 0705

续上表

试验项目		技术要求	试验方法
马歇尔稳定度(60℃)(kN)	固化试件	≥40	JTG E20—2011 T 0709
	未固化试件	≥5.4	
马歇尔流值(60℃)(mm)	固化试件	3.0~6.0	
	未固化试件	3.0~6.0	
70℃(0.7MPa)动稳定度(次/mm)		≥10000	JTG E20—2011 T 0719
冻融劈裂强度比(%)		≥90	JTG E20—2011 T 0729
残留稳定度(%)		≥90	JTG E20—2011 T 0709
弯曲极限应变(-10℃,50mm/min)		≥3×10^{-3}	JTG E20—2011 T 0715
冲击韧性(15℃,500mm/min)(N·mm)		≥3000	JTG E20—2011 T 0715
疲劳性能(15℃,10Hz,500με)		不破坏	T 0739—2011

3.6 钢桥面铺装关键技术问题分析

根据桥面铺装品质工程建设要求,环氧沥青混凝土桥面铺装材料需要保证优良路用性能和耐久性,环氧沥青混凝土铺装在我国应用二十多年,以下问题需要重点关注。

(1)环氧沥青混凝土钢桥面铺装早期抗滑性能不足。传统 EA 级配偏细,初期铺装层表面宏观粗糙度较小的情况下容易发生抗滑不足的问题,需要解决铺装表面构造性能提升问题。环氧沥青混凝土空隙率、耐疲劳性能与抗滑性能之间存在互相影响,需要综合考虑进行平衡设计,同时确保钢桥面板与铺装层之间的黏结强度。

(2)受设计、施工、材料等的影响,钢桥面铺装易出现钢板与铺装层间脱落滑移的情况,需要对环氧富锌漆应用方案进行科学论证评价。广东南沙大桥铺装面积大,作为功能层的环氧富锌漆是施工进度的重要保证,科学评价选择环氧富锌漆,研究确定适宜的技术指标和施工工艺,保证环氧富锌漆层可靠性、耐久性。

(3)环氧沥青混合料碾压方案与环氧沥青的固化反应及黏度增长规律应相适应,提高环氧沥青混凝土铺装施工精细化管理与控制,保证铺装压实度和表面构造相平衡,需要研究确定科学合理的铺装层碾压工艺和控制指标,分析环氧沥青混凝土铺装层摊铺施工厚度控制受桥面板线形影响,确定相应的摊铺调平方案。

(4)层间黏结是钢桥面铺装的关键环节,需要采取有效措施保证铺装层与钢桥面板、铺装层间的黏结性能,减少层间污染,保证铺装层结构的整体性。

(5)鼓包是环氧沥青混凝土铺装的典型常见病害,减少或避免鼓包病害是广东南沙大桥的重要控制工作,需要从根源上预防环氧沥青混凝土铺装层鼓包问题,并研究鼓包的检测与处理措施。

(6)科学合理安排较大规模环氧沥青混凝土铺装施工组织,尤其在多雨季节,保证环氧沥青混凝土铺装施工进度和质量。

（7）环氧沥青混凝土铺装施工主要参考一般路面施工控制。但环氧沥青施工工艺、控制要求、检测指标与普通沥青路面有显著差异,需要研究加强钢桥面铺装施工系统控制体系,确定钢桥面铺装厚度、压实度、平整度、抗滑性能的检测评价方法和相关要求;为减少取芯检测等对铺装的破损,应加强无损检测评价。

第4章　热拌环氧沥青混凝土铺装材料与试验研究

根据第3章广东南沙大桥使用条件分析和方案比选与设计,本章开展广东南沙大桥热拌环氧沥青混凝土铺装材料与试验研究;进行热拌环氧沥青混凝土原材料指标与选型,确定了环氧沥青混凝土基质沥青和优质沥青选型、环氧树脂与沥青参配比例;根据广东南沙大桥铺装上层和铺装下层功能适用性的不同,有针对性地开展环氧沥青混合料配合比设计;开展环氧沥青混凝土耐久性能研究,为广东南沙大桥施工阶段混合料指标控制提供参数,并为施工质量控制提供快速方便的指标检测手段。

4.1　铺装材料原材料指标与选型

本节首先介绍环氧沥青混凝土铺装材料原材料指标,再重点阐述环氧树脂黏结剂、环氧树脂与基质沥青的混合比例优选、集料选择等试验研究。

4.1.1　原材料指标

4.1.1.1　环氧树脂黏结剂

防水黏结层和黏结层采用环氧树脂黏结剂,环氧树脂黏结剂由两种成分组成:主剂和固化剂。其基本物理性能和技术指标见表4-1-1和表4-1-2。

环氧树脂黏结剂主剂物理性能　　　　表4-1-1

试验项目	技术要求	试验方法
黏度(23℃)(P)	1000~5000	GB/T 22314—2008
环氧当量	170~200	GB/T 4612—2008
闪点(℃)	130	T 0611—2011
相对密度(23℃)	1.1~1.3	T 0603—2011
外观	微黄色透明液体	目测

注:1P = 10^{-1} Pa·s。

环氧树脂黏结剂固化剂物理性能　　　　表4-1-2

试验项目	技术要求	试验方法
黏度(23℃)(P)	500~1100	GB/T 22314—2008
酸值(mg,KOH/g)	130~170	T 0626—2000
闪点(℃)	≥145	T 0611—2011
相对密度(23℃)	0.8~1.0	T 0603—2011
外观	淡黄褐色液体	目测

主剂和固化剂拌和前温度应控制在25℃±2℃(应配备专用恒温房),按照50:50的质量比例电动拌和3min,养生固化后的环氧树脂黏结剂物理性能见表4-1-3。

环氧树脂黏结剂固化后物理性能与技术指标 表4-1-3

试验项目	技术要求	试验方法
组分A/B质量比	50/50	—
拉伸强度(23℃)(MPa)	≥3.0	GB/T 528—2009
断裂延伸率(23℃)(%)	≥100	GB/T 528—2009
与钢板黏结强度(23℃)(MPa)	≥3.0	JTG/T 3364-02—2019
与钢板黏结强度(60℃)(MPa)	≥1.0	

4.1.1.2 环氧树脂结合料

环氧树脂结合料是热拌环氧沥青混凝土铺装层的关键材料,主要成分包括环氧树脂主剂与固化剂两种。主剂和固化剂基本物理性能和技术指标分别见表4-1-4和表4-1-5。

环氧树脂结合料主剂物理性能与技术指标 表4-1-4

物理性能	技术要求	试验方法
黏度(23℃)(P)	1000~5000	GB/T 22314—2008
相对密度(23℃)	1.00~1.20	T 0603—2011
环氧当量	190~220	GB/T 4612—2008
闪点(℃)	>220	T 0611—2011
外观	淡黄色透明液体	目测

环氧树脂结合料固化剂物理性能与技术指标 表4-1-5

物理性能	技术要求	试验方法
黏度(23℃)(P)	100~800	GB/T 22314—2008
相对密度(23℃)	0.80~1.00	T 0603—2011
酸值(mg,KOH/g)	150~200	T 0626—2000
闪点(℃)	>145	T 0611—2011
外观	淡黄褐色液体	目测

环氧树脂结合料主剂与固化剂混合反应形成的交联网络结构,使环氧沥青混凝土具有优异的强度、刚度与疲劳性能,有效改善铺装层的路用性能,养生固化后的环氧树脂结合料性能见表4-1-6。

环氧树脂结合料固化后技术指标 表4-1-6

物理性能	技术要求	试验方法
质量比(主剂/固化剂)	56/44	—
拉伸强度*(23℃)(MPa)	≥3.0	GB/T 528—2009
断裂延伸率*(23℃)(%)	≥100	GB/T 528—2009

注:*60℃烘箱养生4d后实验值。

4.1.1.3 沥青

沥青为 A 级 70 号的基质沥青,基质沥青要满足表 4-1-7、表 4-1-8 所要求的各项技术指标。

A 级 70 号基质沥青的技术指标　　　　　　　　　　　　　　表 4-1-7

试验项目	技术要求	试验方法
针入度(25℃,100g,5s)(0.1mm)	60～80	JTG E20—2011 T 0604
针入度指数 PI	-1.5～1.0	JTG E20—2011 T 0604
软化点 TR&B(℃)	≥47	JTG E20—2011 T 0606
延度(10℃,5cm/min)(cm)	≥20	JTG E20—2011 T 0605
延度(15℃,5cm/min)(cm)	≥100	JTG E20—2011 T 0605
蜡含量(蒸馏法)(%)	≤2.0	JTG E20—2011 T 0615
闪点(℃)	≥260	JTG E20—2011 T 0611
溶解度(%)	≥99.5	JTG E20—2011 T 0607
密度(15℃)(g/cm³)	≥1.000	JTG E20—2011 T 0603
60℃动力黏度	≥180	JTG E20—2011 T 0620
RTFOT 后残留物		
质量变化(%)	≤±0.8	JTG E20—2011 T 0610
残留针入度比(25℃)(%)	≥61	JTG E20—2011 T 0604
残留延度(10℃)(cm)	≥6	JTG E20—2011 T 0605

A 级 70 号基质沥青的 PG64-22 技术指标　　　　　　　　　　表 4-1-8

试验项目	单位	指标要求	试验方法
原样沥青			
闪点(COC),minδ	℃	≥260	T 0611
黏度(135℃)	Pa·s	≤3	T 0625
动态剪切(10rad/s,64℃),$G^*/\sin\delta$	kPa	≥1.0	T 0611
RTFOT(TFOT)残留沥青			T 0610
动态剪切(10rad/s,64℃),$G^*/\sin\delta$	kPa	≥2.2	T 0628
质量变化	%	≤±0.8	T 0610
PAV 残留沥青			T 0630
PAV 老化温度	℃	100	—
动态剪切(10rad/s,25℃),$G^*\cdot\sin\delta$	kPa	≤5000	T 0628
蠕变劲度(60s,-12℃),劲度模量 S	MPa	≤300	T 0627
蠕变劲度(60s,-12℃),斜率 m	—	≥0.30	T 0627

注:本表参考标准为《公路工程沥青及沥青混合料试验规程》(JTG E20—2011)。

4.1.1.4 集料

集料是钢桥面铺装的关键材料之一,其用量在热拌环氧沥青混合料中占比也最大,因此集料是决定混合料性能的重要因素之一,集料的颗粒形状与表面纹理特性等不仅影响混合料的骨架形成,对混合料高温抗车辙性能、抗疲劳性能与抗水损能力也有直接影响,环氧沥青混凝土用集料粒径规格见表4-1-9。

环氧沥青混凝土用集料粒径规格　　　　　　　表4-1-9

规格	通过下列筛孔(方孔筛,mm)的质量百分率(%)								
	13.2	9.5	4.75	2.36	1.18	0.6	0.3	0.15	0.075
1号	100	90~100	0~15	0~5					
2号		100	90~100	0~15	0~3				
3号			100	80~100	50~80	25~60	8~45	0~25	0~10

1)粗集料指标

粗集料采用粒径大于2.36mm的玄武岩、辉绿岩、安山岩等高质量的碎石集料,颗粒形状近似立方体。粗集料物理力学性能要求满足表4-1-10,集料粒径规格建议按表4-1-9的要求选用。

粗集料技术指标　　　　　　　表4-1-10

技术指标	技术要求	试验方法
洛杉矶磨耗率(%)	≤16	JTG E42—2005(T 0317—2005)
磨光值(BPN)	≥44	JTG E42—2005(T 0321—2005)
针片状颗粒含量(%)	≤5	JTG E42—2005(T 0312—2005)
压碎值(%)	≤12	JTG E42—2005(T 0316—2005)
与沥青的黏附性(级)	≥4	JTJ 052—2000(T 0616—1993)
吸水率(%)	≤1.5	JTG E42—2005(T 0308—2005)
表观密度(g/cm³)	≥2.70	JTG E42—2005(T 0308—2005)
坚固性(%)	≤5	JTG E42—2005(T 0314—2000)
软石含量(%)	≤1	JTG E42—2005(T 0320—2000)
<0.075颗粒含量(水洗法)(%)	≤0.8	JTG E42—2005(T 0303—2005)

2)细集料指标

细集料采用粒径在2.36~0.075mm之间的玄武岩、辉绿岩、安山岩等类别的优质集料机制砂,不含杂质或其他有害物质,其技术要求见表4-1-11。

细集料技术指标　　　　　　　表4-1-11

试验项目	单位	要求	试验方法
表观相对密度	g/cm³	≥2.70	JTG E42—2005 T 0328
坚固性(>0.3mm部分)	%	≤5	JTG E42—2005 T 0340
砂当量	%	≥70	JTG E42—2005 T 0334
亚甲蓝值	g/kg	≤2.5	JTG E42—2005 T 0349
棱角性(流动时间)	s	≥30	JTG E42—2005 T 0345

4.1.1.5 矿粉

矿质填料宜用石灰岩或岩浆岩中的强基性岩石等憎水性石料磨制的矿粉，不应含泥土杂质和团粒，要求干燥、洁净，能自由地从矿粉仓流出，其质量应满足表4-1-12的技术性能指标要求。

矿粉技术性能指标　　　　　　　表4-1-12

试验项目		技术要求	试验方法
表观密度(g/cm³)		≥2.50	JTG E42—2005 T 0352
外观		无团粒结块	
含水率(%)		≤1	JTG 051—2004 T 0103
通过率(%)	0.6mm	100	JTG E42—2005 T 0351
	0.15mm	90~100	
	0.075mm	85~100	
亲水系数		≤1	JTG E42—2005 T 0353
塑性指数(%)		≤4	JTG E42—2005 T 0355
安定性		不变质	JTG E42—2005 T 0355

4.1.2 环氧树脂黏结剂

环氧树脂黏结剂是高橡胶弹性的非溶剂型环氧树脂系涂膜防水材料。它是由主剂和固化剂组成的两组分溶液，两种溶液反应后具有弹性并具有很强的黏结力。其对混凝土、钢和沥青路面具有极强黏结力，可以防止路面剥离和散落。

另外，该树脂有一个特征，在涂布后会随着时间的流逝而发生固化反应，发生液体(A阶段)→半固化(B阶段)→固化(C阶段)的变化。图4-1-1所示为固化的各阶段状态示意图。在B阶段中，树脂被加热沥青混合料的热量熔融，在铺设之后，沥青混合料的热量会促进树脂的固化，使其与路面一体化并黏结在一起。图4-1-2所示为各固化温度下B阶段的到达时间和C阶段的到达时间。在B阶段和C阶段之间的到达时间表示可以进行铺装的时间。

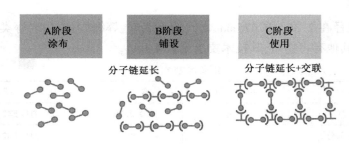

图4-1-1　固化各阶段的状态图

因与热拌环氧沥青混凝土施工工艺匹配的环氧树脂黏结剂具有二次固化特性，在环氧树脂主剂与固化剂两组分混合搅拌与涂刷后，随时间增长固化反应随之进行并达到微固化状态。

此时含氧树脂黏结剂表面形成较硬的胶膜,施工运输车辆可以通行而不会黏附在车轮上,摊铺过程中高温的环氧沥青混合料会重新熔化胶膜,进而使钢板与铺装层或铺装上、下层之间形成很好的黏结作用。

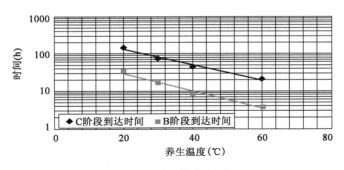

图 4-1-2　各阶段到达时间

4.1.2.1　拉伸试验

防水黏结材料的拉伸试验主要用以反映材料受拉破坏时的应力与应变,测得的主要指标为黏结剂的拉伸强度与断裂延伸率(破坏时的应变值)。试验流程参考《硫化橡胶或热塑性橡胶　拉伸应力应变性能的测定》(GB/T 528—2009)所提出的试验方法。

试验前,先常温混合搅拌环氧树脂黏结剂主剂(A)与固化剂(B),浇筑在模具上成型(图 4-1-3),然后在拉力试验机上将试件两端夹住,采用应变控制模式,以(500 ± 5) mm/min 的拉伸速度匀速分离,直至试件断裂,测量试件拉伸到断裂时的负荷与延值,根据公式计算拉伸强度与断裂延伸率。

图 4-1-3　环氧树脂黏结剂拉伸试验哑铃形试件

抗拉强度按式(4-1-1)计算:

$$R = \frac{P}{S} \tag{4-1-1}$$

式中:R——抗拉强度(MPa);
　　　P——断裂时的负荷(N);
　　　S——试件的截面面积(mm^2)。

断裂延伸率按式(4-1-2)计算:

$$\varepsilon = \frac{L_1 - L_0}{L_0} \tag{4-1-2}$$

式中:ε——断裂延伸率(%);
　　　L_1——试件断裂时的标距(mm);
　　　L_0——试件初始标距(mm)。

采用常温条件(23℃)进行拉伸试验,如图 4-1-4 所示。测试环氧树脂黏结剂固化后的强度与变形特性,试验结果见表 4-1-13。结果显示所选环氧树脂黏结剂具有良好的抗拉强度与柔韧性,有效减少温度应变与局部变形导致的黏结层断裂。

4.1.2.2 拉拔试验

黏结材料的黏聚力主要通过拉拔试验进行检测,主要有黏结层的直接拉拔试验、成型铺装层复合结构的拉拔试验和实际施工铺装层结构的拉拔试验。前两者分别用于直接评价黏结层与钢板(含防腐涂层)之间的黏结强度和环氧沥青混凝土与钢板复合结构的整体黏结性能;后者则反映与验证了铺装层中黏层材料发挥的抗拉性能。

拉拔试验流程设计参考了《色漆和清漆拉开法附着力测试》(GB/T 5210—2006 4624:2016)、《硫化橡胶或热塑性橡胶 与金属黏合强度的测定 二板法》(GB/T 11211—2009)规范与其他钢桥面铺装黏结层研究课题。其中,试验所用的钢板材质、厚度应与实桥相同,并在试验前经相关承包人按实际施工工艺进行喷砂除锈与防腐铺装处理,试验所用铺装材料也应与实际施工过程相同。

图 4-1-4 环氧树脂黏结剂拉伸试验

环氧树脂黏结剂拉伸试验结果(23℃)　　　　　　　　　表 4-1-13

技术项目	环氧树脂黏结剂
破坏荷载(N)	72.48
抗拉强度(MPa)	4.30
断裂延伸率(%)	695.71

1)直接拉拔试验

选择与实体钢桥面板材质厚度相同的钢板进行喷砂除锈与喷涂防腐涂层,检测膜厚值等指标,合格后按照规定用量涂刷环氧树脂黏结剂,常温(23℃)与高温(60℃)养生试件至黏结剂完全固化,以应力控制模式(恒定加载速率150N/s)进行拉拔试验,直至黏结剂发生内聚破坏或黏结破坏。检测值为环氧树脂黏结剂与钢板(含防腐涂层)之间的抗拉黏结强度值。

2)复合试件拉拔试验

选择与实体钢桥面板材质厚度相同的钢板进行喷砂除锈与喷涂防腐涂层,检测膜厚值等指标,合格后按照规定用量涂刷环氧树脂黏结剂,待黏结剂微固化后在钢板上采用轮碾法成型热拌环氧沥青混凝土铺装层,形成复合试件;或者通过放样与凿除原基面,将钢板埋设在施工试验段内,铺筑试验段完成后切割得到复合试件。

复合试件在常温(23℃)与高温(60℃)下养生至环氧沥青混凝土固化完全,以应力控制模式(恒定加载速率150N/s)进行拉拔试验,直至复合试件材料发生内聚破坏或黏结破坏,检测值代表环氧沥青混凝土与钢板(含防腐涂层)之间的界面黏结性能,试验过程见图4-1-5。

由表4-1-14可知,常温(23℃)与高温(60℃)下复合试件中环氧树脂黏结剂的黏结强度均能满足技术要求。

a)   b)

图 4-1-5　环氧沥青混凝土—钢板复合试件拉拔试验图

环氧沥青混凝土—钢板复合试件层间拉拔结果　　　　　　　　表 4-1-14

温　度	编　号	拉拔强度(MPa) 实测	拉拔强度(MPa) 要求	破坏界面情况
常温(23℃)	EP-1	3.47	≥3.0	100% A/B
	EP-2	3.76		100% A/B
	EP-3	3.18		100% A/B
	均值	3.33		—
高温(60℃)	EP-4	1.76	≥1.0	100% A/B
	EP-5	1.70		100% A/B
	EP-6	1.73		100% A/B
	均值	1.73		—

注：A-底材(钢板)；B-黏结层；A/B-黏结层与底材(钢板)间的附着破坏。

3) 实桥铺装拉拔试验

在摊铺碾压完成、养生足够长时间的试验段或首件工程施工段中,选取试验点进行钻芯,深度至铺装上层与下层间界面处或铺装下层与钢板界面处,用砂轮机打磨环氧沥青混凝土表面。清洁并鼓风干燥后,以应力控制模式(恒定加载速率 150N/s)进行拉拔试验,直至铺装层材料发生内聚破坏或黏结破坏,检测值反映钢桥面铺装的整体抗拉拔黏结能力。实桥拉拔试验流程如图 4-1-6 所示。

由表 4-1-15 可知,实桥铺装上、下层间的黏结强度均能满足技术要求,且部分检测值超出测量量程,层间黏结情况良好。

4.1.2.3　剪切试验

钢桥面铺装发生剪切破坏的情况主要有两种,分为铺装层材料剪切破坏与黏结层剪切破坏。其中,铺装层材料剪切破坏体现为铺装层表面发生推移、拥包、车辙等病害,而黏结层剪切破坏一般体现为层间脱空、铺装表面产生月牙形推挤裂纹等,在荷载与雨水的作用下易造成路面的早期破坏。前一种情况主要影响桥面铺装的路用性能,而防水黏结层的剪切破坏则会导致整个铺装层结构失效。

图 4-1-6

g)   h)

图 4-1-6   实桥拉拔试验流程

实桥拉拔试验结果（铺装上、下层间）   表 4-1-15

温 度	编 号	拉拔强度（MPa）		破坏界面情况
		实测	要求	
23℃	EP-1	>3.77	≥3.0	100% A/B
	EP-2	>3.77		100% A/B
	EP-3	3.28		100% A/B
	EP-4	>3.77		100% C
	EP-5	2.93		100% A/B
	均值	3.50		—

注：A-铺装下层；B-黏结层；Y-胶黏剂；A/B-铺装下层与黏结层间的附着破坏；C-混合料内聚破坏。

当重载车辆、超载车辆在桥面上加速、减速制动或转向时，施加于铺装层上的水平荷载值较大，在钢桥面板与黏结层界面产生的剪应力也相应较大，此时如果黏结材料的抗剪强度不足，将会产生层间剪切破坏。另外，摊铺施工过程中水、油、灰尘等进入铺装层间也会降低其黏结特性。因此，必须对黏结层的抗剪切破坏性能进行充分检验与验证。

测量材料抗剪特性主要可以通过直剪试验、扭剪试验与斜剪试验实现。层间斜剪试验主要是通过改变试件方向，使荷载施加方向与试件纵轴方向呈一定的夹角，可在试件层间正应力与剪应力同时变化的条件下进行层间强度指标测试，层间斜剪试验示意见图 4-1-7。通常路面在车辆制动与加速状况下层间受剪应力与正应力比值为 0.5，换算成斜剪试验夹角约为 25.5°，当路面处于最不利受力状态时应力比达到峰值 0.8~0.9，此时夹角约为 40°，通过改变斜剪试验夹角可以调整正应力与剪应力的荷载比值，模拟

图 4-1-7   层间斜剪试验示意

黏结层在不同工况条件下的受力状态。

测量剪切试件的剪切面积,然后将其放入剪切试验仪器中,调整好斜剪夹角后通过应力控制模式,以恒定速率施加荷载直至试件发生剪切破坏。以直接剪切破坏荷载表征材料抗剪强度,试验结果见表4-1-16。

环氧树脂黏结剂斜剪试验结果　　　　　　　　　　　　　　　　　表4-1-16

温度(℃)	抗剪强度(MPa)	荷载循环次数
20	3.65	—
60	1.18	—

4.1.2.4　热稳定试验

钢板具有良好的导热性能。在夏季正午气温较高时,铺装层与钢板界面常处于高温,为确保此时黏结材料能够正常发挥作用,不至于熔融、软化、流动,采用高温老化试件的拉拔试验与剪切试验来验证环氧树脂黏结剂的高温稳定性能。

考虑施工过程中可能存在高温对黏结剂的影响,将已固化的黏结剂试样放置185℃的环境中养生60min,然后分别按前述方法进行拉伸试验和断裂延伸率。经高温作用后的环氧树脂黏结剂拉伸试验结果见表4-1-17。

高温作用后的环氧树脂剂拉伸试验结果　　　　　　　　　　　　　表4-1-17

技术指标	环氧树脂黏结剂
拉伸强度(23℃)(MPa)	5.36
断裂延伸率(23℃)(%)	503

4.1.3　环氧树脂与基质沥青比例优选

本节通过荧光显微镜、扫描电子显微镜观察分析环氧沥青的微观结构,从微观上分析了环氧沥青的固化强度机理及空间结构模型,同时确定测试环氧沥青形成空间网络结构的临界掺量比例值,进一步通过混合料试验,确定环氧树脂与基质沥青最优比例。

4.1.3.1　环氧沥青在荧光显微镜下的微观形貌

将环氧沥青样品载玻片置于荧光显微镜下观察,利用荧光显微镜发出紫外线使物质中不同颗粒结构反射不同颜色荧光的原理,观察不同掺量比例的环氧沥青中环氧树脂和基质沥青的整体分布状况,研究随着掺量比例提高,环氧沥青中环氧树脂相和基质沥青相的变化,从而分析环氧沥青微观结构及固化反应机理。

1)荧光显微镜基本原理

荧光显微镜是以紫外线为光源,照射被检样品使其发出一定的荧光,由于不同材料对荧光的反映特性不同,从而能够在显微镜下观察样品的形状及具体位置,荧光显微镜如图4-1-8所示。荧光显微镜是一种能够对物质进行定性和定量研究的有效工具。在蓝光(波长488nm)下,环氧树脂会被强烈激发,所以不需要添加荧光指示剂就可以直接观察环氧树脂在环氧沥青的分布情况。

2) 荧光显微镜的样品制备

首先,对环氧树脂和固化剂进行60℃恒温预热约1h,再将两者按照一定比例混合并手动搅拌约3min;其次,将混合完全的环氧树脂固化物按一定比例与165℃基质沥青进行混合,并放置在电炉上加热边搅拌;最后,用玻璃棒蘸取少量混合均匀的环氧树脂固化物与基质沥青的混合物置于载玻片上,盖上盖玻片并适当用力将该混合物压平整均匀。

通过以上步骤,制备混合树脂(环氧树脂与固化剂的混合物)与基质沥青的比例依次为0%、10%、20%、30%、40%、50%的混合物样品,并将该样品放入60℃恒温烘箱中放置4d,室温下放置1d,试样如图4-1-9所示。

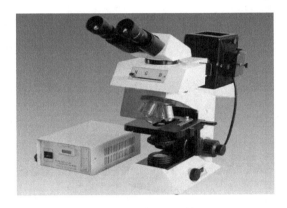

图4-1-8 荧光显微镜

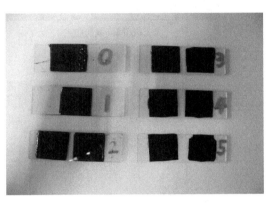

图4-1-9 制备好的试样

3) 环氧沥青的荧光显微镜结果

不同比例的环氧沥青混合物在荧光显微镜下观察结果分别如图 4-1-10a)(0%)、图 4-1-10b)(10%)、图 4-1-10c)(20%)、图 4-1-10d)(30%)、图 4-1-10e)(40%)和图 4-1-10f)(50%)所示。

a) 0%环氧树脂

b) 10%环氧树脂

图 4-1-10

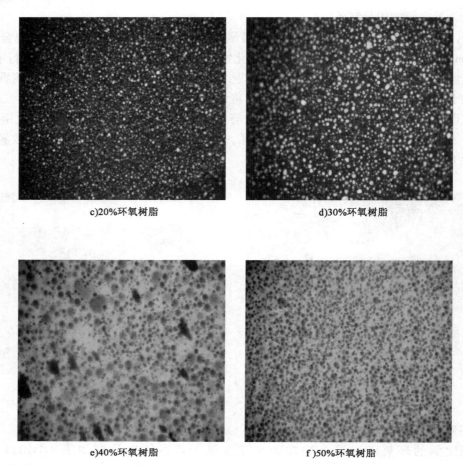

图 4-1-10 环氧沥青的荧光显微镜照片

图 4-1-10 中浅色为环氧树脂相,黑色为基质沥青相。图 4-1-10 表明,随着环氧树脂掺量比例的逐渐提高,图片中的浅色相逐渐加深,同时浅色相的尺寸也随之在逐渐变大。此外,随着环氧树脂掺量的增加,环氧沥青的相态存在反转的变化趋势。当环氧树脂掺量比例小于 30% 时,环氧沥青中以基质沥青为主相,环氧树脂为辅相。环氧树脂以黄色颗粒的形式均匀分散在基质沥青中,环氧树脂掺量越大,颗粒的密度越大。当环氧树脂掺量比例大于 40% 时,环氧沥青中的相态反转,变为以环氧树脂为主相,基质沥青以黑色小点分散相均匀分散在浅色的环氧树脂相中。由此得出,30%~40% 的环氧树脂掺量比例为环氧沥青中发生相态反转的两个掺量值。介于 30%~40% 之间的某一环氧树脂掺量比例值,是环氧树脂与基质沥青互为分散相的临界点,在后面试验进一步确定。

通常在环氧沥青中,当环氧树脂出现连续相并形成空间网络结构时的掺量为最佳掺量比例。在最佳掺量或更高掺量比例的环氧树脂形成的连续相可以有效发挥环氧树脂的特性,使得环氧沥青的性能有所改善,从热塑性材料变成热固性材料。基质沥青聚集形成均匀的相分离结构,使得环氧沥青具有优异的韧性;环氧树脂形成交联网络则赋予了环氧沥青高强度和热固性。

4.1.3.2 环氧沥青在 SEM 下的微观形貌

将制作好的环氧沥青截面样品置于扫描电子显微镜(SEM)下观察,利用 SEM 发出的高能电子束轰击样品表面激发出各种物理信息,观察环氧沥青截面的微观形貌。同时,将经过甲苯刻蚀后(甲苯溶解环氧沥青的沥青成分,仅剩环氧树脂固化物)的样品置于 SEM 下观察,利用同样的实验原理观察环氧沥青中环氧树脂固化后的三维空间结构。结合荧光显微镜试验结果分析环氧沥青微观结构及固化反应机理。

1)SEM 基本原理

SEM 是利用聚焦得非常细的高能电子束轰击样品表面,从而激发出各种物理信息。通过对这些物理信息进行接收、放大和显示成像处理,能够对样品的表面微观形貌进行详细观察。高能量的入射电子束能够与固体样品的原子核和核外电子发生反应,并产生多种物理信号。此时通过不同的探测器检测这些信号便可获取样品的相关信息。本次试验所采用的仪器配备了 X 射线能谱仪和电子背散射衍射分析系统,除了观察微观形貌,还可以进行微区成分的定点分析以及线面分布分析,同时进行微区物相晶体结构、晶体取向和取向分布等分析。

2)SEM 的样品制备

(1)环氧沥青的样品制备

首先,对环氧树脂和固化剂进行恒温(60℃)预热约 1h,再将两者按照一定比例混合并手动搅拌约 3min;其次,将混合完全的环氧树脂固化物按一定比例与 165℃基质沥青进行混合并放置于电炉上,边加热边搅拌;最后,用玻璃棒蘸取少量混合均匀的环氧树脂固化物与基质沥青的混合物置于载玻片上,盖上盖玻片并适当用力将该混合物压平整均匀,试验设备及试件见图 4-1-11。

通过以上步骤,制备混合树脂(环氧树脂与固化剂的混合物)与基质沥青的比例依次为 0%、10%、20%、30%、40%、50%的混合物样品(图 4-1-12),并将该样品放入 60℃恒温烘箱中放置 4d,室温下放置 1d。

图 4-1-11 环氧沥青的搅拌装置

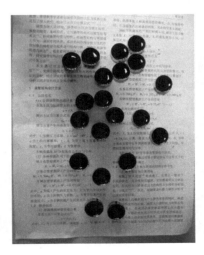

图 4-1-12 制备好的环氧沥青样品

(2)SEM 的样品制备

首先,将制备好的环氧沥青样品放入液氮中,迅速冷却硬化后,敲击表面使其产生脆性断裂,然后拾取一小块环氧沥青样品粘到载物台上,放入镀膜机内喷金,用 SEM 观察环氧沥青样品断面的微观结构,喷金后的 SEM 样品和扫描过程见图 4-1-13 和图 4-1-14。

图 4-1-13　喷金后的 SEM 样品

图 4-1-14　场发射扫描电子显微镜扫描过程

3)环氧沥青的 SEM 结果
(1)环氧沥青断面结构

不同比例的环氧沥青在 SEM 下的观察结果如图 4-1-15 所示。试验结果显示,基质沥青的断面 SEM 图和 10% 掺量比例的环氧沥青断面 SEM 图趋近光滑平面,仅有少量沥青脆断的微裂痕。20% 掺量比例的环氧沥青断面 SEM 图呈凹凸不平状,出现少量的环氧树脂固化颗粒;30% 掺量比例的环氧沥青断面 SEM 图上凸出的圆点增多,出现较多的环氧树脂固化颗粒,颗粒之间的间隙较小;40% 掺量比例的环氧沥青断面 SEM 图上凸出的圆点大小不一,尺寸差别较大,表明环氧树脂固化颗粒尺寸差异性变大,基本形成了空间网络结构形式;50% 掺量比例的环氧沥青断面 SEM 图上凸出的圆点分布均匀,表明颗粒分布均匀,形成了均匀的空间网络结构形式。

a)0%环氧树脂

b)10%环氧树脂

图　4-1-15

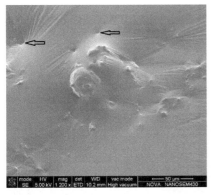
c) 20%环氧树脂

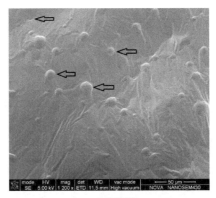
d) 30%环氧树脂

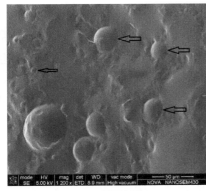
e) 40%环氧树脂

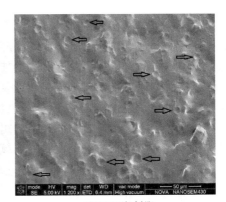
f) 50%环氧树脂

图 4-1-15　不同掺量的环氧沥青 SEM 照片

(2) 环氧沥青三维空间结构

分别制备环氧树脂掺量比例为 30%、40%、50%、100% 的环氧沥青样品,并经甲苯饱刻溶解样品中的基质沥青,然后用 SEM 观察,见图 4-1-16。

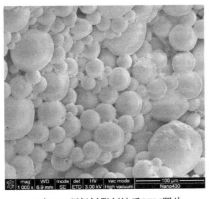
a) 含30%环氧树脂刻蚀后SEM照片

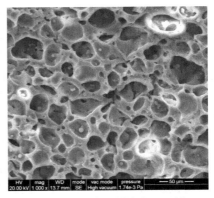
b) 含40%环氧树脂刻蚀后SEM照片

图　4-1-16

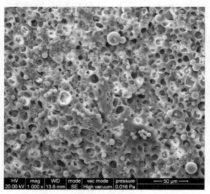 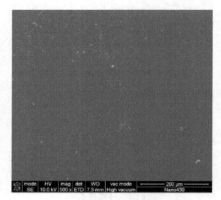

c)含50%环氧树脂刻蚀后SEM照片　　　　d)含100%环氧树脂刻蚀后SEM照片

图 4-1-16　环氧沥青空间结构 SEM 观察

试验结果显示,30%环氧树脂掺量比例的环氧沥青 SEM 照片中仅有大小不均的由环氧树脂成分形成的独立球形小颗粒,即没有形成骨架结构。在40%和50%环氧树脂掺量的环氧沥青 SEM 照片中有很多孔留在环氧树脂连续相中,且40%环氧树脂掺量环氧沥青的孔直径大于50%环氧树脂掺量的环氧沥青。这是由于环氧沥青样品经蚀刻后,沥青从交联的环氧沥青体系中排出,只剩下纯环氧成分构成的骨架结构组成的环氧树脂连续相。结果还表明,该环氧交联的网络结构,沥青被均匀分布在交联网络环氧树脂中。

4.1.3.3　环氧沥青微观结构优化设计分析

通过荧光显微镜、SEM 观察分析了环氧沥青的微观结构,从微观上分析了环氧沥青的固化强度机理及空间结构模型,同时确定了测试环氧沥青形成空间网络结构的临界掺量比例值。

(1)环氧沥青的荧光显微镜照片表明,当环氧树脂掺量小于或等于30%时,环氧沥青中沥青为主相,环氧树脂以黄色小颗粒的形式均匀分布于基质沥青中,小颗粒的密度与环氧树脂掺量成正比。当环氧树脂掺量大于或等于40%时,环氧沥青中环氧树脂为主相,沥青以分散相均匀分散在环氧树脂中,表明在环氧树脂掺量为30%~40%之间环氧沥青发生了相反转。

(2)进行树脂掺量为31%~40%的环氧沥青经刻蚀样品微观形貌观察结果表明,在未达到形成骨架结构的掺量比例时,随着环氧树脂掺量比例增加,样品经甲苯刻蚀残余物颗粒物变化情况为50μm以上的大颗粒逐渐增多,几微米到十几微米的小颗粒物仍然存在,颗粒物分布更趋向均匀。在达到形成骨架结构的掺量比例后,随着掺量比例增大,骨架结构中的空隙变小并趋向均匀分布,网络结构也更加紧密。试验测试表明,37%环氧树脂固含量为该种环氧沥青形成空间网络结构的临界值。

4.1.3.4　不同环氧树脂比例条件下混合料性能变化

对环氧树脂掺量比例在0%~50%范围内的环氧沥青混合料进行了比较试验。通过试验掌握环氧树脂比例影响规律,并综合性价比确定最佳比例。开展了动稳定度试验、小梁弯曲蠕变试验,试验数据显示环氧树脂达到50%时,强度、高温稳定性达到较高水平,见图 4-1-17 和图 4-1-18。

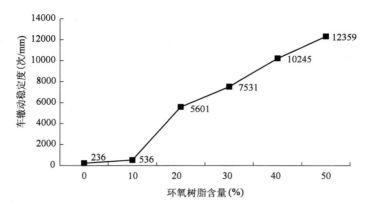

图 4-1-17　不同比例环氧树脂环氧沥青混合料车辙试验性能

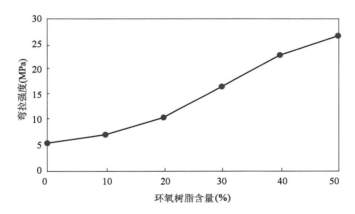

图 4-1-18　不同比例环氧树脂环氧沥青混合料小梁弯曲试验性能

环氧沥青混凝土要求的70℃(0.7MPa)车辙动稳定度≥10000次/mm,环氧树脂达到50%时,满足材料的技术指标。考虑性能与经济的平衡,选择环氧树脂达到50%为环氧沥青结合料的混合比例。

4.1.3.5　小结

由上述研究可知,37%环氧树脂固含量为该种环氧沥青形成空间网络结构的临界值;环氧树脂与基质沥青的比例为1:1时,强度、高温稳定性达到较高水平,考虑性能与经济的平衡,本书确定环氧树脂与基质沥青的比例为1:1。

4.1.4　基质沥青选型

根据上节研究结果,本节所述的环氧沥青试验均在环氧树脂与70号基质沥青的比例为1:1的条件下开展。通过酸值试验,测定不同品牌70号基质沥青与环氧树脂的酸值情况,确定沥青与环氧树脂的适配性。通过环氧沥青与集料的黏附性与抗剥落性试验,分析环氧沥青与集料的黏附性能,通过环氧沥青与集料的拉拔试验和动态热机械分析(Dynamic thermo mechanical analysis,简称DMA)试验,测定环氧沥青混合料的力学强度和水稳定性,通过多因素条件,开展基质沥青的选型。

4.1.4.1 基质沥青

选择广东高速公路常用的两个 70 号基质沥青品牌 A 和 B,检测指标见表 4-1-18 和表 4-1-19。下文中由 A 品牌基质沥青与环氧树脂得到的环氧沥青简称"A 环氧沥青",由 B 品牌基质沥青与环氧树脂得到的环氧沥青简称"B 环氧沥青"。

A 级 70 号石油沥青技术指标 表 4-1-18

试 验 项 目	技术要求	沥青类型 A	沥青类型 B	试 验 方 法
针入度(25℃,100g)(0.1mm)	60~80	63	64.5	JTG E20—2011 T 0604
针入度指数 PI	-1.5~1.0	-1.04	-0.95	JTG E20—2011 T 0604
软化点 TR&B(℃)	≥47	47.5	47.7	JTG E20—2011 T 0606
延度(10℃,5cm/min)(cm)	≥20	38	31.5	JTG E20—2011 T 0605
延度(15℃,5cm/min)(cm)	≥100	>100	>100	JTG E20—2011 T 0605
蜡含量(蒸馏法)(%)	≤2.0	1.67	1	JTG E20—2011 T 0615
闪点(℃)	≥260	337	356	JTG E20—2011 T 0611
溶解度(%)	≥99.5	99.80	99.96	JTG E20—2011 T 0607
密度(15℃)(g/cm^3)	≥1.000	1.040	1.040	JTG E20—2011 T 0603
60℃动力黏度(Pa)	≥180	220	191	JTG E20—2011 T 0620
RTFOT 后残留物				
质量变化(%)	≤±0.8	+0.05	-0.30	JTG E20—2011 T 0610
残留针入度比(25℃)(%)	≥61	64.7	64	JTG E20—2011 T 0604
残留延度(10℃)(cm)	≥6	6	8.5	JTG E20—2011 T 0605

A 级 70 号石油沥青的 PG64-22 技术指标 表 4-1-19

试 验 项 目	单 位	指标要求	沥青类型 A	沥青类型 B	测试方法
原样沥青					
闪点(COC),minδ	℃	≥260	337	356	T 0611
黏度(135℃)	Pa·s	≤3	0.45	0.50	T 0625
动态剪切(10rad/s,64℃),$G^*/\sin\delta$	kPa	≥1.0	1.09	1.46	T 0611
RTFOT(TFOT)残留沥青					T 0610
动态剪切(10rad/s,64℃),$G^*/\sin\delta$	kPa	≥2.2	2.42	2.25	T 0628
质量变化	%	≤±0.8	+0.05	-0.30	T 0610

续上表

试验项目	单位	指标要求	沥青类型 A	沥青类型 B	测试方法
PAV 残留沥青					T 0630
PAV 老化温度	℃		100		—
动态剪切(10rad/s,25℃), $G^* \cdot \sin\delta$	kPa	100	4610	4783	T 0628
蠕变劲度(60s,−12℃), 劲度模量 S	MPa	≤5000	110	134	T 0627
蠕变劲度(60s,−12℃), 斜率 m	—	≤300	0.324	0.372	T 0627

注:本表参考《公路工程沥青及沥青混合料试验规程》(JTG E20—2011)。

环氧树脂主剂、固化剂与两种基质沥青按照比例混合后形成三组分环氧沥青,其养生固化后的试验技术指标如表 4-1-20 所示。

热拌环氧沥青养生固化后的技术指标　　　　表 4-1-20

物理特性	技术要求	沥青类型 A	沥青类型 B	试验方法
质量比(基质沥青/环氧树脂)	50/50	50/50	50/50	—
相对密度(23℃)	1.00~1.05	1.040	1.039	T 0603—2011
针入度(0.1mm)	5~20	15.5	17.3	T 0604
软化点(℃)	≥100	>100	>100	T 0606
拉伸强度*(23℃)(MPa)	≥2.5	3.17	3.02	GB/T 528—2009
断裂延伸率*(23℃)(%)	≥100	184	187	GB/T 528—2009

注:*60℃烘箱养生 4d 后试验值。

由表 4-1-20 可知,两种基质沥青与环氧树脂组成的环氧沥青结合料均能满足技术指标要求。

4.1.4.2　环氧沥青酸值测定

从研究环氧沥青与集料黏附性的角度出发,对 A 与 B 两种品牌的 70 号基质沥青制备的环氧沥青进行了酸值测定。此外作为对照也对两种基质沥青进行了测试,测试参照《公路工程沥青及沥青混合料试验规程》(JTG E20—2011)中的 T 06-26—2011 进行,确定环氧沥青酸值对黏附性能的影响。

1)氢氧化钾乙醇标准溶液的配制

取 5.6g 氢氧化钾于烧杯中,用少量无水乙醇溶解并转移至 1L 容量瓶中,反复用乙醇冲洗烧杯中残余的氢氧化钾至容量瓶中,最后用无水乙醇稀释至 1L 刻度线处。配制的氢氧化钾乙醇标准溶液如图 4-1-19 所示。

2）氢氧化钾乙醇标准溶液的标定

用浓度为 0.1mol/L 的标准盐酸溶液对氢氧化钾乙醇标准溶液进行滴定，测定其准确的浓度。

3）环氧沥青样品的制备

两种 70 号基质沥青加热到 135℃，主剂及固化剂加热到 60℃，首先将主剂、固化剂按 56∶44 的比例预先拌和，然后将拌和均匀的环氧树脂按 1∶1 的比例加入事先称量的沥青中，如图 4-1-20 所示，在 135℃条件下用电动搅拌器搅拌 4min。

图 4-1-19　氢氧化钾乙醇标准溶液

图 4-1-20　沥青称量

4）酸值测定

（1）按步骤 3）制备环氧沥青后称取样品 3~5g，置于 250mL 圆底烧瓶中。基质沥青加热到 135℃称取样品。样品称量如图 4-1-19、图 4-1-20 所示。

（2）按每克样品 5mL 苯的用量加入 15~25mL 苯，在温度 65℃的恒温水槽内回流 0.5h，试验过程见图 4-1-21 和图 4-1-22。

图 4-1-21　加苯样品

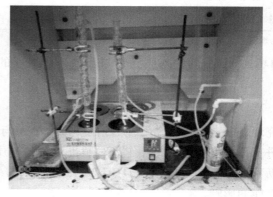
图 4-1-22　加苯样品回流

（3）在沥青中加入 100mL 无水乙醇，密封静置过夜试验见图 4-1-23。

（4）用玻璃电极作为指示电极，饱和甘汞电极作为参考电极，按照分析化学的方法采用电位滴定法用氢氧化钾乙醇标准液滴定至终点，电位滴定如图 4-1-24 所示。

 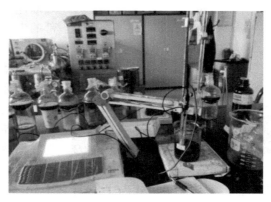

图 4-1-23　样品静置　　　　　　　图 4-1-24　电位滴定

(5)取一圆底烧瓶,加入与步骤(2)相同量的苯,再加入 100mL 无水乙醇,搅匀后密封静置过夜,作为空白样;按照步骤(4)测定空白样消耗的氢氧化钾乙醇标准液体积。

(6)酸值按照式(4-1-3)进行计算。

$$A = \frac{56.1 \times (V - V_0) \times C}{m} \quad (4\text{-}1\text{-}3)$$

式中:A——沥青的酸值[mL·mol/(L·g)];
　　V——滴定试样所消耗的氢氧化钾标准溶液的体积(mL);
　　V_0——滴定空白试样消耗氢氧化钾标准溶液的体积(mL);
　　C——氢氧化钾乙醇标准溶液浓度(mol/L);
　　m——沥青用量(g)。

5)试验结果及分析

电位滴定结果见表 4-1-21。

基质沥青与主剂、固化剂混合前后的酸值数据　　　　　表 4-1-21

沥　　青	是否掺加环氧树脂	酸值[mL·mol/(L·g)]
A	否	0.615
A	是	0.608
B	否	0.976
B	是	0.563

由表 4-1-21 可知,尽管 A 品牌基质沥青的酸值低于 B 品牌基质沥青的酸值,但是 A 品牌环氧沥青的酸值高于 B 品牌环氧沥青的酸值,说明 A 品牌环氧沥青与集料有更好的黏附性能。需要注意的是,基质沥青的酸值的高低并不能说明掺加环氧树脂后环氧沥青的酸值高低,应该在掺加环氧树脂后确定环氧沥青的酸值。

4.1.4.3　环氧沥青与集料表面能测试

1)表面能理论

当液滴自由处于不受力场影响的空间时,由于界面张力的存在而呈圆球状。但是,当液滴

图 4-1-25 接触角示意图

与固体平面接触时,其最终形状取决于液滴内部的内聚力和液滴与固体间黏附力的相对大小。当一液滴放置在固体平面上时,液滴能自动在固体表面铺展,或以与固体表面成一定接触角的液滴存在。所谓接触角是指在一固体水平平面上滴一液滴,固体表面上的固—液—气三相交界点处,其气—液界面和固—液界面两切线把液相夹在其中时所成的角,如图4-1-25所示。

根据酸碱理论,黏附功可用式(4-1-4)计算。

$$W_{SL} = 2\sqrt{\gamma_S^{LW}\gamma_L^{LW}} + 2\sqrt{\gamma_S^+\gamma_L^-} + 2\sqrt{\gamma_S^-\gamma_L^+} \qquad (4\text{-}1\text{-}4)$$

由(4-1-4)可知,得到两种物质的表面能分量,即可求取两种之间的黏附功。

Thomas Young 方程如式(4-1-5)所示:

$$\gamma_{SA} = \gamma_{SL} + \gamma_{LA}\cos\theta \qquad (4\text{-}1\text{-}5)$$

式中:γ_{SA}——固—气界面张力;

γ_{SL}——固—液界面张力;

γ_{LA}——液—气界面张力;

θ——接触角。

Dupré 方程如式(4-1-6)所示:

$$W_{SL} = \gamma_{SA} + \gamma_{LA} - \gamma_{SL} \qquad (4\text{-}1\text{-}6)$$

式中:W_{SL}——固—液黏附功。

将式(4-1-5)带入(4-1-6),可得式(4-1-7)。

$$W_{SL} = \gamma_L(1 + \cos\theta) \qquad (4\text{-}1\text{-}7)$$

式中:γ_L——液体表面张力。

将式(4-1-4)带入式(4-1-7)可得式(4-1-8),即 Young-Dupré 方程。

$$\gamma_L(1 + \cos\theta) = 2\sqrt{\gamma_S^{LW}\gamma_L^{LW}} + 2\sqrt{\gamma_S^+\gamma_L^-} + 2\sqrt{\gamma_S^-\gamma_L^+} \qquad (4\text{-}1\text{-}8)$$

式中:γ_S^{LW}、γ_L^{LW}——固、液体色散分量;

γ_S^+、γ_L^+——固、液体酸性分量;

γ_S^-、γ_L^-——固、液体碱性分量。

由式(4-1-8)可知,选取三种已知表面能分量的液体在表面能分量位置的固体表面进行接触角试验,即可根据式(4-1-8)建立三元方程组可计算得到固体的表面能分量。

2)环氧沥青与集料表面能试验

为制备环氧沥青接触角试验试件,首先将基质沥青加热到150℃,环氧树脂加热到60℃,两者放入搅拌器里搅拌4min。将载玻片在60℃烘箱中预热,将拌制好的环氧沥青均匀地涂抹在载玻片表面,然后放置在覆盖有硅橡胶的烘盘上,并用烘盘覆盖,避免灰尘覆盖在试件表面造成试件污染,影响环氧沥青的表面能测试。然后在 150℃ 烘箱里放置 15min,在 60℃ 炉箱里养生 4d,在常温下放置 1d 后进行试验。

养生后试件如图 4-1-26 所示,表面张力接触角测试仪如图 4-1-27 所示。

图 4-1-26 养生后的环氧沥青载玻片试件

图 4-1-27 表面张力接触角测试仪

两种环氧沥青的接触角试验结果见表 4-1-22。

两种环氧沥青接触角试验结果　　　　表 4-1-22

环氧沥青类型	试剂类型	试件接触角(°)					平均值(°)	变异性系数(%)
		1 号	2 号	3 号	4 号	5 号		
A	蒸馏水	94.5	94.0	94.9	94.4	94.3	94.4	0.3
	甘油	96.1	96.8	96.1	96.0	96.7	96.3	0.4
	二碘甲烷	44.5	42.3	43.3	42.1	42.4	42.9	2.3
B	蒸馏水	97.2	95.0	95.9	94.8	95.2	95.6	1.0
	甘油	92.9	92.5	93.7	93.3	93.7	93.2	0.6
	二碘甲烷	45.8	46.5	46.9	45.8	46.3	46.3	1.0

利用 ZQ 4113 台钻钻取圆片状集料试件,使用 200 号砂纸打磨圆片状集料圆形表面,之后用蒸馏水将其洗净在 60℃ 烘箱中烘 12h,待冷却到室温后进行接触角测试。本书选择蒸馏水、甘油及甲酰胺进行集料接触角试验,集料的试验结果见表 4-1-23。

集料接触角试验结果　　　　表 4-1-23

集料类型	试剂类型	试件接触角(°)			平均值(°)	变异性系数(%)
		1 号	2 号	3 号		
辉绿岩	蒸馏水	60.7	61.4	63.0	61.7	1.9
	甘油	50.0	51.2	50.4	50.5	1.2
	甲酰胺	34.4	32.3	31.3	32.7	4.8

蒸馏水、甘油、二碘甲烷及甲酰胺四种液体的表面能分量及表面能数据见表4-1-24。

测试液体表面能基础数据　　　　　　　　　　　　　表4-1-24

试剂类型	表面能分量（mN/m）			表面能（mN/m）
	色散分量	酸性分量	碱性分量	
蒸馏水	21.8	25.5	25.5	72.8
甘油	34.0	3.9	57.4	64.0
二碘甲烷	50.8	0.0	0.0	50.8
甲酰胺	39.0	2.28	39.6	58.0

根据式(4-1-8)建立三元方程组，可求得两种环氧沥青与集料的表面能分量，根据式(4-1-9)，可计算得到环氧沥青与集料的表面能。

$$\gamma_S = \gamma_S^{LW} + 2\sqrt{\gamma_S^+ \gamma_S^-} \tag{4-1-9}$$

式中：γ_S——环氧沥青或集料的表面能；

γ_S^{LW}、γ_S^+、γ_S^-——环氧沥青或集料的色散分量、酸性分量、碱性分量。

两种环氧沥青与辉绿岩表面能分量及表面能见表4-1-25。

两种环氧沥青及辉绿岩的表面能参数　　　　　　　　表4-1-25

材料类型	表面能分量（mN/m）			表面能（mN/m）
	色散分量	酸性分量	碱性分量	
A	38.11	6.89	2.82	46.93
B	36.33	4.59	1.47	41.52
辉绿岩	55.15	12.07	0.08	57.13

材料的内聚功等于2倍的表面能，由此根据可知A品牌环氧沥青与B品牌环氧沥青的内聚功分别为93.86mN/m、83.04mN/m。可知A品牌环氧沥青的内聚功大于B品牌环氧沥青的内聚功，可大致推断A品牌环氧沥青具有更强的抗黏聚性失效的能力。

4.1.4.4　黏附性与抗剥落性

根据式(4-1-10)可计算得到两种环氧沥青与集料的黏附功、剥落功。

$$W_{AB} = 2\sqrt{\gamma_A^{LW} \gamma_B^{LW}} + 2\sqrt{\gamma_A^+ \gamma_B^-} + 2\sqrt{\gamma_A^- \gamma_B^+} \tag{4-1-10}$$

式中：W_{AB}——集料与沥青之间的黏附功；

γ_A^{LW}、γ_B^{LW}——集料、沥青色散分量；

γ_A^+、γ_B^+——集料、沥青酸性分量；

γ_A^-、γ_B^-——集料、沥青碱性分量。

两种环氧沥青的黏附功见表4-1-26。

两种环氧沥青的黏附功　　　　　表 4-1-26

沥青类型	黏附功（mN/m）
A	104.86
B	99.17

由表 4-1-26 可知，A 品牌沥青具有更大的黏附功，说明其沥青与集料具有更好的黏附性能及抗剥落性能，与环氧沥青酸值指标相一致。

为验证上述结论，通过环氧沥青集料拉拔试验、考虑集料纹理的拉拔试验及 DMA 试验 3 种力学性能试验对上述结论进行论证。

4.1.4.5　环氧沥青集料拉拔试验

上述的环氧沥青集料拉拔试验是指成型如图 4-1-28 所示的试件，即两块圆片状集料之间夹一薄层沥青，使用万能试验机进行直接拉拔试验（图 4-1-29）。

图 4-1-28　拉拔试验试件　　　　　图 4-1-29　试件拉拔试验

1）圆片状集料试件制备

采用高精度双面锯进行块石的切割，双面锯的间距为 10mm，块石的切割如图 4-1-30 所示，切割后的片状试件如图 4-1-31 所示。

图 4-1-30　双面锯切割块石　　　　　图 4-1-31　切割后片状试件

利用台钻在上述片状试件上钻取圆片状集料试件,如图 4-1-32 和图 4-1-33 所示,钻取的圆片状集料试件的高度为 10mm,直径为 20mm。

图 4-1-32　台钻钻取圆片状集料试件　　　　图 4-1-33　钻取的集料试件

2)试件成型

使用 200 号砂纸打磨圆片状集料圆形表面,之后用蒸馏水将其洗净,放在 60℃烘箱中烘 12h,待冷却后制备环氧沥青,环氧沥青中环氧树脂主剂与固化剂的比例为 56∶44,环氧树脂与基质沥青的比例为 50∶50,制备时先将基质沥青加热到 150℃,环氧树脂加热到 60℃,两者放入搅拌器里搅拌 4min。利用夹具及动态剪切流变仪成型沥青膜厚为 1mm 剪切流变的试件,夹具如图 4-1-34 所示,试件成型如图 4-1-35 所示。

图 4-1-34　试件成型夹具　　　　　　　　　图 4-1-35　试件成型

试件成型后,用胶带将试件进行简单缠绕,以防止圆片状集料发生相对滑移。将成型的试件在 60℃烘箱中养生 4d,待集料冷却后进行拉拔试验。此外,为研究水分对环氧沥青与集料黏附性能的影响,在试件养生结束后对其中一部分试件进行冻融循环处理,测试其经过冻融循环后的拉拔强度。所述冻融循环处理是将养生结束后的试件在真空密度仪中以 3.7kPa 真空度、饱水 30min,取出试件放入塑料袋中并用水浸没,在 −18℃的恒温冰箱中冷冻 10h,60℃水浴 24h,待试件冷却后,在 25℃下进行拉拔试验。

3）拉拔试验

采用电子式万能试验机进行拉拔试验,使用如图 4-1-36 所示的夹具进行试件的夹持,试验加载速度为 50mm/min,试验如图 4-1-37 所示。

图 4-1-36　拉拔试验夹具　　　　　图 4-1-37　MTS 拉拔试验

4）拉拔试验结果及分析

试件拉拔强度试验结果见表 4-1-27。

试件拉拔强度试验结果　　　　　　　　　　　表 4-1-27

沥青	集料	工况	试件编号	极限拉拔力 (kN)	平均值 (kN)	变异性系数 (%)
A	辉绿岩	浸水前	1号	1.162	1.162	85.2
			2号	1.222		
			3号	1.226		
		浸水后	1号	0.988	0.988	
			2号	0.940		
			3号	0.961		
B		浸水前	1号	1.188	1.188	79.7
			2号	1.218		
			3号	1.214		
		浸水后	1号	0.947	0.947	
			2号	0.954		
			3号	0.926		

由表 4-1-27 可知,两种环氧沥青冻融循环后的极限拉拔力均小于对应的冻融循环前的极限拉拔力,且 A 品牌环氧沥青极限拉拔力的残留百分率也大于 B 品牌环氧沥青极限拉拔力的残留百分率,说明 A 品牌环氧沥青与辉绿岩具有更好的黏附性能和水稳定性能。

4.1.4.6　考虑集料纹理拉拔试验

上述拉拔试验是在集料切割打磨后进行的,尚未考虑集料的表面纹理、轮廓、棱角性等因素对界面黏附性能的影响,为此本书在上述基础上对保持原有纹理的集料与环氧沥青之间的抗拉拔性能进行了研究。

1）试件制备及试验过程

首先进行集料优选，原则是其浸入沥青的一端顶部尽量水平、周围面尽量垂直，且体积、形状、轮廓、纹理尽量接近。在浸入沥青和 AB 胶的两个液面边界分别做轮廓线标记，清洗、烘干、备用，如图 4-1-38 所示。

然后在集料试模中加入适量 AB 胶，用镊子将集料浸入胶水中，使下面轮廓线与试模沿齐平，直至胶水完全凝固后备用，如图 4-1-39 所示。

图 4-1-38 优选集料　　　　　　　　　图 4-1-39 集料粘接

制备相应环氧沥青：将主剂、固化剂加热到 60℃ 至黏稠的可流动状态，将基质沥青加热到 150℃，将烘好的主剂和固化剂按质量比例 56：44 称取并拌和均匀制成环氧树脂，按质量比例 1：1 称取环氧树脂和基质沥青，搅拌均匀 4min 左右，制成环氧沥青。

在套筒内壁涂抹凡士林，将成型好的集料试模放在套筒中，拧紧调节螺栓，固定试模，如图 4-1-40 所示。沥青试模放在固定筒上，将烘好的沥青倒入沥青试模中，液面距沿约 5mm，沥青试模如图 4-1-41 所示。将固定好集料试模的套筒套在沥青试模上，通过套筒上的螺栓调节集料浸入沥青的深度达到另一轮廓线，同时套筒保证了集料试模和沥青试模的螺栓保持在同一轴线上，试件制备完成，制备完成的拉拔试件如图 4-1-42 所示。

图 4-1-40 固定集料试模　　　图 4-1-41 沥青试模　　　图 4-1-42 拉拔试件

待沥青冷却后,将制备好的试件放入60℃控温箱中养生保温4d;对于干燥条件下的试验,在常温下放置1d后进行试验;对于浸水条件下的试验,先在60℃水浴中保温24h,然后在常温下放置1d后进行试验。在25℃保温箱中保温4h以上,取出保温好的试样,卸去固定筒,将沥青试模的螺栓固定在MTS试验机的下压头上(图4-1-43),然后拧出调节螺栓,将固定集料试模的套筒卸去(图4-1-44),用转换螺栓将集料试模固定在MTS试验机的上压头上(图4-1-45)。

图4-1-43 固定下压头　　　图4-1-44 卸去套筒　　　图4-1-45 固定上压头

2)试验结果与分析

借鉴评价改性沥青胶结料性能的测力延度试验方法,以50mm/min加载速率进行拉拔试验,测定拉拔力。每组试验进行3次重复性试验,取试验结果均值。

拉拔试验结果见表4-1-28。

拉 拔 试 验 结 果　　　　　　　　　　表4-1-28

沥青	集料	工况	试件编号	极限拉拔力(kN)	平均值(kN)	残留百分率(%)
A	辉绿	浸水前	1号	1.074	0.997	
			2号	0.92		
		浸水后	1号	0.786	0.782	78.4
			2号	0.787		
			3号	0.773		
B		浸水前	1号	0.535	0.738	
			2号	0.931		
			3号	0.748		62.3
		浸水后	1号	0.424	0.460	
			2号	0.492		
			3号	0.463		

由表4-1-28可知,浸水前后A品牌环氧沥青的抗拉拔性能均大于B品牌环氧沥青的抗拉拔性能,且A品牌环氧沥青极限拉拔力的残留百分率也大于B品牌环氧沥青极限拉拔力的残

留百分率,说明 A 品牌环氧沥青与辉绿岩具有更好的黏附性能,试验结果与沥青酸值及黏附功有较好的一致性。此外,与环氧沥青集料拉拔试验结果比较可知,集料本身的纹理对黏附性能有重要影响。

4.1.4.7 DMA 试验

在多个温度下对冻融循环前后的环氧沥青砂浆试件进行频率扫描试验,绘制其动态模量主曲线,考察其在宽频域的动态模量的变化情况,以研究不同环氧沥青砂浆的水稳定性及其与上述沥青黏附性能评价指标的关系。

1)试件成型

利用 0～3mm 档集料旋转压实成型直径为 150mm、高度为 75mm 砂浆试件,0～3 档集料的级配曲线如图 4-1-46 所示。

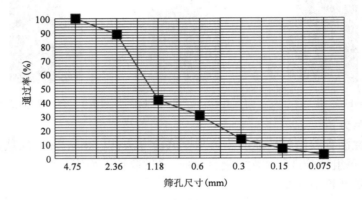

图 4-1-46　0～3mm 档集料的级配曲线

成型砂浆试件选取的油石比为 10%,目标空隙率为 4%,试验所用的旋转压实仪如图 4-1-47 所示,旋转压实脱模后的砂浆试件如图 4-1-48 所示。

图 4-1-47　旋转压实仪　　　　图 4-1-48　旋转压实脱模后砂浆试件

试件成型并脱模后,放置于 60℃下养生 4d,养生结束待试件冷却后,采用水中重法测试试件的空隙率,试件的空隙率应在 3.5%～4.5%。使用高精度双面锯切割旋转压实砂浆试件,其中锯片间距为 50mm,如图 4-1-49 所示。试件切割后,使用台钻钻取直径 12.4mm、高度

50mm 的圆柱形砂浆试件，钻取的圆柱形砂浆试件如图 4-1-50 所示。

图 4-1-49　试件切割

图 4-1-50　圆柱形砂浆试件

在室温下干燥 24h 后的砂浆试件上直接钻取圆柱形砂浆试件，用 AB 胶与如图 4-1-51 所示的夹具进行粘接，粘接后的 DMA 试件如图 4-1-52 所示，待 AB 胶水固化 8h 后，进行后续频率扫描试验。

图 4-1-51　DMA 试验夹具

图 4-1-52　圆柱形试件粘接

此外，为研究水分对环氧沥青砂浆水稳定性能的影响，钻取圆柱形砂浆试件后对其中一部分试件进行冻融循环处理，测试其经过冻融循环后的宽频域的动态模量。所述冻融循环处理即将圆柱形试件在真空密度仪中以 3.7kPa 真空度饱水 30min，取出试件放入塑料袋中并用水浸没，在 -18℃ 的恒温冰箱中冷冻 10h，之后在 60℃ 下水浴 24h，将试件取出在室温下干燥 24h，接着进行试件粘接，待 AB 胶固化后进行频率扫描试验。

2) DMA 试验与结果分析

DMA 试件制备完成后，用如图 4-1-53 所示的夹具进行试件装配，用如图 4-1-54 所示的 Malvern 动态剪切流变仪进行频率扫描试验。

选取 5℃、20℃、35℃、50℃ 四个温度，在 25~0.1Hz 下以 0.1% 的应变幅值进行频率扫描试验。针对 Sigmoid 模型只适用于动态模量主曲线表现对称特性的缺陷，本书选用广义 Sigmoid 模型对动态模量主曲线进行拟合，以研究不同环氧沥青制备的沥青砂浆在冻融循环前后宽频域的动态模量的变化情况。广义 Sigmoid 模型公式如式(4-1-11)所示。

图 4-1-53　试件装配

图 4-1-54　Malvern 动态剪切流变仪

$$\lg E(f_r) = \delta + \frac{\alpha}{(1 + \lambda e^{\beta + \gamma \lg f_r})^{\frac{1}{\lambda}}} \tag{4-1-11}$$

式中：$E(f_r)$——缩减频率下的动态模量(MPa)；
　　　f_r——缩减频率(Hz)；
　　　δ——对数坐标下主曲线低渐近线值(MPa)；
　　　α——P 对数坐标下主曲线高渐近线值与低渐近线值之差(MPa)；
　　　β——P 主曲线形状参数，用于控制主曲线拐点的横向位置；
　　　γ——主曲线形状参数，用于控制主曲线陡峭度；
　　　λ——主曲线形状参数，用于控制主曲线的对称性。

其中，缩减频率由式(4-1-12)确定。

$$f_r = f \times \alpha_T \tag{4-1-12}$$

式中：f_r——缩减频率(Hz)；
　　　f——试验频率(Hz)；
　　　α_T——平移因子。

本书采用式(4-1-13)，即 WLF(Williams-Landel-Ferry Equation)方程确定平移因子。

$$\lg \alpha_T = \frac{-C_1(T - T_r)}{C_2 + (T - T_r)} \tag{4-1-13}$$

式中：C_1、C_2——拟合参数；
　　　T——试验温度；
　　　T_r——验参考温度，本书选取 25℃作为参考温度。

A 环氧沥青砂浆冻融循环前的动态模量主曲线如图 4-1-55 所示。

A、B 环氧沥青砂浆冻融循环前后广义 Sigmoid 模型拟合参数及 WLF 方程拟合参数见表 4-1-29。

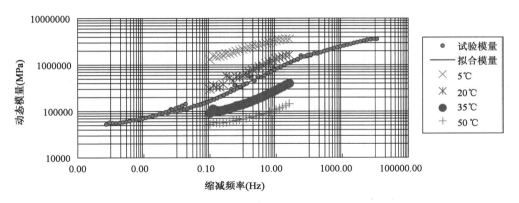

图 4-1-55 A 环氧沥青砂浆冻融循环前的动态模量主曲线图

拟 合 参 数 表　　　　　　　　　　表 4-1-29

沥青	工况	广义 Sigmoid 模型拟合参数					WLF 方程拟合参数	
		α(MPa)	β	γ	δ(MPa)	λ	C_1	C_2
A	冻融循环前	2.11	0.37	-0.78	4.56	1.65	103.03	796.55
	冻融循环后	2.24	1.24	-1.03	4.44	2.90	114.52	795.00
B	冻融循环前	2.18	0.02	-0.68	4.47	1.14	18.90	124.38
	冻融循环后	2.38	0.28	-0.47	4.42	0.68	15.28	110.92

根据上述拟合参数,绘制 A、B 环氧沥青砂浆冻融循环前后的主曲线,分别如图 4-1-56 和图 4-1-57 所示。综合沥青砂浆试验结果,确定主曲线绘制的频率范围为 6.86×10^{-5} ~ 104717.83Hz。

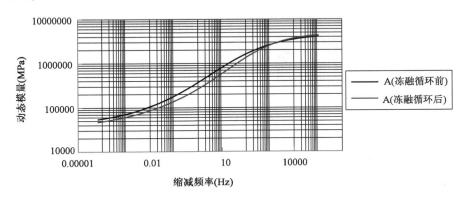

图 4-1-56 A 环氧沥青砂浆冻融循环前后主曲线

由图 4-1-56 和图 4-1-57 所示,A、B 环氧沥青砂浆冻融循环后在频率域内动态模量出现衰减。其中,A 环氧沥青砂浆动态模量的衰减量小于 B 环氧沥青砂浆动态模量的衰减量,表明 A 环氧沥青具有更好的水稳定性。利用拟合参数绘制 A、B 环氧沥青砂浆冻融循环前的主曲线及冻融循环后的主曲线,分别如图 4-1-58 和图 4-1-59 所示,主曲线绘制的频率范围为 6.86×10^{-5} ~ 104717.83Hz。

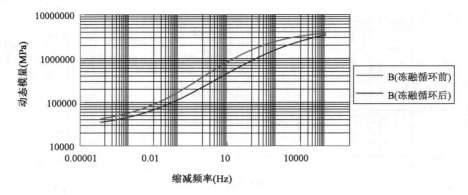

图 4-1-57　B 环氧沥青砂浆冻融循环前后主曲线

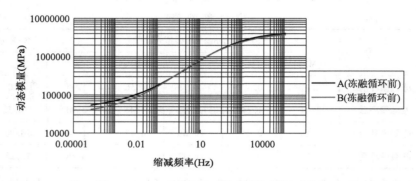

图 4-1-58　A、B 环氧沥青砂浆冻融循环前主曲线

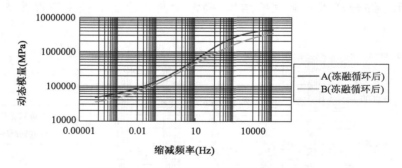

图 4-1-59　A、B 环氧沥青砂浆冻融循环后主曲线

由图 4-1-58 可知,冻融循环前高频及低频区 A 环氧沥青砂浆的动态模量高于 B 环氧沥青砂浆的动态模量,在中间频率区两者的动态模量相差不大,两种环氧沥青砂浆所用的集料类型、级配、沥青用量及空隙率相同,可推测沥青是影响两者动态模量差异的主要因素,其中 A 环氧沥青具有更加优越的力学性能。此外由图 4-1-59 可知,冻融循环后在全频域内 A 环氧沥青砂浆的动态模量高于 B 环氧沥青砂浆的动态模量,结合图 4-1-58 可知,A 环氧沥青具有更加优越的水稳定性,可知沥青砂浆的动态模量试验结论与前述试验结论是一致的。

4.1.4.8　小结

(1) A 环氧沥青的酸值高于 B 环氧沥青的酸值,A 环氧沥青与集料有更好的黏附性能。

（2）A 环氧沥青的内聚功大于 B 环氧沥青，推断 A 环氧沥青具有更强的抗黏聚性失效的能力。

（3）浸水前后 A 环氧沥青的抗拉拔性能均大于 B 环氧沥青，且 A 环氧沥青极限拉拔力的残留百分率也大于 B 环氧沥青，说明 A 环氧沥青与辉绿岩具有更好的黏附性能，试验结果与沥青酸值及黏附功有较好的一致性。

（4）冻融循环前高频及低频区 A 环氧沥青砂浆的动态模量高于 B 环氧沥青砂浆的动态模量，推测沥青是影响两者动态模量差异的主要因素。其中，A 环氧沥青具有更加优越的力学性能。冻融循环后在全频域内 A 环氧沥青砂浆的动态模量高于 B 环氧沥青砂浆的动态模量，A 环氧沥青具有更加优越的水稳定性。

综上可知，A 品牌基质沥青与环氧树脂组合性能更优，本书确定环氧沥青选择 A 品牌 70 号基质沥青。

4.1.5　集料

与普通高速公路用集料不同，钢桥面铺装对集料提出了更高的指标要求，要求集料更洁净、干燥、表面构造更丰富、规格形状更好，这对集料加工场提出了非常高的要求，外供石场达不到使用要求。

为保证集料供应的均匀性和稳定性，广东南沙大桥钢桥面铺装集料采用专用的生产线，外购集料进行二次加工，集料加工采用干法布袋式除尘设备除尘，即为了保证集料干燥，在密闭钢结构厂房内无尘化生产，并袋装出库及储存在密闭钢结构厂房内。钢桥面集料破碎主机采用了立轴式冲击破碎机，该设备结合"石打石"和"石打铁"的技术原理，在进行石料破碎时，能够保证生产的集料更接近立方体，以获得更优的规格形状；筛分设备主要参照精细化工行业和食品加工行业，采用了空气筛和多点概率筛，有效提高细集料筛分的效果。

4.1.5.1　粗集料

对生产所用的粗集料开展指标验证，具体指标见表 4-1-30。

粗集料技术指标汇总　　　　　表 4-1-30

检验指标	技术要求		试验结果
	单位	设计要求	
石料压碎值	%	≤12	5.2
洛杉矶磨耗损失	%	≤16	6.8
表观相对密度	—	≥2.70	2.939
吸水率	%	≤1.5	0.62
坚固性	%	≤5	2.1
针片状颗粒含量	%	≤5	0.3
水洗法<0.075mm 颗粒含量	%	≤0.8	0.2
软石含量	%	≤1	0.6
与普通沥青的黏附性	级	≥4	4
磨光值	PSV	≥44	44

由表 4-1-30 可以看出,二次加工集料性能较好,针片状颗粒含量低,颗粒形状好。其筛分结果与密度指标见表 4-1-31,从筛分结果看,粗集料洁净程度高。

筛分结果及密度表　　　　　　　表 4-1-31

集料		S12	S14
通过方孔筛(mm)的质量百分率(%)	13.2	100.0	100.0
	9.5	98.2	100.0
	4.75	4.8	97.3
	2.36	0.4	0.9
	1.18	0.4	0.5
	0.6	0.4	0.5
	0.3	0.4	0.5
	0.15	0.4	0.5
	0.075	0.4	0.5
表观相对密度		2.982	2.982
毛体积相对密度		2.899	2.872

4.1.5.2　细集料

石场的细集料技术指标汇总见表 4-1-32。从表 4-1-32 中可以看出,细集料洁净程度高,棱角丰富。

细集料技术指标汇总表　　　　　　　表 4-1-32

集料		通过率
通过方孔筛(mm)的质量百分率(%)	9.5	100.0
	4.75	100.0
	2.36	91.1
	1.18	59.6
	0.6	45.2
	0.3	21.7
	0.15	11.0
	0.075	2.7
表观相对密度		2.908
毛体积相对密度		2.9
砂当量(%)		83
亚甲蓝值(g/kg)		0.4
棱角性(s)		39.4

4.2 环氧沥青混合料结构层位适用性功能研究与性能评价

针对广东南沙大桥交通条件、气候特点及各铺装层适用性功能,铺装下层应突出具有良好的密水性和疲劳性能性能,铺装上层应突出具有良好的密水性、疲劳性能和抗滑性能。

4.2.1 沥青混合料的级配组成特征

沥青混合料的路用性能和力学特性依赖于集料的内摩阻力和沥青胶浆的黏聚力(沥青性能、用量和沥青胶浆的组成)。尽管美国联邦公路局将 HMA 划分为连续密级配沥青混合料、SMA 和 OGFC 等主要类型,但目前世界上使用的 HMA 材料种类繁多。以英国标准为例,目前仍列入规范的沥青玛琋脂、间断级配、连续级配、涂层碎石等 HMA 材料的级配组成远超过美国规范规定的级配范围。将沥青混合料划分为骨架—密实型、悬浮—密实型和骨架—空隙型的做法延续至今,但这种分类法并不能代替 HMA 的设计。

沥青路面工程使用的沥青混合料一般由沥青、碎石、砂、矿粉及添加剂组成。由这些材料组成的沥青混合料必须满足的路面功能要求包括:

优秀的力学特性,包括疲劳抵抗能力、高温抗变形能力、低温抵抗开裂能力等。

足够的耐久性,主要是对于自然环境因素影响的抵抗能力,如老化、冻融、浸水等。

合理的结构适应性,在沥青路面结构中,不同层位对于沥青混合料具有完全不同的功能要求,不同特性的材料被应用于不同的结构层位。

优异的表面功能,包括平整性、抗滑能力、降噪防眩能力、排水特性、可辨识性等。

适宜的工艺特性,主要是指混合、运输、摊铺、碾压及维护等施工过程中的施工和易性。

在传统的环氧沥青混合料级配设计中,处于减小桥梁恒载影响的考虑,通常钢桥面铺装层采用的集料最大粒径为 9.5mm,《公路钢桥铺装设计与施工技术规范》(JTG/T 3364—02—2019)与南京八卦洲长江大桥、广东虎门大桥等铺装工程中提供了推荐使用的粗、细两种环氧沥青混合料连续级配形式 EA-10C 与 EA-10F 分别见表 4-2-1。

传统 EA-10 环氧沥青混凝土级配 表 4-2-1

级配类型	筛孔尺寸	通过下列筛孔(方孔筛,mm)的质量百分率(%)							
		13.2	9.5	4.75	2.36	1.18	0.6	0.3	0.15	0.075
EA-10C	上限	100	100	75	58	44	32	23	16	12
	下限	100	95	35	20	20	15	11	8	6
EA-10F	上限	100	100	85	70	55	40	32	23	14
	下限	100	95	65	50	39	28	21	14	7

参考美国、日本和澳大利亚等国家钢桥面铺装环氧沥青混合料级配曲线及我国已建成使用的南京八卦洲长江大桥、武汉阳逻长江大桥、湛江海湾大桥环氧沥青混合料的级配情况,绘制各国桥面铺装环氧沥青混合料级配曲线组成,如图 4-2-1 所示,定义其为传统级配。

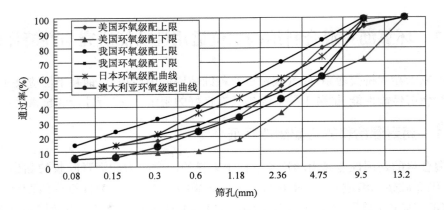

图 4-2-1 各国环氧沥青混合料级配曲线

各国钢桥面铺装环氧沥青混合料级配设计均采用连续密级配形式,属于悬浮密实结构,用以延长桥面铺装的疲劳性能和防水性能,我国环氧沥青混合料的级配设计比美国和澳大利亚的级配偏细些,其级配设计情况与日本环氧沥青混合料级配设计较为接近。

目前国内外环氧沥青混合料配合比设计主要采用马歇尔试验方法,通过试验确定沥青混合料体积参数,进而考虑混合料的路用性能。为了防止水分的渗入及满足抗车辙的要求,混合料必须达到一定的密实度,因此在进行环氧沥青混合料设计时,空隙率是一个很重要的控制指标,根据各国规范指南和相关桥面铺装的设计经验,提出空隙率小于3%的要求。广东南沙大桥钢桥面铺装设计前,我国钢桥面铺装领域还没有形成环氧沥青混合料设计的相关技术规范,重庆交通科学研究院有限公司于2006年制定了《公路钢箱梁桥面铺装设计与施工技术指南》,该指南中也明确指出环氧沥青混合料配合比设计方法主要依据环氧沥青的特性,以马歇尔设计方法为基础指定的,并增加了混合料的热稳定性及弯曲应变的检验。该指南对环氧沥青混合料设计指标和设计流程做了较详细描述,环氧沥青混合料设计指标及技术要求见表4-2-2,环氧沥青混合料设计流程见图4-2-2。

环氧沥青混合料设计指标及技术要求　　　　　表 4-2-2

技术指标		单 位	技术要求
60℃马歇尔稳定度	固化试件	kN	≥40.4
	未固化试件		≥5.4
60℃马歇尔流值	固化试件	mm	≥2.0~5.0
	未固化试件		≥2.0~5.0
车辙动稳定度	60℃,0.7MPa	次/mm	≥5000
	70℃,0.7MPa		≥3000
空隙率		%	≤3
冻融劈裂强度比 TSR		%	≥70
低温弯曲极限应变(-15℃)		1mm/min	$\geq 2 \times 10^{-3}$

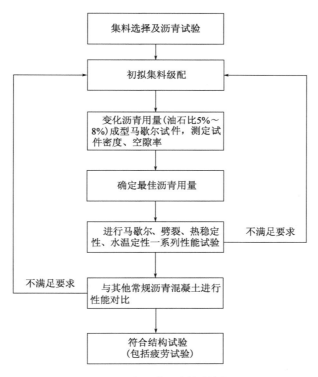

图 4-2-2　环氧沥青混合料设计流程

由以上可知,环氧沥青混合料配合比设计时选用马歇尔稳定度、流值、车辙动稳定度、空隙率、冻融劈裂强度比 TSR、低温弯曲极限应变等参数作为设计指标,混合料疲劳性能试验作为验证性指标,通常是在配合比基本确定后再通过疲劳性能试验来验证混合料的疲劳性能。根据传统级配设计的环氧沥青混合料,疲劳性能与强度指标能很好符合设计规范,但是往往构造深度与摩擦系数较小,铺装层的早期抗滑性能较低,而广东南沙大桥所处的环境高温、多雨,承载交通量繁重,路用性能上的缺陷会极大不利于雨天行车安全。

因此,在考虑环氧沥青混凝土体积指标,以疲劳寿命为关键控制指标,构造深度与摆式摩擦系数符合条件的情况下,参考传统环氧沥青混凝土级配曲线,在多次试验段实际摊铺碾压成品效果的基础上,采用富沥青混合料的 CAVF 设计法对铺装上层进行配合比设计,保障钢桥面铺装耐久性能的同时,有效解决面层抗滑能力不足的问题;铺装下层采用传统的密集配设计方法,考虑环氧沥青混凝土体积指标,以疲劳寿命为关键控制指标,保证混合料的密水性能,开展相关设计工作。

4.2.2　疲劳测试方法

1) 传统疲劳理论方法

传统疲劳理论方法即现象学法,此方法认为疲劳破坏是指沥青混合料在反复的荷载作用下而产生了一种不可复原的因强度衰减不断积累所导致的破坏或者失效现象。随着荷载作用次数不断增加,材料得不到恢复或者恢复很小,其疲劳累积损伤会越来越严重,导致其强度的衰减也变得越剧烈,其所能承受的应力或应变值就越小,进而致使材料发生破坏或者失效。这是目前世界上常用的疲劳研究方法,主要通过路面在荷载作用下应力、应变、挠度等基本响应来研究和评价材料的疲劳破坏。

传统的疲劳理论方法一般建立在沥青路面沥青层层底拉应变或拉应力与路面开裂时累计荷载作用次数之间(即疲劳寿命)的关系来表征其疲劳特性。沥青混合料疲劳关系的最初研究来自诺丁汉大学的 P. S. Pell 和加州大学伯克利分校的 Carl L. Monismith。他们提出了疲劳寿命预测方程,该方程被国际上所承认并被广泛应用多年,具体疲劳方程见式(4-2-1):

$$N_f = a\left(\frac{1}{\varepsilon_t}\right)^b \tag{4-2-1}$$

式中:N_f——疲劳破坏时统计的荷载重复作用次数,通常被称为疲劳寿命;

ε_t——材料受到的拉应变和拉应力;

a、b——实验室回归参数。

2)力学法

力学法可以分为断裂力学法与连续损伤力学法。断裂力学方法假设材料内部的微裂纹或缺陷是固有存在的,其主要研究的是不考虑裂纹的萌发过程的裂纹扩展机理。连续损伤力学方法是由 Kim 等人提出,其利用三个基本定律及弹性—黏弹性对应准则,以期能够获得沥青混合料疲劳寿命预测模型的疲劳性能研究方法。

断裂力学法以应力强度因子 K 和裂纹扩展率 da/dN 为主要参数,其描述的是材料的疲劳裂纹扩大发展规律。混合料的疲劳裂纹扩展分为三个阶段(图4-2-3),具体如下:阶段 Ⅰ,荷载循环到一定时候,混合料达到断裂门槛值 ΔK_{th},裂纹开始起裂;阶段 Ⅱ,荷载循环次数继续增加,应力强度因子 K 与裂纹扩展率 da/dN 之间的双对数曲线呈现明显的线性增长;阶段 Ⅲ,荷载循环次数继续增加,裂纹扩展率迅速增长,一直到应力强度因子 K 达到材料的断裂韧性 K_{IC} 时,混合料发生失稳断裂。研究得到的第 Ⅱ 阶段断裂学的经典模型如式(4-2-2)所示:

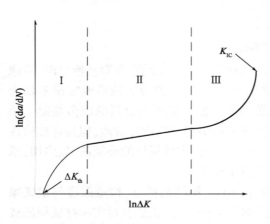

图 4-2-3 疲劳裂纹扩展曲线示意图

$$\frac{da}{dN} = A(\Delta K)^n \tag{4-2-2}$$

式中:A、n——试验确定的参数。

连续损伤力学方法的优势明显,在有间歇时间的循环荷载下,可以同时考虑沥青混合料的疲劳损伤及其微损伤条件下的恢复愈合效应;但缺点也很明显,其预测模型参数多,形式比较复杂。其基本定律如式(4-2-3)~式(4-2-5):

应力—应变关系:

$$\sigma_{ij} = \frac{\partial W}{\partial \varepsilon_{ij}} \tag{4-2-3}$$

应变能密度方程：

$$W = W(\varepsilon_{i,j}, S_m) \tag{4-2-4}$$

损伤演化率：

$$-\frac{\partial W}{\partial S_m} = \frac{\partial W_f}{\partial S_m} \tag{4-2-5}$$

式中：σ_{ij}——应力；

ε_{ij}——应变；

S_m——材料内部状态的改变，是一个与损伤变化率有关的参数；

W_f——耗散能。

3）能量法

Van Dijk、Tayebali 等道路研究学者通过能量的损失过程对沥青混合料试件进行疲劳试验分析研究。研究发现：因为沥青混合料拥有黏弹性性质，其疲劳破坏过程是一个能量耗散的过程，可以采用耗散能来研究并以此来表现沥青混合料的疲劳性能。能量与疲劳寿命的关系可以用式(4-2-6)来表示。

$$W_f = AN_f^z \tag{4-2-6}$$

式中：N_f——疲劳寿命；

W_f——累积耗散能；

A、z——试验确定的系数，与混合料类型有关。

试验过程中，沥青混合料试件承受荷载作用，应力和应变响应存在一个时间差，假设给试件一个正弦应力 $a\sin\omega t$ 作用，试件会响应一个以同样的频率产生 $b\sin(\omega t + \varphi)$ 的应变，其中 φ 为滞后相位角，本书在其后统称其为滞后角，如图 4-2-4 所示。应力循环曲线的变化引起的应力和相应的一个被称为应变的磁滞回线，磁滞回线曲线周围地区代表每个周期的能源消耗，如图 4-2-5 所示。混合料试件弯曲疲劳试验中，每个循环周期荷载的能耗由式(4-2-7)计算：

$$W_i = \int y dx = \pi \sigma_i \varepsilon_i \sin\varphi_i \tag{4-2-7}$$

式中：W_i、σ_i、ε_i、φ_i——第 i 次荷载循环的耗散能、应力值、应变值及相位角。

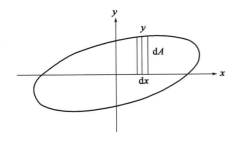

图 4-2-4 应力与应变响应

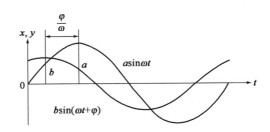

图 4-2-5 应力与应变滞后回路

美国在公路战略研究计划(SHRP) SHRP-A-404 提出了基于能量的方法来独立预测混合料疲劳寿命的模型，见式(4-2-8)：

$$N_f = 2.365 \times e^{0.069 \text{VFB}} \times \varepsilon_0^{-3.624} \times (W_0)^{-1.882} \tag{4-2-8}$$

式中：e——自然对数；

VFB——沥青饱和度。

Carpenter 进一步研究了能量方法,他提出可以用耗散能相对变化率来描述沥青混合料的疲劳行为,其计算公式见式(4-2-9):

$$\text{RDEC} = \frac{|\text{DE}_{i+1} - \text{DE}_i|}{\text{DE}_i} \quad (4-2-9)$$

式中:DE_i、DE_{i+1}——第 i 次与第 $i+1$ 次荷载循环的耗散能。

在进行四点弯曲疲劳试验研究时,采用循环荷载作用 100 次时对应的劲度模量作为初始劲度模量,初始劲度模量的 50% 作为试件失效的判据。因试验结果数据离散性较大,应进行弃差处理。弃差的准则为:当一组平行试验数据中其中某个数据与样本平均值之差大于修正标准差的 k 倍时,就舍弃该值,并以其余的测定值的平均值或统计值作为试验结果。重复上述过程,直到没有弃差数据为止,弃差后的最终测定值需要保证每组试验的有效测定值不少于 3 个,即有效试件不少于 3 根。当试件数目 n 分别为 3、4、5、6 根时,k 值依次对应为 1.15、1.46、1.67、1.82。当疲劳试验中疲劳寿命、初始劲度模量值、滞后角、累积耗散能数据四项参数中的任何一项数据离散程度达到弃差标准,则该试件所有疲劳数据均要予以舍弃。

疲劳试验按照混合料剩余劲度模量为 50% 初始值作为疲劳破坏的依据,其加载次数往往达到 100 万次甚至 100 万次以上,其试验量大、周期长、花费高,在实际工程应用过程中常常受限于这些因素。在实际的工程应用中进行疲劳试验往往是不现实的,一些小工程更由于其花费较高而对其望而却步;试验周期长为其主要矛盾,在实际工程中,时间太长导致很难去评价混合料疲劳性能。本书使用冲击韧性来快速评定疲劳性能。

4)冲击韧性疲劳试验方案

冲击韧性是指材料在冲击荷载作用下吸收变形功和断裂功的能力,是评价材料韧性的一项重要指标。当材料承受外界荷载作用时,材料内部本身就会产生一定的应力并导致相应的应变,材料在重复荷载作用下产生疲劳裂纹后,就会在裂纹处产生一定的应力—应变场。根据能量原理提出的 J 积分理论,如图 4-2-6 所示,可定量描述裂纹体的应力—应变场强度,它不仅适用于弹性体,对小变形的弹塑性体也适用。J 公式如式(4-2-10)所示。

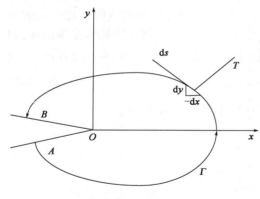

图 4-2-6 J 积分示意图

$$J = \int_\Gamma \left(W \mathrm{d}y - \boldsymbol{T} \frac{\partial \boldsymbol{U}}{\partial x} \mathrm{d}s \right) \quad (4-2-10)$$

式中:W——板的应变能密度;

$\boldsymbol{T}$——作用在积分回路 Γ 弧元 $\mathrm{d}s$ 上的外力矢量;

$\boldsymbol{U}$——回路 Γ 上的位移矢量。

Rice 指出在小应变条件下,对于非线性弹性二维试件,J 积分等于相同的外加荷载条件下,外形相同但具有相近裂纹长度 a 及 $a+\mathrm{d}a$ 的两个试件单位厚度位能的差率,如式(4-2-11)、式(4-2-12)所示。

$$J = -\frac{\partial \Pi}{\partial a} \tag{4-2-11}$$

$$\Pi = U - \iint_S W dx_1 dx_2 - \int_{c_1} t_i u_i ds \tag{4-2-12}$$

式中：Π——单位厚度应变能或变形功；
　　　W——单位能密度或变形功密度；
　　　S——试件面积；
　　　t_i、u_i——应力矢量与位移矢量。

实际上，J积分与变形功、边界荷载或应力矢量、位移矢量的关系也可表示为式(4-2-13)：

$$J = -\frac{dU}{da} + \int_{c_t} t_i \frac{du_i}{da} ds \tag{4-2-13}$$

其中，c_t为试件的边界范围周长，在断裂冲击试验中，施加一集中荷载P，令加载点位移$u_1 = 0, u_2 = \delta$，则$\int_{c_t} t_i \frac{du_i}{da} ds = \frac{Pd\delta}{da}$，式子可简化为(4-2-14)：

$$J = -\frac{dU}{da} + \frac{Pd\delta}{da} \tag{4-2-14}$$

从而有$J = -\left(\frac{\partial \Pi}{\partial a}\right)_p, J = -\left(\frac{\partial U}{\partial a}\right)_\delta$，根据能量守恒原则，试件所接受的变形功或应变能等于外加荷载通过施加点的位移所做的功，如式(4-2-15)~式(4-2-17)所示。

$$\Pi = U - P\delta \tag{4-2-15}$$

$$U = \int_0^\delta P d\delta \tag{4-2-16}$$

因此

$$J = \int_0^\delta \left(-\frac{\partial P}{\partial a}\right)_\delta d\delta, J = \int_0^P \left(-\frac{\partial \delta}{\partial a}\right)_p dp \tag{4-2-17}$$

这样，宏观荷载位移曲线就与J积分联系起来，在弹塑性体中，试件在外加荷载的作用下，产生变形后，就会在裂纹处产生一定的应力应变场，J积分可以定量表现这个场的强度。

Bagley和Landes依据大量试验，认为J积分作为衡量裂纹开裂的参量是适宜的，从而建立了J积分准则：当围绕裂纹尖端的J积分达到临界值J_C（平面应力）或J_{IC}（平面应变）时，裂纹开始扩展，J_C或J_{IC}被称为J积分断裂韧度，代表材料的抗裂性能。由于韧度J_{IC}可以用势能公式表达出来，沥青混合料的J沥青混合料的J积分断裂韧度可以根据下面公式获得，如式(4-2-18)所示：

$$J_{IC} = \left(\frac{U_1}{b_1} - \frac{U_2}{b_2}\right)\frac{1}{a_2 - a_1} \tag{4-2-18}$$

式中：U——荷载功，即荷载—位移曲线下的面积；
　　　b——试件厚度(mm)；
　　　a——裂纹长度(mm)。

下标 1、2 表示试件,因此可看出材料发生断裂时伴随能量的损耗,能量值可以用荷载—位移图所包围的面积来计算,试验荷载—位移曲线下所包围的面积越大,断裂韧度 J_{IC} 越大,材料抵抗破坏的能力越强。

陈篪等人根据理论分析和大量的试验研究,建立了 J 与 U 和 a 的近似分析式,对于三点弯曲试件有:

$$J = \frac{2U}{B(W-a)} \qquad (4\text{-}2\text{-}19)$$

式中:U——应变能,即荷载—位移曲线下的面积;
$\qquad B$——试件厚度;
$\qquad W$——应变能密度;
$\qquad a$——裂缝长度。

哈尔滨工业大学刘宇采用三种级配的沥青混合料进行半圆试件的断裂韧度试验,最后得出:J 积分断裂韧度 J_{IC} 对于沥青混合料的抗裂性能是一个敏感的指标,断裂韧度越大,表明该混合料的抗裂性能越好,如图 4-2-7 所示。

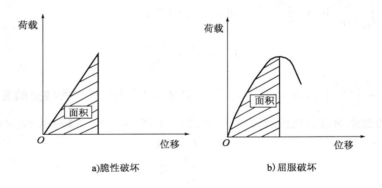

图 4-2-7 冲击韧性示意图

图 4-2-7a)中表示试件在达到所能承受的最大力之前,所施加荷载和试件变形呈现线性关系,该阶段物体处于弹性状态,当加荷至最大荷载处材料突然断裂,这是典型的脆性断裂的特征;图 4-2-7b)表示材料超过最大荷载时并没有突然断裂,而是在逐渐卸载的情况下变形继续增加直至断裂,该阶段材料处于屈服状态,属于屈服破坏。本书定义图 4-2-7 中阴影部分的面积代表冲击韧性,材料发生断裂时,荷载位移曲线下包围的面积越大,则混合料冲击韧性越大,材料抵抗断裂破坏的能力越强,其疲劳性能越好;结合 Matlab 软件计算程序,可得出阴影部分的面积。

环氧沥青混合料固化后强度是普通沥青混合料的数十倍之上。研究资料表明,环氧沥青混凝土与金属、水泥混凝土的断裂特性不同,温度对其断裂特性有明显的影响。当处于低温区域时,环氧沥青混凝土主要表现线弹性特点,容易发生脆性断裂;当温度升高到一定程度后,裂缝尖端开始出现塑性区,环氧沥青混凝土发生弹塑性断裂。从断裂力学和能量理论角度讲,两者都可用变形功和断裂功来进行评价。另外,钢桥面铺装中由于铺装层平整度变化较大以及钢桥面板振动和变形的影响,铺装层在车辆荷载作用下承受较大的冲击作用。基于以上分析,采用冲击韧性来评价环氧沥青混合料的断裂性能是合适的。

根据华南理工大学相关研究,混合料冲击韧性值与疲劳寿命之间呈线性关系,环氧沥青混合料的疲劳寿命与冲击韧性之间相关性高,如图4-2-8所示。

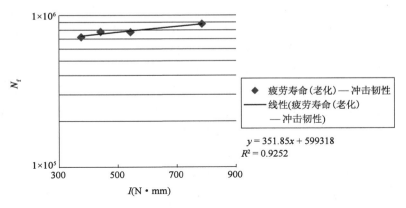

图 4-2-8　疲劳寿命(老化)—冲击韧性相关图

因此,本书采用冲击韧性指标表征环氧沥青混合料疲劳性能,快速评价环氧沥青混凝土的疲劳性能,指导环氧沥青混凝土配合比设计。并采用四点弯曲疲劳试验方法,验证冲击韧性指标良好的环氧沥青混凝土。

4.2.3　铺装上层 FAC-10 适用性功能设计与性能评价

铺装上层必须平整、行车舒适,既要有良好的密水性能,又要表面粗糙抗滑、行车安全、经久耐用。因此,铺装上层 FAC-10 针对空隙率、疲劳性能和抗滑性能这三个适用性功能,开展配合比设计,并对目标配合比采用高温性能、低温性能、渗水性能和水稳定性能开展性能评价工作。

4.2.3.1　粗集料空隙填充法(CAVF)级配设计研究

关于级配理论的研究,实质上发源于中国的垛积理论。对于沥青混合料的级配组成,常用的设计级配理论主要有最大密度曲线理论、粒子干涉理论和分形理论。一般沥青混合料级配设计通常是依据已有的经验,通过试配—修正—试配的原则来确定矿料级配,使设计的矿质混合料形成适宜的空隙结构,设计参数包括矿料间隙率(VMA)、空隙率(VV)、沥青饱和度(VFA)及粗集料空隙率(VCA)等。构成沥青混合料的组成结构主要有悬浮密实结构、骨架空隙结构和骨架密实结构,实践证明骨架密实结构能够较好地平衡沥青混凝土的抗滑性能与防水性能之间的矛盾,基于广东南沙大桥的规模性、重要性和行车安全性,采用骨架密实结构来提高环氧沥青混凝土的抗滑性能和防水性能。

目前骨架密实结构矿料级配设计方法很多,研究方法和手段也不尽相同,但侧重点都是在实现沥青混合料嵌挤密实这一功能上。比较有代表性的有贝雷设计方法、SAC 设计方法及 CAVF 设计方法等。贝雷设计方法由美国伊利诺伊州交通部的罗伯特、贝雷(Robert Bailey)发明的,其主要思想是以形成的集料骨架作为混合料的承重主体,使设计的混合料能提供较高的抗车辙性能,同时通过调整粗细集料的比例,获得合适的 VMA,以保证设计混合料具有较好的耐久性。贝雷法中提出了用于评价矿料性质的一系列参数,这些参数直接与空隙率和压实性能相关,有助于更好地理解集料级配与混合料空隙体积的关系。但是贝雷法作为一种混合料级配设计方法,需要与马歇尔法或者Superpave法相结合才能进行沥青混合料的完整设计;另外,采用贝雷法检验级配时,仅计算CA比、FAc比、FAf比三参数是不够的,并没有根据已定级配反算松装密度的修正百分比,以评价混合料中骨架紧密程度和施工压实性能,同时贝雷法没有考虑0.075mm筛孔通过率和沥青用量、矿粉用量的影响。

大连理工大学王立久等人对骨架密实型沥青混合料集料级配设计方法进行了研究,通过对球体颗粒的堆积和填充特性的研究,从理论上分析了骨架密实型沥青混合料集料中粗、细集料和填料的用量,并结合逐级堆积理论和分形理论,根据粗、细集料的架构效应和填充作用的不同,提出了粗、细集料级配设计的数学公式;我国沙庆林院士提出了多碎石沥青混凝土(SAC),其主要特点是级配中4.75mm以上含量应大于60%,同时为了保证混合料的空隙率接近4%,需要增加0.3mm特别是0.075mm以下混合料的含量。

我国沥青路面专家张肖宁教授先于美国贝雷法提出了一种新型沥青混合料组成设计方法——CAVF(Course Aggregate Void Filling method)设计方法。该方法以体积设计法为基础,其基本思路是实测主骨架矿料的空隙率,计算其空隙体积,使细集料体积、沥青体积、矿粉体积及沥青混合料最终设计空隙体积之总和等于主骨架空隙体积,从而确定细集料用量与沥青用量。因为细集料和沥青所组成的胶浆作为填充料填充主骨架的空隙,所以不会发生胶浆干涉;为了避免集料的干涉,细集料颗粒不能太大,相对连续级配用量较少。按这种方法设计的沥青混合料,既保证了集料的充分嵌挤,又使沥青胶浆充分填充了主骨架间隙,使粗集料的骨架嵌挤作用和沥青胶浆的耐疲劳性能得到发挥,从而全面提高混合料的性能。

按照CAVF法体积关系,粗集料、细集料、矿粉的质量百分率、油石比、捣实状态下的粗集料松装间隙率及混合料设计空隙率之间满足下列方程:

$$q_c + q_f + q_p = 100 \tag{4-2-20}$$

$$\frac{q_c}{100\gamma_s}(V_{DRC} - V_{DS}) = \frac{q_f}{\gamma_f} + \frac{q_p}{\gamma_p} + \frac{q_a}{\gamma_a} \tag{4-2-21}$$

式中:q_c、q_f、q_p——粗集料、细集料、矿粉的质量百分比;

　　　　q_a——沥青用量质量百分数;

　　　　V_{DRC}——干捣实状态下粗集料间隙率;

　　　　V_{DS}——设计沥青混合料空隙率;

　　　　γ_s——粗集料毛体积密度;

　　　　γ_f、γ_p——细集料和矿粉的表观密度;

　　　　γ_a——沥青相对密度。

V_{DRC}可以通过试验测得,即:

$$V_{DRC} = \left(1 - \frac{\gamma_s}{\gamma_c}\right) \times 100 \tag{4-2-22}$$

式中:γ_c——粗集料表观密度。

以上三式没有考虑集料吸收沥青体积的影响和细集料、沥青胶浆对粗集料间隙率的影响,葛折圣对CAVF设计方法进行了改进,引用干涉系数α来表示对粗集料骨架的干涉程度,并对原混合料体积平衡方程进行改进,使该设计方法更加完善。

$$\left(\frac{q_\text{f}}{\gamma_\text{f}} + \frac{q_\text{p}}{\gamma_\text{p}}\right)M = \frac{V}{100}(V_\text{mix} - V_\text{DS} - V_\text{be}) \qquad (4\text{-}2\text{-}23)$$

式中：M——沥青混合料的质量；

V——混合料的体积；

V_be——有效沥青体积，取值可参考《公路沥青路面施工规范》(JTG F40—2004)。

$V_\text{mix} = \alpha V_\text{min}$，$V_\text{min} = 100 - \frac{\gamma_\text{f}}{\gamma_\text{ce}} \times p_\text{ca}$，$V_\text{mix}$ 为沥青混合料中粗集料的间隙率，V_min 为粗集料骨架间隙率最小值，α 为干涉系数，一般取值为 1.0~1.2，γ_f 为沥青混合料毛体积密度，γ_ce 为粗集料的合成有效相对密度，p_ca 为沥青混合料中粗集料的比例。

令 $V = \dfrac{q_\text{c}M}{\gamma_\text{S}}$，$V_\text{mix} = \alpha V_\text{min}$，则代入式(4-2-23)中得：

$$\frac{q_\text{f}}{\gamma_\text{f}} + \frac{q_\text{p}}{\gamma_\text{p}} = \frac{V}{100}(\alpha V_\text{min} - V_\text{DS} - V_\text{be}) \qquad (4\text{-}2\text{-}24)$$

解式(4-2-21)和式(4-2-24)，即可得粗细集料的含量。然后，按照式(4-2-25)和式(4-2-26)，由 V_be 反算出 q_a：

$$q_\text{be} = \frac{V_\text{be}\gamma_\text{a}}{(1 - 0.01 V_\text{MA})\gamma_\text{sb}} \qquad (4\text{-}2\text{-}25)$$

$$q_\text{ba} = \left(\frac{1}{\gamma_\text{sb}} - \frac{1}{\gamma_\text{se}}\right)\gamma_\text{a} \times 100 \qquad (4\text{-}2\text{-}26)$$

$$V_\text{MA} = V_\text{DS} + V_\text{be} \qquad q_\text{a} = q_\text{ba} + q_\text{be}$$

式中：q_be——有效油石比；

q_ba——被集料吸入的油石比；

γ_se——合成矿料的相对密度；

γ_sb——合成矿料毛体积相对密度。

目前 CAVF 设计方法在中国东北和南方地区得到推广和应用，经长期调查研究发现，采用 CAVF 法设计出的沥青混合料表现出良好的路用性能，尤其是高温性能和疲劳性能，且该设计方法简单，施工稳定性好。

4.2.3.2 FAC-10 级配曲线

根据 CAVF 法理论基础，采用 4.1 节优选的集料与基质沥青为原材料，从广东南沙大桥钢桥面适用性功能出发，全面考虑广东南沙大桥钢桥面疲劳性能、抗滑性能要求，进行级配曲线设计。

为了突出表面抗滑效果，粗集料混合级配以 3~10mm 一档粗集料为主，质量比约占到粗集料的 75%，3~5mm 一档集料约占 25%；采用击实法，击实次数 100 次，紧装密度为 1.888，实测 VCA_drc 为 36.7%。按以往经验预设矿粉用量比例 11%，油石比 6.5%，设计空隙率 2%。通过计算得到粗细集料比例为 66%，矿粉用量比例 23%，FAC-10 合成级配见表 4-2-3，级配曲线如图 4-2-9 所示。

铺装上层 FAC-10 合成级配　　　　　表 4-2-3

筛孔尺寸(mm)	5~10mm	3~5mm	0~3mm	矿粉	目标配比	级配上限	级配下限
13.2	100.0	100.0	100.0	100.0	100.0	100.0	100.0
9.5	93.9	100.0	100.0	100.0	96.5	100.0	95.0
4.75	4.4	97.3	100.0	100.0	45.2	75.0	35.0
2.36	0.2	1.6	93.4	100.0	31.2	58.0	20.0
1.18	0.2	0.3	66.6	100.0	24.6	44.0	20.0
0.6	0.2	0.3	45.4	100.0	19.5	32.0	15.0
0.3	0.2	0.3	25.9	99.8	14.8	23.0	11.0
0.15	0.2	0.3	16.1	99.3	12.5	16.0	8.0
0.075	0.2	0.3	6.8	89.7	9.4	12.0	6.0
掺配比例	57.0	10.5	24.0	8.5	—	—	—

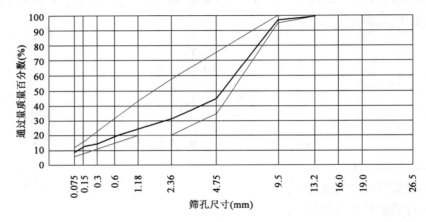

图 4-2-9　铺装上层 FAC-10 级配曲线图

按照《公路工程沥青及沥青混合料试验规程》(JTG E20—2011)T 0709—2011 及目标配合比级配进行马歇尔试验和冲击韧性试验。

4.2.3.3　冲击韧性试验方案

本书冲击韧性试验拟采用小梁棱柱体试件进行，试件制备过程如下：

(1) 采用轮碾成型机压实成型，制备 300mm×300mm×50mm 的板块状试件，将制备好的试件放到 60℃的烘箱中加热 4d，使其快速固化。

(2) 采用高精度双面锯将成型的固化试件切制成长 250mm±2mm、宽 30mm±0.5mm、高 35mm±0.5mm 的棱柱体小梁，其跨径为 200mm±0.5mm，如图 4-2-10 和图 4-2-11 所示。

(3) 冲击韧性试验拟采用在 MTS 试验机上进行，该试验机的加载速率可以根据需要进行调整，本次试验加载速率为 500mm/min。

(4) 将切割好的试件放入到环境保温箱中进行 15℃保温养生 4h 以上，如图 4-2-12 所示。养生完毕后，进行冲击韧性试验，如图 4-2-13 所示。

图 4-2-10　FAC-10 板试件

图 4-2-11　FAC-10 棱柱体小梁

图 4-2-12　试件 15℃恒温养生

图 4-2-13　冲击韧性试验

4.2.3.4　油石比

本书选择了 FAC-10 在五种油石比（5.9%、6.2%、6.5%、6.8%、7.1%）所进行的马歇尔试验、冲击韧性试验和抗滑性能试验。

1）马歇尔试验

FAC-10 目标配合比级配马歇尔试验结果见表 4-2-4，FAC-10 目标级配试验结果关系曲线如图 4-2-14 所示。

FAC-10 目标配合比级配马歇尔试验结果　　表 4-2-4

油石比	平均高度（mm）	毛体积相对密度	最大理论相对密度	空隙率（%）	VMA（%）	VFA（%）	稳定度（kN）	流值（mm）
5.9%	64.0	2.564	2.639	2.8	15.5	81.8	47.22	4.4
	64.0	2.570	2.639	2.6	15.3	82.9	46.29	4.6
	63.1	2.573	2.639	2.5	15.2	83.6	46.35	4.5
	63.3	2.563	2.639	2.9	15.6	81.5	47.28	4.6
平均值		2.567	2.639	2.7	15.4	82.4	46.79	4.5

续上表

油石比	平均高度（mm）	毛体积相对密度	最大理论相对密度	空隙率（%）	VMA（%）	VFA（%）	稳定度（kN）	流值（mm）
6.2%	62.2	2.565	2.628	2.4	15.7	84.8	47.22	4.7
	62.6	2.570	2.628	2.2	15.6	85.8	46.93	4.8
	63.0	2.572	2.628	2.1	15.5	86.3	48.08	4.7
	63.8	2.562	2.628	2.5	15.8	84.2	47.75	4.9
平均值		2.567	2.628	2.3	15.7	85.2	47.50	4.8
6.5%	62.6	2.572	2.617	1.7	15.7	89.1	48.16	5.0
	64.0	2.570	2.617	1.8	15.8	88.6	48.72	5.0
	62.6	2.561	2.617	2.2	16.1	86.6	49.86	5.1
	64.3	2.563	2.617	2.1	16.0	87.1	47.24	4.9
平均值		2.566	2.617	1.9	15.9	87.9	48.50	5.0
6.8%	63.1	2.566	2.606	1.5	16.2	90.5	47.82	5.1
	62.9	2.563	2.606	1.7	16.3	89.9	48.19	5.0
	63.6	2.565	2.606	1.6	16.2	90.3	48.26	5.1
	64.4	2.565	2.606	1.6	16.2	90.3	47.85	5.1
平均值		2.565	2.606	1.6	16.2	90.2	48.03	5.1
7.1%	63.5	2.563	2.595	1.2	16.5	92.6	47.28	5.2
	63.1	2.567	2.595	1.1	16.4	93.4	47.66	5.3
	63.4	2.560	2.595	1.4	16.6	91.8	48.02	5.2
	64.5	2.567	2.595	1.1	16.4	93.3	47.41	5.3
平均值		2.564	2.595	1.2	16.5	92.8	47.59	5.3

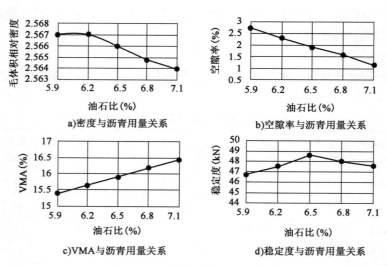

a) 密度与沥青用量关系　　b) 空隙率与沥青用量关系

c) VMA与沥青用量关系　　d) 稳定度与沥青用量关系

图 4-2-14

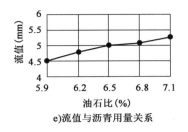

e) 流值与沥青用量关系

图 4-2-14　FAC-10 目标级配试验结果关系曲线图（两面各击实 75 次）

从马歇尔体积试验技术指标分析，5 个油石比均能满足设计指标。从空隙率分析，油石比为 6.5%、6.8%、7.1% 时，空隙率均在 2% 以下，其中油石比 6.5% 时的空隙率最接近目标空隙率。

2) 冲击韧性试验

FAC-10 在五种油石比（5.9%、6.2%、6.5%、6.8%、7.1%）分别开展冲击韧性试验，FAC-10 冲击韧性试验结果见表 4-2-5 与图 4-2-15。

FAC-10 试件冲击韧性试验结果　　　　　　　　　　表 4-2-5

序号	油石比(%)	编号						平均值(N·mm)
		1	2	3	4	5	6	
		冲击韧性(N·mm)						
1	5.9	3341	3419	2642	3041	2987	2749	3030
2	6.2	3347	3441	2686	4543	2974	3389	3397
3	6.5	3726	3964	3549	3612	4064	3576	3749
4	6.8	3916	3844	4128	3564	3671	3646	3795
5	7.1	3527	3883	3347	3914	4087	4234	3832

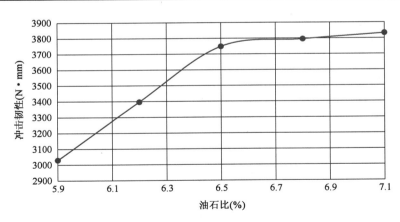

图 4-2-15　5 种油石比的 FAC-10 冲击韧性曲线

由图 4-2-15 可以看出随着沥青含量的增加，冲击韧性逐渐增大。当油石比小于 6.5% 时，曲线的斜率增加较快，冲击韧性变化较大；当油石比 6.5% 时，曲线斜率变化幅度较小，增长较缓慢。因此，FAC-10油石比的阈值点为6.5%。沥青用量存在一个阈值点，该阈值点控制了冲击韧性变化幅度，这主要是因为沥青膜厚度的影响，当沥青用量较小时，包裹在矿料周围的沥青膜厚度不足或较薄，矿料之间黏结力较小，抗变形能力较差；随着沥青用量的增加，沥青膜厚度逐渐变大，矿料之间的黏结力得到进一步改善，抗变形能力得到加强，冲击韧性随着增大。当油石比大于阈值点时，包裹在矿料周围的沥青膜厚度不增加或增加较缓慢，混合料内部变形速率较小，冲击韧性变化也不明显。

3) 抗滑性能试验

FAC-10在5种油石比（5.9%、6.2%、6.5%、6.8%、7.1%）分别成型车辙板试件，开展抗滑性能试验；在常温条件下分别进行构造深度和摩擦系数试验，试验结果分别见表4-2-6与表4-2-7。

FAC-10 构造深度   表4-2-6

级配	油石比(%)	直径(mm)		平均值(mm)	构造深度(mm)	平均值(mm)
FAC-10	5.9	191	189	190	0.88	0.86
		195	196	195.5	0.83	
		188	188	188	0.90	
		194	197	195.5	0.83	
	6.2	207	207	207	0.74	0.75
		206	203	204.5	0.76	
		208	204	206	0.75	
		205	207	206	0.75	
	6.5	215	218	216.5	0.68	0.66
		222	224	223	0.64	
		217	219	218	0.67	
		221	221	221	0.65	
	6.8	268	270	269	0.44	0.47
		248	251	249.5	0.51	
		261	259	260	0.47	
		263	263	263	0.46	
	7.1	275	275	275	0.42	0.41
		294	292	293	0.37	
		274	276	275	0.42	
		270	274	272	0.43	

FAC-10 摩擦系数　　　　　　　表 4-2-7

级配	油石比(%)	摆值(25℃)					平均值	修正值	修正值
FAC-10	5.9	66	64	63	63	64	64	+2	56
		65	65	65	65	65			
		64	65	65	66	65			
		61	62	62	62	63			
	6.2	57	58	58	56	56	56	+2	58
		57	57	56	57	58			
		57	55	54	54	55			
		55	56	54	54	56			
	6.5	48	51	49	51	51	51	+2	53
		51	53	52	51	53			
		52	50	49	49	50			
		53	53	51	52	51			
	6.8	49	48	49	49	50	47	+2	49
		44	44	46	45	46			
		48	46	46	48	47			
		48	47	46	46	48			
	7.1	44	45	44	44	43	42	+2	44
		42	42	41	40	40			
		44	43	44	44	45			
		38	38	39	40	40			

从试验结果可以看出,油石比为 6.5% 的 FAC-10 的构造深度和摩擦系数均良好、抗滑性能优异,可有效解决 EA-10 环氧沥青混凝土钢桥面铺装面层时抗滑能力不足的问题。

以空隙率接近设计值、冲击韧性接近阈值点和抗滑性能优异作为判别依据,确定最终的设计油石比。初步确定最佳油石比为 6.5%,并按该油石比进行目标配合比性能评价。

4.2.3.5　铺装上层 FAC-10 性能评价

根据 4.2.3.2 小节和 4.2.3.4 小节确定的 FAC-10 级配曲线和油石比,分别从水稳定性、高温稳定性、渗水性和弯曲性能等方面开展 FAC-10 性能评价。

1)水稳定性检验

(1)残留马歇尔稳定度试验

采用油石比 6.5% 制备马歇尔试件,按《公路工程沥青及沥青混合料试验规程》(JTG E20—2011)T 0709—2011 进行 FAC-10 沥青混合料浸水马歇尔试验,试验结果见表 4-2-8,其残留稳定度为 92.3%,表明该混合料满足施工设计图纸中马歇尔残留稳定度大于 90% 的要求。

FAC-10 沥青混合料浸水马歇尔试验结果 表4-2-8

试验条件	平均高度（mm）	毛体积相对密度	最大理论相对密度	空隙率（%）	VMA（%）	VFA（%）	稳定度（kN）	流值（mm）
60℃,0.5h	62.5	2.573	2.620	1.8	15.6	88.4	52.61	4.9
	64.8	2.574	2.620	1.8	15.6	88.7	50.77	4.7
	62.7	2.564	2.620	2.1	15.9	86.5	44.99	5.0
	63.1	2.568	2.620	2.0	15.8	87.5	46.19	5.0
平均值		2.570	2.620	1.9	15.7	87.8	48.64	4.9
60℃,48h	63.0	2.569	2.620	1.9	15.8	87.7	45.49	5.5
	63.5	2.566	2.620	2.1	15.9	86.9	42.63	5.6
	64.5	2.571	2.620	1.9	15.7	88.0	45.45	5.7
	63.1	2.554	2.620	2.5	16.3	84.4	46.00	5.6
平均值		2.565	2.620	2.1	15.9	86.7	44.89	5.6

残留稳定度 = 44.89/48.64 = 92.3%

(2) 冻融劈裂试验

采用油石比 6.5% 制备马歇尔试件,按《公路工程沥青及沥青混合料试验规程》(JTG E20—2011) T 0729—2000 进行 FAC-10 沥青混合料冻融劈裂试验,试验结果见表 4-2-9,其冻融劈裂试验抗拉强度比为 91.5%,表明该混合料满足施工设计图纸中冻融劈裂试验抗拉强度比大于 90% 的要求。

FAC-10 沥青混合料冻融劈裂试验结果 表4-2-9

试验条件	平均高度（mm）	毛体积相对密度	最大理论相对密度	空隙率（%）	VMA（%）	VFA（%）	破坏最大荷载(N)	劈裂抗拉强度(MPa)
未冻融组	63.9	2.561	2.620	2.2	16.0	86.0	32657	3.21
	64.7	2.567	2.620	2.0	15.8	87.1	32992	3.21
	63.1	2.564	2.620	2.1	15.9	86.6	32129	3.20
	64.0	2.576	2.620	1.7	15.5	89.2	33547	3.29
平均值		2.567	2.620	2.0	15.8	87.2		3.23
冻融组	64.7	2.574	2.620	1.7	15.6	88.8	30372	2.95
	64.6	2.563	2.620	2.2	15.9	86.4	30303	2.95
	64.2	2.569	2.620	1.9	15.7	87.6	30362	2.98
	63.3	2.571	2.620	1.9	15.7	88.1	29630	2.94
平均值		2.569	2.620	1.9	15.7	87.7		2.95

冻融劈裂试验抗拉强度比 TSR = 2.95/3.23 = 91.5%

注:试验温度为25℃,加载速率为50mm/min。

2) 高温稳定性检验

采用油石比 6.5% 制备车辙试件,按《公路工程沥青及沥青混合料试验规程》(JTG E20—2011) T 0719—2011 进行 FAC-10 沥青混合料 70℃ 车辙试验,试验结果见表 4-2-10。其 70℃ 车辙动稳定度(DS)>10000次/mm,表明该混合料满足施工设计图纸中70℃车辙试验动稳定度不小于10000次/mm的要求。

FAC-10沥青混合料车辙试验结果　　　　　　　　　　　　　　　　　　　　表4-2-10

试验项目	试样编号	总变形(mm)	DS试验结果(次/mm)	试验平均值(次/mm)
车辙动稳定度（70℃）	1	0.022	>10000	>10000
	2	0.019	>10000	
	3	0.023	>10000	

注：轮压0.7MPa,尺寸300mm×300mm×50mm。

3) 渗水性检验

采用油石比6.5%制备车辙试件,按《公路工程沥青及沥青混合料试验规程》(JTG E20—2011)T 0730—2011进行FAC-10沥青混合料渗水试验,试验结果见表4-2-11,其试验结果为不透水。表明该混合料满足施工设计图纸中不透水的要求。

FAC-10沥青混合料渗水试验结果　　　　　　　　　　　　　　　　　　　　表4-2-11

试验项目	试样编号	试验结果(mL/min)	试验平均值(mL/min)
渗水试验	1	不透水	不透水
	2	不透水	
	3	不透水	

4) 弯曲性能检验

采用油石比6.5%制备小梁试件,按《公路工程沥青及沥青混合料试验规程》(JTG E20—2011)T 0715—2011进行FAC-10沥青混合料弯曲试验,试验结果见表4-2-12,其弯曲极限应变为3.58×10^{-3},表明该混合料满足施工设计图纸中弯曲极限应变不小于3×10^{-3}的要求。

沥青混合料弯曲试验结果　　　　　　　　　　　　　　　　　　　　　　　　表4-2-12

油石比(%)	试验温度(℃)	加载速率(mm/min)	弯曲极限应变 试验结果	弯曲极限应变 均值	技术指标
6.5	-10	50	3.80×10^{-3}	3.58×10^{-3}	$\geqslant 3 \times 10^{-3}$
			3.23×10^{-3}		
			3.37×10^{-3}		
			3.66×10^{-3}		
			3.83×10^{-3}		
			3.57×10^{-3}		

综上所述,分别从水稳定性、高温性能、渗水性能和弯曲性能等方面所开展的FAC-10性能评价,各性能测试结果均能满足设计和规范的要求。

4.2.3.6　小结

上述试验结果表明,所设计的规范FAC-10目标配合比在油石比6.5%能充分保证铺装上层功能适用性需求。即采用目标配合比为 5~10mm：3~5mm：0~3mm：矿粉 = 57：10.5：24：8.5 配制的 FAC-10 沥青混合料,最佳油石比为 6.5%。

4.2.4 铺装下层 EA-10F 适用性功能研究与性能评价

铺装下层不直接接触车轮、光照等,受光照、搓揉等影响小,铺装下层应具有良好的密水性和与钢板的追随性(疲劳性能好)。因此,铺装下层 EA-10F 用空隙率和疲劳性能开展配合比设计。并对目标配合比采用高温性能、低温性能、渗水性能和水稳定性能开展性能评价工作。

4.2.4.1 EA-10F 级配曲线

在 EA-10F 级配设计范围内,调整各矿料比例,设计 3 组不同粗细的初试级配。3 组初试级配的粗集料骨架分界筛孔(2.36mm)通过率分别为 57.9%、55.2%、54.1%。初试级配各档掺配比率及各筛孔通过率分别见表 4-2-13 和表 4-2-14,矿料级配曲线图如图 4-2-16 所示。根据以往 EA-10F 配合比设计经验和已建实体工程实践经验,确定马歇尔试件的初试油石比为 6.5%。

初试级配各档材料掺配比率　　　　　　　表 4-2-13

初试级配类型	2.36mm 关键筛孔通过率(%)	5~10mm	3~5mm	0~3mm	矿粉	油石比(%)
		掺配比率(%)				
级配一	57.9	25	14	51	10	6.5
级配二	55.2	24	18	48	10	6.5
级配三	54.1	28	15	48	9	6.5

初试矿料级配各筛孔通过率(%)　　　　　　　表 4-2-14

筛径(mm)	5~10mm	3~5mm	0~3mm	矿粉	级配一	级配二	级配三	下限	上限
13.2	100.0	100.0	100.0	100.0	100	100	100	100	100
9.5	93.9	100.0	100.0	100.0	98.5	98.5	98.3	95	100
4.75	4.4	97.3	100.0	100.0	75.7	76.6	72.8	65	85
2.36	0.2	1.6	93.4	100.0	57.9	55.2	54.1	50	70
1.18	0.2	0.3	66.6	100.0	44.1	42.1	41.1	39	55
0.6	0.2	0.3	45.4	100.0	33.2	31.9	30.9	28	40
0.3	0.2	0.3	25.9	99.8	23.3	22.5	21.5	21	32
0.15	0.2	0.3	16.1	99.3	18.2	17.8	16.8	14	23
0.075	0.2	0.3	6.8	89.7	12.5	12.3	11.4	7	14
级配一	25	14	51	25	—				
级配二	24	18	48	24	—				
级配三	28	15	48	28	—				

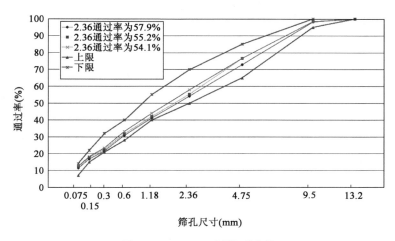

图 4-2-16 EA-10F 矿料级配曲线

表 4-2-15 列出了各 EA-10F 沥青混合料初试级配试验结果,由此表可知:在油石比 6.5%的情况下,4.75mm 通过率为 55.2% 时,各体积指标皆能满足要求,同时冲击韧性是最大的,符合耐久性为优先的设计初衷。因而,在进一步的设计中采用 4.75mm 筛孔通过率为 55.2% 的级配,对应的配合比例为 5~10mm 碎石∶3~5mm 碎石∶0~3mm 机制砂∶矿粉 = 24∶18∶48∶10。

EA-10F 沥青混合料初试级配试验结果　　　　　表 4-2-15

试 验 项 目	4.75mm 筛孔通过率		
	57.9%	55.2%	54.1%
油石比(%)	6.5	6.5	6.5
最大相对理论密度	2.608	2.609	2.610
试件毛体积相对密度	2.577	2.570	2.566
空隙率 VV(%)	1.2	1.5	1.7
矿料间隙率 VMA(%)	15.1	15.3	15.6
饱和度 VFA(%)	92.1	90.4	89.2
稳定度(kN)	65.77	67.94	64.28
流值(mm)	5.5	5.3	5.0
冲击韧性(N·mm)	3482	4061	3745

4.2.4.2　油石比

本书选择了 EA-10F 五种油石比(5.9%、6.2%、6.5%、6.8%、7.1%)进行马歇尔试验和冲击韧性试验。

1)马歇尔试验

EA-10F 目标配合比级配马歇尔试验结果见表 4-2-16,EA-10F 目标级配试验关系曲线如图 4-2-17 所示。

EA-10F 目标配合比级配马歇尔试验结果 表 4-2-16

油石比	平均高度（mm）	毛体积相对密度	最大理论相对密度	空隙率（%）	VMA（%）	VFA（%）	稳定度（kN）	流值（mm）
5.9%	64.1	2.570	2.632	2.3	14.9	84.3	60.21	5.3
	63.6	2.576	2.632	2.1	14.7	85.4	69.48	5.2
	64.2	2.574	2.632	2.2	14.7	85.1	67.28	5.3
	63.4	2.564	2.632	2.6	15.1	82.9	64.74	5.1
平均值		2.571	2.632	2.3	14.8	84.4	65.43	5.2
6.2%	63.2	2.572	2.620	1.8	15.0	87.9	67.18	5.2
	64.6	2.581	2.620	1.5	14.8	89.9	63.42	5.3
	63.9	2.575	2.620	1.7	14.9	88.5	65.29	5.1
	63.8	2.569	2.620	1.9	15.1	87.2	68.49	5.1
平均值		2.574	2.620	1.7	15.0	88.4	66.10	5.2
6.5%	63.9	2.575	2.609	1.3	15.2	91.5	65.59	5.3
	62.2	2.573	2.609	1.4	15.3	91.0	67.24	5.4
	63.0	2.566	2.609	1.7	15.5	89.3	68.11	5.3
	64.3	2.568	2.609	1.6	15.4	89.7	70.83	5.3
平均值		2.570	2.609	1.5	15.3	90.4	67.94	5.3
6.8%	63.8	2.563	2.598	1.3	15.8	91.5	65.26	5.5
	63.1	2.571	2.598	1.0	15.6	93.3	63.48	5.5
	62.8	2.572	2.598	1.0	15.6	93.6	62.89	5.6
	63.1	2.570	2.598	1.1	15.6	93.1	60.28	5.3
平均值		2.569	2.598	1.1	15.6	92.9	62.98	5.5
7.1%	64.5	2.565	2.588	0.9	16.0	94.4	59.83	6.2
	63.5	2.569	2.588	0.7	15.9	95.3	55.27	6.3
	63.4	2.565	2.588	0.9	16.0	94.5	53.48	6.4
	63.0	2.559	2.588	1.1	16.2	93.1	55.16	6.5
平均值		2.564	2.588	0.9	16.0	94.3	55.94	6.4

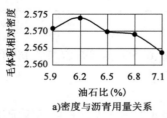

a) 密度与沥青用量关系

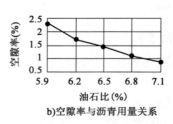

b) 空隙率与沥青用量关系

图 4-2-17

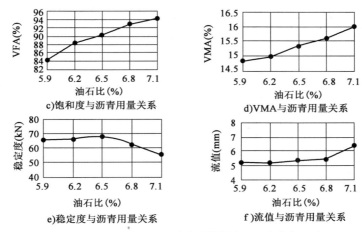

图 4-2-17　EA-10F 目标级配试验关系曲线图(两面各击实75次)

从马歇尔体积试验技术指标分析,5个油石比均能满足设计指标。从空隙率分析,在油石比6.5%、6.8%和7.1%空隙率均在2%以下,其中油石比6.5%时的空隙率最接近目标空隙率。

2)冲击韧性试验

EA-10F在五种油石比(5.9%、6.2%、6.5%、6.8%、7.1%)分别开展冲击韧性试验,EA-10F冲击韧性试验结果见表4-2-17与图4-2-18。

EA-10F 试件冲击韧性　　表 4-2-17

序号	油石比(%)	编号						平均值(N·mm)
		1	2	3	4	5	6	
		冲击韧性(N·mm)						
1	5.9	3629	3325	3062	3178	3429	3150	3296
2	6.2	3865	3496	3759	3221	3865	3496	3617
3	6.5	4216	3865	4062	4169	4328	4088	4121
4	6.8	4323	4462	3729	3946	4639	4217	4219
5	7.1	4363	4216	4928	3896	3976	4337	4286

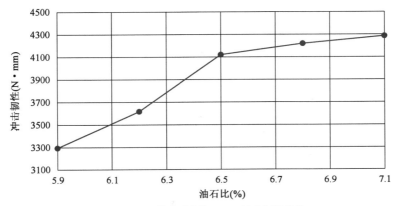

图 4-2-18　5种油石比的 EA-10 冲击韧性曲线

由图 4-2-18 可以看出，随着沥青含量的增加，冲击韧性逐渐增大。当油石比小于 6.6% 时，曲线的斜率增加较快，冲击韧性变化较大；当油石比超过 6.6% 时，曲线斜率变化幅度较小，增长较缓慢，因此 EA-10F 的阈值点为 6.6%。

由于铺装下层不直接接触车轮、光照等，受光照、搓揉等影响小，只要具备足够的密水性能和钢板的追随性能，铺装下层 EA-10F 就可以一直服役；即使铺装上层达到大修的周期而需要进入维修，铺装下层仍能保持足够好的状态，仍能继续服役，以减少养生工程量、养生作业时间进而降低维护成本。因此，为了保证铺装下层具有长久耐久性能，冲击韧性值越高越好，EA-10F 油石比为 6.6% 时，冲击韧性值达到阈值；根据马歇尔体积指标，EA-10F 油石比 6.6% 时，空隙率均值约 1.5%，具有良好的密水性能。因此，建议 EA-10F 的最佳油石比为 6.6%。

4.2.4.3 铺装下层 EA-10F 性能评价

根据 4.2.4.1 小节和 4.2.4.2 小节确定的 EA-10F 级配曲线和油石比，分别从水稳定性、高温稳定性、渗水性和弯曲试验等方面开展 EA-10F 性能评价。

1) 水稳定性检验

(1) 残留马歇尔稳定度试验

采用油石比 6.6% 制备马歇尔试件，按《公路工程沥青及沥青混合料试验规程》(JTG E20—2011) T 0709—2011 进行 EA-10F 沥青混合料浸水马歇尔试验，试验结果见表 4-2-18。其残留稳定度为 90.6%，表明该混合料满足施工设计图纸中马歇尔残留稳定度大于 90% 的要求。

EA-10F 沥青混合料浸水马歇尔试验结果 表 4-2-18

试验条件	平均高度 (mm)	毛体积 相对密度	最大理论 相对密度	空隙率 (%)	VMA (%)	VFA (%)	稳定度 (kN)	流值 (mm)
60℃, 0.5h	64.2	2.580	2.606	1.0	15.1	93.5	67.67	5.5
	63.3	2.573	2.606	1.3	15.4	91.7	68.10	5.4
	64.6	2.573	2.606	1.3	15.3	91.8	67.67	5.6
	63.0	2.578	2.606	1.1	15.2	92.9	65.68	5.5
平均值		2.576	2.606	1.2	15.2	92.5	67.28	5.5
60℃, 48h	62.6	2.575	2.606	1.2	15.3	92.2	59.45	5.9
	64.4	2.572	2.606	1.3	15.4	91.4	61.27	6.1
	63.0	2.573	2.606	1.3	15.3	91.8	62.04	6.1
	63.2	2.564	2.606	1.6	15.6	89.8	61.06	6.2
平均值		2.571	2.606	1.3	15.4	91.3	60.96	6.1
残留稳定度 = 60.96/67.28 = 90.6%								

(2) 冻融劈裂试验

采用油石比 6.6% 制备马歇尔试件，按《公路工程沥青及沥青混合料试验规程》(JTG E20—2011) T 0729—2000 进行 EA-10F 沥青混合料冻融劈裂试验，试验结果见表 4-2-19。其冻融劈裂试验抗拉强度比为 93.8%，表明该混合料满足施工设计图纸中冻融劈裂抗拉强度比大于90%的要求。

EA-10F沥青混合料冻融劈裂试验结果　　表4-2-19

试验条件	平均高度（mm）	毛体积相对密度	最大理论相对密度	空隙率（%）	VMA（%）	VFA（%）	破坏最大荷载（N）	劈裂抗拉强度（MPa）
未冻融组	63.9	2.579	2.606	1.0	15.1	93.1	47716	4.70
	62.5	2.570	2.606	1.4	15.4	91.2	47746	4.80
	64.8	2.575	2.606	1.2	15.3	92.1	47703	4.63
	64.0	2.572	2.606	1.3	15.4	91.5	46055	4.53
平均值		2.574	2.606	1.2	15.3	92.0		4.66
冻融组	63.9	2.575	2.606	1.2	15.3	92.2	44647	4.39
	64.5	2.570	2.606	1.4	15.4	91.1	45023	4.39
	64.6	2.572	2.606	1.3	15.4	91.6	44956	4.38
	64.1	2.559	2.606	1.8	15.8	88.7	44247	4.34
平均值		2.569	2.606	1.4	15.5	90.9		4.38
冻融劈裂试验抗拉强度比 TSR=4.38/4.66=93.8%								

注：试验温度为25℃，加载速率为50mm/min。

2）高温稳定性检验

采用油石比6.6%制备车辙试件，按《公路工程沥青及沥青混合料试验规程》（JTG E20—2011）T 0719—2011进行EA-10F沥青混合料70℃车辙试验，试验结果见表4-2-20，其70℃动稳定度（DS）>10000次/mm，表明该混合料满足施工设计图纸中70℃车辙试验动稳定度不小于10000次/mm的要求。

沥青混合料车辙试验结果　　表4-2-20

试验项目	试样编号	总变形（mm）	DS试验结果（次/mm）	试验平均值（次/mm）
车辙动稳定度（70℃）	1	0.019	>10000	>10000
	2	0.021	>10000	
	3	0.018	>10000	

注：轮压0.7MPa，尺寸300mm×300mm×50mm。

3）渗水性检验

采用油石比6.6%制备车辙试件，按《公路工程沥青及沥青混合料试验规程》（JTG E20—2011）T 0730—2011进行EA-10F沥青混合料渗水试验，试验结果见表4-2-21，其渗水试验结果为不透水。表明该混合料满足施工设计图纸中不透水的要求。

沥青混合料渗水试验结果　　表4-2-21

试验项目	试样编号	试验结果（mL/min）	试验平均值（mL/min）
渗水试验	1	不透水	不透水
	2	不透水	
	3	不透水	

4) 弯曲试验检验

采用油石比6.6%制备小梁试件,按《公路工程沥青及沥青混合料试验规程》(JTG E20—2011)T 0715—2011进行EA-10F沥青混合料弯曲试验,试验结果见表4-2-22,其弯曲极限应变为3.81×10^{-3}。表明该混合料满足施工设计图纸中弯曲极限应变不小于3×10^{-3}的要求。

沥青混合料弯曲试验结果　　　　　　　表 4-2-22

油石比 (%)	试验温度 (℃)	加载速率 (mm/min)	弯曲极限应变		技术指标
			试验结果	均值	
6.6	-10	50	3.87×10^{-3}	3.81×10^{-3}	$\geqslant 3 \times 10^{-3}$
			4.40×10^{-3}		
			2.62×10^{-3}		
			3.53×10^{-3}		
			4.06×10^{-3}		
			4.40×10^{-3}		

综上所述,分别从水稳定性、高温性能、渗水性能和低温性能等方面所开展的EA-10F性能评价,各性能测试结果均能满足设计和规范的要求。

4.2.4.4 小结

上述试验结果表明,所设计的规范EA-10F目标配合比在油石比6.6%下能满足能充分保证铺装下层功能适用性的需求。即采用EA-10F沥青混合料目标配合比为5～10mm:3～5mm:0～3mm:矿粉=24:18:48:10配制的EA-10F沥青混合料,最佳油石比为6.6%。

4.3　环氧沥青混合料疲劳耐久性能研究

采用传统的四点弯曲疲劳试验方法验证FAC-10和EA-10F的疲劳性能,开展疲劳耐久极限研究,验证设计的环氧沥青混合料是否满足第3章关于疲劳耐久极限指标的要求。在充分验证混合料疲劳性能的基础上,开展冲击韧性指标确定,指导大规模施工过程中的混合料性能快速检测和质量控制。

4.3.1　环氧沥青混合料四点弯曲疲劳试验

4.3.1.1　试验设备

采用四点弯曲疲劳试验进行测试。试验系统通常由加载装置、环境箱、数据采集与控制装置部分组成,系统整体外观如图4-3-1所示。

4.3.1.2　加载参数选择

试验温度:SHRP研究发现,沥青混合料的疲劳破坏产生温度主要在20℃以下,在高于此温度时疲劳破坏主要是变形不断积累造成的。我国沥青路面设计规范采用15℃作为沥青混合料容许弯拉应力的参照温度,为了便于比较分析,疲劳试验温度定为15℃。

加载模式：为了模拟路面在车辆荷载作用下的疲劳状态，通常将沥青混合料疲劳寿命评价分为应力控制和应变控制两种模式进行疲劳试验和分析。应力控制疲劳试验是指对混合料试件施加的荷载保持不变，为常应力加载；而应变控制试验是指对混合料加载过程中，保持混合料底部的拉应变不变，为常应变加载。目前研究认为，对于路面面层厚度较薄时，其受力状态符合应变控制条件；当路面较厚时，采用弹性层状体系分析表明荷载作用使面层应变增加较快，使路面最后发生破坏，这一过程符合应力控制模式。对于钢桥面铺装采取应变控制方式更加合理，原因分析如下：

（1）应力控制模式不能反映铺装层劲度模量随铺装材料的老化、疲劳性能逐渐衰减的过程。

（2）钢桥面铺装层厚度较薄，一般为 5~7cm，且 15~20℃时铺装层动态模量约为 12000MPa，而钢桥面板模量为 210000MPa，铺装层与钢桥面板之间模量差距较大，铺装体系的变形主要取决于铺装层与钢桥面板的整体刚度。

图 4-3-1　环氧沥青混合料四点弯曲疲劳试验系统

综上所述，采用应变控制模式疲劳试验更能真实模拟材料的受力状况和疲劳衰减过程。

加载频率：试验频率对沥青混合料疲劳性能有较大的影响，在道路工程中，研究表明加载频率与行车速度有直接关系，行车速度越快，其加载频率越高，荷载作用时间越短。混合料疲劳试验时加载频率多采用 10Hz，根据公式可知，当加载频率为 10Hz 时，相对应的行车加载时间为 $t = 1/(2\pi f) = 0.016s$，0.016s 的加载时间对沥青路面而言大致相当于 60~65km/h 的行车速度，能够较好地模拟实际交通荷载对路面结构的作用，因此选取 10Hz 作为环氧沥青混合料疲劳试验的加载频率。

加载波形：国内外路面材料研究认为，正弦波形较接近于车辆荷载实际作用于路面结构时的波形，因此本书采用正弦波。

疲劳破坏标准：对于控制应变的加载模式，通常认为劲度模量降低到初始劲度模量的 50% 时发生疲劳破坏，本书以此作为疲劳破坏标准。

当完成试验参数设定后，通过计算机控制启动疲劳试验。读取第 100 个加载循环时劲度模量作为试件的初始劲度模量。试验过程中计算机控制系统自动控制加载，读取力传感器和位移传感器数值，在屏幕上实时显示各参数的变化情况，并按一定加载间隔自动记录试验数据。所记录试验数据包括：加载次数、应力值、应变值、劲度模量、模量百分比、滞后角、耗散能等。若为应变控制模式疲劳试验，当所测得的劲度模量下降至初始劲度模量的 50% 时，试验自动停止；若为应力控制模式疲劳试验，则当试件出现明显疲劳裂纹（此时的劲度模量通常小于初始劲度模量的 5%）时，试验自动停止。

4.3.1.3　试件制备

1）疲劳试件制备

四点弯曲小梁试件的制作是沥青混合料疲劳性能评价过程中最为关键的环节之一，试件制作质量的好坏将直接影响整个疲劳试验结果的准确性。而制备四点弯曲疲劳试件的主要步骤则包括混合料拌和、碾压和试件切割三个过程。

制作小梁试件所采用的集料均经过水洗筛分，在烘箱中以(105±5)℃烘干至恒重，并按照试验要求的级配严格进行配料，所有配制好的矿料在烘箱中预热至高于拌和温度约15℃。在拌和机内的拌和时间为240s。

轮碾成型方式被认为是模拟实际路面状况的最佳的成型方法。因而，建议采用带振动的轮碾成型设备进行碾压成型，来制作疲劳试板。碾压成型的试板尺寸为400mm×300mm×70mm。

试件尺寸的标准程度也是影响四点弯曲疲劳试验结果的一个重要因素之一。通常，四点弯曲小梁试件要求六个面均进行切割。为保证试件尺寸规格，应尽量采用高质量的切割工艺。建议采用高精度金刚石双面锯进行双面同步切割。将碾压成型后的试板切割成380mm×63.5mm×50mm的标准四点弯曲小梁试件。其中，AASHTOT321标准要求试件尺寸范围为：长度(380±5)mm，宽度(63.5±5)mm，高度(50±5)mm。

2) 试验过程

在进行疲劳试验前，沥青混合料小梁试件均应在环境温控箱内在目标试验温度下养生4h以上，以确保试件在进行疲劳试验之前达到试验温度。通常采用气冷式环境温控箱。通过垂直方向循环输入一定温度的气流，以达到控制温度的目的，控温精度为0.1℃，控温范围为-20℃~+60℃。养生试件所用的托架位置与四点弯曲疲劳夹具的夹头位置应基本保持同一高度，以消除试件养生温度受到温控箱的垂直温度场变化的影响。

养生完成后将试件送入四点弯曲疲劳夹具内，通过定位板确定各夹头间距，夹紧夹头，并将位移传感器放置在试件上表面。随后在计算机控制界面输入试验参数，参数包括试验模式、试验波形、试件尺寸、试验温度、试验破坏准则、试验荷载水平、试验频率等。

3) 试验结果

加载应变水平分别为800με、900με、1000με，每个应变水平下进行4组平行试验，以混合料劲度模量下降到初始劲度模量的50%作为疲劳破坏标准，每个应变水平下需做4组平行试验，平行试验结果按试验数据的离散程度进行弃差处理，弃差过程中所考虑的试验结果主要指标分别为初始劲度模量值、剩余劲度模量比，每次试验结果中上述两项指标中的任何一项指标数据离散程度较大时，该数据点全部予以舍弃。同时保证每组试验的有效试件不少于3根，当有效试件数小于3根时，需增加试件数目。

4.3.2 不同加载水平下环氧沥青混合料疲劳性能试验

本书使用FAC-10(6.5%)及EA-10F(6.6%)级配进行疲劳试验，按照疲劳试验方案成型环氧沥青混合料试件，并在Cooper试验机上进行环氧沥青混合料疲劳性能研究。选取沥青混合料易发生疲劳破坏时的温度15℃作为本次试验温度，频率为10Hz，加载应变水平分别使用800με、900με、1000με，每个应变水平下进行4组平行试验，以混合料劲度模量下降到初始劲度模量的50%作为疲劳破坏标准，每个应变水平下需做四组平行试验，平行试验结果按试验数据的离散程度进行弃差处理，弃差过程中所考虑的试验结果主要指标分别为：初始劲度模量值、剩余劲度模量比，每次试验结果中上述两项指标中的任何一项指标数据离散程度较大时，该数据点全部予以舍弃。同时保证每组试验的有效试件不少于3根,当有效试件数小于3根时,需进行增加试件数目。试验结果如表4-3-1和表4-3-2所示。

FAC-10 级配疲劳试验结果　　　　　　　　　　　　　　　　　表 4-3-1

油石比(%)	应变水平(με)	疲劳寿命(万次)	初始模量(MPa)
6.5	800	140.66	13105
		157.23	12854
		160.04	12797
		155.27	13305
6.5	900	45.65	12492
		53.17	13379
		40.11	12268
		31.87	13216
6.5	1000	15.09	13738
		17.73	12951
		13.06	13067
		20.92	12977

EA-10 级配疲劳寿命结果　　　　　　　　　　　　　　　　　表 4-3-2

油石比(%)	应变水平(με)	疲劳寿命(万次)	初始模量(MPa)
6.6	800	192.51	15303
		176.41	15321
		189.59	14669
		186.17	15321
6.6	900	54.68	14747
		53.49	15116
		45.88	15693
		59.91	15399
6.6	1000	21.60	14989
		21.09	15458
		22.21	15216
		21.60	14524

由于环氧沥青混合料在重复加载作用下,荷载每循环一次就使材料发生一定量的损伤,随着加载次数的不断增加,损伤也会逐渐增加,混合料模量也逐渐衰减。

由表 4-3-1、表 4-3-2 可知:环氧沥青混合料随着荷载作用水平的增大,其疲劳寿命呈现减少的趋势,当荷载作用水平较低时,混合料具有较大的疲劳寿命;当荷载作用水平较高时,混合料疲劳寿命较小。FAC-10 在 800με 条件下疲劳寿命高达 160 万次左右,EA-10F 在 800με 条件下疲劳寿命高达 192 万次左右。

4.3.3 环氧沥青混合料疲劳耐久极限研究

4.3.3.1 耐久极限概述

疲劳耐久极限是表征材料与结构疲劳性能的重要参量之一,是材料不发生疲劳损伤或损伤较小的临界疲劳强度。疲劳耐久概念首先是由德国物理学家 Wohler 针对金属材料提出的,随后疲劳耐久极限概念在金属和其他领域被广泛研究和定义,但对于沥青混合料这种典型的黏弹性材料的疲劳耐久极限的研究却相对较少。

沥青路面在建成使用过程中,不断承受车辆荷载的重复作用,将会发生强度的降低和能量的损耗,经过长时间累积作用,进而发生疲劳破坏。疲劳破坏是沥青铺装结构发生破坏的主要形式之一,主要取决于铺装材料结构、级配和胶结料性能等。研究表明,沥青混合料破坏分为三个阶段,如图 4-3-2 所示。

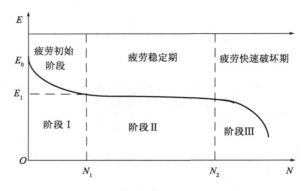

图 4-3-2 沥青混合料疲劳破坏过程

第一阶段为疲劳破坏初始阶段,沥青混合料模量在重复荷载作用下快速衰减,然而模量衰减并不意味着疲劳破坏的产生。在这个阶段沥青混合料具有一定的"触变性",当停止加载时,沥青混合料在循环荷载下减少的模量能够快速恢复,该过程主要受试验设备和人为因素影响较大。第二阶段为疲劳稳定期,当沥青混合料处于疲劳稳定期时,模量也会随着加载次数的增加而逐渐降低,但混合料模量变化幅度相对较小,同时,在沥青混合料内部会出现裂纹萌生现象,并伴随热量的产生,该阶段通常被认为具有疲劳破坏演变特征。第三阶段为快速破坏期,混合料内部产生的裂纹或微裂纹快速发展,混合料无法承受外界荷载的作用,最终在这段时间内发生疲劳失效破坏。Monismith 和 Carpenter 研究发现,当施加于沥青混合料的应力或应变小于某一个值时,沥青混合料的寿命会迅速增大,加载几百万次甚至上千万次也不会发生疲劳破坏,大于该值时,加载很少次数就会发生疲劳破坏,在混合料内部本身存在疲劳耐久极限现象。

国外多条高速公路调查表明,一些厚度较大的沥青路面在经过长时间使用后,会在表面层发生功能性破坏。科研工作者对这些破坏的路面只进行了简单修复,而未对路面结构进行大修,在运行很长时间后也未发生结构性破坏,这与传统的设计理论认为沥青路面首先是从底层发生疲劳破坏明显不相符。通过深入研究分析，一些科研工作者推断出沥青混合料存在一个疲劳耐久极限，如果沥青层在车辆荷载作用下产生的力学响应低于这个极限值时，沥青路面具有无限长的疲劳寿命，此发现奠定了沥青混合料具有耐久极限的基础。随后，受到道路研究人员青睐的长寿命沥青路面就是以疲劳极限为理论基础的，疲劳耐久极限是长寿命沥青路面设计和实践的基础。

Sudip Bhattacharjee 等人运用黏弹性行为理论对热拌沥青混合料的疲劳耐久极限进行研究。E. Ray Brown 利用梁式疲劳试验设备对胶结料为 PG64-22 的沥青混合料进行不同应变水平下疲劳性能研究，结果表明此种沥青混合料具有疲劳极限的特征。Shihui Shen and Samuel H. Carpenter 等人运用耗散能理论进行沥青混合料疲劳耐久极限研究，并建立起耗散能变化比与疲劳寿命之间关系。张志祥针对 LSM 沥青碎石基层混合料，采用四点弯曲疲劳试验方法进行了 4 种应变控制、2 种油石比条件下的疲劳试验研究，试验结果证明 LSM 沥青混合料在低应变下存在疲劳耐久极限。平树江等人根据沥青混合料劲度模量的变化规律，推算低应变条件下试件的疲劳寿命，并通过测试低应变水平下沥青混合料的疲劳性能，得出长寿命路面沥青混合料的疲劳极限。白墨宇采用外推法确定物体的疲劳耐久极限，并通过试验确定该方法的可行性。Jian-ping Zhu 等人对长寿命沥青路面疲劳极限门槛值进行研究，并采用外延法对普通沥青混合料疲劳耐久极限进行研究；徐欧明采用控制应变的小梁疲劳试验，研究了沥青混合料疲劳寿命随应变水平变化情况，研究结果表明当应变水平较高时，沥青混合料劲度模量随荷载作用次数的增大而快速减少；当应变水平降为 $100\mu\varepsilon$ 时，疲劳寿命曲线呈典型的渐近线特征，证明沥青混合料存在某一疲劳耐久极限，当作用应变低于该极限应变时，沥青混合料寿命倾向无穷大。

纵观已有研究成果，普通沥青混合料疲劳极限研究已取得阶段性成果，并成功应用于实践中，虽然大量室内试验研究表明环氧沥青混合料具有良好的抗疲劳性能，但在钢桥面铺装实际使用过程中会发现部分节段出现大量的疲劳裂缝，严重影响钢桥面铺装使用寿命和行车质量，因而，需要对破坏机理及原因进行分析探讨。根据疲劳耐久极限概念，判定环氧沥青混凝土本身也存在疲劳耐久极限，当在车辆荷载作用下铺装层产生的力学响应小于疲劳耐久极限时，环氧沥青混合料具有较长的使用寿命，短时间内不会发生疲劳破坏；反之，当铺装层在车辆荷载作用下产生的力学响应大于疲劳耐久极限时，环氧沥青混合料在较短的时间内就会发生疲劳破坏。因此，研究环氧沥青混合料的疲劳性能和耐久极限具有现实性和实用性。

4.3.3.2 基于外延法疲劳耐久极限研究

在沥青路面疲劳性能设计中，通常以沥青铺装层底部的最大拉应力作为设计指标，根据 Monismith 和 Ghuzlan 等人研究结果表明沥青混合料使用寿命和拉应变之间具有如下关系式：

$$N_f = K_1 \left(\frac{1}{\varepsilon_t}\right)^{K_2} \tag{4-3-1}$$

式中：N_f——沥青混合料的使用寿命；

ε_t——加载应变水平；

K_1、K_2——回归拟合系数。

对式(4-3-1)两边取对数，得：

$$\lg N_f = A - B\lg\varepsilon \tag{4-3-2}$$

式中:B——通过试验确定的常量;

ε——试验时对试件所施加的应变。

Monismith 通过试验证明了式(4-3-2)的正确性和可行性。以上两参数模型公式仅仅能够代表混合料疲劳曲线的一般形式,但是很难分析应变控制模式下疲劳耐久极限的现象,因此需要一个新模型公式来进一步澄清和说明疲劳耐久极限情况,Carpenter S H 和 Khal ID H 等人对于沥青混合料疲劳耐久极限进行相关研究,并提出三参数模型疲劳性能方程,如式(4-3-3)所示。

$$\lg N_f = A - B\lg(\varepsilon - \varepsilon_r) \tag{4-3-3}$$

式中:A、B——通过试验所确定的常数;

ε——所施加的应变;

ε_r——耐久极限;

N_f——试件破坏时加载次数。

本书根据提出的三参数疲劳模型方程,运用外延法原理推导出环氧沥青混合料的疲劳耐久极限,从而节约了疲劳试验的大量时间和试验费用。设以控制应变方式进行环氧沥青混合料疲劳性能试验,并得出相应的疲劳寿命,假定通过疲劳试验得出表 4-3-3 中的四组疲劳试验数据。

不同应变水平下疲劳寿命　　　　　　表 4-3-3

应变水平	ε_1	ε_2	ε_3	ε_4
疲劳寿命	N_{f1}	N_{f2}	N_{f3}	N_{f4}

将表 4-3-3 中的疲劳试验参数代入式(4-3-3)得如下方程:

$$\lg N_{f1} = A - B\lg(\varepsilon_1 - \varepsilon_r) \tag{4-3-4}$$

$$\lg N_{f2} = A - B\lg(\varepsilon_2 - \varepsilon_r) \tag{4-3-5}$$

$$\lg N_{f3} = A - B\lg(\varepsilon_3 - \varepsilon_r) \tag{4-3-6}$$

$$\lg N_{f4} = A - B\lg(\varepsilon_4 - \varepsilon_r) \tag{4-3-7}$$

由式(4-3-5)减去式(4-3-4),得:

$$\lg \frac{N_{f2}}{N_{f1}} = B\lg \frac{\varepsilon_1 - \varepsilon_r}{\varepsilon_2 - \varepsilon_r} \tag{4-3-8}$$

由式(4-3-7)减去式(4-3-6),得:

$$\lg \frac{N_{f4}}{N_{f3}} = B\lg \frac{\varepsilon_3 - \varepsilon_r}{\varepsilon_4 - \varepsilon_r} \tag{4-3-9}$$

由式(4-3-9)除以式(4-3-8),得:

$$\frac{\lg\dfrac{N_{f4}}{N_{f3}}}{\lg\dfrac{N_{f2}}{N_{f1}}} = \frac{\lg\dfrac{\varepsilon_3 - \varepsilon_r}{\varepsilon_4 - \varepsilon_r}}{\lg\dfrac{\varepsilon_1 - \varepsilon_r}{\varepsilon_2 - \varepsilon_r}} \tag{4-3-10}$$

当由于受到试验条件限制,只有 3 组试验时,式(4-3-10)可变成式(4-3-11):

$$\frac{\lg\dfrac{N_{f3}}{N_{f2}}}{\lg\dfrac{N_{f2}}{N_{f1}}} = \frac{\lg\dfrac{\varepsilon_2 - \varepsilon_r}{\varepsilon_3 - \varepsilon_r}}{\lg\dfrac{\varepsilon_1 - \varepsilon_r}{\varepsilon_2 - \varepsilon_r}} \tag{4-3-11}$$

通过解超越方程式(4-3-10),并结合 4.3.2 节疲劳试验结果,即可得出环氧沥青混合料相应的疲劳耐久极限 ε_r,800$\mu\varepsilon$、900$\mu\varepsilon$ 和 1000$\mu\varepsilon$ 条件下环氧沥青混合料疲劳寿命结果见表 4-3-4 和表 4-3-5。

不同应变条件下 FAC-10 环氧沥青混合料疲劳寿命   表 4-3-4

应变水平($\mu\varepsilon$)	800	900	1000
疲劳寿命(万次)	153.30	42.7	16.70

不同应变条件下 EA-10F 环氧沥青混合料疲劳寿命   表 4-3-5

应变水平($\mu\varepsilon$)	800	900	1000
疲劳寿命(万次)	186.17	53.49	21.63

本书根据疲劳试验结果,根据式(4-3-11)确定 FAC-10 环氧沥青混合料疲劳耐久极限为 572$\mu\varepsilon$,EA-10F 环氧沥青混合料疲劳耐久极限为 578$\mu\varepsilon$。

第 3 章中关于环氧沥青混合料疲劳耐久极限的要求为 15℃、10Hz、500$\mu\varepsilon$ 条件下不破坏,从试验数据分析的 EA-10F 和 FAC-10 环氧沥青混合料疲劳耐久极限为 578$\mu\varepsilon$ 和 572$\mu\varepsilon$,可以满足设计要求。冲击韧性疲劳方法确定的混合料采用传统的疲劳性能测试,混合料疲劳性能良好,验证了冲击韧性方法确定环氧沥青混合料疲劳性能是科学合理的。

4.3.4 环氧沥青混合料冲击韧性指标控制

从 4.2 节和 4.3.3 节可知,采用冲击韧性方法确定环氧沥青混合料疲劳性能是科学合理的。由于冲击韧性试验效率较高,测试速度较快,可以快速检测环氧沥青混凝土的疲劳性能,为现场控制混合料疲劳性能提供了快速化的检测手段,本节通过引入数学 σ 准则,确定现场混合料冲击韧性疲劳控制指标,指导现场大面积施工。

4.3.4.1 工程的不确定性

试验室研究过程中,工程结构中的分析和设计方法一般基于确定性的数学模型。在这类模型中,完全忽略了现实工程中的不确定性或误差,所使用的结构计算参数都是一些确定的量,其结果也是确定值,如图 4-3-3 所示。然而,实际钢桥面铺装工程中影响疲劳性能各种不确定性因素却是普遍存在的。按照本章的研究分类,不确定性因素体现在以下两个方面:

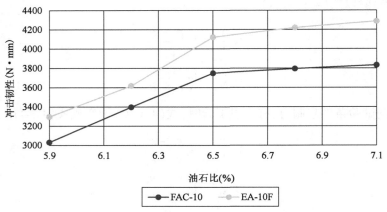

图 4-3-3　EA-10 与 FAC-10 冲击韧性曲线

(1) 级配不同

相同油量情况下，EA-10F 比 FAC-10 具有更好的疲劳性能，这与 EA-10F 和 FAC-10 分别应用于铺装下层和铺装上层的功能相适应。铺装下层直接与钢桥面接触，需要具有更好的追随性能；而铺装上层直接与车轮相接触，在确保疲劳性能的基础上，需要具有优良的抗滑性能。

(2) 油石比不同

同一种配合比，在阈值出现前，随着油石比的提高，混合料疲劳性能大幅度提升。对于已确定最佳油石比的 EA-10F 和 FAC-10，在施工时需要严格控制油石比的变异性，防止沥青用量低于最佳油石比，保证混合料具有优良的疲劳性能。

4.3.4.2　基于疲劳性能保障的冲击韧性指标控制

本书在试验室环节，验证了采用冲击韧性值评价混合料疲劳性能合理性。在广东南沙大桥钢桥面铺装工程实际过程中，通过快速检测混合料的冲击韧性值，确保混合料疲劳性能。

由于冲击韧性试验数据离散性较大的特点，允许冲击韧性值存在一定的偏差，在一般工程中，一般采用 3σ 准则控制数据的可信程度和准确程度，广东南沙大桥钢桥面铺装工程施工控制要求更严格，因此推荐采用 1σ 准则进行混合料疲劳性能控制。

在最佳油石比条件下，开展 EA-10F 和 FAC-10 冲击韧性试验，实验结果见表 4-3-6。

EA-10、FAC-10 冲击韧性控制指标（N·mm）　　　　　表 4-3-6

序号	油石比(%)	编号						平均值 μ	σ	$\mu-\sigma$
		1	2	3	4	5	6			
EA-10F	6.6	4381	4725	3921	3433	4284	4234	4163	441	3722
FAC-10	6.5	3874	3685	3930	4106	3156	3937	3781	335	3446

由表 4-3-6 可知，EA-10F 在最佳油石比 6.6% 时，冲击韧性平均值为 4163N·mm，用 1σ 准则控制，冲击韧性值高于 3722N·mm 时，高于第 3 章冲击韧性指标 ≥3000N·mm 的要求，判定满足路用要求；FAC-10 在最佳油石比 6.5% 时，冲击韧性均值为 3781N·mm，用 1σ 准则控制，冲击韧性值高于 3446N·mm 时，高于第 3 章冲击韧性指标 ≥3000N·mm 的要求，判定满足路用要求。

在施工过程控制中,采用空隙率与冲击韧性值作为铺装下层环氧沥青混合料的主要评价指标,以冲击韧性值验证其疲劳性能,铺装下层 EA-10F 冲击韧性值高于 3781N·mm 时,保证其具有长久耐久性能。

从实用性出发,铺装上层环氧沥青混合料需要具有良好的密水性、疲劳性能与抗滑性能,采用空隙率、冲击韧性值与构造深度作为铺装上层的主要评价指标。其中,FAC-10 冲击韧性值应高于 3446N·mm,保证其疲劳性能满足预期。

4.4 本章小结

(1)从环氧沥青的酸值、与集料的黏附性能、水稳定性出发,对广东南沙大桥钢桥面铺装层原材料进行优选,研究表明"环氧树脂+A基质沥青"与集料具有更好的黏附性和抗水损性能。

(2)根据广东南沙大桥钢桥面铺装上层和铺装下层功能性的不同,对铺装下层(EA-10F)和铺装上层(FAC-10)进行适用性设计,铺装下层主要考虑密水和与疲劳性能,用空隙率、冲击韧性作为主要评价指标;铺装上层除考虑密水性和疲劳性能外,还须考虑抗滑性能,用空隙率、构造深度和冲击韧性,将其作为主要设计指标,综合对广东南沙大桥钢桥面环氧沥青混合料的适用性进行设计。铺装下层(EA-10F)空隙率平均值为 1.5%,空隙率较低可能出现鼓包等层间病害,施工时应加强相关质量控制。

(3)通过对铺装下层(EA-10F)和铺装上层(FAC-10)混合料的高温性能、水稳定性、四点弯曲疲劳性能进行试验分析,验证了广东南沙大桥铺装层环氧沥青混合料的高低温性能、水稳定性和疲劳性能。

(4)通过铺装下层(EA-10F)和铺装上层(FAC-10)混合料的疲劳性能试验,采用外延法得到 EA-10F 和 FAC-10 环氧沥青混合料疲劳耐久极限为 $578\mu\varepsilon$ 和 $572\mu\varepsilon$,可以满足第3章环氧沥青混合料疲劳耐久极限提出的 15℃、10Hz、$500\mu\varepsilon$ 条件下不破坏的要求。

(5)采用冲击韧性表征环氧沥青混合料的疲劳性能,提出了冲击韧性控制指标,可实现现场施工质量的快速检验与评价。

第5章 钢桥面防腐层环氧富锌漆与试验研究

目前,国内外钢桥面铺装通常会设置防腐涂层,但近几年来,有一些钢桥面不再单独设置防腐涂层。广东南沙大桥在方案研讨阶段对是否设置防腐涂层存在不同的看法,部分钢桥面铺装从业者认为设置防腐涂层,增加了防腐涂层上下两个黏结面,提高了黏结失效的风险,可以用环氧树脂黏结层与铺装下层代替防腐涂层(比如维修虎门大桥方案和潮惠高速公路榕江大桥);也有从业者认为,钢桥面板应设置防腐涂层,因桥面铺装不可能做到完全不透水、不透气,钢桥面板不可能完全避免与水和空气接触,设置防腐涂层可有效防止(延缓)钢桥面板的不腐蚀。在此背景下,广东南沙大桥就钢桥面板的防腐涂层开展了一系列的相关研究。

5.1 广东南沙大桥钢桥面铺装防腐层材料优选研究

5.1.1 钢桥面腐蚀机理与铺装要求

5.1.1.1 钢桥面防腐铺装性能要求

1)金属锈蚀机理

金属按锈蚀机理一般可分为化学腐蚀、电化学腐蚀、物理腐蚀和生物腐蚀。

(1)化学腐蚀。金属与腐蚀介质直接发生氧化还原纯化学反应,带有价电子的金属原子与反应物(如氧)的分子相互作用,引起表面的破坏,与电化学腐蚀的区别是没有电流产生。

(2)电化学腐蚀。金属与电解质组成两个电极,形成腐蚀原电池,发生电化学反应。在反应过程中存在阴极反应与阳极反应,电极电位低的阳极收到腐蚀作用。金属在酸、碱、盐等环境下的腐蚀多为电化学腐蚀。金属的电化学腐蚀是最普遍、最严重的一种形式。

(3)物理腐蚀。金属表面由于单纯的物理溶解作用而引起的表面破坏。

(4)生物腐蚀。金属表面在某些微生物生命活动及其产物的影响下发生锈蚀。

在钢桥面腐蚀中,主要发生的腐蚀作用为化学腐蚀与电化学腐蚀,可通过隔绝钢板与(氧)气体的接触来避免或杜绝化学腐蚀;电化学腐蚀对钢桥面结构的影响最为严重,尤其由于钢桥面板处于海洋大气等不利环境下,电化学腐蚀产生的钢桥面板锈蚀破坏情况相当严重。钢桥面板表面发生电化学过程及锈蚀速度与环境酸碱性、湿度与温度等条件有关。

2)钢桥面板铺装性能需求

防腐涂层的主要目的是防止水、氯离子等腐蚀性介质穿过沥青混凝土铺装层,进入黏结层和防腐蚀层时对钢桥面板,起到防腐蚀作用。钢桥面板对防腐性能的要求与普通钢结构防腐性能有所不同,它处于铺装结构体系,需要承受和传递荷载,除需要具有普通钢结构防腐性能

的要求以外,还需要具有适应桥面铺装结构的性能,具体如下:

(1)与钢桥面板、桥面铺装结构层(沥青混凝土)要具有良好的黏结效果,在外部荷载的作用下,能保持与铺装结构层、钢桥面板之间的有效黏结。

(2)防腐铺装层应具有良好的隔水、耐碱、抗盐腐蚀性能,因为防水层及沥青混凝土铺装结构层无法完全阻止水分的下渗,防腐层有可能长时间浸泡于(盐、碱)水中。

(3)钢桥面板防腐涂层要求具有良好的韧性及追随变形能力;钢箱梁结构都采用正交异性板,桥面板及铺装结构层在温度和车辆荷载的作用下发生弯曲变形,防水体系及其防腐铺装层需随着铺装结构有良好的协同变形能力。

(4)防腐涂料要求具有良好的高温稳定性,因为钢箱梁桥梁的使用环境条件一般都比较恶劣,气温非常高,钢箱梁的封闭储热效应使得铺装结构层需要更好的高温稳定性。

(5)防腐涂料应具有足够的耐高温性能,热拌环氧沥青混凝土的摊铺温度高达180℃,尽管在短时间内混合料温度下降迅速,但仍对下承的防腐涂层及黏结材料的耐高温性能提出较高的要求,要求其在短暂高温作用下性状不发生改变。

(6)应具有与钢结构相近的膨胀系数;桥面板及铺装材料受温度影响,会产生微小的变形,铺装材料必须具有足够的强度吸收这种变形,或者必须保证材料的膨胀变形幅度在铺装结构容许的范围内。

(7)防腐结构层还要有很好的抗刺破能力,防止热拌料在碾压施工过程中被刺破。

此外,由于防腐铺装上覆盖了密实不透水的沥青混凝土铺装层,一般情况下只需涂刷底漆作为防腐涂层,而不需要像其他裸露在大气环境中的钢结构那样需继续涂刷封闭漆、中间漆与面漆等。

5.1.1.2 富锌涂料的防腐机理与发展

1)防腐机理

富锌涂料的防腐蚀作用机理有3个:前期牺牲阳极的阴极电化学保护作用;后期锌粉腐蚀产物形成堵塞涂膜孔隙的物理屏蔽作用;涂膜的自修补和钝化作用。

(1)锌粉的电化学保护作用

在腐蚀电池体系中,始终是电极电位更低的阳极受到腐蚀。锌的标准电势(-0.762V)比铁的标准电势(-0.440V)更低,所以当水分浸入涂膜时,在涂膜与钢板之间形成一个原电池体系。随着电子得失的转移,锌在阳极失电子被腐蚀,钢板在阴极得到电子而受到保护。

锌粉在涂层中起到了十分关键的作用,必须在涂膜中保持一定的含量,这样电化学保护作用才能持久。涂层、钢铁基材之间的腐蚀电池体系中,电子转移要保持通畅不能受阻,否则保护作用会受影响。锌粉含量需保持适量,不能过多也不能过少,一般占到干膜质量的80%左右时效果最佳。《富锌底漆》(HG/T 3668—2009)中不挥发成分中金属锌含量分为3类:第一类≥80%,第二类≥70%,第三类≥60%。锌粉含量过多,漆膜可能会起泡,此时涂层孔隙变大,保护作用会受到较大影响;如果涂膜中锌粉含量过少,在成膜物质的包覆之下锌粉与钢铁表面不能有效接触,电子转移受阻,电化学作用失效,同时也有可能造成锌粉脱落而不能发挥作用。

(2)物理屏蔽作用

生成腐蚀产物,堵塞涂层孔隙、弥补缺陷,这是富锌涂料物理屏蔽作用的主要原理。锌的腐蚀较为复杂,可分为吸氧和析氢腐蚀,腐蚀产物随环境中介质的不同而不同。涂层电阻较大,钢铁表面与腐蚀介质的接触将会被有效地阻断。在无机富锌涂层和有机富锌涂层中,腐蚀产物起到的作用略有差别,除了能够堵塞涂层孔隙之外,腐蚀产物还能将无机富锌涂层进一步连为一体。

(3)涂膜的自修补作用

因外力漆膜受损伤后,金属基材露出,裸露处会有腐蚀电流通过,锌的腐蚀产物就会在此生成,长时间之后会形成保护膜层,这就是涂膜的自修补作用。涂膜自愈合的宽度大约是6mm。

2)富锌漆的发展

富锌漆分为环氧富锌漆和无机富锌漆。环氧富锌漆的成分,可以概括为环氧树脂、超细锌粉、填料、溶剂、固化剂5种。低锌粉含量的富锌底漆或者非国标类型的富锌底漆,通常还添加了其他的防锈颜料,以保证防锈性能。

富锌漆是众多工业领域常用的涂料产品,具有非常好的化学特性,性能稳定,因此在很多方面都得到了广泛的使用,其中包括钢桥面铺装。

19世纪40年代,法国人开发出了热浸镀锌工艺,但其存在污染大、能耗高等问题。20世纪30年代,美国等国家的研究人员成功开发出了无机富锌漆涂料,通过把锌粉添加到水玻璃中制备而成,但其有个致命的缺陷——需要高温烘干固化。20世纪50年代初,后固化型无机富锌漆涂料在美国研制成功,在高模数的硅酸钠中添加锌粉配置而成,使用时需要在表面喷淋酸性固化剂进行固化,不需要高温烘干固化,因此使用较为方便,得到广泛使用。20世纪60年代,我国铁路铁轨建设中开始大量推广使用后固化型的无机富锌漆涂料。20世纪70年代末,醇溶型自固化无机富锌漆涂料研制成功,它的基料是聚硅酸乙酯,漆膜由正硅酸乙酯在少量验算的催化作用下水解缩聚得到,这种富锌涂料干燥迅速,喷涂后自行固化,无须后期烦琐的固化操作,非常容易施工。

20世纪40年代也产生了一种全新的有机富锌漆涂料,其成膜机理完全不同于无机富锌漆涂料。研究人员将锌粉添加到某些有机高分子材料中,其防锈效果非常显著。有机富锌涂料的成膜物质为高分子聚合物,如聚苯乙烯、环氧树脂等。聚酰胺固化环氧树脂有机富锌漆(即环氧富锌漆)是使用最广泛的一种,具有相当良好的防锈性和适应性。环氧富锌漆涂料对基材表面处理程度要求不那么苛刻,涂膜附着力强、硬度高,一般作为底漆使用,是现在使用生产最多的一个涂料品种。

5.1.1.3 钢桥面铺装应用现状

钢桥面铺装层具有保护钢桥面板和提供安全、舒适的行车表面的功能。铺装层的性能直接影响桥梁的寿命和桥梁功能的发挥。铺装层的早期损坏一直是桥梁建设中的一项技术难题。处于海洋环境下的钢桥面,除了选择合适的耐候钢与耐蚀铺装材料外,还应对钢桥面板采取必要的防腐措施。在国外,对于钢桥面铺装及防水体系防腐性能的研究工作开展得比较早。20世纪50年代,欧美等发达国家因桥面铺装防水、防腐性能差而导致增加维修及加固桥梁结构巨额成本。在随后的几年内,欧美国家针对桥面铺装防水体系及其防腐性能开展了大量的研究工作,包括系统防水体系的建立、防水材料的开发、防腐性能的评价方法及评价指标的确定等。我国钢桥面铺装的研究工作从20世纪80年代才开始起步。21世纪初开始对桥面铺装防腐体系开展较多的研究工作,从防腐材料选择、材料性能的评价、检测,到施工控制都进行了研究,这使得国内桥面铺装的使用寿命得到一定程度的提高。

国内钢桥面防腐主要应用环氧富锌涂层和纯环氧树脂涂层,个别钢桥面采用惰性金属涂层。

环氧富锌漆以环氧树脂为基料配以聚酰胺、锌粉、助剂而制成。漆膜中锌含量高,具有阴极保护作用和优异的防锈性能。环氧富锌涂层作为钢桥面的防腐蚀涂层,其优点是:结合强度高(钢桥面防腐蚀涂层结合强度的可达 8~12MPa),铺装后的养生较简单,工期较短,与后续铺装的防水层具有良好的连接性能。

钢桥面铺装防腐层状况见表 5-1-1 所示。

国内环氧钢桥面铺装防腐层状况调研　　　　　　　　　表 5-1-1

序 号	桥　梁	通车时间	防腐层类型
1	广东容桂特大桥	1984	环氧富锌漆
2	厦门海沧大桥	1999	环氧富锌漆
3	江阴长江公路大桥	1999	环氧富锌漆
4	南京八卦洲长江大桥	2001	环氧富锌漆
5	重庆长江大桥	2006	环氧富锌漆
6	舟山桃夭门大桥	2006	环氧富锌漆
7	湛江海湾大桥	2006	环氧富锌漆
8	佛山平胜大桥	2006	环氧富锌漆
9	深圳后海大桥	2007	环氧富锌漆
10	杭州湾跨海大桥	2008	环氧富锌漆
11	广州黄埔大桥	2008	环氧富锌漆
12	武汉天兴洲长江大桥	2009	环氧富锌漆
13	上海崇明岛长江大桥	2009	环氧富锌漆
14	重庆朝天门大桥	2009	环氧富锌漆
15	南京大胜关长江大桥	2011	环氧富锌漆
16	厦漳跨海大桥	2013	环氧富锌漆
17	宁波大榭第二大桥	2013	环氧富锌漆
18	广州东沙大桥	2014	环氧富锌漆
19	广东容桂公铁两用钢桥	2014	环氧富锌漆
20	中山小榄水道特大桥	2015	环氧富锌漆
21	江门江顺大桥	2015	环氧富锌漆
22	大连星海湾跨海大桥	2015	环氧富锌漆
23	北盘江大桥	2016	环氧富锌漆
24	南沙凤凰一桥	2016	环氧富锌漆
25	南沙蕉门河双桥	2016	环氧富锌漆
26	榕江大桥	2016	无
27	广东肇庆马房大桥(维修)	—	无
28	广东虎门大桥(维修)	—	无

5.1.2 无机富锌漆与环氧富锌漆的比选

与有机富锌涂料相比,无机富锌漆在有些性能方面占有一定优势,如耐腐蚀性和施工安全性更佳;但不足之处是基材的前期表面处理要求严格,漆膜固化容易受空气温度、湿度等环境因素的影响,还有漆膜硬度略差、容易开裂。

有机富锌涂料由于涂膜中含有机物质,在电焊施工时,可能会产生微细锌烟雾、有机气体等有害物质,不利于环保。但其优点也很多:施工操作简便,对基材的前期处理程度要求比无机富锌涂料低得多;涂膜附着力强、硬度高,不易开裂受损;与其他面漆配合使用相容性好。

无机富锌漆与环氧富锌漆同为富锌涂料,因成膜机理与成膜物质不同而有所区分。无机富锌漆涂膜的耐热性、耐化学品性能及导静电方面要优于环氧富锌漆,但漆膜的柔韧性与施工性价差,施工有特殊要求,表面处理要求严格,容易受到环境湿度与温度的影响,表面多孔性要求进行喷雾技术等。目前钢桥面防腐层较常用的是环氧富锌漆,无机富锌漆在钢桥面防腐层中的应用案例相对较少。具体应用情况与优缺点对比如表 5-1-2 所示。

富 锌 漆 对 比 表　　　　表 5-1-2

富锌漆类型	环氧富锌漆	无机富锌漆
固化环境	较低相对湿度的环境对固化反应没有影响	需要较高的相对湿度才能固化、一般需要大于65%
搅拌要求	施工简便,无须持续搅拌	需要持续搅拌
涂料性能	复涂容易,无须封闭底漆	表面多孔,会导致后道漆的针孔和气泡,需要采用雾喷、统喷的特殊喷涂技巧
重涂时间	23℃,1.5h	时间很长,需要做固化试验(MEK)后才能确定是否能施工中间漆
修补性能	损坏区域容易修补	对差的表面处理十分敏感,损坏部位容易分层
漆膜性能	漆膜比无机富锌底漆脆性小,柔韧性好	漆膜较脆,柔韧性差
钢材表面处理	一般技术要求≥Sa2.5	至少 Sa2.5 或者 SSPC-SP6

为了比较环氧富锌漆与无机富锌漆适应性,进行了相关比选试验,研究不同类型防腐层涂料与防水黏结层相容后附着力的大小,并开展了盐雾加速腐蚀试验,模拟验证防腐层在服务期内抵抗自然气候条件腐蚀的性能。

5.1.2.1 拉拔试验

选用尺寸为 200mm×200mm×10mm 的钢板试件,抛丸至清洁度为 Sa3.0、粗糙度 80～120μm,分别在 3 种不同的涂层体系铺装 3 种品牌(a、b、c)的富锌漆,然后在 60℃环境下养生 4d 至环氧树脂黏结剂完全固化,试件制作具体如表 5-1-3 所示。

拉 拔 试 验 试 板　　　　　　　　　　表 5-1-3

序 号	涂层体系	涂料种类	数量(块)
1	环氧树脂黏结剂	—	3
2	环氧富锌底漆+环氧树脂黏结剂	a	3
		b	3
		c	3
3	无机富锌底漆+环氧树脂黏结剂	a	3
		b	3
		c	3
合计(块)			21

在室温条件 15±2℃ 的试验环境条件下养生,然后将制作好的试件表面清理干净,将直径 20mm 的拉拔头黏接在土层表面,待拉拔头黏结剂固化后进行拉拔试验。试验过程与结果如图 5-1-1～图 5-1-3 和表 5-1-4 所示。

图 5-1-1　粗糙度与漆膜厚度检测图

图 5-1-2　拉拔试验过程图

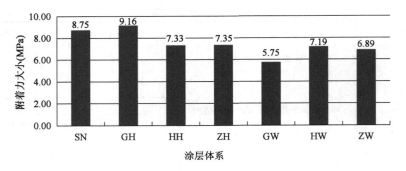

图 5-1-3　不同涂层体系附着力大小对比图(15±2℃)

拉拔试验记录表(15±2℃)　　　　　　　　　　　　表 5-1-4

序号	涂 层 体 系	涂料种类	编号	数值(MPa)						平均值(MPa)
1	环氧树脂黏结剂	—	SN	10.34	10.13	6.83	8.14	8.63	8.40	8.75
2	环氧富锌底漆 + 环氧树脂黏结剂	a	GH	9.61	9.53	9.42	9.47	7.20	9.72	9.16
		b	HH	4.30	7.96	8.37	7.61	7.92	7.80	7.33
		c	ZH	8.71	6.91	6.55	8.76	6.17	7.00	7.35
3	无机富锌底漆 + 环氧树脂黏结剂	a	GW	5.72	5.61	5.73	5.88	5.80	5.78	5.75
		b	HW	5.75	5.88	7.24	8.88	7.24	8.14	7.19
		c	ZW	5.02	5.52	7.64	7.94	7.28	7.92	6.89

如表 5-1-4 和图 5-1-3 所示,15±2℃试样拉拔试验附着力大小依次为:GH > SN > ZH > HH > HW > ZW > GW。试验证明 a 环氧富锌底漆 + 环氧树脂黏结剂的涂层体系相容更彻底、抗拉拔性能更优。

在 60±2℃环境条件下保温 6~8h,然后黏结拉拔头进行试验,结果如表 5-1-5 所示。

拉拔试验记录表(60±2℃)　　　　　　　　　　　　表 5-1-5

涂 层 体 系	涂料种类	编 号	数　值			平均值
环氧树脂黏结剂	—	SN	1.15	1.04	0.89	1.03
环氧富锌底漆 + 环氧树脂黏结剂	a	GH	0.94	1.27	1.09	1.10
	b	HH	1.17	1.01	1.14	1.07
	c	ZH	1.02	1.21	1.13	1.12
无机富锌底漆 + 环氧树脂黏结剂	a	GW	1.01	0.93	1.05	0.99
	b	HW	0.89	1.11	0.85	0.95
	c	ZW	1.09	0.96	0.79	0.95

环氧树脂黏结材料的拉拔强度随温度变化较大,在温度 60℃时只有常温下的 15% 左右,此温度下不同涂料与环氧树脂黏结剂间的拉拔强度大小相近。

综合常温和高温拉拔试验结果,a 环氧富锌底漆 + 环氧树脂黏结剂的涂层体系相容更彻底、抗拉拔性能更优。

5.1.2.2 盐雾加速腐蚀试验

选用尺寸为 150mm × 70mm × 10mm 的钢板试件,抛丸至清洁度为 Sa3.0、粗糙度 80 ~ 120μm,分别涂刷 3 种不同的涂层体系铺装 3 种品牌(a、b、c)的富锌漆,然后在 60℃环境下养生 4d 至环氧树脂黏结剂完全固化,试件制作如表 5-1-6 所示。

试件制备数量表　　　　　　　　　　　　　　　表 5-1-6

序　号	涂 层 体 系	涂料种类	数量(块)
1	环氧树脂黏结剂	—	3
2	环氧富锌底漆 + 环氧树脂黏结剂	a	3
		b	3
		c	3
3	无机富锌底漆 + 环氧树脂黏结剂	a	3
		b	3
		c	3
4	参比试样(150mm　70mm　10mm)	—	4
合计(块)			25

制作完成后将试件冷却至室温,然后进行以下试验步骤:

(1)将试板(包括参比试样)清洗吹干称重,精确到 ±1mg。

(2)用可剥性塑料膜保护参比试样背面。

(3)按一定条件开启盐雾箱。

(4)将试板同参比试样一同放置于盐雾箱内,采用连续方式进行喷雾试验。参比试样放置时将未保护一面朝上并与垂直方向成 20°±5°的角度。试样放置时被试表面与垂直方向成 15°~25°,放置在箱内不同水平面上,但不能接触箱体,也不能相互接触。

(5)经 48h 试验后,称量参比试样,每块参比试样的质量损失在 $70g/m^2 ±20g/m^2$ 范围内说明设备运行正常。然后继续试验,试样过程中注意观察试样开始出现腐蚀的时间。

(6)试验结束后立即取出参比试样,观察试样外观,然后除掉试样背面的保护膜,在 23℃下于 20%(质量分数)分析纯级别的柠檬酸二胺$(NH_4)_2HC_6H_5O_7$ 水溶液中浸泡 10min 后,在室温下用水清洗试样,再用乙醇清洗,干燥后称重。

(7)试验结束后取出试样,观察试样外观,然后在室内自然干燥 0.5 ~ 1h,然后用温度不高于 40℃的清洁流动水轻轻清洗以除去试样表面残留的盐雾溶液,接着在距离试样约 300mm 处用气压不超过 200kPa 的空气立即吹干,观察除去表面腐蚀产物后的外观。

盐雾箱设定试验条件如表 5-1-7 所示。

中性盐雾试验条件　　　　　　　　　　　　　　　表 5-1-7

试验方法	中性盐雾试验(NSS)GB/T 10125—2012
温度	35℃ ±2℃
$80cm^2$ 的水平面积的平均沉降率	1.5mL/h ± 0.5mL/h
氯化钠溶液的浓度	50g/L ±5g/L
pH 值(收集溶液)	6.5 ~ 7.2

本试验采用化学纯试剂,在温度为25℃时电导率1.8S/m的蒸馏水中溶解的氯化钠,配置成浓度为50g/L,浓度密度为1.030。

试样摆放角度如表5-1-8所示。

试 样 摆 放 角 度   表5-1-8

序号	涂层体系	涂料种类	试件编号	角度(被试表面与垂直方向)(°)
1	环氧树脂黏结剂	—	Y-SN-01	18
2		—	Y-SN-02	23
3		—	Y-SN-03	23
4	环氧富锌底漆+环氧树脂黏结剂	a	Y-GH-01	24
5		a	Y-GH-02	22
6		a	Y-GH-03	22
7		b	Y-HH-01	20
8		b	Y-HH-02	20
9		b	Y-HH-03	23
10		c	Y-ZH-01	15
11		c	Y-ZH-02	15
12		c	Y-ZH-03	15
13	无机富锌底漆+环氧树脂黏结剂	a	Y-GW-01	23
14		a	Y-GW-02	20
15		a	Y-GW-03	17
16		b	Y-HW-01	17
17		b	Y-HW-02	21
18		b	Y-HW-03	18
19		c	Y-ZW-01	16
20		c	Y-ZW-02	16
21		c	Y-ZW-03	15
22	参比试样		Y-CB-01	21
23			Y-CB-02	20
24			Y-CB-03	16
25			Y-CB-04	23

试验进行时长总共720h(正常腐蚀360h,划格360h),试样腐蚀率(质量损失,g/m^2)试验过程与结果如图5-1-4和表5-1-9所示。

结果显示正常腐蚀前后三种体系表面均无气泡、剥落、分层、起皱等现象,盐雾试验后试样无腐蚀物出现,前后试样质量无明显差异。试验表明防水黏结层、无机富锌漆+防水黏结层、环氧富锌漆+防水黏结层在服务期内均能够抵抗自然气候条件的腐蚀,而不产生影响结构稳定及安全的破坏。

图 5-1-4 盐雾试验过程图

试样腐蚀记录表　　　　　　　　　　　　　表 5-1-9

序号	涂层体系	涂料种类	试件编号	试验前质量（g）	48h 质量（g）	48h 腐蚀率（g/m²）	试验结束 质量（g）	试验结束 腐蚀率（g/m²）
1	环氧树脂黏结剂	—	Y-SN-01	837.30	837.50	−0.02	837.40	−0.01
2	环氧树脂黏结剂	—	Y-SN-02	876.35	875.38	0.11	875.32	0.11
3	环氧树脂黏结剂	—	Y-SN-03	863.14	863.05	0.01	863.05	0.01
4	环氧富锌底漆+环氧树脂黏结剂	a	Y-GH-01	899.24	899.24	0.00	899.18	0.01
5	环氧富锌底漆+环氧树脂黏结剂	a	Y-GH-02	885.27	885.21	0.01	885.10	0.02
6	环氧富锌底漆+环氧树脂黏结剂	a	Y-GH-03	886.98	886.96	0.00	886.90	0.01
7	环氧富锌底漆+环氧树脂黏结剂	b	Y-HH-01	895.04	895.04	0.00	894.88	0.02
8	环氧富锌底漆+环氧树脂黏结剂	b	Y-HH-02	894.95	894.96	0.00	894.79	0.02
9	环氧富锌底漆+环氧树脂黏结剂	b	Y-HH-03	863.48	863.39	0.01	863.49	0.00
10	环氧富锌底漆+环氧树脂黏结剂	c	Y-ZH-01	896.30	896.32	0.00	896.32	0.00
11	环氧富锌底漆+环氧树脂黏结剂	c	Y-ZH-02	881.19	881.13	0.01	881.15	0.00
12	环氧富锌底漆+环氧树脂黏结剂	c	Y-ZH-03	877.06	877.00	0.01	877.02	0.00
13	无机富锌底漆+环氧树脂黏结剂	a	Y-GW-01	868.51	868.53	0.00	868.53	0.00
14	无机富锌底漆+环氧树脂黏结剂	a	Y-GW-02	891.61	891.60	0.00	891.61	0.00
15	无机富锌底漆+环氧树脂黏结剂	a	Y-GW-03	855.23	855.23	0.00	855.23	0.00
16	无机富锌底漆+环氧树脂黏结剂	b	Y-HW-01	870.01	870.07	−0.01	870.03	0.00
17	无机富锌底漆+环氧树脂黏结剂	b	Y-HW-02	851.96	851.91	0.01	851.91	0.01
18	无机富锌底漆+环氧树脂黏结剂	b	Y-HW-03	857.27	857.22	0.01	857.22	0.01
19	无机富锌底漆+环氧树脂黏结剂	c	Y-ZW-01	850.56	850.56	0.00	850.56	0.00
20	无机富锌底漆+环氧树脂黏结剂	c	Y-ZW-02	885.73	885.75	0.00	885.75	0.00
21	无机富锌底漆+环氧树脂黏结剂	c	Y-ZW-03	883.94	883.99	−0.01	883.94	0.00

续上表

序号	涂层体系	涂料种类	试件编号	试验前质量(g)	48h 质量(g)	48h 腐蚀率(g/m²)	试验结束 质量(g)	试验结束 腐蚀率(g/m²)
22			Y-CB-01	849.07	760.91	9.89	317.98	59.57
23		参比试样	Y-CB-02	836.00	763.35	8.28	352.37	55.10
24			Y-CB-03	806.84	723.46	9.84	356.80	53.12
25			Y-CB-04	838.96	755.24	9.50	293.68	61.90

结论：

（1）采用无机富锌要求水汽固化，涂覆间隔在常温下很长，需要进行固化测试后才能涂覆后道漆，并且需要采用特殊的雾喷技术；而环氧富锌底漆只要 1.5h 即可重涂中间漆，常规施工，效率高，可以大大缩短紧张的施工工期。

（2）环氧富锌要比无机富锌易施工，不仅对表面处理的要求低，而且可覆涂时间短，附着力性能更好。

（3）拉拔性能上，无机富锌漆与环氧富锌漆的拉拔强度均能满足要求，15℃±2℃下环氧富锌漆拉拔强度略高于无机富锌漆，高温（60℃±2℃）下两者拉拔强度均衰减到相近值。

（4）耐盐雾性上，两者在服务期内均能抵抗自然气候条件的腐蚀；在海水大气环境下两者的抗腐蚀性能都较优异，能达到长效防腐效果。

5.1.3 环氧富锌漆在钢桥面铺装体系中必要性研究

5.1.3.1 防腐性能方面

通常而言，钢桥面铺装的防水体系（铺装下层与防水黏结层）具有良好的密水性能，可以隔绝外界路表水与雨水等，将基体材料与腐蚀介质隔绝开来，与防腐方法中常用的表面覆盖层保护法原理一致，因此也具有一定程度上的防腐性能。

而防腐体系常用的防锈底漆环氧富锌漆可以通过牺牲阳极作用的锌粉来对钢桥面板基底进行电化学防腐保护。单纯的防水黏结层物理覆盖隔绝有一定的防腐效果，但可能存在保护层覆盖不全导致钢板表面局部位置出现腐蚀，而结合电化学保护则可提高防腐体系的防腐可靠性。

为了研究环氧富锌漆在钢桥面铺装体系应用的必要性，采用"钢板+环氧树脂黏结层+热拌环氧沥青混合料"和"钢板+环氧富锌漆+环氧树脂黏结层+热拌环氧沥青混合料"两种复合结构，通过设置有、无环氧富锌漆成型的两种复合结构，研究有、无环氧富锌漆对复合结构层间黏结性能的影响。每种复合结构 8 块车辙板试件，一共 16 块车辙试件，环氧沥青混合料采用 EA-10（F），单层铺筑，加钢板总厚度50mm，环氧树脂黏结层 0.4kg/m²。

环氧沥青混合料采用 1.5% 和 6.0% 两种空隙率，其中 1.5% 的空隙率是环氧沥青混合料均匀性良好时的空隙率；6.0% 的空隙率考虑了集料离析以及搅拌不均匀导致混合料的空隙率偏大对层间黏结性能的影响。

高温加载、盐雾侵蚀组 8 个试件，分别进行连续 10h 车辙试验，随后进行 15d 盐雾侵蚀。

其中连续 10h 车辙试验是为了检验复合结构长期受到车轮荷载的作用,环氧富锌漆及环氧树脂黏结层是否会被破坏,从而对钢板的保护不到位,导致钢板生锈、层间黏结强度下降。

15d 盐雾侵蚀考虑了雨水、海雾等到达复合结构表面,随后下渗到环氧富锌漆及环氧树脂黏结层,特别是当混合料空隙率比较大,且钢板的防腐层在混合料压实过程或车轮荷载过程中受到破坏的情况下,对复合结构层间黏结强度的影响。

当复合结构拉拔试验完成后,将不同工况的复合结构试件撬开,将钢板表面的环氧树脂黏结层清理干净,观察钢板表面有环氧富锌漆与无环氧富锌漆的锈蚀情况。结合拉拔试验的结果,分析有无环氧富锌漆对复合结构的利与弊,预测有、无环氧富锌漆对钢桥面铺装使用年限的影响。

进行平行对比试验,将对比组在室内放置与高温加载、盐雾侵蚀组同样的时间,钢板处置及数量见表 5-1-10。

钢板处置及数量 表 5-1-10

富锌漆	对比组		高温加载、盐雾侵蚀组		分计
	EA-10(F)空隙率				
	1.5%	6.0%	1.5%	6.0%	
有	2	2	2	2	8
无	2	2	2	2	8
合计(钢板尺寸:290mm×290mm×16mm)					16

1) 试验过程

试板采用长 290mm、宽 290mm、高 16mm 的钢板,先机械喷砂除锈 16 块钢板,检测粗糙度。其中 8 块钢板 4h 内喷涂环氧富锌漆,室外放置 7d,在 50mm 边缘范围内检测漆膜厚度、拉拔强度,环氧富锌漆钢板表面清洁干燥后,涂布环氧树脂黏结层,放置 1d 后,成型车辙板试件 8 个,60℃养生 4d;另外 8 块钢板,4h 内涂布环氧树脂黏结层,放置 1d 后,成型车辙板试件 8 个,60℃养生 4d。

高温加载、盐雾侵蚀组 8 个试件,分别进行连续 10h 车辙试验,随后进行 15d 盐雾侵蚀,试验过程见图 5-1-5 ~ 图 5-1-8。

图 5-1-5 用车辙板成型复合结构试件

图 5-1-6 复合结构试件成型后侧面图

图 5-1-7　复合结构进行 10h 车辙试验

图 5-1-8　复合结构进行 15d 盐雾侵蚀

试件成型后,用台式钻孔机对试件进行钻孔,钻孔直径为 50mm,钻孔深度以穿透环氧富锌漆至钢板为标准,然后将试件清洗干净吹干后,在直径为 50mm 的圆形混合料上涂上 AB 胶并粘上拉拔头,将试件放置约 8h,待 AB 胶强度形成后分别在 25℃、60℃条件下进行拉拔试验,试验过程见图 5-1-9 和图 5-1-10,试验结果见表 5-1-11。

图 5-1-9　用台式钻孔机对试件钻孔

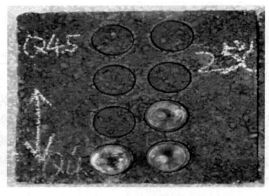

图 5-1-10　在混合料上粘上拉拔头

不同工况复合结构试件黏结强度对比(MPa)　　　　表 5-1-11

温　度	富锌漆	对　比　组		高温加载、盐雾侵蚀组	
		EA-10(F)空隙率			
		1.5%	6.0%	1.5%	6.0%
25℃	有	1.81	1.73	1.65	1.58
	无	1.55	1.80	1.66	1.58
60℃	有	0.62	0.68	0.72	0.53
	无	0.76	0.57	0.67	0.64

2)试验结果

由表 5-1-11 可知,试验温度越高,拉拔强度越低,试验温度从 25℃上升到 60℃,复合结构层间黏结强度平均降低 61.0%,表明温度对复合结构层间黏结性能的影响很大。

混合料空隙率越大,拉拔强度越低,混合料空隙率从 1.5% 到 6.0%,复合结构层间黏结强度平均降低 5.4%，表明混合料空隙率对复合结构层间黏结性能的影响不大。

高温加载、盐雾侵蚀处理后拉拔强度下降，试件经过高温加载、盐雾侵蚀处理后复合结构层间黏结强度平均降低 3.5%，表明高温加载、盐雾侵蚀对复合结构层间黏结性能有一定影响，但影响不大。

无环氧富锌漆的黏结强度比有环氧富锌漆的黏结强度要大，无环氧富锌漆的复合结构试件比有环氧富锌漆的层间黏结强度平均提高 1.3%，表明有无环氧富锌漆对复合结构层间黏结性能的影响不大。

试验温度越高，黏结层界面断裂比例越大，试验温度从 25℃上升到 60℃，复合结构黏结层界面断开比例平均提高 10.9%，表明温度对复合结构黏结层界面断开影响较大如表 5-1-12 所示。

不同工况复合结构试件黏结层与混合料界面断开比例　　　　　表 5-1-12

温　度	富锌漆	对　比　组		高温加载、盐雾侵蚀组	
		EA-10(F)空隙率			
		1.5%	6.0%	1.5%	6.0%
25℃	有	0/8	0/8	0/8	0/8
	无	0/8	1/8	0/8	0/8
60℃	有	1/8	1/8	1/8	2/8
	无	0/8	1/8	1/8	1/8

环氧沥青混合料空隙率越大，黏结层界面断裂比例越大，混合料空隙率从 1.5%到 6.0%，复合结构层间黏结层界面断开比例平均提高 4.7%，表明混合料空隙率对复合结构黏结层界面断开有一定影响，混合料空隙率越小，与下层界面黏结性能越好。

高温加载、盐雾侵蚀处理后黏结层界面断裂比例增大，试件经过高温加载、盐雾侵蚀处理后复合结构层间黏结层界面断开比例无明显差别，表明高温加载、盐雾侵蚀对复合结构黏结层界面断开影响不大。

有环氧富锌漆的复合结构黏结层界面断裂比例比无环氧富锌漆的黏结层界面断开比例无明显差别，表明有无环氧富锌漆对复合结构黏结层界面断开影响不大。

因此，影响复合结构层间黏结性能的因素依次是：温度—混合料空隙率—高温加载及盐雾侵蚀—环氧富锌漆。从复合结构拉拔试验结果及拉拔断裂界面反映出有无环氧富锌漆对复合结构层间黏结强度的影响不大。

拉拔试验完成后，将不同工况的复合结构试件撬开，清理干净钢板表面的环氧树脂黏结层，对比观察不同工况复合结构撬开后层间混凝土表面的密实情况及钢板表面的锈蚀情况。结果见图 5-1-11、图 5-1-12。

由图 5-1-11 和图 5-1-12 可知，涂刷富锌漆的钢板高温加载、盐雾组表面能看到许多亮色的小点，对比组没有出现亮色小点。表明复合结构在车辆荷载的作用下，部分环氧富锌漆及环氧树脂黏结层被集料的棱角破坏，钢板表面被暴露出来。

无环氧富锌漆的高温加载、盐雾侵蚀组的钢板表面出现不同程度的锈蚀，其中混合料空隙率为 1.5%时，钢板边角锈蚀；混合料空隙率为 6.0%时，钢板表面基本都锈蚀，表明钢板表面没有环氧富锌漆保护时，钢板表面容易生锈，一旦施工时出现粗离析，其表面生锈将加剧。

a) 有环氧富锌漆，混合料空隙率1.5%

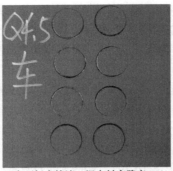
b) 有环氧富锌漆，混合料空隙率6.0%

c) 无环氧富锌漆，混合料空隙率1.5%

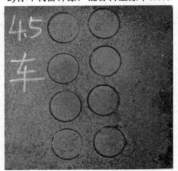
d) 无环氧富锌漆，混合料空隙率6.0%

图 5-1-11　钢板表面的锈蚀情况（高温加载、盐雾侵蚀组）

a) 有环氧富锌漆，混合料空隙率1.5%

b) 有环氧富锌漆，混合料空隙率6.0%

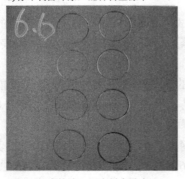
c) 无环氧富锌漆，混合料空隙率1.5%

d) 无环氧富锌漆，混合料空隙率6.0%

图 5-1-12　钢板表面的锈蚀情况（对比组）

综上可知,无环氧富锌漆的高温加载、盐雾侵蚀组的钢板表面出现不同程度的锈蚀,空隙率越大,锈蚀程度越高,有环氧富锌漆的明显好于没有环氧富锌漆的。因此,有必要设置防腐层环氧富锌漆。

5.1.3.2 施工窗口期方面

一方面,在钢桥面施工过程中,无论是单纯施工防水黏结覆盖保护层还是喷涂环氧富锌漆对钢桥面板进行防腐处理,都需要对钢桥面板基面进行缺陷处理与除锈清洁处理,而喷砂除锈的效率相对较低,一般桥面施工喷砂抛丸的效率不超过 $1000\sim2000m^2/d$,是制约施工进度的主要因素之一;另一方面,环氧树脂防水黏结层的有效黏结时长(根据环境温度在 $1\sim2d$ 之间)较短。

大跨径钢桥面铺装规模大,施工周期长,与中小跨径钢桥面铺装施工有本质的区别,广东南沙大桥铺装面积高达 13.6 万 m^2,因巨大的铺装工程体量变化而引发施工难度的质变。

广东南沙大桥在施工组织策划阶段,围绕是否需要设置防腐层环氧富锌漆进行了多轮讨论。

在施工过程中,钢桥面喷砂除锈后,需要在 4h 内对洁净的钢桥面板进行保护,如果铺装体系不用防腐层环氧富锌漆,需要立马施工防水黏结层。施工完环氧树脂防水黏结层,需在第二天进行环氧沥青混合料的施工,而防水黏结层和环氧沥青混合料的施工都将导致防腐层施工的暂停,并且这些环节的施工设备都不一样,设备的转运量较大。对中小跨径钢桥面铺装施工这些问题不明显,但南沙大桥铺装面积大,如这样开展作业,施工组织的难度极大,且施工周期长,施工过程中受天气等不稳定因素影响极大,施工难度高,严重制约施工进度和施工质量。

如果铺装体系有防腐层,钢桥面喷砂除锈后,在 4h 内施工防腐层环氧富锌漆对洁净的钢桥面板进行保护,富锌漆可以在空气中较长时间性能不发生变化,与下一道工序的衔接要求不高。因此,富锌漆施工完后可以继续进行喷砂除锈作业,完全完成喷砂除锈和防腐层施工后,再进行下一道工序的施工,施工组织难度降低,可以有效保证施工质量。

由于环氧富锌漆施工完成后的施工窗口期较长,因此,在南沙大桥钢桥面铺装施工中,增加环氧富锌漆作为防腐体系,可以在正式施工铺装主体之前连续完成全桥或半桥环氧富锌漆的涂刷,然后再选择合适的时机进行后续工序铺装主体的施工。这样可将需要紧密衔接的工序断开,分成两个施工阶段,降低施工难度,施工过程更可控,确保施工的质量;连续完成全桥或半桥环氧富锌漆的涂刷(图5-1-13),提升了喷砂除锈和喷涂环氧富锌漆阶段施工效率,铺装层主体施工也可以选择合适的好天气大规模连续施工,提高了后续工序的施工功效和保障了施工质量。因此,富锌漆不仅仅是防腐层,也是一道工作层,可以有效提升施工功效和降低施工难度。

从创造施工窗口期、降低施工组织难度的角度出发,施工环氧富锌漆防腐铺装体系对于保证南沙大桥超大规模钢桥面铺装质量具有极其重要的意义。

图 5-1-13 连续完成钢桥面半桥喷砂除锈环氧富锌漆施工

5.2 环氧富锌漆优选研究

根据5.1节中的结论,广东南沙大桥钢桥面铺装工程应设置环氧富锌漆防腐层。在广泛调研热拌环氧沥青混凝土钢桥面铺装所用环氧富锌漆品牌和型号的基础上,优选了5种综合性能较好环氧富锌漆品牌A、B、C、D和E,对这不同涂料品牌的环氧富锌漆进行试验比选,探讨钢桥面板最优的防腐材料和铺装方式。

5.2.1 环氧富锌漆物理性能评价

通过对环氧富锌漆的调查研究,分析钢桥面铺装中环氧富锌漆的技术指标要求,对环氧富锌漆开展系统的不挥发物、黏度、施工窗口时间、耐冲击性等试验,评价环氧富锌漆材料和技术性能。

5.2.1.1 不挥发物

涂料的不挥发物含量即涂料组分中的固体含量,指的是在规定的试验条件下,样品经挥发而得到的剩余物的质量分数。它的含量高低对形成的涂膜质量和涂料使用价值有直接关系。涂料的固体成分越高,在铺装时成膜就越厚,可节约稀释剂用量和减少铺装道数。另外,对于防腐蚀涂料,挥发组分含量小有利于减少由于溶剂挥发带来的涂膜缺陷,可提高抗渗性能。

富锌漆完全固化之后,在施工过程和长期的使用过程中,不再产生任何的挥发物(包括气体)。如果完全固化后,还有挥发物产生,则会极大地影响层间的附着力,导致铺装结构层与钢板脱层的严重病害。我国国家标准《色漆、清漆和塑料不挥发物含量的测定》(GB/T 1725—2007)中指明:根据规定的试验条件,用样品经挥发而得到的剩余物质量分数来测定不挥发物含量。美国材料与试验协会ASTM同样提出相关的涂料挥发和不挥发成分含量的测试方法。

将环氧富锌漆称取约2.5g于平底玻璃皿中,然后将成型的试件放入105℃烘箱中2h,从烘箱中取出试件,待冷却至室温后称取试件剩余质量。对比环氧富锌漆不挥发物试样试验前后,试验过程见图5-2-1,试验结果见图5-2-2。

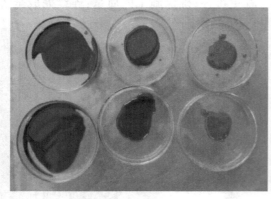

a)试验前　　　　　　　　　　　　　　b)试验后

图5-2-1　不挥发物试验过程

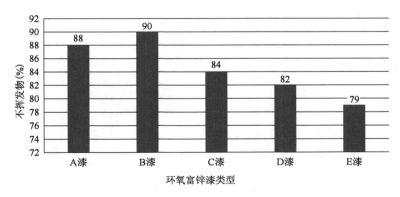

图5-2-2　5种环氧富锌漆不挥发物对比

环氧富锌漆的不挥发物的要求是含量不小于80%，如图5-2-2试验结果所示，5种环氧富锌漆的不挥发物的含量大小为：B漆＞A漆＞C漆＞D漆＞E漆，其中除E漆外的其余4种环氧富锌漆均能满足不挥发物要求。

5.2.1.2　黏度

涂料的黏度对其性能影响至关重要，大部分涂料的技术指标明确地把黏度作为一项重要常规检测参数，规定涂料黏度的生产范围及使用范围。这不仅是为了使涂料的质量相对稳定，更重要的是使施工后涂膜的综合性能（如附着力）达到规定要求。涂料黏度适当高时，在涂料储存过程中可防止和避免涂料的沉淀。但是当涂料的黏度太高而铺装太厚时，湿涂膜在干燥时体积收缩的比率很大，在涂膜中产生体积应力，如果该应力大于涂膜的抗拉强度，涂膜就会开裂，给涂膜性能造成严重损伤，影响其外观、防水和耐久性等。

美国材料与试验协会ASTM提出过较多关于涂料黏度的测试方法（ASTM D3236—15 Standard Test Method for Apparent Viscosity of Hot Melt Adhesives and Coating Materials），并针对不同类型的涂料采用不同的方法，试验方法中测试设备的允许测试黏度高达16×10^6 mPa·s，测试温度可高达260℃。我国国家标准《色漆和清漆　用流出杯测定流出时间》（GB/T 6753.4—1998）中通过测定试样的流出时间来控制黏度，其中流出时间为受试材料自装满的流出杯开始流出的瞬间至接近流出孔处材料流束最初中断的瞬间所经过的时间。

使用ISO 6号杯，计算环氧富锌漆在6号杯的流出时间来表征漆的黏度，即环氧富锌漆自装满杯开始流出的瞬间至接近孔处漆流束最初中断的瞬间经过的时间，试验过程见图5-2-3和图5-2-4，试验结果见图5-2-5。

环氧富锌漆的黏度要求是不小于6s，如图5-2-5试验结果显示，5种环氧富锌漆的黏度的大小为：E漆＞A漆＞B漆＞D漆＞C漆，且均大于6s，都能达到环氧富锌漆材料性能的设计指标的要求。

5.2.1.3　施工窗口期

涂膜的干燥是一个非常复杂的物理化学过程，涂料涂覆在物体表面，随着溶剂的挥发与基料的氧化和聚合，失去流动性，并逐渐形成对物体表面具有保护作用的坚韧涂膜。铺装施工涂膜的干燥时间越短越好，这既可避免尘埃沾污，又能缩短施工周期；但就涂料生产而言，因受所用原材料的限制和兼顾其他性能要求，需要一定的干燥时间才能保证最终形成固体涂膜的质量。因此干燥时间被列为涂料常规性物理检验的重要性能之一。

图 5-2-3 环氧富锌漆装满 6 号杯　　图 5-2-4 环氧富锌漆流出过程

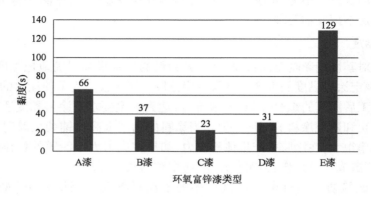

图 5-2-5 5 种环氧富锌漆黏度对比

美国材料与试验协会 ASTM 提出了几种涂料干燥时间的测试方法,包括 Standard Test Methods for Evaluating Drying or Curing During Film Formation of Organic Coatings Using Mechanical Recorders(ASTM D5895-13)和 Standard Test Methods for Drying, Curing, or Film Formation of Organic Coatings(ASTM D1640/D1640M-14)。我国国家标准《漆膜、腻子膜干燥时间测定法》(GB 1728—2020)中,将涂膜的干燥过程分作表面干燥(简称表干)和实际干燥(简称实干)两个阶段,并分别定义为在规定的干燥条件下,表层成膜的时间为表干时间,全部形成固体涂膜的时间为实干时间,以小时或分钟表示。

干燥时间用秒表记录,喷砂除锈后涂刷了环氧富锌漆的钢板,用手指轻触漆膜表面,如感到有些发黏,但无漆粘在手指上,即认为表面干燥;用保险刀片在试件上切刮漆膜,并观察其底层及膜内均无黏着现象,即认为实际干燥。测定环氧富锌漆表面干燥和实际干燥时间的试验过程见图 5-2-6 和图 5-2-7,试验结果见图 5-2-8 与图 5-2-9。

环氧富锌漆在 25℃的表面干燥时间设计要求是不大于 15min,如图 5-2-8 试验结果显示,5 种环氧富锌漆的表面干燥时间的大小为:A 漆 > B 漆 > D 漆 = E 漆 > C 漆,5 种环氧富锌漆均能达到设计的表面干燥时间要求;环氧富锌漆在 25℃的实际干燥时间要求是不大于 2h,如图 5-2-9 试验结果显示,5 种环氧富锌漆的实际干燥时间的大小为:C 漆 > A 漆 = E 漆 > B 漆 >

D 漆,且均小于 2h,都能达到环氧富锌漆材料性能的技术指标的要求。

 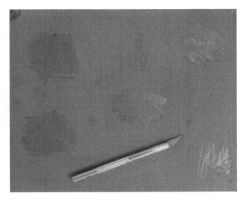

图 5-2-6　在钢板上涂刷环氧富锌漆　　　　图 5-2-7　测定环氧富锌漆干燥时间

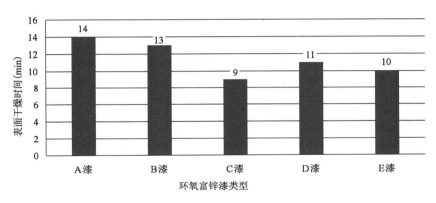

图 5-2-8　5 种环氧富锌漆表面干燥时间对比

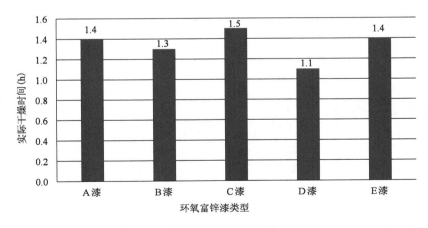

图 5-2-9　5 种环氧富锌漆实际干燥时间对比

环氧富锌漆在 25℃的完全固化时间要求是不大于 168h,试验结果(图 5-2-10)显示,5 种环氧富锌漆的完全固化时间的大小为:C 漆 > E 漆 > A 漆 > B 漆 > D 漆,且均小于 168h,都能达到环氧富锌漆材料性能的技术指标的要求。

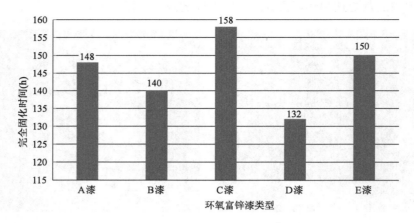

图 5-2-10　5 种环氧富锌漆完全固化时间对比

5.2.1.4　耐冲击性

耐冲击性也称冲击强度,是指涂于底材上的涂膜在经受高速负荷作用下发生快速变形而不出现开裂或从金属底材上脱落的能力,它表现了被试验漆膜的柔韧性和对底材的附着力。

美国材料与试验协会 ASTM 对于涂料的耐冲击性能出台了相关规范,并提出耐冲击性能的标准试验方法,包括 Standard Test Method for Impact Resistance of Pipeline Coatings(ASTM G14-04),该方法也可称为 Falling Weight Test;ASTM 还提出了另外一种标准试验方法 Standard Test Method for Resistance of Organic Coatings to the Effects of Rapid Deformation(ASTM D2794-93)。我国国家标准《漆膜耐冲击测定法》(GB/T 1732—2020)中规定以固定质量的重锤落于试板上而不引起漆膜破坏的最大高度(cm)表示漆膜的耐冲击性。漆膜在实际应用中,往往由于各种原因不可避免地要与其他物体发生碰撞,因此,它作为保护性材料必须具备一定的冲击强度,但漆膜的耐冲击性又与其他各项机械性能有着紧密的关联性,因而成为机械性能的重要检测项目之一。

将 1000g 重锤从 50cm 高处垂直落在完全固化的漆膜上,观察试件受冲击后漆膜的破坏情况,见图 5-2-11。

图 5-2-11　冲击后漆膜破坏情况

环氧富锌漆的耐冲击性要求是 50cm,试验结果显示,5 种环氧富锌漆的耐冲击性都能达到环氧富锌漆材料性能的技术指标的要求。

5.2.1.5 附着力

富锌漆由于其良好的抗腐蚀性能和机械性能,被广泛应用于海洋涂料和重防腐涂料。在这些应用中,富锌漆通常作为底漆直接施工在各种不同的金属底材上,要想具有良好的耐腐蚀性能,涂料和底材之间的紧密结合非常重要。

桥面铺装包括防腐层、黏结层、防水层和铺装面层。富锌漆需要具备优异的附着力,有两个层面的考虑,即对下层钢板的附着力和对上层环氧树脂黏结剂的附着力。美国材料与试验协会 ASTM 对于涂料与基材的附着力试验进行了规范——Standard Test Method for Adhesion or Cohesion Strength of Thermal Spray Coatings(ASTM C633-13)试验方法,该法包括确定涂层与基材的黏合程度(黏合强度)或涂层在垂直于表面的张力下的内聚强度。该测试将该涂层黏合到加载固定装置的面上,并使该涂层(相对于固定装置的组件)经受垂直于涂层平面的拉伸荷载。它特别适用于测试通过热喷涂施加的涂层。

在喷砂除锈达 Sa3.0 级、粗糙度 80～150μm 的钢板上涂上环氧富锌漆,富锌漆膜厚为 60～80μm。在室温 25℃条件下测定环氧富锌漆与钢板之间的拉拔强度,试验过程见图 5-2-12,试验结果见图 5-2-13。

a) 附着力测定过程

b) 拉拔完成后界面破坏情况

图 5-2-12　环氧富锌漆与钢板拉拔试验

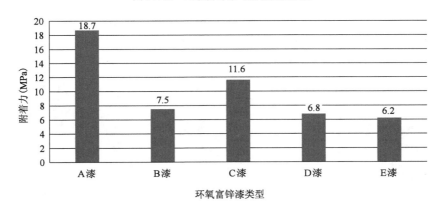

图 5-2-13　5 种环氧富锌漆附着力对比

环氧富锌漆与钢板之间的附着力要求是不小于6MPa,图5-2-13的试验结果显示,5种环氧富锌漆与钢板之间的附着力大小为:A漆＞C漆＞B漆＞D漆＞E漆,5种环氧富锌漆均能满足材料性能技术指标要求,其中A漆和C漆的环氧富锌漆与钢板之间的附着力高于10MPa,远大于环氧富锌漆材料性能的技术指标的要求。

5.2.1.6 耐盐水性

使用富锌漆的钢箱梁桥面处在江河湖海上,空气中氯离子含量较高,富锌漆耐盐水性不足会导致钢桥面板发生盐雾腐蚀作用,根据《船舶漆耐盐水性的测定 盐水和热盐水浸泡法》(GB/T 10834—2008)中的规定,准备符合第一类经过滤的天然海水或人造海水,保持盐水温度恒定在27±6℃,将试件至少有四分之三浸泡于试验盐水中,试验过程见图5-2-14。

a)浸泡过程中　　　　　　　　　　　　b)浸泡完成后

图5-2-14 "钢板+环氧富锌漆"耐盐水浸泡试验

环氧富锌漆的耐盐水性要求是在3% NaCl条件下进行不小于浸泡240h而无泡无锈。试验结果显示,5种环氧富锌漆的耐盐水性都能达到技术指标的要求。

5.2.1.7 耐热性

钢箱梁桥梁由于钢材的导热性能良好,在夏季阳光直射的情况下,钢桥面板表面升温迅速,正午时可达高温70℃,这就要求环氧富锌漆具有良好的耐热性能,在极端高温环境下仍能正常发挥防腐作用。

根据《色漆和清漆耐热性测定》(GB/T 1735—2009)中试验方法,将3块试板放入规定温度中的鼓风烘箱,并保证涂漆试板均匀受热,达到规定时间后取出试板并冷却至室温,检查试板并与同样条件下制备的未经加热试板进行比较,观察颜色变化或涂膜的其他破坏现象。

将"钢板+环氧富锌漆"放入250℃烘箱中1h,加热后的试板漆膜情况见图5-2-15。

图5-2-15 5种环氧富锌漆耐热之后漆膜情况

环氧富锌漆在 250℃ 条件下放置 1h 的耐热性要求是允许变色且漆膜完整,如图 5-2-15 所示。试验结果显示,5 种环氧富锌漆的耐热性都能达到环氧富锌漆材料性能的技术指标的要求。

5.2.2 环氧富锌漆路用性能评价

钢桥面铺装层下防腐蚀涂层和黏结层腐蚀产物的存在引起铺装层与防腐蚀层或黏结层界面结合不连续,或相当于界面的裂纹源,使铺装层在车载作用下,裂纹直接扩展和应变不均匀,导致沥青混凝土铺装层与黏结层或防腐蚀层之间结合力下降,出现裂缝、脱层和推移等病害。

通过对环氧富锌漆在钢桥面中的使用情况进行深入调查和研究,分析钢桥面铺装层病害类型和主要原因,对环氧富锌漆的耐水损性能、耐紫外线老化性能及耐高温老化性能进行试验,评价环氧富锌漆路用性能。

5.2.2.1 耐水损性能

在钢桥面铺装过程中,环氧富锌漆防腐层的破坏,经常与水损害有关。因此,在进行环氧黏结层施工前,需考虑环氧富锌漆耐水损害性能。

在喷砂除锈 Sa3.0 级、粗糙度达到 $80\sim150\mu m$ 的钢板上分别涂上 5 种环氧富锌漆,富锌漆膜厚为 $60\sim80\mu m$。分别将试件置于 25℃、60℃ 水中浸泡 48h,然后在 25℃ 条件下测定环氧富锌漆与钢板之间的拉拔强度,试验结果见图 5-2-16。

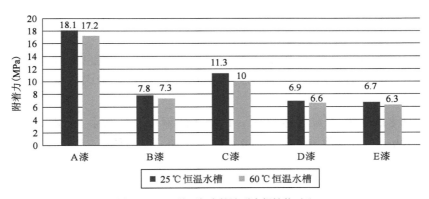

图 5-2-16 5 种环氧富锌漆耐水损性能对比

由图 5-2-16 可知,5 种环氧富锌漆在 25℃、60℃ 水中浸泡 48h 的情况下,均能达到附着力指标要求。5 种环氧富锌漆耐水损试验数据与正常的附着力测试数据相比,没有出现明显衰减,证明 5 种环氧富锌漆具有良好的耐水损性能;A 漆在耐水损试验后,附着力指标仍最高。

5.2.2.2 耐紫外线老化性能

在钢桥面铺装过程中,环氧富锌漆施工完后,进行环氧黏结层施工前,这段时间环氧富锌漆将经受太阳光紫外线的直接照射,所以在环氧富锌漆施工前,需要考虑环氧富锌漆的耐紫外线老化性能。考虑将环氧富锌漆试件置于紫外线灯照射下,模拟太阳光照射过程。根据中国科学院广州地球化学研究所的研究,广东地区 7 月份 1 周的太阳光照射,相当于 24h 紫外线灯照射。本节拟研究设置紫外线灯照射环氧富锌漆 48h 和 96h,分别模拟经受 2 周和 4 周太阳光照射下,环氧富锌漆的耐紫外线老化情况。

在喷砂除锈 Sa3.0 级、粗糙度达到 80~150μm 的钢板上分别涂上 5 种环氧富锌漆,富锌漆膜厚为 60~80μm。分别将试件置于紫外线灯下 48h 和 96h,然后在 25℃ 条件下测定环氧富锌漆与钢板之间的拉拔强度,试验结果见图 5-2-17。

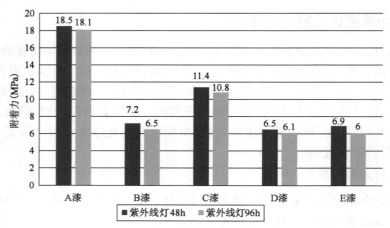

图 5-2-17　5 种环氧富锌漆耐紫外线老化性能对比

由图 5-2-17 可知,在紫外线灯 48h 和 96h 的情况下,5 种环氧富锌漆拉拔强度均大于 6MPa 的设计要求。说明在经受 2 周或 4 周太阳光照射下,5 种环氧富锌漆性能满足钢桥面铺装防腐层路用耐紫外线老化的要求,其中 A 漆的性能指标最高。

5.2.2.3　耐高温老化性能

在钢桥面铺装过程中,环氧富锌漆铺装完后,在进行铺装下层和铺装上层环氧沥青混合料摊铺时,混合料的温度摊铺温度一般为 165~180℃。因此,需要考虑环氧富锌漆耐高温老化性能。

在喷砂除锈 Sa3.0 级、粗糙度达到 80~150μm 的钢板上分别涂上 5 种环氧富锌漆,富锌漆膜厚为 60~80μm。分别将试件置于 180℃ 条件下 1h、2h,然后在 25℃ 试验条件下测定环氧富锌漆与钢板之间的拉拔强度,本试验评价防腐层施工过程中环氧富锌漆的材料性能影响,试验结果见图 5-2-18。

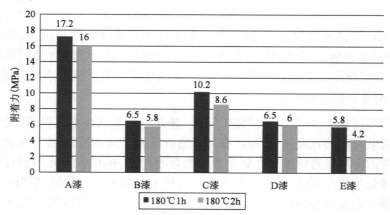

图 5-2-18　5 种环氧富锌漆耐高温老化性能对比

由图5-2-18可知,在180℃高温条件下,5种环氧富锌漆均出现一定程度的性能衰减;A漆、C漆和D漆的环氧富锌漆在180℃1h、180℃2h高温后,在25℃养生4h情况下,满足附着力指标要求;B漆在180℃1h条件下满足附着力指标要求,B漆和E漆在180℃2h条件下不能满足附着力指标要求;A漆达到了最好的指标要求。

综合耐水损性能、耐紫外线老化性能和耐高温老化性能等路用性能可知,A漆性能最优,C漆和D漆其次,B漆和E漆再次。

5.2.3 不同环氧富锌漆在钢桥面铺装体系中的适用性研究

采用"钢板+环氧富锌漆+环氧树脂黏结层+热拌环氧沥青混凝土铺装层"的复合结构进行一系列试验,研究各结构层之间黏结性能、环氧富锌漆耐高温性能、复合结构的耐腐蚀性,评价环氧富锌漆在铺装体系中的作用和影响。

5.2.3.1 耐高温性能

当铺装层为环氧沥青混凝土时,环氧沥青混凝土铺装施工温度高达180℃,对其下防水防腐层黏结料的耐高温性能提出较高的要求。环氧富锌漆可能在高温作用下,漆质改变,使得漆膜发生表面脱皮、黏结性能降低等变化,这些变化进一步导致防水黏结层与钢板及混凝土之间黏结力下降。基于此,在借鉴国内外研究的基础上,改进单一研究环氧富锌漆材料的防腐性能的方式,重点研究"钢板+环氧富锌漆+防水黏结层+热拌环氧沥青混合料铺装层"复合结构的层间黏结性能、环氧富锌漆耐高温性能,以评价不同环氧富锌漆在钢桥面铺装体系中的适用性。

试板采用13cm×13cm×1.5cm的钢板,按实桥施工工艺对试板进行处理及制作,对钢板表面进行喷砂处理至Sa3.0级、粗糙度达到80~150μm。然后在钢板上分别涂上A漆、C漆和D漆三种环氧富锌漆,富锌漆膜厚为60~80μm。本试验采用日本环氧树脂黏结料,待涂布在钢板上的环氧富锌漆完全固化后,将环氧树脂主剂和固化剂加热并控制在25℃,按照主剂、固化剂的质量比1∶1的比例配置环氧树脂黏结料。黏结层的涂布率为0.4kg/m²,将主剂和固化剂两组分混合在约500r/min的电动搅拌机上搅拌3min,搅拌均匀后立即涂布在环氧富锌漆上,涂布均匀后常温条件下放置1d。然后涂好环氧黏结层的钢板放在车辙板中,在上面摊铺热拌环氧沥青混合料,并用轮碾法成型复合结构试件,试验过程见图5-2-19、图5-2-20。

图5-2-19 摊铺沥青混合料前

图5-2-20 轮碾法成型试件

脱模后用单面锯将试件切割成 4 块，并将复合结构的表面切割平整，见图 5-2-21、图 5-2-22。

图 5-2-21　将试件切割成 4 块

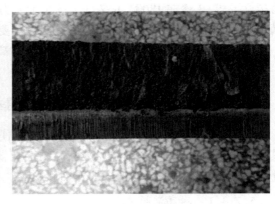

图 5-2-22　复合结构侧面图

将试件切割平整后，用台式钻孔机对试件进行钻孔，钻孔直径为 50mm，钻孔深度以穿透环氧富锌漆至到达钢板为标准，然后将试件清洗干净吹干后，在直径为 50mm 的圆形混合料上涂上 AB 胶并粘上拉拔头，将试件放置约 8h 待 AB 胶强度形成后在 25℃条件下进行拉拔试验，试验过程见图 5-2-23、图 5-2-24，试验结果见表 5-2-1。

图 5-2-23　混凝土钻芯上黏结拉拔头

图 5-2-24　进行拉拔试验

不同类型复合结构黏结强度对比（MPa）　　　　表 5-2-1

类　型	黏结强度	破坏面
1	2.32	混合料断裂
2	2.22	混合料断裂
3	2.50	混合料断裂

注：类型 1 为钢板＋A 漆＋环氧黏结层＋热拌环氧沥青混合料；类型 2 为钢板＋B 漆＋环氧黏结层＋热拌环氧沥青混合料；类型 3 为钢板＋C 漆＋环氧黏结层＋热拌环氧沥青混合料。

由表可知，3 种复合结构类型的试验中破坏位置均在环氧沥青混凝土铺装层内部，说明 A 漆、C 漆和 D 漆 3 种不同环氧富锌漆与钢板及黏结层之间层间黏结性能强于混合料内部黏结性能，黏结强度大。可见 3 种环氧富锌漆在复合结构中的层间黏结性能与耐高温性能良好，能够满足环氧富锌漆在钢桥面铺装体系中的适用性。

5.2.3.2 水稳定性能

桥面铺装层在使用过程中,难免会发生开裂、起泡等病害,防水黏结层也会在施工与运行过程中被划,产生裂缝,雨水会通过铺装层,再经防水黏结层到达防腐层表面。一旦水通过各种途径到达防腐层,将长时间滞留在铺装界面,车辆荷载等的作用下会导致孔隙水的瞬间高压,这些因素时刻侵蚀着防腐层,进一步导致防腐层失效。倘若防腐层失效,桥面铺装不可避免地发生破坏。因此,在受到水的浸泡、承压水侵蚀的情况下,防腐层必须能够保持较高的黏结力,这就要求防腐层具有良好的水稳定性。基于此,采用"钢板+环氧富锌漆+环氧黏结层+热拌环氧沥青混合料"的复合结构,于复合结构中钻芯,并置于60℃恒温水浴中浸泡7d,模拟铺装层开裂后水到达防腐层的情况,研究比较浸水前后铺装层与下层之间的黏结强度,分析环氧富锌漆在钢桥面铺装体系中的水稳定性。

制作"钢板+A漆环氧富锌漆+环氧黏结层+热拌环氧沥青混合料""钢板+C漆环氧富锌漆+环氧黏结层+热拌环氧沥青混合料"与"钢板+D漆环氧富锌漆+环氧黏结层+热拌环氧沥青混合料"复合结构,防水黏结层采用环氧树脂黏结料,涂布率为$0.4kg/m^2$,黏结层指干后进行热拌环氧沥青混凝土铺装,厚度取3cm。养生后在复合梁上钻取直径为5cm芯样至钢板,放置在60℃恒温水浴中浸泡7d,使得环氧富锌漆与钢板充分与水接触。达到规定时间后,将浸泡试件水擦干,并对3块复合结构进行拉拔试验,试验过程见图5-2-25、图5-2-26,测得复合结构黏结强度见表5-2-2。

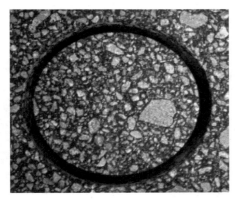

图5-2-25 将复合结构钻芯至钢板

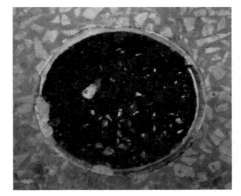

图5-2-26 混合料内部破坏

不同类型复合结构浸水前后黏结强度(MPa)　　表5-2-2

类　型	黏结强度	破坏面
1	1.14	混合料断裂
2	1.53	混合料断裂
3	0.94	混合料断裂

注:类型1为"钢板+A漆+环氧黏结层+热拌环氧沥青混合料";类型2为"钢板+B漆+环氧黏结层+热拌环氧沥青混合料";类型3为"钢板+C漆+环氧黏结层+热拌环氧沥青混合料"。

由表5-2-2可知,3组试验中全部破坏位置都在环氧沥青混凝土铺装层内部,说明A漆、B漆和C漆三种不同环氧富锌漆与钢板及黏结层之间的层间黏结性能强于混合料内部黏结性能,可见环氧富锌漆层在水的长期浸泡过程中保持了较高的黏结性能,具有良好的水稳定性。因为破坏发生在铺装层内部,不能具体确定浸水处理前后防腐层黏结性能的变化。

结果表明 A 漆、C 漆和 D 漆 3 种不同环氧富锌漆在复合结构中的层间黏结性能与耐高温性能良好,并且在水的长期浸泡过程中保持了较高的黏结性能,具有良好的水稳定性,能够满足环氧富锌漆在钢桥面铺装体系中的适用性。

5.2.4 环氧富锌漆机械性能研究

在周期性的温度和荷载作用下,钢桥面铺装随钢桥面板发生挠曲变形,钢桥面铺装材料的环氧富锌漆除具有防腐性能外,还应具有足够的机械性能。涂层的机械性能(抵抗变形,对变形的追随性,适应变形的能力)与锌粉含量有直接关系。随着锌粉含量增加,环氧富锌漆机械性能下降,环氧富锌漆机械性能与锌粉含量之间成反比关系;随着锌粉含量增加,环氧富锌漆防腐性能提高,环氧富锌漆防腐性能与锌粉含量之间成正比关系。环氧富锌漆锌粉太高,防腐性能强,但机械性能下降,不符合桥面铺装路用性能;环氧富锌漆锌粉太低,提高了机械性能,防腐功能出现弱化。因此,确定合适的锌粉含量对钢桥面铺装非常重要。

综合 5.2.2 节和 5.2.3 节,暂选 A 品牌不同含量的环氧富锌漆开展进一步试验确定环氧富锌漆。选用锌粉含量为 70% 的 A1 环氧富锌漆和 60% 的 A2 环氧富锌漆开展机械性能研究。

5.2.4.1 柔韧性

采用《涂覆有机涂层的芯轴弯曲试验的标准试验方法》(ASTM D522—2013)开展 A1 和 A2 环氧富锌漆弯曲试验。由测试结果可知,A2 环氧富锌漆比 A1 具有更好的柔韧性,试验过程见图 5-2-27 和表 5-2-3。

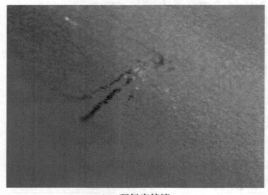 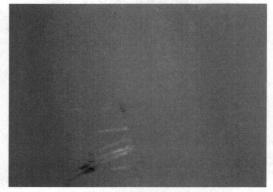

a)A1环氧富锌漆　　　　　　　　　　　b)A2环氧富锌漆

图 5-2-27　柔韧性测试

环氧富锌漆柔韧性测试　　　　　　　　　　　　表 5-2-3

环氧富锌漆	漆膜厚度(μm)	柔韧性(mm)
A1	63	7
A2	68	6

5.2.4.2 耐磨性

采用《使用泰伯磨耗试验仪测定有机涂层的耐磨性的标准试验方法》(ASTM D4060)开展 A1 和 A2 环氧富锌漆耐磨耗试验。从试验数据看，A2 质量损失小于 A1，A2 具有更好的耐磨性能，试验过程见图 5-2-28 和图 5-2-29，试验结果见表 5-2-4。

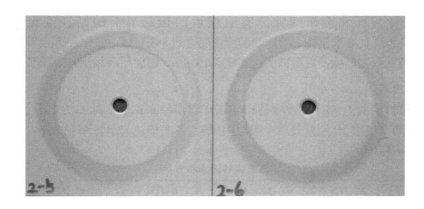

图 5-2-28　A1 耐磨性试验

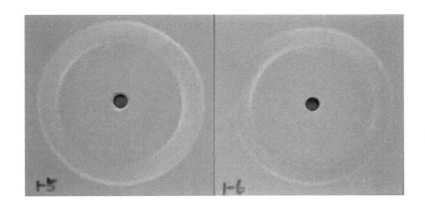

图 5-2-29　A2 耐磨性试验

环氧富锌漆柔韧性测试　　　　表 5-2-4

环氧富锌漆	试 件 编 号	漆膜厚度(μm)	质量损失(mg)
A1	2~5	63	113.1
	2~6	66	84.9
A2	1~5	63	55.5
	1~6	69	53.1

综上所述，A2 环氧富锌漆比 A1 环氧富锌漆具有更好的机械性能。

5.2.5 环氧富锌漆膜厚研究

5.2.5.1 原设计情况

钢桥面板在施工、营运过程中一般会发生锈蚀,为保护桥梁结构的耐久性,在铺装前应对钢桥面进行喷砂除锈处理。根据《涂覆涂料前钢材表面处理 表面清洁度的目视评定 第1部分:未涂覆过的钢材表面和全面清除原有涂层后的钢材表面的锈蚀等级和处理等级》(GB/T 8923.1—2011),要求钢桥面喷砂除锈清洁度达到 Sa3.0 级,同时,为保证防腐层与钢桥面的附着力,要求钢桥面板喷砂除锈后粗糙度达到 80～150μm。防腐层环氧富锌漆膜厚采用 60～80μm。

5.2.5.2 试验段

在大沙水道桥桥面上进行喷砂除锈和环氧富锌漆涂布试验。涂布方案分为4种,采用 A1 和 A2 两种型号的富锌漆,分别开展两个膜厚的试验,方案描述与示意图见表 5-2-5 与图 5-2-30,施工现场见图 5-2-31。

环氧富锌漆涂布方案　　　　　表 5-2-5

方案一	A1,膜厚控制在 80～120μm	方案三	A2,膜厚控制在 80～120μm
方案二	A1,膜厚控制在 60～80μm	方案四	A2,膜厚控制在 60～80μm

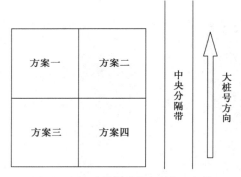

图 5-2-30　环氧富锌漆涂布方案示意图

a)钢桥面喷砂除锈

b)涂布完成效果图

图 5-2-31　施工现场

试验段施工完后半个月,对 4 种方案环氧富锌漆涂布试验段进行检测,膜厚为 60~80μm 的方案二和方案四的环氧富锌漆出现较大范围的返锈情况(图 5-2-32),膜厚设置为 80~120μm 的方案一和方案三的环氧富锌漆表面良好。可见膜厚采用 80~120μm 控制的 A1 和 A2 两种不同的锌粉含量的环氧富锌漆均具有良好的防腐性能。

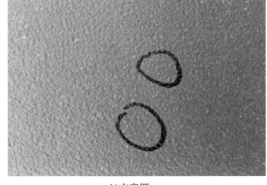

a)方案二　　　　　　　　　　　　b)方案四

图 5-2-32　施工现场

5.2.5.3　膜厚调整

根据试验段结果,膜厚为 60~80μm 难以保证环氧富锌漆的防腐效果,膜厚为 80~120μm 可以较好地保障环氧富锌漆的防腐效果。干膜厚度过小,防腐效果较差,易出现返锈的情况;厚度过大,防腐效果并不会增强,而且会造成材料浪费,成本增加,漆膜表面还有出现开裂等缺陷的可能性。因此,有必要调整环氧富锌漆厚度到 80~120μm。现场施工时,环氧富锌漆采用喷涂方法,膜厚很难完全控制在 80~120μm 之间,有些极大值和极小值会偏出上下限范围,有必要在上下限增加一部分富裕度。为了保证防腐的效果,同时又可以很好地开展施工控制,下限的富裕度可设置得偏小,上限的富裕度偏大。下限按照 90∶10 原则控制,即 90% 的检测数据必须高于 80μm,且厚度值不能低于下限合格值 80μm 的 10%;上限按照 80∶20 原则控制,即 80% 的检测数据必须低于 120μm,且厚度值不能高于上限合格值 120μm 的 20%。

综上所述,60% 锌粉含量的 A2 环氧富锌漆具有良好的物理性能、路用性能并具有更好的追随钢板变形能力、抵抗变形能力和适应变形能力,膜厚采用 80~120μm 能满足良好的防腐性能要求;广东南沙大桥钢桥面铺装防腐层采用 60% 锌粉含量的 A2 环氧富锌漆。

5.3　钢桥面铺装中环氧富锌漆质量保证体系

5.3.1　钢桥面铺装钢板界面处理

为保证钢桥面板与环氧富锌漆之间的层间黏结可靠,避免环氧富锌漆防腐涂层出现局部脱落、返锈等早期病害,在施工防腐涂层前应进行钢板界面处理,使钢桥面板洁净并具有一定的粗糙度。

5.3.1.1 钢板缺陷检查处理

钢桥面板在焊接过程中可能会形成不同程度上的缺陷,喷涂防腐涂层并不能保护焊接缺陷位置钢板免受腐蚀,常见焊接缺陷包括气孔、夹渣、未焊透、未熔合、裂纹、凹坑、咬边、焊瘤、锐边等;在施工钢桥面铺装层前,钢桥面板裸露在外界环境中,通过全面排查、肉眼观察的方式对钢板表面缺陷分类分级,并采取针对性措施进行补救。

5.3.1.2 表面污染物测试

钢桥位于江流海洋上,相对于内陆钢桥而言,钢板表面具有更多氯离子及各种盐分污染物,若未进行检测以及未做好预处理会导致涂层过早脱落。

应对钢板表面氯离子含量、亚铁离子含量及 pH 酸碱性进行检测,若未达到相应标准要求则应对钢板表面进行冲刷洗净,降低表面污染物浓度。

5.3.1.3 清洁度与表面灰尘测试

在正式施工防腐涂层前应对钢桥面板进行喷砂除锈工序,通过抛射出高速钢丸清理钢板表面黏附的污渍与氧化皮。

抛丸喷砂后通过目测法,对比《Preparation of steel substrates before application of paints and related products-Visual assessment of surface cleanliness》(ISO 8501.1—2007)等相关规范确定钢板预处理的清洁度等级,对清洁度未达要求的区域进行砂轮机打磨或重新喷砂除锈处理。

通过灰尘测试带检测钢板表面灰尘数量与大小,根据《铺装油漆和有关产品前钢材预处理 表面清洁度的评定试验 第3部分:油漆前预处理后的钢材表面上的灰尘评定(压力灵敏带法)》(ISO 8502-3—1992)规范评定预处理后钢板表面灰尘,对灰尘含量较高的区域进行清洁处理。

5.3.1.4 钢板界面粗糙度

为保证环氧富锌漆与钢板间的黏结性能良好,需保证抛丸喷砂除锈后钢板界面形成一定的粗糙度并在规定范围内。粗糙度过小时钢板表面相对平滑,防腐涂层与钢板间的咬合力相对不足,附着力较小;粗糙度过大时涂层不能很好地覆盖钢板粗糙度波峰,防腐涂层的干膜厚度上限值与下限值差异较大,容易在波峰位置形成点锈。

5.3.2 环氧富锌漆施工质量控制

施工过程按照编制的检测方案对施工质量进行全程监控,确保成品质量满足相关设计规范与指南要求,对于环氧富锌漆区域性不达标的情况,按照编制的漆膜修复方案进行处理,保障防腐涂层的防腐效果。

5.3.2.1 施工质量控制检查要点

环氧富锌漆防腐涂层施工过程中(图 5-3-1 ~ 图 5-3-3)以及施工完成后可能存在的问题与施工质量控制检查要点主要有以下几点:

(1)钢板结构性处理与清洁度检查要点。钢板表面飞溅、叠片、咬边、粗糙焊缝、锐边等结构性损伤若不进行处理会是防腐涂层的薄弱点,表面杂物、油污会使钢板与涂层连接不紧密,导致涂膜脱层等缺陷。

图 5-3-1　施工现场图

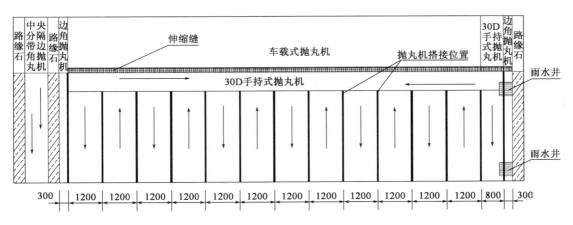

图 5-3-2　抛丸施工示意图（尺寸单位：mm）

图 5-3-3　环氧富锌漆施工完成

（2）钢板表面处理检查要点。钢板进行喷砂除锈表面处理前，应注意环境条件（气温、相对湿度、钢板表面温度、露点温度）是否满足施工要求，施工时应注意检查处理后的清洁度、粗糙度、灰尘清洁度与表面油污情况等。

（3）喷涂施工过程检查要求。喷涂施工过程中应注意环氧富锌漆的混合稀释比例、搅拌是否充分、环境条件是否满足施工要求,整体喷涂时应注意局部区域的预涂与补涂、检测湿膜厚度是否满足要求。

应重点检测富锌漆喷涂干膜厚度的均匀性。由于涂刷工具以及涂刷工人施工熟练程度等因素,可能会导致环氧富锌漆漆膜厚度均匀性欠佳,漆膜厚度小的区域容易出现返锈点,厚度大的区域容易出现开裂等缺陷。

(4)喷涂施工完成成品检查要点。施工完成后,观察漆面色泽是否均匀,有无流挂、漆雾、污染等情况,有无针孔、气泡、漏喷、返锈等缺陷,漆膜固化后检测干膜厚度是否满足规定最低/最高值的要求。

(5)环氧富锌漆涂层成品的保护。施工过程中应进行交通管制,避免无关车辆对施工作业面的破坏,施工人员应佩戴干净鞋套避免鞋底将污染物带入工作面上,施工完成后保护成品漆膜避免受到破坏。

5.3.2.2 原材料质量控制

1)喷砂抛丸所用磨料

磨料只允许使用符合 ISO 11124-1—2018(金属磨料)和 ISO11126-1—2018(非金属磨料)的砂粒磨料,禁止使用能引起硅肺病的石英砂。检查抛丸用的磨料应清洁、干燥,不含对涂层性能产生危害的污染物。

钢丸粒径对于喷砂除锈后钢板表面粗糙度有显著影响。钢丸直径越大,喷砂后的粗糙度越大,根据粗糙度与清洁度的要求选择合适的钢丸型号;砂丸比(一般为5:5~7:3)对于粗糙度与清洁度也有一定的影响,应根据试验段确定合适的砂丸比例。

2)环氧富锌漆

注意混合使用时间,一旦超过可使用时间,不得进行涂料的施工,环氧富锌漆温度与可使用时间关系见表5-3-1。

环氧富锌漆温度与可使用时间关系表   表5-3-1

温度	5℃	15℃	25℃	40℃
可使用时间	3h	2.5h	2h	60min

干燥与推荐覆盖黏结层时间如表5-3-2所示。

环氧富锌漆温度与表干和硬干关系表   表5-3-2

温　度	表干(min)	硬干(h)
5℃	20	8
15℃	15	6
25℃	10	4
40℃	5	2.5

5.3.2.3 喷砂除抛丸质量控制流程

1)钢板外观检查

如图5-3-4所示,排查待施工段落钢板外观,确保表面无焊瘤、飞溅物、针孔、飞边和毛刺等,否则必须通过打磨加以清除;锋利的边角必须处理成半径2mm以上的圆角。经喷砂清理暴露出来的钢板表面缺陷在去除后,应重新喷砂以恢复该处的表面粗糙度。

图 5-3-4　钢板缺陷图

2) 钢板表面清洁

排查待施工段落钢板表面,对较大粒径的污染物(泥土、碎石)采用扫帚等进行清扫干净,对于细小灰尘、砂等杂物采用森林吹风机进行清洁,对于黏附在钢板上的泥土、细粒径杂物采用高压水枪进行冲洗,对于油污等污染采用专用清洗剂或溶剂擦洗。清洁至钢板表面无明显泥土、沙尘、杂物与油污。

3) 钢板氯离子含量检测

应对钢板表面氯离子含量进行检测。

4) 施工前天气确认

抛丸除锈施工开始前,应测量空气湿度、相对湿度、干湿球温度、露点温度及钢板表面温度,要求大气相对湿度≤85%,钢板温度高于露点温度3℃以上,且在天气稳定的情况下才能开工。施工过程中每隔1h测量一次数据并做好记录,出现天气不稳或明显变恶劣情况时,应全程检查现场环境条件,不能满足施工要求时及时终止施工进程。钢桥面大面采用大型车载式抛丸机进行喷砂除锈,边带采用小型手扶式抛丸机进行喷砂除锈,施工过程及设备见图 5-3-5 和图 5-3-6。

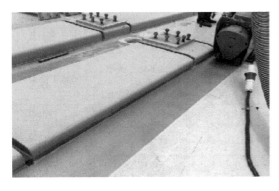

图 5-3-5　边部抛丸

图 5-3-6　大型抛丸设备

5) 抛丸过程控制粗糙度

抛丸除锈要求粗糙度达到 80~150μm,粗糙度过小则钢板表面平滑,防腐涂层与钢板间的附着力有所减小;粗糙度过大涂层不能很好地覆盖粗糙度的波峰,防腐涂层的干膜厚度差异较大,易形成锈点点蚀。因此需要选取合适的丸料(钢丸越细,获得的表面粗糙度越低,反之,粗糙度越高)与棱角砂,并调试合适的砂丸比、叶轮转速及抛丸压力、丸料抛流量、抛头与钢板角度距离等,从而获得合适的粗糙度(注意钢丸规格和抛丸压力有最小值要求,钢丸过小容易被抛丸工作负压吸走,压力过小则抛丸产生的灰尘不能被吸走)。可按 ISO 8503-5 应用复制带与表面粗糙度仪来进行检测(图 5-3-7)。

6) 施工过程控制洁净度

洁净度应达到 Sa3.0;通过控制抛丸速度来达到洁净度要求,一般来说洁净度达到 Sa2.5 抛丸机移动速度约 4m/min,达到 Sa3.0 则抛丸机移动速度约为 3m/min。洁净度检测如图 5-3-8 所示。根据 ISO 8501-1—2007 的清洁度等级图片进行对照。对于局部清洁度不达标的区域进行人工砂轮机打磨,区域较大则进行二次抛丸。

图 5-3-7 粗糙度检测

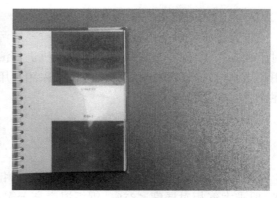

图 5-3-8 洁净度检测

5.3.2.4 制订检测方案与修复方案

具体检测方案如表 5-3-3 所示。

环氧富锌漆检测方案 表 5-3-3

工程分项	检测指标	要求	检测方法	合格判定	检测频度
现场环境条件	相对湿度	≤85%	干湿球温度计	全部达到要求	1 次/1h
	钢板温度	高于露点3℃	干湿球温度计	全部达到要求	
喷砂除锈	清洁度(级)	≥Sa3.0	对比 GB 8923—2011 标准图片	全部达到要求	每施工段48点
	粗糙度(μm)	80~150	塑胶帖纸法	最小80,最大150	
环氧富锌漆	涂层外观	无缺陷	目测	全部达到要求	随时
	与桥面板的附着力(25面,MPa)	≥6	GB/T 5210—2006	最小6	每施工段5点
	漆膜厚度(μm)	80~120	磁性干膜测厚仪	下限按照90:10 原则控制;上限按照80:20 原则控制	每施工段24点

1)现场环境条件

采用干湿球温度计进行现场环境条件检测,相对湿度超过85%或者钢板温度低于露点3℃,不能进行抛丸或环氧富锌漆施工。检查频率,从施工开始,每隔2h检查1次,当天气剧烈变化或明显变恶劣时,检查人员应全程检查现场环境条件,当环境条件不能满足施工要求时,应及时通知施工人员停止施工。

2)清洁度与粗糙度

行车道清洁度达到Sa.3.0级,对比GB 8923—2011标准图片,用放大镜观测,检测频率为每施工段(施工段长50m)48点;行车道粗糙度80~150μm,用塑胶帖纸法进行检测,检测频率为每施工段48点。检测布点图如图5-3-9所示。

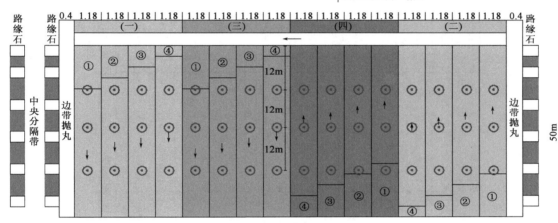

注:1.本桥面标准宽度为18.75m,2条边带各40cm,边带搭接5cm,主车道喷砂除锈宽度为:18.75-0.4×2+0.05×2=18.05m;
2.喷砂起步位置为施工段落的终点位置,呈陀螺形顺时针旋转进行,4台机呈阶梯状并排前进,2周可完成全幅喷砂除锈,18.05/(1.22-0.04)=15.3道,喷砂2周为4×4=16道。

图5-3-9 检测布点图

3)干膜厚度

膜厚值范围为80~120μm,下限按照90:10原则控制,90%的检测数据必须高于80μm,且厚度值不能低于下限合格值80μm的10%;上限按照80:20原则控制,80%的检测数据必须低于120μm,且厚度值不能高于上限合格值120μm的20%。检测方法参考《色漆和清漆漆膜厚度的测定》(GB/T 13452.2—2008),采用磁性干膜厚度仪进行检测,每一个测点的干膜厚度值为3个相邻测点的测量读数的平均值,这3个测量点的间距不能小于12mm,也不能大于75mm,3个读数的平均值构成一个点的干膜厚度值。检测频率为每施工段24点,检测时间为环氧富锌漆漆膜干燥(硬干)后。测点布置如图5-3-10所示。

4)附着力强度

漆膜与钢板结合力应≥6.0MPa,检测方案参考《色漆和清漆拉开法附着力试验》(GB/T 5210—2006),检测频率为每施工段5点(横向搭接处两个点,纵向搭接处两个点,正常区域一个点),检测时间为环氧富锌漆漆膜干燥(硬干)后。测点布置如图5-3-11所示。

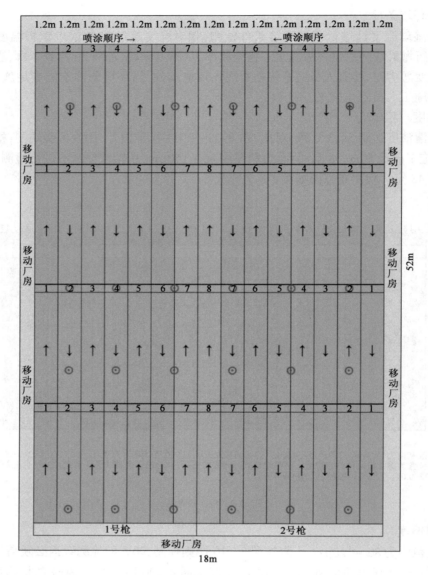

图 5-3-10　干膜厚度检测布点图

5）涂层的外观检测

在涂层表干后未完全固化前,应检查涂层色泽是否均匀,表面是否有水泡、流挂、干喷和粘有杂物,检查漆膜表面有无针孔、气泡、漏喷、锈斑等缺陷。如有发现应及时进行处理。

5.3.2.5　富锌漆喷涂质量控制

1）喷漆湿膜与干膜厚度检测

施工过程中应采用湿膜仪(湿膜梳)定期测量湿膜厚度,并且应确保有干净的毛织物来擦拭刚使用过的湿膜卡。湿膜厚度在施工开始时和施工过程中应及时检测,否则溶剂的挥发会影响读数。湿膜厚度的检测可反映油漆的用量,同时有助于控制干膜厚度。

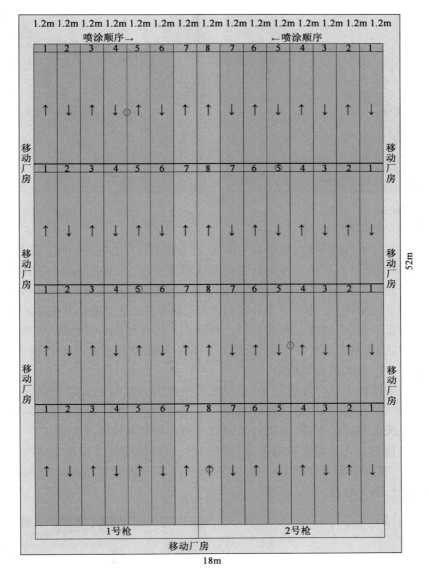

图 5-3-11　附着力强度检测布点图

干膜厚度在涂层施工完成并干燥(硬干)后进行,可采用数字式涂层测厚仪,根据检测方案规定的频率与最高/低值进行检测控制(图5-3-12)。干膜厚度过小,防腐效果较差,易出现返锈的情况;厚度过大,防腐效果并不会增强,而会造成材料浪费成本增加,漆膜表面还有出现开裂等缺陷的可能性。

2) 预铺装

在边部大型车载抛丸机难以施工的区域,采用小型手扶抛丸机进行表面处理后,采用人工滚涂环氧富锌漆进行预铺装覆盖。在自由边、焊缝、难以触及的地方、泄水孔等部位同样进行预铺装处理(图5-3-13)。

图 5-3-12　膜厚检测

图 5-3-13　边部细节处理

3）整体喷涂与桥梁防风处理

通过试验段对比喷涂效果后，最终采用高压无气喷涂的方式进行铺装，通过高压使涂料呈扇形雾状喷出，与滚涂方式相比可在钢板表面形成厚度合适、表面色泽均匀的漆膜。

无气喷涂干膜厚度控制取决于喷涂工人的熟练度，喷涂速度快慢、喷涂遍数多少需要根据工人的操作经验进行把控，尤其在喷涂搭接的位置，漆膜不可避免地比其他地方更厚。应采用理论涂布率进行指导，且正式施工前应对多名喷涂工人进行培训，并挑选其中熟练度最高的作为正式施工员，其他人员作为后备人员；正式开工后不能随意将正式施工员调离岗位，出现突发情况时临时替换后备人员进行喷涂。

处于海面的钢桥面上风力等级较大，采用无气喷涂的方法时还应避免富锌漆喷雾在海风作用下吹散，做好相应的防风措施，可采用移动式厂房的方式进行围蔽（图 5-3-14），注意挡风棚轮迹处应垫橡胶皮垫或硬木板，避免对预铺装的边带环氧富锌漆产生破坏。

4）拉拔强度检测。在环氧富锌漆干燥（硬干）后，应按照检测方案规定频次进行拉拔强度检测（图 5-3-15），要求附着力强度≥6.0MPa，检测合格率要求达到100%，如检测不合格需及时查明原因并进行返工处理。

图 5-3-14　挡风棚内喷涂环氧富锌漆

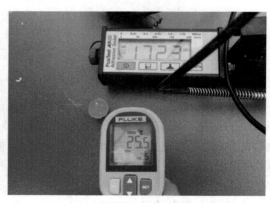
图 5-3-15　环氧富锌漆拉拔强度检测

5）涂层缺陷检查与修补

当检测干膜厚度出现区域性不满足规定要求时，应及时进行处理；当局部区域偏薄时，可采取人工涂刷的方式进行补刷;偏厚时可人工采用砂纸、砂轮机进行轻微打磨。当检测有区域性干膜厚度偏薄时,及时对该区域进行补喷;当偏厚时时可考虑重新抛丸喷涂富锌漆。

施工完成后对成品涂层进行全面的缺陷检查(图5-3-16),对漆膜损伤进行评估然后做出修补计划。若漆膜表面有小量的碰伤,可使用动力工具打磨至 Sa3.0 级、表面至少获得 $25\mu m$ 粗糙度后用配套油漆进行修补;有大面积破坏时应抛丸打砂至清洁度 Sa3.0 级后采用配套油漆修补;对于零星随机分布的返锈点,在环氧树脂黏结层涂布前 3h 内采用人工砂纸打磨进行清除;对于区域性密集分布的锈点情况,应根据现场具体情况制订处理方案。

图 5-3-16　缺陷检查

5.4　本章小结

(1)有、无环氧富锌漆复合试件经高温加载和盐雾侵蚀后的拉拔试验数据显示,虽然取消环氧富锌漆对铺装体系整体黏结性能无显著影响,但是钢板表面锈蚀情况对比分析表明环氧富锌漆在运营过程中能对钢桥面板进行有效的防腐保护,广东南沙大桥钢桥面铺装体系中采用环氧富锌漆作为防腐层是必要的。

(2)富锌漆不仅仅是防腐层,也是一道工作层,可以有效提升施工功效和降低施工难度。从创造施工窗口期、降低施工组织难度的角度出发,施工环氧富锌漆防腐铺装体系对于保证广东南沙大桥超大规模钢桥面铺装质量具有极其重要的意义。

(3)60%锌粉含量的 A2 环氧富锌漆具有良好的物理性能、路用性能,具有更好追随钢板变形能力、抵抗变形能力和适应变形能力。因此,广东南沙大桥钢桥面铺装防腐层采用60%锌粉含量的 A2 环氧富锌漆。

(4)环氧富锌漆的膜厚为 $80\sim120\mu m$ 可以较好地保障环氧富锌漆的防腐效果。检测时下限按照 90:10 原则控制,即 90% 的检测数据必须高于 $80\mu m$,且厚度值不能低于下限合格值 $80\mu m$ 的 10%;上限按照 80:20 原则控制,即 80% 的检测数据必须低于 $120\mu m$,且厚度值不能高于上限合格值 $120\mu m$ 的 20%。

第6章 试拌试铺、模拟试验段和首件制三阶段验证实施

钢桥面铺装施工是一项规模大、强度高、要求严格的系统工程,前期筹备和策划工作对施工质量影响巨大,是影响施工质量的基础和前提。如果前期准备及策划工作不充分,在实体施工过程中很难弥补及纠偏。尤其广东南沙大桥钢桥面铺装面积为13.6万 m^2,是世界上最大的热拌环氧沥青混凝土铺装,工程规模巨大,也是广东省首个实施钢桥面铺装建养一体化10年的项目。桥址区域位于高温、高湿、高盐度、气候复杂多变的珠江口地区,对钢桥面铺装层耐久性及长寿命提出了更加严峻的挑战。为确保广东南沙大桥钢桥面铺装使用寿命,在设计年限服务期内具有良好的行车舒适性能和服役性能,不同于普通钢桥面铺装实体工程实施前只开展试验段实施验证,本项目率先在国内开展了钢桥面铺装试拌试铺、试验段和首件制三阶段实施验证模式,完善了整体施工质量保障体系中的关键环节。三阶段验证可有效检验项目施工组织管理、工装设备、施工工艺和配合比等内容,并获取关键技术参数,确定合理的施工工艺和最优的配合比设计,检验工装设备的适宜性和可靠度,进而提升施工技术和施工组织管理水平。

6.1 第一阶段——试拌试铺

为检验施工管理人员和产业化工人岗位职责及技术培训情况,检验施工、施工工艺的可靠性和可行性、各工序之间组织协作的顺畅性,在试验段开始前开展试拌试铺工作,试拌试铺选方案与主桥铺装方案相同,即"防水黏结层 + EA10 + 黏结层 + FAC10"。

6.1.1 目的

通过场地内试拌试铺验证人员、设备、施工工艺、组织协作和质量控制情况,重点验证环氧沥青混合料生产配合比,并根据环氧沥青混凝土路用性能确定配合比优化方向;确定拌和楼的上料速度、拌和数量、拌和时间、生产能力、拌和温度,验证环氧树脂混合添加方式及工效等;验证环氧沥青混凝土拌和、摊铺及碾压工艺的可靠性和可行性;验证环氧沥青混凝土铺装层成品的路用性能及检测方法;为验证实桥铺装组合结构性能,试拌试铺前应准备一定数量与实桥桥面板等厚的钢板,尺寸宜为 $0.3m \times 0.3m$,钢板在埋入试拌试铺段落中前应进行喷砂除锈和环氧富锌漆喷涂处理。具体试拌试铺目的见表6-1-1,试拌试铺场地规划和试拌试铺施工现场见图6-1-1和图6-1-2。

试 拌 试 铺 目 的 　　　　　表6-1-1

序　号	要　素	目　的
1	人员	进行岗位分工,了解岗位职责,熟悉岗位内容; 检验和验证技术交底和培训成果; 初步拟定组织机构和人员配备
2	设备	对生产设备初步调试和标定,确定设备工艺参数; 初步确定拌和站的生产能力、上料速度、拌和时间及拌和温度; 确定摊铺机的摊铺能力、摊铺速度及操作方法; 确定压路机的压实顺序、碾压速度、振动频率和碾压遍数
3	配合比	验证配合比设计; 检验沥青混合料的路用性能; 根据试验结果确定配合比设计优化方向
4	施工工艺	确定环氧树脂防水黏结层的施工环境要求、方式与防护措施,确定固化时间; 检验袋装集料的上料工艺; 验证环氧沥青混合料搅拌、运输及摊铺工艺控制措施; 验证环氧沥青混合料碾压工艺; 确定EA10的松铺系数; 确定EA10摊铺后缺陷处理方法; 确定防水黏结层、EA10的养生时间
5	组织协作	确定各工序间的衔接组织与配合; 确定各岗位及工种之间的配合默契程度
6	质量控制	确定混合料的检测方法和检测频率; 确定桥面铺装施工过程中各工序的质量检验方法、标准; 检验质量管理体系和质量控制措施的合理性

图6-1-1　试拌试铺场地规划(红色为试拌试铺位置)

6.1.2　主要工作内容

(1)钢板喷砂除锈;
(2)防水黏结层(黏结层)智能化涂布系统应用;
(3)环氧树脂恒温房保温效果检查;

(4) 环氧树脂混溶、搅拌和泵送智能化系统应用;
(5) 地内第一层 3.0cmEA10 试拌试铺;
(6) 场地内第二层 3.5cmEA10 试拌试铺。

图 6-1-2　试拌试铺施工现场

6.1.3　施工准备

6.1.3.1　人员培训

试拌试铺前,对施工管理人员及产业化工人按岗位要求进行技术培训和考核,通过考核后方可允许其上岗。培训及考核内容涉及钢桥面铺装施工的全过程,主要包括:喷砂除锈、防水黏结层施工、环氧沥青混合料拌和、运输、摊铺、碾压、试验检测等。主要培训内容见表 6-1-2。

施 工 培 训 内 容　　　　表 6-1-2

培训主题	培训对象	培训内容
施工技术	全体人员	施工流程、施工工艺
安全管理	全体人员	安全注意事项
试验检测	试验员、质检员	施工检测内容,检测频率及标准
拌和站	拌和站操作人员	拌和站操作及混合料生产指标
机械设备	机械、设备人员	机械、设备操作及保养
材料管理	材料管理人员	材料的采购、存放等
档案管理	档案人员	施工的档案管理
现场施工	项目管理人员	一级技术交底
现场施工	施工人员	二级技术交底
现场施工	现场工班人员	三级技术交底

通过对人员的培训与考核,各岗位人员基本明确岗位职责,熟悉岗位业务,并熟练掌握施

工工艺,如图6-1-3所示。

a)施工前场培训

b)施工后场培训

c)会议培训

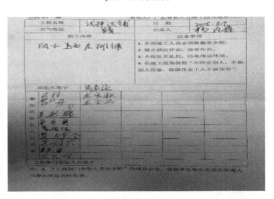

d)培训登记表

图6-1-3 人员培训与考核

6.1.3.2 原材料准备

试拌试铺前应准备基质沥青、环氧树脂、集料、矿粉等原材料备料及试验检测工作。为保证集料供应的均匀性和稳定性,钢桥面铺装集料应采用专用的生产线,集料加工必须采用干法布袋式除尘设备除尘。生产线需配置立轴冲击式破碎机、空气筛和和多点概率筛等专用设备(图6-1-4)。为保证集料干燥,必须在密闭钢结构厂房内无尘化生产,并袋装出库及储存在密闭钢结构厂房内。钢桥面集料破碎主机采用了欧洲技术的冲击式立轴破碎机,该设备采用"石打石"的技术原理,在进行石料破碎时,能够保证生产的集料更加接近立方体,以获得更优的规格形状。筛分设备主要参照精细化工行业和食品加工行业,采用了空气筛和多点概率筛,可有效提高细集料筛分的效果。本项目钢桥面铺装集料采用广东长大中山集料工厂加工的碎石,采用德国和日本进口的专用破碎设备,可根据需求加工不同粒径碎石。

6.1.3.3 机械设备准备

由于钢桥面环氧沥青混凝土铺装的特殊性,与传统沥青混凝土铺装相比,具有机械化程度要求高、精细化程度要求高、智能化程度要求高的特点。本项目采用进口和自主研发的机械化设备,实现了智能化和机械化全方位作业。除常规沥青路面施工设备外,主要机械设备有环氧富锌漆移动式厂房、环氧树脂智能化刷涂设备(图 6-1-5)、环氧树脂恒温房、振荡压路机(图 6-1-6)、环氧树脂智能化混溶、泵送和搅拌设备等。

图 6-1-4　广东长大中山集料工厂生产线

图 6-1-5　环氧树脂智能化刷涂设备　　　　图 6-1-6　振荡压路机

6.1.4　试拌试铺实施

6.1.4.1　预埋钢板组合试件制作

为检测环氧沥青混凝土铺装层与钢板之间的黏结强度,在环氧沥青混凝土铺筑前,需预埋钢板组合试件,组合试件结构图如图 6-1-7 所示。

图 6-1-7　预埋钢板组合试件结构图

钢板准备齐全后,采用车载式抛丸机对钢板进行喷砂除锈,表面清洁度达到 Sa3.0 级,粗糙度达到 80～150μm,在喷砂除锈 4h 内,涂布环氧富锌漆底漆厚度需达到 80～120μm,养生固化 7d 后,涂布环氧树脂防水黏结层,防水黏结层用量为 0.4kg/m²,试验过程见图 6-1-8 和图 6-1-9。

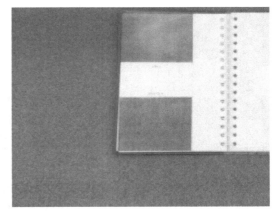

a) 粗糙度清洁度检测

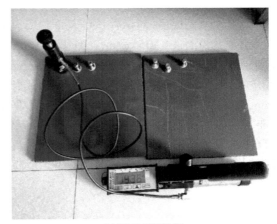

b) 底漆干膜厚度检测　　　　　　　　c) 底漆黏结强度检测

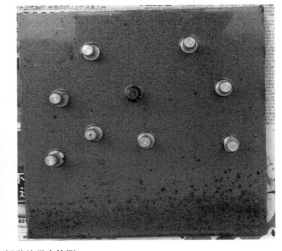

d) 环氧树脂与钢板黏结强度检测

图 6-1-8　预埋钢板制作与试验数据检测

图 6-1-9 钢板预埋现场图

6.1.4.2 防水黏结层(黏结层)施工

钢板预埋完成后,对试拌试铺基面进行清理,并进行防水黏结层涂布,环氧树脂防水黏结层用量为 $0.4 \pm 0.05 \text{kg/m}^2$。环氧树脂采用自主研发的环氧树脂智能化刷涂系统,防水黏结层施工前应提前 24h 将环氧树脂放入到环氧树脂恒温房中,保持主剂与固化剂温度为 25 ± 2℃。环氧树脂主剂与固化剂混合搅拌采用无级变速双螺旋搅拌器搅拌至少 3min,采用由里向外、由下向上搅拌方式,使两者混合充分均匀。环氧树脂黏结剂(黏结剂)涂布采用自主研制的环氧树脂智能化刷涂系统,辅以人工滚涂方式进行"十"字法交叉涂布,保证防水黏结层涂布均匀、过程中按照用量反算复核涂布量,避免积堆漏涂现象发生,施工过程见图 6-1-10。

图 6-1-10 环氧树脂防水黏结层(黏结层)施工

环氧树脂从现场混合到涂布结束时间宜控制在有效期内完成,环氧树脂有效施工窗口期如表 6-1-3 所示,施工时应尽量缩短运输距离以防止环氧树脂温度上升过快,环氧树脂黏结剂养生天数见表 6-1-4。

环氧树脂黏结剂施工窗口期　　表 6-1-3

温度(℃)	20	30	40
可涂布时间(min)	45	20	5

环氧树脂黏结剂养生天数 表 6-1-4

温度条件	养生天数（d）	黏结有效期限（材料要求）（d）	黏结有效期限（施工建议）（d）
40~50℃	0.5	1.5	1.5
30~40℃	1	2	2
20~30℃	1	3	2
10~20℃	2	6	4

环氧树脂施工完成后采用水马对工作面范围进行全封闭隔离，确保成品不受任何污染，自然条件下养生24h，现场检测以达到指干要求，见图6-1-11。

图 6-1-11 防水黏结层围蔽养生

6.1.4.3 环氧沥青混凝土施工

环氧沥青混凝土拌和、运输、摊铺工艺详见第8章。本章节重点介绍碾压工艺。

1）下面层环氧沥青混凝土级配设计及碾压

基于抗滑、抗疲劳、耐久性能等路用性能考虑，广东南沙大桥钢桥面环氧沥青混凝土铺装上下层按照层位功能设计，下面层采用细级配、上面层采用粗级配结构形式，下面层生产配合比如表6-1-5所示，油石比为6.6%。

下面层环氧沥青混凝土配合比 表 6-1-5

集料规格（mm）	通过下列各筛孔质量百分率（%）									试验方法
	13.2	9.5	4.75	2.36	1.18	0.6	0.3	0.15	0.075	
6~11	100	94.7	7.4	1.0	0.4	0.4	0.4	0.4	0.3	
3~6	100	100	88.9	15.3	2.2	0.3	0.3	0.3	0.2	JTG E42—2005
0~3	100	100	100	93.8	66.5	43.6	23.8	12.1	5.0	
矿粉	100	100	100	100	100	100	99.8	99.3	89.7	
生产级配	100	98.8	71.8	55.8	40.6	29.3	21.2	15.6	11.6	

在环氧沥青混凝土试拌试铺实施过程中,由于试铺面积较小,下面层采用1台胶轮压路机+1台钢轮压路机组合碾压方式,通过试拌试铺段施工,初步确定碾压工艺参数及验证机械组合的合理性。试拌试铺段现场碾压方式见表6-1-6和表6-1-7,施工过程见图6-1-12。碾压应遵循"紧跟、慢压、高频、低幅"的原则,初压紧跟摊铺机后碾压,并保持较短的初压区长度,以使表面尽快压实,减少热量散失;复压采用钢轮静压压实形式,紧跟在初压后开始,碾压段的总长度控制在30m以内;压路机前后停机、转向、反向时,速度应缓慢,避免急停制动现象,有效减少了停机造成路面的凸凹不平和铺装层推移情况。

试拌试铺碾压方式   表6-1-6

铺装层位	初压	复压	终压
设备	1台胶轮压路机	1台双钢轮压路机	1台双钢轮压路机
遍数	3遍	静压3遍	静压1遍

注:压路机1个来回定义为碾压1遍;压路机碾压距离为20m,前后两遍碾压区域重叠碾压宽度的1/3。

碾 压 速 度 表   表6-1-7

摊铺层	压路机类型	初压(km/h)	复压(km/h)	终压(km/h)
下面层	轮胎压路机	2~3	—	2.5~3
	双钢轮压路机	—	4~5	

图6-1-12 环氧沥青混凝土碾压

2)切缝

下面层终压完成后当环氧沥青混凝土温度降至70℃时,采用自助吸尘切缝机对环氧沥青混凝土进行切缝处理,切割角度为45°~60°,切缝深度约为铺装层厚度的3/4,尚未切割到的部位采用人工方式凿除,凿除方向一定顺切缝方向,杜绝从下向上翘起,以免层间黏结力下降,产生脱层等早期病害。凿除完毕后及时清理界面,避免污染铺装层,切缝如图6-1-13所示。

3)上面层环氧沥青混凝土级配设计及碾压

鉴于广东南沙大桥通车后承受繁重的交通负荷作用,为了提高铺装层表面的抗滑性能、抗疲劳性能和耐久性能,根据设计文件要求,铺装层上面层采用粗级配结构形式。为进一步验证上面层级配结构形式,试拌试铺上面层采用两种级配形式,根据以往项目工程经验,以2.36mm通过率为关键控制筛孔,根据室内试验配合比结果,选定2.36mm通过率分别为28.5%和31.0%,油石比为6.5%。具体级配表如表6-1-8和表6-1-9所示。

图6-1-13 环氧沥青混凝土人工切缝

上面层环氧沥青混凝土级配(一)　　　　表6-1-8

集料规格(mm)	通过下列各筛孔质量百分率(%)									试验方法
	13.2	9.5	4.75	2.36	1.18	0.6	0.3	0.15	0.075	
6~11	100	91.4	6.4	1.1	0.6	0.6	0.6	0.6	0.4	JTG E42—2005
3~6	100	100	85.5	2.7	0.6	0.5	0.5	0.5	0.4	
0~3	100	100	100	86.6	63.8	40.9	19.8	10.3	4.0	
矿粉	100	100	100	100	100	100	99.8	99.3	89.7	
生产级配	100	96.3	51.9	28.5	22.6	18.4	14.4	12.3	10.0	

上面层环氧沥青混凝土级配（二）　　　表6-1-9

集料规格(mm)	通过下列各筛孔质量百分率(%)								试验方法
	13.2	9.5	4.75	2.36	1.18	0.6	0.3	0.15	0.075	
6~11	100	94.5	3.9	0.3	0.3	0.3	0.3	0.3	0.2	
3~6	100	100	80.8	4.1	0.5	0.3	0.3	0.3	0.3	JTG E42—2005
0~3	100	100	100	87.5	56.9	33.8	16.1	8.4	4.1	
矿粉	100	100	100	100	100	100	99.8	99.3	89.7	
生产级配	100	96.1	48.5	31	22.6	17.0	13.5	12.1	10.0	

在环氧沥青混凝土试拌试铺实施过程中，由于试铺面积较小，面层采用2台双钢轮压路机+1台胶轮压路机，为确定碾压工艺参数及验证机械组合的合理性，试拌试铺段现场碾压方式见表6-1-10。碾压应遵循"紧跟、慢压、高频、低幅"的原则，初压紧跟摊铺机后碾压，并保持较短的初压区长度，以使表面尽快压实，减少热量散失；复压采用轮胎压路机紧跟在初压后开始，碾压段总长度控制在30m以内，终压采用钢轮压路机静压；压路机前后停机、转向、反向时，速度应缓慢，避免急停制动现象，以有效减少停机造成路面的凸凹不平和铺装层推移情况。试拌试铺段现场碾压方式见表6-1-10，碾压速度见表6-1-11。

试拌试铺上面层碾压方式　　　表6-1-10

铺装层位	初压	复压	终压
设备	1台双钢轮压路机（振荡）	1台轮胎压路机	1台双钢轮压路机
遍数	静压0.5遍振荡2.5遍	2遍	2遍

注：碾压过程中压路机1个来回定义为碾压1遍；压路机碾压距离为20m，前后两遍碾压区域重叠碾压宽度的1/3。

碾 压 速 度 表　　　表6-1-11

摊铺层	压路机类型	初压(km/h)	复压(km/h)	终压(km/h)
上面层	轮胎压路机	—	2~3	—
	双钢轮压路机	4~5（振荡）	—	2.5~5

6.1.4.4　试验数据检测

在环氧沥青混凝土摊铺时，同步取样成型相关试件，并放入到60℃烘箱中养生固化4d，取出试样放入室温条件下冷却，开展相关试验和性能测试，各检测指标和结果如表6-1-12所示。

马歇尔稳定度及体积指标检测结果　　　表6-1-12

检测项目	单位	技术要求	实测值		
			下面层	上面层2.36mm通过率28.5%	上面层2.36mm通过率31%
空隙率	%	0~3	0.6	2.6	2.5
马歇尔稳定度（60℃，完全固化）	kN	≥40	60.8	43.94	47.09
流值（60℃，完全固化）	mm	3.0~6.0	5.6	4.00	4.63
冻融劈裂强度比	%	≥90	93.8	91.2	95.0
残留稳定度	%	≥90	98.3	100.2	99.6

续上表

检测项目	单位	技术要求	实测值		
			下面层	上面层2.36mm 通过率28.5%	上面层2.36mm 通过率31%
矿料间隙率	%	—	15.1	16.9	16.3
沥青饱和度	%	—	95.5	85.2	84.2
沥青膜有效厚度	μm	—	5.74	7.76	7.87

从表6-1-12检测结果可知,两种方案的混凝土马歇尔指标均满足设计要求,其他体积参数差异较小。

动稳定度测试结果如表6-1-13所示。

车辙动稳定度检测结果汇总 表6-1-13

级配类型	试验温度(℃)	试验荷载(MPa)	动稳定度(次/mm)		设计要求
			试验序号	试验结果	
下面层	70	0.7	1	≥10000	≥10000
			2	≥10000	
上面层2.36mm通过率28.5%	70	0.7	1	≥10000	
			2	≥10000	
上面层2.36mm通过率31%	70	0.7	1	≥10000	
			2	≥10000	

从表6-1-13检测结果可知上面层EA-10混凝土动稳定度均能满足设计要求。

为测试环氧沥青混凝土弯曲性能,将试件切割成250×35×30mm的标准试件测试弯曲极限应变,测试结果如表6-1-14所示。

弯曲极限应变检测结果 表6-1-14

级配类型	试验温度(℃)	试件尺寸(mm)	弯曲极限应变($10^{-3}\mu\varepsilon$)			设计要求
			试验序号	试验结果	平均值	
下面层	−10	250×35×30	1	5.4	4.7	≥3
			2	6.9		
			3	6.3		
			4	6.0		
			5	5.5		
			6	7.1		
上面层2.36mm 通过率28.5%	−10	250×35×30	1	6.4	3.4	
			2	5.8		
			3	5.7		
			4	6.3		
			5	5.2		
			6	6.8		

续上表

级配类型	试验温度（℃）	试件尺寸（mm）	弯曲极限应变($10^{-3}\mu\varepsilon$)			设计要求
			试验序号	试验结果	平均值	
上面层2.36mm通过率31%	-10	250×35×30	1	5.2	3.6	≥3
			2	5.2		
			3	5.6		
			4	5.6		
			5	5.3		
			6	5.6		
			2	4.5		
			3	5.1		

从表6-1-14检测结果可知，环氧沥青混凝土弯曲极限应变均能满足设计要求。

为准确了解铺装层密实性能、抗滑性能，在铺装层达到养生固化时间后，分别做渗水试验、构造深度、摩擦系数和压实度试验检测。检测结果分别如表6-1-15～表6-1-18所示。

上面层渗水系数检测结果汇总　　　　　　　　　　　　　　　表6-1-15

级配类型	测点位置	渗水系数(mL/min)	平均值(mL/min)
下面层	1	0	0
	2	0	
	3	0	
上面层2.36mm通过率28.5%	1	0	0
	2	0	
	3	0	
上面层2.36mm通过率31%	1	0	0
	2	0	
	3	0	

上面层构造深度检测结果汇总　　　　　　　　　　　　　　　表6-1-16

级配类型	桩号	构造深度TD(mm)							平均值
		距右1m	距右2m	距右3m	距右4m	距右5m	距右6m	距右7m	
		1	2	3	4	5	6	7	
上面层2.36mm通过率28%	SK0+003	0.86	0.53	0.58	0.53	0.67	0.51	0.55	0.46
	SK0+005	0.56	0.38	0.37	0.34	0.44	0.3	0.31	
	SK0+007	0.43	0.25	0.23	0.24	0.33	0.41	0.50	
	SK0+009	0.39	0.28	0.27	0.28	0.32	0.49	0.40	
	SK0+011	0.39	0.29	0.3	0.33	0.26	0.46	0.37	
	SK0+013	0.55	0.37	0.31	0.42	0.36	0.49	0.43	
	SK0+015	0.50	0.34	0.39	0.41	0.31	0.60	0.37	

续上表

级配类型	桩号	构造深度 TD(mm)							平均值
		距右1m	距右2m	距右3m	距右4m	距右5m	距右6m	距右7m	
		1	2	3	4	5	6	7	
上面层2.36mm 通过率28%	SK0+017	0.53	0.49	0.39	0.50	0.53	0.64	0.46	0.46
	SK0+019	0.45	0.43	0.39	0.60	0.59	0.74	0.62	
	SK0+021	0.44	0.54	0.62	0.82	0.72	0.62	0.48	
	SK0+023	0.46	0.50	0.50	0.72	0.67	0.70	0.66	
	SK0+025	0.55	0.54	0.67	0.67	0.62	0.78	0.69	
	SK0+027	0.44	0.35	0.27	0.31	0.25	0.41	0.37	
	SK0+029	0.47	0.32	0.34	0.28	0.24	0.33	0.38	
上面层2.36mm 通过率31%	SK0+062	0.64	0.63	0.53	0.63	0.46	0.48	0.60	0.62
	SK0+064	0.68	0.62	0.70	0.68	0.58	0.57	0.58	
	SK0+066	0.59	0.46	0.80	0.74	0.56	0.48	0.58	
	SK0+068	0.56	0.55	0.58	0.71	0.67	0.69	0.56	
	SK0+070	0.66	0.43	0.62	0.63	0.49	0.56	0.67	
	SK0+072	0.60	0.62	0.73	0.59	0.41	0.55	0.66	
	SK0+074	0.63	0.41	0.55	0.56	0.43	0.51	0.55	
	SK0+076	0.60	0.54	0.62	0.66	0.59	0.64	0.68	
	SK0+078	0.66	0.76	0.80	0.76	0.71	0.82	0.67	
	SK0+080	0.63	0.64	0.78	0.74	0.84	0.86	0.92	

上面层摩擦系数检测结果　　　　　　　　　　　表6-1-17

级配类型	桩号	摆式摩擦系数(BPN)				平均值
		距右1m	距右3m	距右5m	距右7m	
		1	3	5	7	
上面层2.36mm 通过率28%	SK0+002	68	72	79	76	57
	SK0+006	63	54	62	60	
	SK0+010	59	48	48	56	
	SK0+014	57	56	50	57	
	SK0+018	57	51	55	59	
	SK0+022	58	57	57	60	
	SK0+026	49	47	50	59	
	SK0+030	55	44	53	59	
上面层2.36mm 通过率31%	SK0+062	73	70	64	72	71
	SK0+066	64	67	68	71	
	SK0+070	59	77	68	83	
	SK0+074	69	72	70	70	
	SK0+078	69	72	79	76	

上面层压实度检测结果汇总　　　　表 6-1-18

桩号	断面序号	最大理论密度压实度（%）								
		距右 0.5m	距右 1m	距右 2m	距右 3m	距右 4m	距右 5m	距右 6m	距右 7m	距右 7.5m
		1	2	3	4	5	6	7	8	9
SK0+011	1	—	98.1	97.9	—	99.2	98.3	99.7	—	98.7
SK0+020	2	97.5	97.3	97.8	97.1	97.3	—	97.2	98.4	98
平均值		98.0（合格率100%）								
SK0+035	3	97.3	99.2	98.9	97.8	99.6	98.6	99.8	99.6	99.5
SK0+045	4	97.6	98.5	98.7	97.6	—	98.1	97.3	98.1	97.1
平均值		98.5（合格率100%）								
SK0+053	5	97.6	—	97.7	97.7	—	97	—	98	—
SK0+069	6	—	—	97.5	97.6	97.5	97.7	97.2	—	—
平均值		97.2（合格率100%）								

注："—"符号代表没有检测，因钻芯造成试件破损，剔除异常值。

从渗水系数检测结果可知，环氧沥青混凝土下面层及上面层混凝土均密实，不渗水。

6.1.4.5　试拌试铺小结

通过试拌试铺试验，较好地验证了人员、设备、材料等生产要素组织协作和质量控制情况，初步验证了环氧沥青混合料的配合比；验证了沥青拌和楼上料速度、拌和产量、拌和时间、拌和温度、生产能力；验证了自主研发的环氧树脂混溶、泵送和搅拌系统的可靠性和可行性；初步验证了环氧沥青混凝土摊铺及碾压工艺的可靠性和可行性；初步验证了环氧沥青混凝土铺装层成品的路用性能。

在摊铺与碾压过程中，上下铺装层表面均存在局部泛油现象，如图 6-1-14 所示。环氧沥青混凝土属于一种感温材料，施工过程中对温度敏感性高，在接下来的工作中将对配合比、摊铺碾压工艺及温度、施工机具组合方式等方面深入分析原因，采取相应措施，制订合理解决方案。

图 6-1-14　铺装层局部泛油

在环氧沥青混凝土养生固化期间,铺装层存在"鼓包"现象(图 6-1-15),通过深入分析,主要原因如下:试拌试铺是在混凝土基面上开展的,在高温作用下混凝土基面中的一些未完全参加水化反应的水分子在高温作用下蒸发,由于环氧沥青混凝土空隙率较小,防水性能较好,高温作用下的水蒸气使铺装层产生"鼓包"现象。

图 6-1-15 铺装层产生鼓包

6.2 第二阶段——引桥模拟试验段铺筑

在试拌试铺成果的基础上,通过深入分析研究,解决试拌试铺过程中存在的问题;同时为更好地模拟实桥真实摊铺状况,充分验证施工机械设备组合的合理性、施工工艺的可行性、质量控制的可靠性,模拟试验段选取在与主桥同宽度的引桥上进行。考虑摊铺机起步与收尾阶段摊铺速度变化、混合料均匀性控制、碾压速度变化等因素,为更加真实反映实桥正常摊铺作业条件下铺装层外观表现及实体质量,模拟试验段长度取为150m。

环氧沥青混凝土第二阶段模拟试验段在引桥水泥混凝土桥面上进行。为使试验段铺装层厚度均匀,不受引桥基面平整度影响,环氧沥青混凝土铺装层施工前在引桥上铺筑普通沥青混凝土调平层;同时在引桥上铺筑调平层可起到隔热和阻断引桥混凝土面板中水分在高温作用下变成水蒸气,从而避免环氧沥青混凝土产生"鼓包"现象。引桥试验段铺装结构形式为"混凝土桥面防水层+沥青混凝土调平层+环氧树脂防水黏结层+下面层30mm细级配环氧沥青混凝土(EA10)+环氧树脂黏结层+上面层35mm粗级配环氧沥青混凝土(EA10)",引桥环氧沥青混凝土铺装结构形式如图 6-2-1 所示。

6.2.1 混凝土基面处理

为彻底清理桥面浮浆、保证桥面干燥清洁且具有一定的粗糙度,在施工防水黏结层之前,采用车载式抛丸机对桥面"浮浆"进行喷砂抛丸处理。抛丸所采用的钢丸规格为S460,丸料应保持干燥、清洁,不含有油脂、盐分等有害物质,抛丸打砂流程如图 6-2-2 所示。

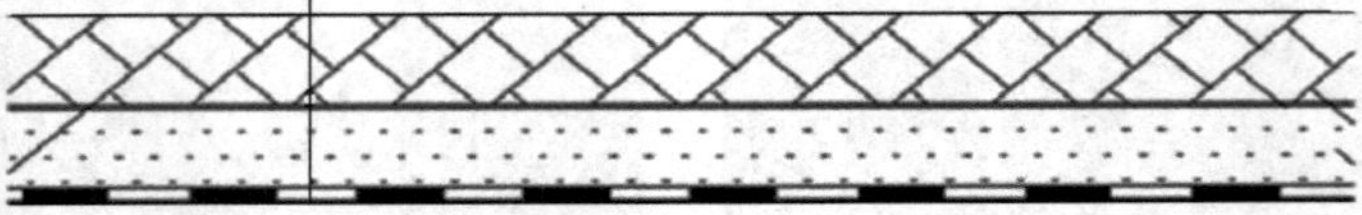

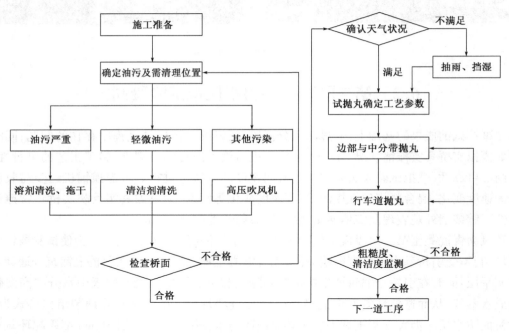

图 6-2-1 引桥环氧沥青混凝土铺装结构图

图 6-2-2 抛丸打砂工艺流程

6.2.2 混凝土面调平层铺装

为增加防水黏结层与桥面板黏结整体性能，在铺筑防水黏结层前应在桥面板表面喷洒改性乳化沥青，待改性乳化沥青破乳后施工改性沥青同步碎石封层，改性沥青用量为 1.8～2.2kg/m²，撒布碎石粒径为 5～10mm，用量为 8～12kg/m²，以撒布率 90% 作为控制标准，施工过程如图 6-2-3 和图 6-2-4 所示。

图 6-2-3　改性乳化沥青喷洒

图 6-2-4　改性沥青同步碎石封层

普通沥青混凝土摊铺过程采用挂线法及插针法控制厚度和平整度,从而确保环氧沥青混凝土试验段铺装层厚度的均匀性。

6.2.3　环氧沥青混凝土施工前防油防水检查

钢桥面铺装施工是系统工程,属于精细化施工工艺,影响钢桥面环氧沥青混凝土铺装质量因素众多,但油和水是影响环氧沥青混凝土施工的关键因素。为保证钢桥面环氧沥青混凝土铺装施工质量,应在开工前完善各工序防油防水检查清单,并针对清单内容联合各单位逐一进行防油防水检查,检查对象包括摊铺机、压路机、运输车、环氧树脂智能化刷涂设备等。各参建单位应高度重视防油防水检查工作,细化清单列表,逐项核对检查,杜绝由水隐患进入到钢桥面铺装中,环氧沥青施工防油防水及施工准备检查管理清单见表 6-2-1。

环氧沥青施工防油防水及施工准备检查管理清单   表6-2-1

施工单位		监理单位	
施工位置		日期	
检查项目	检查内容	标准	检查情况
机械设备			
1.料车	车底	无滴油,双层兜底彩条布无破损无油污堆积	
	车厢	外侧无油挂,已清理	
	覆盖帆布	无损坏,无杂物	
	车轮	无油污,未严重损坏	
	空调	空调保险是否拆除	
2.摊铺机	履带	清理干净	
	螺旋布料器、熨平板、料斗	清理干净,无油挂	
	其他	无滴油、藏水,天黑前覆盖好	
3.压路机	车底	无滴油、藏水,兜底彩条布及时换新	
	车轮	无异物黏附,无油污	
	涂油架	彩条布及时换新,无藏水藏油	
	其他	无滴油、藏水,天黑前覆盖好	
施工准备			
4.施工准备	工作面环氧黏结层	初步固化,无异物污染,防护到位	
	防风网	基本挂设完成	
	出入口铺垫	使用干净彩条布 + 土工布铺垫约30m	
	设备停放区铺垫	设备停放区至工作面使用复合土工布满铺	
	边侧排水沟	基本清洁,已初步将预留模板安置	

6.2.4 环氧沥青混凝土

环氧沥青混凝土引桥试验段施工与试拌试铺施工工艺相同,采用分幅施工方案,应用自主研发的环氧树脂智能化涂布系统涂布防水黏结层。环氧沥青混凝土施工工艺详见第8章,本章节重点介绍碾压工艺。由于环氧沥青混凝土属于黏弹性材料,环氧沥青结合料对时间温度要求敏感。本章节重点介绍基于黏温黏时曲线原理的基础上,环氧沥青混凝土碾压工艺的试验研究。

1)碾压工艺研究

在环氧沥青混合料实际压实过程中,并非压实温度越高混合料的工作性越好,而是只有在合适的温度范围内,沥青结合料的润滑作用和黏结作用达到合理的匹配度时才能取得较好的压实效果。目前针对热拌环氧沥青混凝土施工规范中拌和与压实温度采用黏温黏时曲线研究还处于空白阶段。本项目研究了热拌环氧沥青混凝土在温度与时间两维度因素下黏度与温度变化情况,由图6-2-5黏度随温度变化曲线可知,在相同温度条件下,作用时间越长黏度越大,不利于环氧沥青混凝土压实;温度高时,环氧沥青混凝土黏度较小,碾压容易导致胶浆上浮产生泛油现象;温度低时,环氧沥青混凝土黏度较大,不易压实,不利于压实度控制。因此,实际施工过程中应根据黏度随温度变化曲线,确定合理的环氧沥青混凝土碾压时间和碾压温度。

图6-2-5反映的是环氧沥青混凝土黏度随温度和时间两个维度上的变化关系,可充分了解环氧沥青混凝土的拌和、运输、摊铺、碾压温度容许时间节点和最大容留时间。普通基质沥

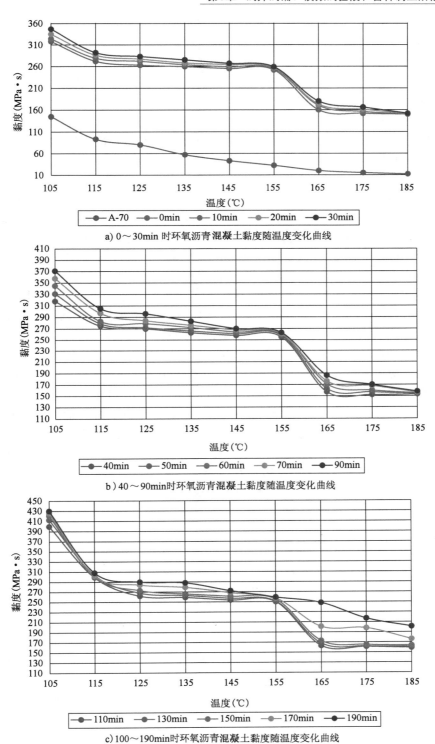

a) 0～30min时环氧沥青混凝土黏度随温度变化曲线

b) 40～90min时环氧沥青混凝土黏度随温度变化曲线

c) 100～190min时环氧沥青混凝土黏度随温度变化曲线

图 6-2-5 环氧沥青混凝土各时间段黏度随温度变化曲线

青的黏度随着温度增高而逐渐减少,表明温度越高越利于普通沥青混凝土的压实,但温度过高存在沥青过度老化的弊端;而环氧沥青混凝土是由环氧树脂和基质沥青混合作用而成,随着温度升高和时间作用延长,黏温黏时曲线显示其黏度随温度增大而减小,为保证环氧沥青混凝土的压实度,其初压应在黏度迅速增大前完成。由图6-2-5可知,在不同容留时间作用下环氧沥青混凝土温度高于155℃时黏度迅速变小,温度低于155℃时黏度迅速变大,因此环氧沥青混凝土黏度变化的阈值点是155℃,进而确定环氧沥青混凝土的初压温度应该在155℃以上进行。同理,在温度达到115℃时,环氧沥青混凝土黏度变化率达到最小值,随后逐渐增大,不利于压实,从而得出环氧沥青混凝土的复压温度为115℃。随着时间的延长,环氧沥青混凝土黏度逐渐增大,当环氧沥青混凝土在165℃作用下,滞留170min时黏度为0.2Pa·s,滞留190min时黏度为0.25Pa·s,环氧沥青混凝土黏度变化率出现拐点,接近适宜压实的沥青结合料黏度阈值点。随着温度的升高,环氧沥青混凝土固化反映更快,黏度更大不利于压实。环氧沥青混凝土黏度温度变化曲线可为环氧沥青混凝土拌和、运输、摊铺、碾压提供参考温度,各阶段施工温度严格按照黏温黏时曲线执行,进而才能确保铺装层的压实度及空隙率。由于在试拌试铺过程中环氧沥青混凝土外观出现泛油现象,结合图6-2-5黏温黏时曲线结果可知环氧沥青混凝土的压实特性主要由压实温度、压实时间、压实方案及压实遍数等决定,在试拌试铺结果的基础上,通过引桥试验段优化合理的碾压工艺,并在环氧沥青混凝土碾压过程中及压实完成后,采用无核密度仪测试铺装层的压实度及空隙率,进而评定铺装层施工质量。

上下面层均采用分幅摊铺施工工艺,下面层纵向接缝应位于上面层纵向接缝的上游侧,纵向接缝设置位置应避开轮迹带和U肋正上方。参考试拌试铺碾压工艺,下面层上游侧前半段压实采用2台胶轮压路机+2台钢轮压路机+1台胶轮压路机+1台钢轮压路机的碾压方式,后半段采用2台胶轮压路机+2台钢轮压路机+1台钢轮压路机收面;铺装上层上游侧采用2台钢轮压路机静压+2台振荡压路机+1台钢轮压路机的碾压方式,铺装上层下游侧采用2台钢轮压路机静压0.5遍和振荡0.5遍+2台振荡压路机静压0.5遍和振荡0.5遍+1台钢轮压路机的碾压方式。现场碾压工艺见表6-2-2~表6-2-6。

下面层上游侧碾压方案 表6-2-2

铺装下层	初压	复压		终压(收迹)
设备	2台胶轮	2台钢轮	1台胶轮	1台钢轮
遍数	2遍	静压2遍	2遍	静压1遍

下面层下游侧碾压方案 表6-2-3

铺装下层	初压	复压		终压(收迹)
设备	2台胶轮	2台钢轮	1台胶轮	1台钢轮
遍数	2遍	静压2遍	前半段1遍	静压1遍

上面层上游侧碾压方案 表6-2-4

铺装下层	初压	复压	终压(收迹)
设备	2台钢轮	2台钢轮	1台钢轮
遍数	静压2遍	振荡2遍	静压1遍

上面层下游侧碾压方案　　　　　　　　　　　　　　　表 6-2-5

铺装下层	初压	复压	终压(收迹)
设备	2 台钢轮	1 台钢轮	1 台钢轮
遍数	静压 1 + 振荡 1(前静后振)	振荡 1 遍	静压 1 遍

碾 压 速 度 表　　　　　　　　　　　　　　　表 6-2-6

摊铺层	压路机类型	初压(km/h)	复压(km/h)	终压(km/h)
下面层	轮胎压路机	2.5	2.5	—
	双钢轮压路机	—	2.5 ~ 3(静压)	3
上面层	钢轮压路机	2.5 ~ 3.0	2.5	3

2)碾压技术要点

(1)环氧沥青混凝土路面压实应遵循"紧跟、慢压、高频、低幅"的原则。初压紧跟摊铺机后碾压,并保持较短的初压区长度,以尽快使表面压实,减少热量散失。

(2)复压采用振荡压实形式,紧跟在初压后开始,碾压段的总长度控制在 30m 以内;压路机前后停机、转向、反向时,速度应缓慢,避免急停制动现象,有效减少了停机造成路面的凸凹不平和铺装层推移情况。

(3)碾压速度对环氧沥青混凝土铺装层质量影响至关重要,在碾压过程中应根据拌和站产能情况和摊铺速度情况动态调整碾压速度,碾压速度不宜过快,以免导致超压或者过压状况。

(4)碾压过程中采用植物油作为隔离剂,刷涂量不宜过多,使钢(胶)轮表面均匀附着一层油膜,以不粘轮为标准,禁止使用柴油、机油、清水等作为压路机隔离剂。

(5)严格控制碾压温度,初压开始的混合料内部温度宜为 155℃ 以上,2 次复压开始时的混合料表面温度宜为 110℃ 以上,终压开始时的混合料表面温度宜为 90℃ 以上。

(6)碾压过程中采用无核密度仪检测压实度,发现压实度不足及时补压。

3)碾压完成后的外观表现

(1)铺装下层(图 6-2-6),部分段落由于过压出现泛油现象。

图 6-2-6　环氧沥青混凝土下面层外观

(2)铺装上层上游(图6-2-7),整体表现良好,局部位置出现严重泛油现象和有数条搭接泛油轮迹带。

图6-2-7 环氧沥青混凝土上面层外观

(3)摊铺面终压过后1h内进行切缝(图6-2-8),通过试拌试铺结果确定切边角度45°~60°,环氧沥青混凝土采用自然养生方式,养生期为7~14d。

图6-2-8 人工切缝

6.2.5 试验段小结

(1)通过第二阶段试验段铺筑,验证了环氧树脂自动化刷涂设备的可靠性、沥青拌和站和环氧树脂混溶泵送装置、摊铺机、压路机等机具设备的施工性能。

(2)环氧沥青混凝土的拌和及碾压应根据黏温黏时曲线结果进行,一般情况下初压温度≥145℃,复压温度≥115℃。

(3)通过第二阶段试验段铺筑初步确定了摊铺速度、碾压温度和碾压工艺等参数。

(4)环氧沥青混凝土路面压实应遵循"紧跟、慢压、高频、低幅"的原则。初压紧跟摊铺机后碾压,并保持较短的初压区长度,以使表面尽快压实,减少热量散失。

(5)在第二阶段试验段实施过程中,发现环氧沥青混凝土上下铺装层表面局部位置和碾压轮迹带段落存在不同程度的泛油现象,在第三阶段首件制应高度重视摊铺温度、摊铺速度、碾压速度之间关系,合理匹配碾压工艺。

6.3 第三阶段——首件制施工

在完成第一阶段试拌试铺与第二阶段试验段两阶段目标后,根据室内试验检测结果和现场摊铺情况,总结相关施工经验,重点解决环氧沥青混凝土泛油问题,通过优化摊铺与碾压工艺开展实桥首件制铺筑工作。

6.3.1 分幅与全幅施工方案比对

根据广东南沙大桥工期要求,对环氧沥青混凝土分幅与全幅施工方案进行了详细比对,包括施工净工期、优缺点等。广东南沙大桥包括大沙水道桥和坭洲水道桥两座超千米级跨径悬索桥,其中坭洲水道桥为当时世界上最大跨径的钢箱梁悬索桥,跨径为1688m,边跨为534m,钢桥面铺装面积约为83700m^2。为了更准确反映出分幅与全幅施工方案优缺点,给项目施工组织提供指导意见,以钢桥面铺装面积最大的坭洲水道桥为例进行分析对比。

环氧树脂防水(黏结层)施工完成后,考虑工期需求、施工可行性及环氧树脂黏结有效期因素,在试验室分别开展了环氧树脂黏结剂在不同温度和养生时间条件下表干情况,施工可行性以指干时间为判定标准,环氧树脂黏结剂指干时间统计表如表6-3-1所示。

环氧树脂黏结剂指干时间统计表　　　　　表6-3-1

样　品	养生条件(℃)	指干时间(h)	备　注
环氧树脂	20	36.7	摊铺机可作业
	25	34.3	
	30	32.3	
	35	26.5	
	40	19.0	
	45	18.2	
	50	17.2	
	55	16.0	
	60	15.1	

坭洲水道桥钢桥面铺装施工时间为2018年12月—2019年2月,统计桥址区域历年天气温度情况,平均温度区间为20~25℃,根据表6-3-1所示环氧树脂黏结剂指干时间统计,环氧树脂黏结剂涂布完成后需养生35h,即环氧树脂黏结剂涂布完成后需养生1d后方可施工环氧

沥青混凝土。因此从环氧树脂涂布、养生、环氧沥青混凝土摊铺一个循环周期为3d。钢桥面铺装施工工序为钢板喷砂除锈、环氧富锌漆、环氧树脂黏结层、环氧沥青混凝土铺装下层、环氧树脂黏结层、环氧沥青混凝土铺装上层，坭洲主桥施工工期如下：左幅喷砂除锈、环氧富锌漆(9d+5d)→右幅喷砂除锈、环氧富锌漆(9d+5d)→左幅上游1/2环氧树脂黏结剂滚涂(第1天)→左幅上游1/2养生(第2天)→右幅上游1/2环氧树脂黏结剂滚涂(第2天)→右幅上游1/2养生(第3天)→左幅上游1/2环氧沥青混凝土摊铺(第3天)→右幅上游1/2环氧沥青混凝土摊铺(第4天)→……→另1/2及上面层以此循环，坭洲水道桥两种施工方案的施工工序对比和工期计算见图6-3-1、图6-3-2及表6-3-2、表6-3-3。

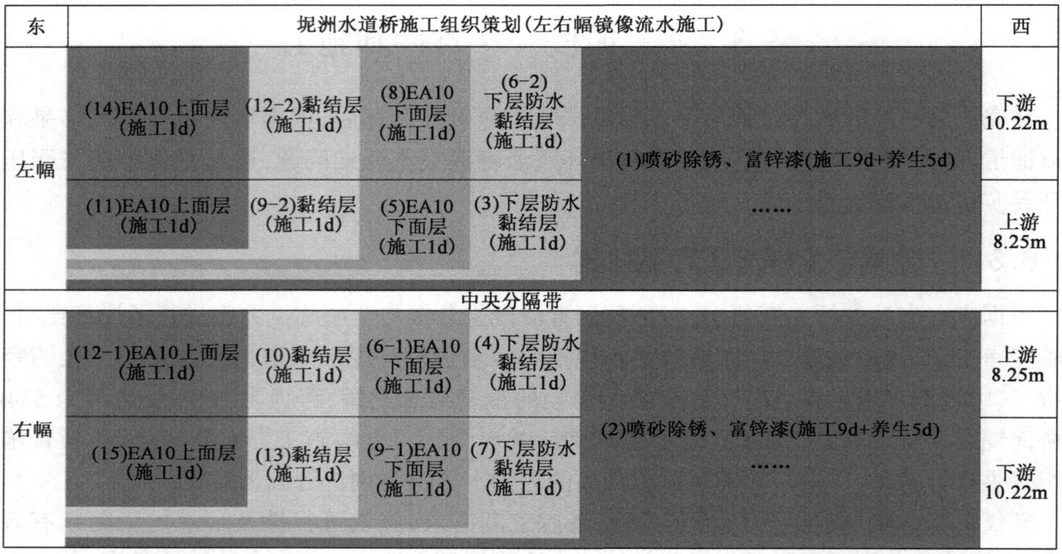

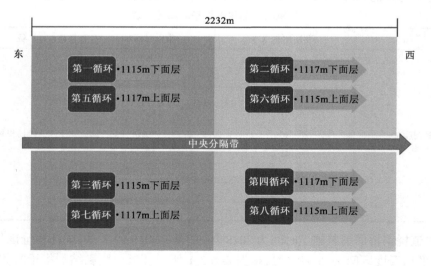

图6-3-1　坭洲水道桥分幅摊铺

图6-3-2　坭洲水道桥全幅摊铺

坭洲水道桥工期计算 表 6-3-2

项 目	行车道面积（m²）	喷砂除锈（工作日）	富锌漆养生（工作日）	下层净工期（工作日）	上层净工期（工作日）	全桥净工期（工作日）
坭洲水道桥	41869 左幅	9	5	16	16	55
	41869 右幅	9	5			

通过计算分析，坭洲水道桥全套工序施工净工期为 55 工作日，其中钢桥面环氧沥青混凝土铺装为 32 个工作日。

如采用全幅摊铺施工工艺，去除环氧富锌漆施工及养生时间，环氧沥青混凝土施工每次约为 1100m，全桥上下铺装层分八个循环施工，每个循环为 3d，全桥共需 24 个工作日。

分幅摊铺与全幅摊铺两种方案优缺点对比如表 6-3-3 所示。

分幅与全幅摊铺对比 表 6-3-3

项 目	优 点	缺 点
分幅摊铺	风险小	工期相对较长
	应急预案容易	纵向接缝存在质量隐患
	—	交叉污染多
	—	需大量的人员、机械设备等
全幅摊铺	—	风险大
	工期相对较短	应急预案实施困难
	质量隐患小	施工组织难度大
	交叉污染少	—
	人员、设备无须额外增加	—

两种方案对比的结论如下：

(1) 分幅摊铺具有风险较低、施工组织难度相对小、项目投入相对少的优点；但存在纵向切缝污染界面、纵向冷缝衔接为质量薄弱环节、施工效率较低、工期较长的缺点。

(2) 全幅摊铺具有施工效率较高、施工工期短、无纵向接缝、界面交叉污染较少的优点；但存在施工风险较高、施工组织难度较大的缺点。

(3) 采用全幅摊铺工艺，与左右幅镜像施工相对，施工工期可以缩短 25%。

根据环氧沥青混凝土施工分幅与全幅方案的优缺点，结合广东南沙大桥钢桥面铺装工期要求，在科学决策、精心组织、统筹规划的基础上，综合分析确定主桥钢桥面铺装采用全幅摊铺施工工艺。

6.3.2 环氧沥青混凝土摊铺

环氧沥青混凝土摊铺前应开展喷砂除锈、环氧富锌漆、环氧树脂防水（黏结层）施工，具体施工工艺详见第七章。本节重点介绍试拌试铺和试验段阶段出现急需解决的"泛油"问题。

本项目环氧沥青混凝土按照层位功能进行设计，下面层采用细级配，上面层采用 FAC 环氧沥青混凝土粗级配进行设计，根据试拌试铺及试验段施工情况发现环氧沥青混凝土外观局部位置出现"泛油"和油斑现象。

根据图 6-2-5 环氧沥青混凝土黏温黏时曲线结果,表明环氧沥青混凝土对温度敏感性高,结合前期试拌试铺及试验段铺筑结果,根据黏温黏时曲线,调整环氧沥青混凝土碾压时间、碾压温度和碾压工艺。

在首件制环氧沥青混凝土铺筑中,对摊铺速度、碾压速度、碾压温度、碾压工艺进行调整,具体调整摊铺与碾压工艺控制要点如下:

(1)调整下面层环氧沥青混凝土摊铺速度为 2～2.5m/min,上面层摊铺速度为 3～3.5m/min;

(2)要合理计算前场摊铺速度与后场拌和楼产能的匹配性及运输能力,保证前后场衔接顺畅和摊铺的连续性。每台摊铺机前至少保证 2～3 台料车等料。

(3)两台摊铺机双机全幅摊铺时应注意纵向接缝处理,通过调整边板和熨平板宽度与高度,杜绝纵向接缝衔接不紧密情况。

(4)环氧沥青混凝土摊铺时,应派专人在摊铺机前 10m 位置清理污染物、油和水等。

(5)摊铺机夯锤应调整振幅和频率,使环氧沥青混凝土初始压实度达到 90% 以上。

(6)摊铺机熨平板应提前预热,并采用棉被包裹,防止热量散失。

(7)为避免长时间摊铺造成环氧沥青混凝土死料现象的发生,摊铺机应加装自动刮涂死料装置。

环氧沥青混凝土施工过程见图 6-3-3。

图 6-3-3　环氧沥青混凝土全幅摊铺

6.3.3 环氧沥青混凝土碾压

试拌试铺和试验段铺筑碾压经验表明,环氧沥青混凝土碾压工艺对铺装层效果和质量影响巨大,环氧沥青混凝土表面出现的"泛油"现象与摊铺速度有关,同时与碾压工艺也有较大关系。在碾压过程中应严格遵循"紧跟慢压,高频低幅"的原则,同时降低胶轮压路机和钢轮压路机的碾压速度,避免过压现象的发生。经过调整后的上下面层环氧沥青混凝土碾压速度如表6-3-4所示。初压与复压之间应根据天气、风速、环境温度等情况动态调整间距,距离过近容易导致"泛油"现象的发生,距离过远导致压实度不足,现场应派专人跟踪碾压,并及时将压路机钢(胶)轮的油皮清理出工作面,防止死料掉入铺装层里。施工过程见图6-3-4。

环氧沥青混凝土碾压速度表(km/h) 表6-3-4

摊铺层	压路机类型	初 压	复 压	终 压
下面层	轮胎压路机	2.0	2.0	—
	双钢轮压路机	—	2.0~2.5(静压)	2.5~3.0
上面层	钢轮压路机	2.0~2.5	2.0~2.5	2.5

图6-3-4 环氧沥青混凝土碾压

通过调整摊铺机摊铺速度和压路机碾压速度,使得环氧沥青混凝土外观整体均匀稳定,有效减少了"泛油"现象和离析现象的发生,进而保证钢桥面铺装质量。

6.4 本章小结

实施钢桥面铺装试拌验证模式,得出的主要结论如下:

(1)对钢桥面铺装试拌试铺、试验段和首件制三阶段实施验证,可有效检验项目施工组织管理、工装设备、施工工艺和配合比等内容,并获取关键技术参数,进而提升施工技术和施工组织管理水平。

(2)实测了热拌环氧沥青混凝土的黏温黏时曲线,并根据该曲线首次明确热拌环氧沥青混凝土的摊铺温度和碾压温度适宜区间，环氧沥青混凝土最大容留时间。

（3）首次实现了FAC环氧沥青混凝土实桥施工，揭示了FAC环氧沥青施工工艺控制原理及关键控制点，为行业技术进步提供了借鉴作用。

（4）实现了超大规模钢桥面铺装全幅摊铺施工工艺，提高施工工效和施工质量。

第7章 施工技术研究与装备研发

由于环氧沥青混凝土具有良好的高温稳定性能、抗疲劳性能、抗水损害性能等优点,自开始在南京八卦洲长江大桥钢桥面铺装中运用后,又分别应用于润扬长江公路大桥、南京长江三桥、广东湛江海湾大桥、广东虎门大桥等多座大跨径钢桥面铺装中,有力地推动了我国大跨径钢桥面铺装技术进步,为钢箱梁应用推广作出了突出贡献。

受制于当时施工装备水平和相关配套条件的限制,传统的钢桥面铺装施工存在以下问题:

(1)钢桥面板喷砂抛丸采用手推式抛丸机施工,机械化程度偏低。

(2)环氧富锌漆露天施工,质量控制难度大。

(3)环氧树脂(沥青)黏结剂施工多以人工涂布为主,均匀性、稳定性差。

(4)环氧沥青混凝土多采用分车道或分幅摊铺,施工效率低,存在纵向接缝质量隐患。

(5)环氧沥青混凝土生产时环氧树脂(沥青)混溶、泵送、搅拌多以人工为主,机械化智能化程度严重偏低。

广东南沙大桥钢桥面铺装面积为 13.6 万 m^2,为世界上热拌环氧沥青混凝土单体铺装面积最大的工程。广东南沙大桥是粤港澳大湾区核心枢纽通道,交通量大、技术标准要求高、工期紧张、环境条件要求苛刻。为确保施工质量和工期目标,建设团队在以往钢桥面铺装施工技术及经验的基础上,创新性地对施工技术及设备进行了研发,形成了成套施工技术与标准。

7.1 施工技术研究

7.1.1 喷砂除锈施工

传统钢桥面板喷砂除锈采用手推式抛丸机,如图 7-1-1 所示,包括 1 台抛丸主机、1 台一体式灰箱、1 台发电机组。根据以往项目经验,手推式抛丸机在施工过程中存在如下缺点:

(1)喷砂除锈效率低。由于抛丸主机和灰箱分离,配置集尘管道进行灰尘收集,每个工作断面最长只能够达到 30~35m,设备的转场耗费大量时间。

(2)配置复杂。动力需发电机供给,作业面管线穿插,凌乱且复杂。

(3)工作面污染严重。由于效率低,每套设备配置人员较多,设备在工作、加油、加水过程中极易污染工作面,带来了交叉污染的质量隐患。

(4)过程控制和检测难度大。由于性能的差异,喷砂除锈的效果也存在差异。为保证施工质量,需加大过程检测的频率。

与国内其他钢桥面铺装相比,广东南沙大桥钢桥面铺装规模巨大,钢桥面板需要重防腐技术,漆膜厚度较厚,技术要求更高,清洁度为≥Sa3.0 级、粗糙度为 80~120μm。如采用手推式抛丸机在规定的工期内完成,初步测算需 30 台手推式抛丸机同时作业,工作面交叉施工污染严重,施工质量控制难度极大。

为解决南沙大桥钢桥面喷砂除锈质量和效率上的矛盾,确保如期通车,经多次调研,引进了美国军工业车载式抛丸机,如图 7-1-2 所示。

图 7-1-1　手推式抛丸机　　　　　　　　图 7-1-2　车载式抛丸机

车载式抛丸机采用抛丸装置和吸尘系统一体式设计,摆脱了传统手扶式抛丸设备的除尘连接管,设备运输和操作更加灵活方便。吸尘器带有自动反吹系统,保障了设备的连续工作能力,大容量的储灰斗大大降低了清理时间。该设备完全实现单人驾驶和操作,具有快捷、环保、抛丸清理彻底、清洁度、粗糙度可控的优点。经现场实际测算,1 台车载式抛丸机施工工效与 6~8 台手推式抛丸机工效相当。车载式抛丸机与手推式抛丸机参数对比见表 7-1-1。

车载式抛丸机与手推式抛丸机参数对比表　　　　　表 7-1-1

抛丸机类型	车载式	手推式
抛丸宽幅(mm)	1220	800
效率(m²/h)	Sa2.5:180~240	Sa2.5:30~50
	Sa3.0:160~190	Sa3.0:20~40
功率(kW)	55	15
操作性	简单	复杂
外形(m)	5.74×2.50×2.75	1.9×0.987×4.2
故障率	少	多

7.1.2　环氧富锌漆施工

环氧富锌漆由环氧树脂、锌粉(或铝粉浆)、助剂及聚酰胺树脂调配而成,与钢板具有良好的附着力,自身具有较好的机械性能和优异的防腐性能。同时,环氧富锌漆可为环氧树脂防水黏结层涂布提供工作面,便于施工组织与计划安排,在钢桥面铺装中广泛运用。以往钢桥面铺装对环氧富锌漆施工重视程度不足,对环氧富锌漆材料特性及施工质量关键控制点认识不深入。本项目经过调研国内外已有环氧富锌漆厂家及相关应用工程案例,将室内试验研究与工程实体相结合,规范了环氧富锌漆材料选型标准、施工工艺、施工质量控制体系、现场检验及评定标准,为后续项目提供翔实的基础参数数据。

7.1.2.1 环氧富锌漆材料选型

钢桥面铺装中环氧富锌漆主要有两个作用：①对喷砂除锈后的钢板起到防腐作用；②为后续环氧树脂防水黏结层施工提供工作面。基于以上两点原因，结合国内外相关工程案例，本项目采用环氧富锌漆技术指标如表7-1-2所示。

环氧富锌漆性能指标要求 表7-1-2

技 术 指 标		技 术 要 求	试 验 方 法
容器中状态		搅拌后无硬块，呈均匀状态；粉料呈微小均匀粉末状态	目测
不挥发物(%)		≥80	GB/T 16777—2008
黏度(ISO 6号杯)(s)		≥6	GB/T 6753.4—1998
干燥时间25时	表干(min)	≤15	GB/T 1728—1979
	实干(h)	≤2	
完全固化(25固)(h)		≤168	GB/T 16777—2008
耐冲击性(cm)		50	GB/T 1732—1993
附着力(拉开法，与钢板,25力)(MPa)		≥6	GB/T 5210—2006
耐盐水性(3% NaCl)(h)		≥240，无泡无锈	GB/T 1733—1993
耐热性(℃)		250℃/h漆膜完整，允许变色	GB/T 1735—2009

7.1.2.2 环氧富锌漆施工准备

环氧富锌漆材料对外界施工环境条件敏感，施工前应充分考虑温度、湿度、露点等因素。环氧富锌漆喷涂前，应确保钢板表面无焊瘤、飞溅物、针孔、飞边和毛刺等，否则必须通过打磨加以清除，锋利的边角必须处理到半径2mm以上的圆角。钢板表面的清理包括钢板表面油污的检查及清理杂物的清除。

在环氧富锌漆施工前先检查钢桥面板横向焊缝和纵向焊缝余高情况(图7-1-3)，如焊缝过高，需要用电动打磨机进行打磨，否则影响钢桥面环氧沥青混凝土铺装层质量。为保证环氧富锌漆施工质量，在焊缝余高处理完成后需对钢桥面板进行油脂、化学物质等排查与清理工作，并采用高压水枪对钢桥面板进行彻底清洗，保证钢桥面板干净、整洁、无污染物(图7-1-4)。如遇以下情况，严禁喷砂除锈与环氧富锌漆作业：

(1)遇下雨、结露等时，严禁除锈作业。

(2)环氧富锌漆施工时钢板温度应高于露点3℃以上，相对湿度≤85%。

(3)盐分检查：采用专用的盐分测试包对钢

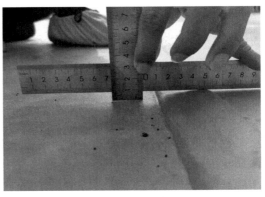

图7-1-3 焊缝余高检测

桥面进行测试。

图 7-1-4　钢桥面板基面处理与清洗

7.1.2.3　环氧富锌漆施工工艺

喷砂除锈检验合格后,同步开展环氧富锌漆喷涂,环氧富锌漆施工工艺流程见图 7-1-5。行车道采用机械化喷涂,边部及钢路缘石侧面采用人工喷涂。为防止大风对喷涂质量的影响,所有喷涂均在移动式厂房设施中进行。喷涂速度根据喷砂除锈效率及天气情况决定;固化至少 7d 后检测漆膜厚度和黏结强度。

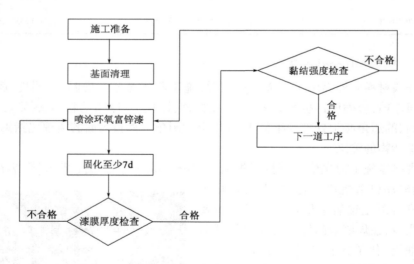

图 7-1-5　环氧富锌漆施工工艺

7.1.2.4　环氧富锌漆关键控制点及应对措施

钢桥面板喷砂除锈 4h 之内,在钢板未受污染和氧化前,喷涂环氧富锌漆。为使环氧富锌漆质量控制更加专业化,要求环氧富锌漆厂家派专业技术人员现场全程指导和控制环氧富锌漆施工质量,所有主要施工设备均围绕环氧富锌漆技术配置。环氧富锌漆关键控制点及应对措施如表 7-1-3 所示。

环氧富锌漆施工关键控制点及应对措施 表 7-1-3

序 号	关键控制点	应对措施
1	施工条件	建立天气预报系统,采用专用温、湿度仪等仪器
2	机械设备喷涂	通过试喷确定合理的工艺参数,采用移动式厂房防止不良天气影响
3	施工均匀性控制	机械化喷涂,采用磁性干膜测厚仪

7.1.3 环氧树脂防水层(黏结层)施工

环氧树脂防水层(黏结层)施工质量对层间黏结性能影响巨大。通过调研国内外相关桥梁使用情况表明,部分环氧沥青混凝土铺装破坏发生在层间界面结合处,主要由于施工过程中施工工艺不当或质量控制不严所致。以往钢桥面环氧树脂防水层(黏结层)施工采用人工滚涂方式为主(图7-1-6),交叉污染严重,作业场面混乱,均匀性差,机械化程度偏低,施工过程中工人易出现漏涂或个别区域用量不够情况。如何防止以上现象的发生,在提高施工工效的同时大幅度提升施工质量均匀性是本项目面临的重要挑战。

图 7-1-6 环氧树脂防水层(黏结层)人工涂布

以机械化,智能化为指导思想,结合目前国内桥梁跨径特点,针对技术难点,领先于国际,首次开发了环氧树脂防水层(黏结层)自动化涂布系统(图7-1-7)。该系统特点如下:

(1)环氧树脂材料在特定温度条件下施工才能获得最佳施工效果和时效性,所开发的装置具有恒温功能,对黏结材料进行恒温,满足任何季节温度的施工条件。

(2)环氧树脂由主剂和固化剂组成,在刷涂前进行均匀混合并按所需时间进行搅拌。

(3)刷涂效率需远远高于人工涂布,质量均匀性稳定性大幅度提高。

(4)根据桥面宽度不同,刷涂宽度及刷涂速度可自动调节,且刷涂量在刷涂速度变化时保持单位面积不变。

图 7-1-7 环氧树脂防水层(黏结层)自动化涂布系统

环氧树脂防水层(黏结层)自动化涂布系统的开发,有效提高了施工工效和质量控制均匀性,大大减少了人工涂布带来的质量隐患。

7.1.4 环氧沥青混凝土生产

环氧树脂由主剂和固化剂混合而成,混合过程中发生固化反应,放出热量,随着温度的升高,固化速度加快。传统的环氧树脂结合料都是人工投放到拌和站的拌缸里,对工人的健康危害较大,且拌缸投放口地方狭小,操作不便,易发生危险。另一种是先搅拌混合好,再抽送到拌缸里。该方式较前一种先进,但是混合后的环氧树脂混合液发生化学反应,放出热量,在狭窄的输送管道里反应更剧烈,温度升高更快,加速了固化,极易堵塞输送管道。为避免以上现象的发生,本项目研发了环氧树脂自动(智能)恒温搅拌涂布系统,可将环氧树脂结合料温度加热至(60 ± 5)℃,降低环氧树脂黏度并使之保持恒定,利于桶内残留量的控制。同时使环氧树脂混溶更加充分,称量更加准确,利用 TLC 软件编程控制环氧树脂自动混溶、搅拌和泵送设备,极大提高了搅拌效率和称量准确性(图 7-1-8 和图 7-1-9)。

图 7-1-8 环氧树脂混溶装置

图 7-1-9 环氧树脂搅拌装置

7.1.5 FAC 施工技术

传统环氧沥青混凝土采用悬浮密实结构,使用过程中表面抗滑性能较差,尤其在雨天和长大陡坡桥梁,极易产生交通事故。为避免以上情况的发生,本项目上面层环氧沥青混凝土采用 CAVF 设计方法,并根据实际使用情况,探索出 FAC 成套施工技术(详见第 8 章)。

7.1.6 全幅摊铺施工工艺

早期环氧沥青混凝土施工均采用分车道或分幅施工工艺,并采用斜切缝形式作为纵向接缝。由于分车道或分幅摊铺纵向接缝为冷接缝,纵向接缝处理痕迹明显,成为铺装施工质量薄弱点,并存在渗水风险。水分一旦进入到环氧沥青混凝土中,在车辆荷载产生的动水压力作用下,铺装层极易出现脱层及坑洞等破坏。本项目通过科学组织、精心决策,对传统的环氧沥青混凝土施工工艺进行改进,采用全幅摊铺工艺,如图 7-1-10 所示,单日铺装面积平均可达 20000m^2 以上,与传统分幅摊铺相比,一次性摊铺工效提高了一倍以上。全幅摊铺具有施工效率较高、无纵向接缝、界面交叉污染较少的优点,但存在施工风险较高、施工组织难度较大的缺点。在全幅摊铺过程中必须保证天气预测准确,拌和站、运输车、摊铺机、压路机等施工机具的完好率高,以确保施工过程中万无一失。由于FAC价格昂贵,对天气保障及施工设备提出了异常高的要求,施工过程中任何一个环节出现偏差均可能导致施工作业停止,带来无法挽回的巨大经济损失。在全幅摊铺开展前应综合考虑各种影响因素和风险以及可能出现的紧急状况,针对性地采取措施,制订应急预案,尽量降低施工风险;经反复论证和验证全幅施工组织方案有100%的保证率方可执行。在广东南沙大桥钢桥面铺装过程中,建设者迎难而上,充分认识项目特点,充分评估困难,扎实做好应急预案,挑战管理与心理上极限,连续创造10余次全幅摊铺无故障的纪录,圆满完成广东南沙大桥钢桥面铺装施工任务。

图 7-1-10 全幅摊铺

7.1.7 钢桥面铺装集料加工关键技术

7.1.7.1 关键技术

常规的集料加工厂,一般属于粗放式露天加工模式,集料的加工受天气等诸多因素影响。对于钢桥面专用集料,若采用粗放式露天加工模式,则与钢桥面铺装的精细化程度极不匹配;只有采用工业化的设计理念,设计专用集料工厂,才能够加工出与钢桥面铺装精细化程度相一致的专用集料(图 7-1-11)。

为实现集料加工的工厂化,确保钢桥面专用集料的生产顺利进行,需要采用工业化的设计,主要的关键技术要求包括以下几个方面:

(1)集料加工生产线的布置需要采用工厂化设计,以保证生产线能够满足厂房内安装的净空高度要求。

(2)工厂内和生产线厂房内的功能分区要合理,既要满足日常集料生产的需求,同时也要满足长期规划的需要。

(3)采用机械化、智能化的手段,在集料包装、称量、集料存放、集料的检测和质量检验等方面,实现先进的信息化和电气化。

(4)集料工厂要实现无尘化生产,以工业化

图 7-1-11 中山集料工厂实景图

的手段,确保集料工厂建厂目标实现。

(5)为确保集料工厂的工厂化生产的目标,将基岩开采和半成品加工的关口前移,集料工厂仅涉及半成品原材料的精加工,以确保工厂的生产不受基岩的岩性限制,可针对不同岩性的材料进行钢桥面铺装集料的针对性加工生产。

7.1.7.2 集料加工工艺

为保证工厂化的效果,中山集料工厂将原材料中的开采及破碎关口前移,所用原材料为半成品料,不涉及基岩的开采,爆破后大石块的解石、一破及二破等工序均安排在矿口附近石场进行,进场的半成品料规格为 10～20mm,其生产流程图如图 7-1-12 所示。

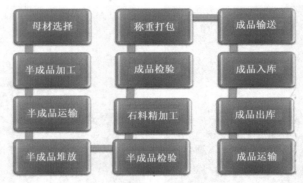

图 7-1-12 集料工厂生产流程图

其中粗集料生产工艺如图 7-1-13 所示。

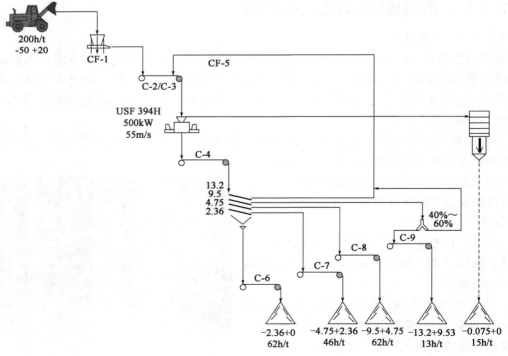

图 7-1-13 粗集料生产工艺

细集料生产工艺如图 7-1-14 所示。

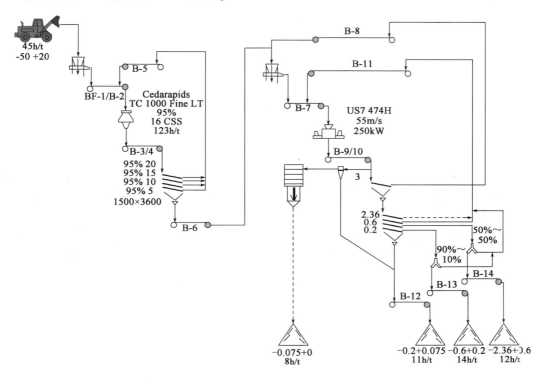

图 7-1-14　细集料生产工艺

7.1.7.3　生产过程的工厂化管理

生产过程中生产数据自动统计,可实现日统计、月汇总,支持数据瞬时查询及远程传输查询功能。

厂区及作业过程实行 24h 监控,加工作业区实行门禁制度,严禁无关人员进入,工厂各出入口车辆采用放行条,外来人员进行厂区应进行登记。

配置先进辅助设备,以保证工厂的正常运转(图 7-1-15)。

图 7-1-15　辅助设备的配置

7.1.7.4 大数据信息化系统的应用

为所生产的集料配置身份识别卡（图 7-1-16～图 7-1-18），包括信息如下：

（1）母材信息。包括产地、石场、石材类型、生产批号、各种质量指标、检测人员、检测时间。

（2）半成品信息。包括到场时间、到场数量、含水率及含泥量检测、材料人员、检测人员。

（3）成品信息。包括生产日期、加工批号、规格、数量、级配、含粉量检测，规范要求的各类指标、检测频率、生产操作人员、检测人员、材料人员。

（4）库存信息。包括入库时间，仓位信息、操作人员、材料人员。

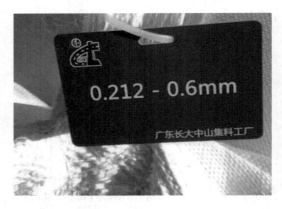

图 7-1-16　包装集料配置的信息存储卡

图 7-1-17　包装待出厂成品集料

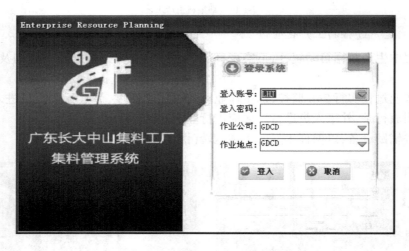

图 7-1-18　广东长大中山集料工厂信息管理系统

集料工厂信息化管理系统是由集料电子质量录入系统、中枢管理系统以及终端读卡器等构成。成品集料包装完成后，包装人员将会为每一包集料粘贴一张电子质量标签（含有二维码），此标签的存在相当于广东长大中山集料厂的 ISO 质量体系认证，只需用扫一扫二维码，即可显示出此包集料的石材原产地、原材料进场检测、成品检测等相关信息。若出现产品质量问题，广东长大中山集料厂会第一时间在系统中查询到当时所采用的材料批号和生产组别，以及相对应的产品品质检验资料;可以在3~5min之内查清问题之所在,及时对库存的产品进行复检。

7.1.7.5 钢桥面铺装专用碎石储存

环氧沥青混凝土对集料要求非常高,必须采用专用钢桥面铺装集料,且集料含水率小于0.3%。为使运输至现场的钢桥面铺装集料含水率小于0.3%,不受台风、雨水和潮湿天气的影响,必须高标准建设钢桥面铺装集料储存仓库。

广东南沙大桥采用全密闭式钢结构厂房,厂房结构进行抗14级台风的抗倾覆能力和抗风能力力学验算,确保钢桥面铺装集料不受台风、雨水和潮湿天气影响。虎门二桥钢桥面铺装专用集料储存仓库见图7-1-19。

图7-1-19　钢桥面铺装集料专用储存仓库

7.2　设备装备研发

7.2.1　环氧富锌漆移动式厂房

环氧富锌漆材料施工过程中需将主剂、固化剂和稀释剂混合使用,当钢板温度较高时(≥50℃),环氧富锌漆机械性能衰减较多,部分环氧富锌漆不能流淌至喷砂抛丸形成的波谷处,导致漆膜松酥生锈。同时,大跨径桥梁通常横跨江河,桥面风速大,如不采取防护措施,环氧富锌漆喷涂过程中极易飘散,导致漆膜不致密,在湿度较大或有雨水的作用下,环氧富锌漆极易生锈。为此在环氧富锌漆喷涂作业时应采取相应措施,克服风的影响,本项目为提高环氧富锌漆作业时间和喷涂质量,自主研制开发了智能化移动式厂房(图7-2-1和图7-2-2),有效提高了施工质量和效率。

如果在施工作业面增加一个可以移动的棚子,且四周有围蔽,喷涂作业在棚子里面操作,可以极大降低风对喷涂的影响,所以制作一个可以自行驱动的、四周有围蔽和上面有顶棚的移动式厂房尤为必要。

图 7-2-1 移动式厂房实际效果图

图 7-2-2 移动式厂房内喷涂施工

7.2.1.1 移动式厂房简介

根据桥面单幅 19m 的宽度,移动式厂房的跨度设计为 18.6m,每边预留 0.2m 作为移动式厂房移动的间隙,避免跟钢路缘石和钢护栏剐蹭;长度设计为 10m,让喷涂作业具备良好的空间。采用门式钢架结构,钢柱为 HW175×175×7.5×11,钢梁为 HM194×150×6×9,每侧 4 根钢柱立于通长 10m 的底梁 HW175×175×7.5×11 上,每边底梁底下对应钢柱位置安装直径 350mm 的钢制脚轮,脚轮外包一定厚度的软质聚氨酯材料,避免脚轮对钢桥面漆面的损伤。移动式厂房两侧底梁各安装 4 个脚轮,其中前后方向的两组脚轮具备电机驱动装置,且带变频器控制,可变频调速移动式厂房移动速度,两侧驱动轮各自控制及调速,可实现走偏或是弯道时进行差速调整行驶方向。在和钢路缘石平齐位置的移动式厂房两边底梁处,安装若干顶轮,行走时顶轮可以和钢路缘石侧面接触滑动,避免移动式厂房走偏时底梁直接剐蹭钢路缘石。移动式厂房设计采用人字形屋顶,两侧高度为 2.6m,中间最高点约为 3.3m。移动式厂房两山墙面开敞不封闭,采用方便拆除的透气防风网。侧墙和屋面采用 0.426mm 840 型彩钢板作外围封闭,在两侧底梁与地面的间隙处采用安装软胶皮作为裙边封闭。总之,移动式厂房具备变速自行走和调整行驶方向的功能,作业空间防风但又透气,提供给环氧富锌漆喷涂作业良好的空间。

7.2.1.2 作业流程

移动式厂房内喷涂作业流程如下:

(1)先将作业面两侧移动式厂房行驶轮迹带位置宽约 0.5m 范围的边带部分的环氧富锌漆喷涂好,养生完成后开始对作业面抛丸打砂,作业面抛丸打砂完成 20m 后开始清理作业面,同时将移动式厂房移到作业面。

(2)移动式厂房到位后接好电源,调试好适合的移动速度,前后两山墙开敞面以钢丝绳拉紧作捆绑点,用透气防风网封闭,使棚内形成相对密闭但透气的空间。

(3)将喷涂设备放置钢桥面另外一幅,将喷枪和配套管路连接到移动式厂房内,开始喷涂作业,作业过程中移动式厂房根据作业进度往作业前进方向同步移动。

(4)作业完毕后,将移动式厂房用若干手拉制动系统和钢护栏固定,并用三角木塞在前后的驱动轮处,以免在纵坡的地方溜动和被风吹动,保证安全。

7.2.1.3 使用移动式厂房的优点

在移动式厂房内施工,基本不受风对喷涂环氧富锌漆的影响,施工质量明显提高,漆膜厚度均匀性有保证(图7-2-3)。工人在棚内作业不受太阳暴晒,劳动强度相对减小,施工效率有所提高,亦减少人为失误。棚内不受风影响,减少漆雾的飞散,杜绝了对周边环境污染。总之,移动式厂房可提高环氧富锌漆施工质量的均匀性,解决了环氧富锌漆施工受风速、日照辐射等影响,为改善工人作业环境和缩短施工工期提供有效途径。

图7-2-3 移动式厂房棚内作业实景图

7.2.2 环氧树脂恒温房的研发

为适应超大规模钢箱梁桥面铺装施工发展的需求,项目部开发了环氧树脂自动(智能)恒温搅拌涂布系统,可使环氧树脂温度控制在(25±2)℃或(60±5)℃,有效保证环氧树脂的施工时间,使环氧树脂黏度保持恒定,利于用量的控制及残留量的控制。环氧树脂恒温房如图7-2-4所示。

7.2.3 环氧树脂智能化涂布系统

对传统的环氧树脂黏结剂施工方法进行改进,提出了钢桥面环氧树脂黏结剂智能化刷涂施工方法,总结出"钢桥面环氧树脂黏结剂智能化刷涂技术",并最终形成"钢桥面环氧树脂黏结剂智能化刷涂施工工法"。

图7-2-4 环氧树脂恒温房

环氧树脂智能化涂布系统有如下优点:

(1) 环氧树脂恒温精度高，有效保证了施工质量。
(2) 减少了桶内残留，节约材料。
(3) 刷涂均匀性易于控制，有效提高铺装层与钢板间的黏结作用，提高施工质量。
(4) 工效较高。用量 $0.4kg/m^2$ 效率为 $2150m^2/(h \cdot 台)$；用量 $0.6kg/m^2$ 效率为 $1672m^2/(h \cdot 台)$。
(5) 减少了人员投入，有效减少了职业伤害，工作界面整洁有序，界面交叉污染少。
(6) 环氧树脂开桶、添加、搅拌均在平板车上进行，加上采用自主研发的环氧树脂机械化搅拌系统，对工作面污染小。

7.2.3.1 工艺原理

主要工艺原理为：
(1) 将环氧树脂提前搬运至移动式恒温房内，打开保温开关，温度设定为 (25 ± 2)℃。
(2) 将加热到规定温度的环氧树脂添加到搅拌缸里，混合搅拌 3min 以上。
(3) 将搅拌好的环氧树脂混合液通过管道泵送到智能化刷涂机，通过刷涂机管道将环氧树脂黏结剂布料在桥面板上，通过毛刷的刷涂作用将环氧树脂均匀刷涂在桥面板上。

涉及的机械设备主要包括发电机、移动式恒温房、环氧树脂搅拌系统、环氧树脂黏结剂智能化刷涂系统等，如图 7-2-5 所示。

a) 环氧树脂智能化刷涂

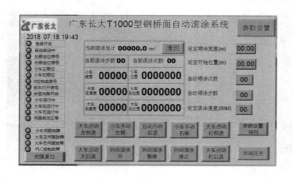 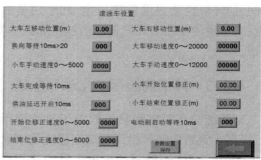

b) 触摸控制屏界面

图 7-2-5　环氧树脂智能化涂布系统

7.2.3.2 施工工艺流程及操作要点

1) 施工工艺流程

环氧树脂黏结剂施工工艺流程图如图 7-2-6 所示。

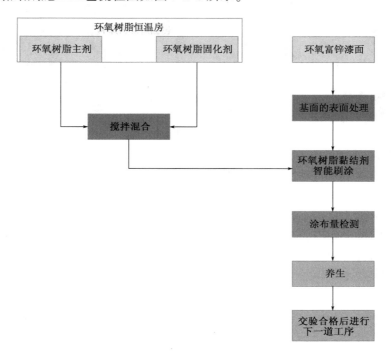

图 7-2-6 环氧树脂黏结剂施工工艺流程图

2) 操作技术要点

(1) 刷涂前基面必须干燥、洁净、无油污、无异物、无灰尘。

(2) 遇降温、大雾、下雨、下雪、结露等天气条件时,严禁刷涂作业。

(3) 气温高于或等于 10℃ 以及行车道表面温度高于 10℃ 时才能刷涂黏结剂。

3) 环氧树脂保温

根据刷涂面积及黏结剂要求的刷涂量算黏结剂用量,将黏结剂 A、B 组分同比例放入恒温房内,如图 7-2-7 所示。

根据天气状况及恒温房内黏结剂数量,提前开启恒温房,将恒温房温度设定在 (25 ± 2)℃。

由试验人员检测恒温房内环氧树脂的温度是否满足要求,如图 7-2-8 所示。

4) 环氧树脂搅拌

(1) 从环氧树脂恒温房拿出环氧树脂前,首先对主剂和固化剂进行编号,并将环氧树脂放在电子秤上,确保环氧树脂主剂和固化剂质量比为 1∶1。

图 7-2-7 环氧树脂主剂和固化剂放入恒温房

图 7-2-8　环氧树脂温度检测

（2）环氧树脂主剂和固化剂从恒温房拿出来后，应及时开桶，严禁在恒温房外放置时间过长，导致温度降低，影响环氧树脂流动性，进而导致桶内残留量大，影响环氧树脂黏结剂固化效果。

（3）采用自制的开桶工具，在环氧树脂桶的顶端对角处开两个口，方便环氧树脂倒出。

（4）将两组环氧树脂主剂和固化剂倒入一定容量的搅拌桶，罐壁设置有扰流板，让搅拌充分。

（5）搅拌时间设定为不少于3min，过程中指派专人定时复核搅拌时间。

（6）搅拌罐出料口配置电动蝶阀，使混合好的环氧树脂黏结剂能快速流到泵送桶。

施工过程见图 7-2-9。

a)环氧树脂搅拌系统

b)倒环氧树脂　　　　　　　　　　　c)搅拌

图 7-2-9　环氧树脂搅拌

5）环氧树脂黏结剂泵送

环氧树脂泵送系统的作用是储存一定数量的恒温黏结材料,并将混合好的环氧树脂以一定的压力泵送至行走刷涂部分的多孔喷涂管处。泵送系统由恒温箱、搅拌罐、泵送桶、喷涂泵和送料高压管及发电机组成（图7-2-10），其实景图如图7-2-11所示。

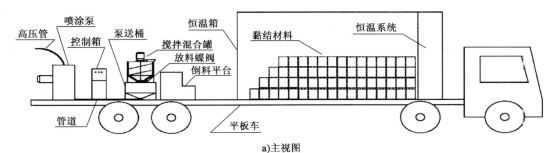

a）主视图

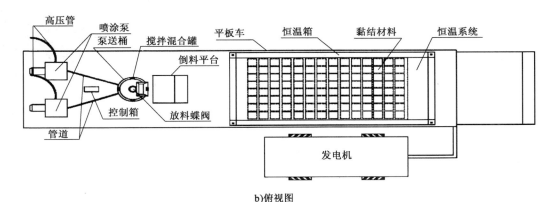

b）俯视图

图7-2-10　泵送装置示意图

图7-2-11　泵送系统实景图

6）自动行走刷涂系统

刷涂施工前,要清理干净工作界面,如图7-2-12所示。钢路缘石采用塑料薄膜覆盖防护,如图7-2-13所示。

图 7-2-12　界面清理

图 7-2-13　钢路缘石防护

自动行走刷涂系统由刷涂机架、刷涂小车、刷涂机构、小型空压机、触摸控制屏和控制电箱组成。

自动行走刷涂系统的作用是根据设定和桥面宽度,将泵送过来的环氧树脂黏结剂按设定量由多孔喷涂管布料到工作面,毛刷同步将黏结剂刷涂均匀。刷涂机架上面的刷涂小车沿机架上面的轨道在工作面上做横向刷涂,每完成一次横向刷涂后刷涂机架纵向步进一次,步进距离等同横向刷涂宽度,如此反复,完成整个工作面。

触摸控制屏是刷涂机控制中心,可设置各项参数和控制操作刷涂机的各项功能,可监控刷涂机工作状况;控制电箱内置 PLC 模块和各伺服电机控制器,根据触摸控制屏的指令实现刷涂自动化。触摸控制屏如图 7-2-14 所示。

环氧树脂自动刷涂行走系统实景图如图 7-2-15 所示。

对于环氧树脂黏结剂,主剂和固化剂从混合后到涂布结束所需时间,必须在以下可使用的范围内,具体使用时间见表 7-2-1。

环氧树脂黏结剂的可使用时间　　表 7-2-1

温度(℃)	20	30	40
可使用时间(min)	45	20	5

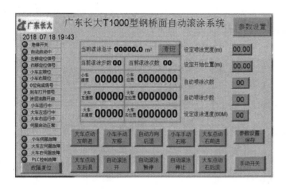 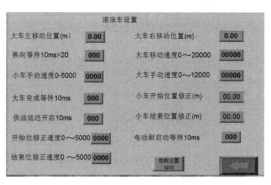

图 7-2-14 触摸控制屏界面

图 7-2-15 环氧树脂智能化刷涂实景图

7) 刷涂量标定

(1) 首先将设备各部位进行通电试机,确认无误后开始标定。将一组质量 30kg 环氧树脂黏结剂倒入搅拌罐按规定搅拌 3min,搅拌时间到后放入泵送桶。

(2) 同时开启两台喷涂泵,先进行小循环回流泵送,调整泵工作压力为 20MPa。开启泵送开关和喷涂管上方气动高压阀,将黏结剂泵送到喷涂管,喷涂管下方放置接料槽,当正常稳定出料时关闭高压阀,使用另外一个已称量皮重的接料槽接料;开启高压阀放料,按 1min 计时,称量接料槽的黏结剂材料净重,该净质量即是在 20MPa 压力下的流量;以此方法分别设定喷涂泵不同工作压力下的流量,为施工设定涂布量和涂布速度提供数据。根据标定数据,两台喷涂泵工作压力 20MPa 时测定流量为 20kg/min,按涂布量按 $0.4 \pm 0.05 kg/m^2$ 计算,此流量可施工面积为 $50m^2$。

(3) 喷涂管和毛刷长度均为 1.2m,实际刷涂宽度约 1.2m,刷涂时前后刷涂轨迹需要搭接 50mm,实际有效刷涂宽度为 1.1m,桥面宽度按 19m 计算,刷涂机每一次横向刷涂面积为 $19m \times 1.1m = 20.9m^2$。经计算,在 20kg/min 的流量下,刷涂小车速度为 $19/(20.9/50) = 45.45$ m/min,按 45m/min 设定,19m 宽度小车刷涂一次时间约 26s。

(4) 在工作面上铺设多张 $1m \times 1m$ 的薄牛皮纸,铺设时应平整,以免影响测定,如图 7-2-16 所示。设定喷涂泵按 20MPa 压力流量为 20kg/min,刷涂小车按 45m/min 的速度设定,开启自动刷涂,刷涂经过牛皮纸并满涂的情况下,取出牛皮纸称量计算出牛皮纸上面黏结剂的净质量,得出每平方米的准确刷涂量,经多次测定,刷涂量均在设定范围内。

图 7-2-16　刷涂量标定

经过以上标定,刷涂机的效率及涂布量均满足施工需求。如过程中涂布量变大或是变小,可微调刷涂小车的行走速度进行调整,亦可微调喷涂泵工作压力进行调整。每次施工前可以画出每两组 60kg 黏结剂的涂布面积,刷涂过程中采取涂布总量换算施工面积核定单位面积涂布量。

8)环氧树脂黏结剂养生

环氧树脂黏结剂刷涂完成后采用自然养生的方式,养生时间宜为 1~2d,具体根据天气状况,视环氧树脂固化情况而定。

养生期间应封闭交通,禁止一切车辆和行人进入工作面。

7.2.4　摊铺机刮"死料"装置

环氧沥青路面摊铺时,摊铺机的布料槽内靠近熨平板位置由于螺旋送料的需要,会设置较宽的料流槽,送料螺旋叶片边缘至熨平板侧壁位置根据不同品牌摊铺机约有 100~200mm 空隙宽度。在摊铺过程中,由于沥青混合料的黏附性,通常会在靠近熨平板侧壁空隙位置堆积一定厚度的沥青混合料,长时间作用下形成温度较低的硬混合料——"死料";尤其环氧沥青混凝土固化时间较短,超出容留时间极易形成"死料",导致"鼓包、脱层"等早期病害发生,严重影响施工质量。为解决"死料"带来的质量隐患,本项目开发了一种机械式自动刮"死料"装置,确保施工质量。

7.2.4.1　技术要点

采用液压驱动方式,熨平板侧壁多个刮刀间歇式往复刮料,将熨平板侧壁堆积不流动的混合料刮入料流,以保证侧壁不流动混合料能及时跟随料流摊铺,解决不流动料流停留时间过长的问题。具体结构分为液压动力部分和执行机构。

1)液压动力部分

采用小型汽油机驱动液压工作站,提供液压动力,或由摊铺机原有备用液压动力输出,并配置有液压操控阀,两种液压动力均通过高压管将液压动力传送到执行机构的液压缸。

2) 执行机构

"死料"由刮刀刮出,刮刀安装在刮刀架上,刮刀架上设置滑块,滑块与固定于熨平板侧壁的导轨配合做直线往复运动;滑块根据左右部分熨平板长度分别设置3~4块。刮刀架上安装数个刮刀,刮刀数量取决于液压缸行程长短,油缸行程越长,刮刀数量越少,反之刮刀越多。刮刀呈三角形长条状,长度与熨平板侧壁高度相似,三角形高度由底部向高处逐步增高,以保证刮刀刮料时能完全将不流动混合料及时刮出给螺旋布料进行摊铺,消除不流动混合料。根据熨平板位置安装左右两个液压缸,液压缸行程根据安装位置长短设置为1.2m,两个液压缸由油管并联供油,并用同一个液压阀控制,以保证左右两边刮刀同向运动,避免刮刀相撞。

7.2.4.2 工作流程

在摊铺机摊铺过程中,开启汽油机液压机或是摊铺机自带液压动力开关,开启刮刀液压缸液压操控阀控制开关,两个液压缸推动两套刮刀支架同向运动,过程中根据摊铺速度适时调节液压流量以调节阀控制刮刀运动速度,当刮刀支架运动至熨平板一侧尽头触碰到行程开关时,液压操控阀动作控制液压缸反方向运动,推动刮刀反方向刮料,当刮刀到反方向运动至尽头支架触碰到行程开关时,液压操控阀动作控制液压缸向另外一个方向运动,如此反复动作控制刮刀直线反复运动,减少不流动混合料的停留时间,杜绝常规沥青混合料摊铺时"硬块"和环氧沥青混合料摊铺时"死料"的产生,以此保证混合料摊铺质量。

刮"死料"系统经过项目实际使用效果明显,尤其是环氧沥青混合料摊铺时更突出本装置的优越性,杜绝"死料"的产生,将原来一台摊铺机需要4~6个工人同时高强度操作撬料,变为完全机械自动化刮料,而且清理更彻底,大大提高施工质量。自动刮"死料"装置见图7-2-17。

a)加装刮料装置

b)工作状态

图7-2-17 自动刮"死料"装置

7.2.5 环氧树脂混溶、泵送系统

本项目针对传统环氧沥青用环氧树脂人工混溶、投放施工效率低,可追溯性弱的缺点,研发了环氧沥青混溶、泵送、投放系统,有效解决了环氧沥青混凝土生产时环氧树脂控温、混融、投放的一系列问题(图7-2-18)。环氧树脂混溶、泵送、投放系统温控精度高,全机械化操作,智能化程度高,减少了人工投入,有效降低了职业伤害,可以将环氧树脂混合液

与基质沥青同时投入到搅拌缸,提高环氧沥青混凝土的生产效率和质量,质量控制可追溯性强。

a) 环氧树脂恒温房

b) 环氧树脂投入及泵送

c) 环氧树脂混融装置

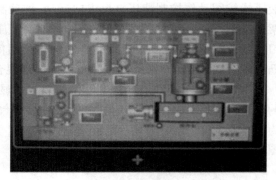

d) 控制界面

图 7-2-18　环氧沥青混溶、泵送、投放系统

7.3　本章小结

针对传统环氧沥青混凝土生产过程中存在的问题,本章讨论了施工技术研究与装备研发工作,包括提高钢桥面铺装施工技术水平的方法以及多项钢桥面铺装专用施工设备。

(1)开展了喷砂除锈、环氧富锌漆、环氧树脂防水(黏结层)、环氧沥青混凝土生产与施工、专用集料加工等技术研究,并提出关键控制点及应对措施。

(2)领先于国际,首次提出并实现了热拌环氧沥青混凝土全幅施工成套技术及关键控制点。

(3)研发了环氧富锌漆移动式厂房,环氧树脂智能化涂布系统,环氧树脂恒温房、环氧树脂混溶、泵送和搅拌智能化系统,建立了世界领先的钢桥面铺装集料专用加工厂、摊铺机刮"死料"装置等专用设备,实现了钢桥面铺装机械化、智能化施工技术,有力推动了行业进步。

(4)通过对热拌环氧沥青混凝土关键技术的研究及相关配套施工装备的研发,显著提升了环氧沥青混凝土施工关键技术及质量控制,提高了施工工效;通过科技创新驱动技术发展,实现了钢桥面铺装施工机械化、智能化施工的跨越,有力推动了行业的进步。

第8章 钢桥面铺装施工工艺与管理

环氧沥青混凝土具有优良的路用性能,在我国应用日益广泛,但受温度、湿度、施工时间等因素影响明显,对施工技术控制水平要求非常高。施工技术水平与精细化程度直接影响环氧沥青混凝土质量。环氧沥青混凝土施工过程和固化机理与普通沥青混凝土具有显著差别,主要表现为:

(1)环氧沥青混凝土施工是环氧树脂固化反应的化学过程,而普通沥青混凝土施工主要是高低温黏度变化的压实过程。

(2)由于环氧沥青混凝土施工是一个化学反应过程,因此对施工各环节的温度、湿度和时间要求非常严格,如果超过规定时间、温度或湿度要求,材料必须废弃。

(3)目前环氧沥青混凝土一般设计空隙率低于3%,基本处于不透气状态,因此施工过程中严禁带水,否则将产生鼓包开裂病害。

(4)由于环氧沥青混凝土设计空隙率较小,对施工过程中碾压方式和碾压速度要求非常高。碾压工艺直接决定了环氧沥青混凝土施工质量。

(5)环氧沥青混凝土完成施工后需要一定时间的养生期,养生期需要7~14d。

(6)环氧沥青混凝土造价昂贵,是普通沥青混凝土造价的10倍左右,如果施工控制不当,将造成较高的损失。因此要求钢桥面环氧沥青混凝土铺装施工中精益求精,避免造成"废料"等。

由于环氧沥青混凝土对施工技术要求严格,施工质量控制与精细化水平是质量保证的重要环节。控制原材料质量,提高人员的技术素质、保障机械设备良好状态、贯彻文明施工等是保证环氧沥青混凝土铺装质量的基础。已有环氧沥青混凝土铺装工程应用情况表明,环氧沥青混凝土铺装使用性能受施工控制水平影响显著,多数早期局部病害与施工控制因素有关。因此开展环氧沥青混凝土施工技术和控制研究对保证钢桥面铺装具有重要的意义。

8.1 钢桥面铺装施工控制原则

钢桥面环氧沥青混凝土铺装施工是一项复杂的系统工程,分为施工前准备、施工过程中控制、施工完成后成品质量检测与评价三个阶段,各工序之间是互相联系、互相制约、互相作用的有机整体,管理过程中应树立把生产要素各组成部分联系起来从整体角度进行分析和综合的思想。

钢桥面环氧沥青混凝土施工总体控制原则分为整体性分析、要素集分析、相关性分析和可靠性分析原则,如图8-1-1所示。

图 8-1-1　总体控制原则图

8.1.1　整体性分析

大跨径桥梁通常位于区域交通要道,配以引桥和互通匝道等相关工程,尤其进行钢桥面铺装施工作业时,通常与通车时间紧密关联,工程整体线路上交叉施工作业单位较多。应牢固树立"以钢桥面铺装为中心"的思想,这是因为钢桥面铺装具有材料昂贵,工艺复杂,精细化程度要求高,社会关注度广泛,维修困难的特点。在桥面铺装施工前,应采用全桥封闭的手段(图 8-1-2),避免钢桥面铺装施工期间各标段交叉作业污染,杜绝质量隐患。

图 8-1-2　主桥全桥封闭

8.1.2　要素集分析

钢桥面铺装工序复杂,施工过程中涉及人员管理、原材料管理、机械设备管理、试验检测管理、文明施工管理等,要将各种要素及组成部分结合起来,分析各要素之间影响关系(图 8-1-3),通过科学决策和精心组织才能顺利完成钢桥面铺装施工工作。

8.1.3　相关性分析

钢桥面环氧沥青混凝土铺装施工各要素是互相联系的有机整体,因此需要对多种变量元素进行分析,衡量多个变量之间的密切程度。相关性分析示意图如图 8-1-4 所示。相关性分析分为外界条件与内部管理,需要划清外界条件(工作面、天气、其他)与内部管理(人员、机械、材料、其他)的边界条件,分析外界条件对项目施工的相关影响性,评估影响权重和效果,找出关键线路与风险点。需要分析人员与技术相关统一性,根据技术需求将人员划分为若干职能小组(清理组、环氧树脂投放组、摊铺组、碾压组、试验组等),各职能小组既独立分工又相互协调配合,以目标任务为导向达到密切衔接。以系统工程管理为主线,以技术需求为根本,将各要素贯穿于项目施工全过程。

图 8-1-3　要素集分析图

8.1.4　可靠性分析

为检查施工准备情况及施工过程中可靠性的控制情况,建立点检表制度,实行当日施工总结制度,及时总结施工过程中存在的问题。项目实施过程中推行"清单化、可视化、表格化、信息化"管理,进而提升施工准备及施工质量的可靠性(图 8-1-5)。

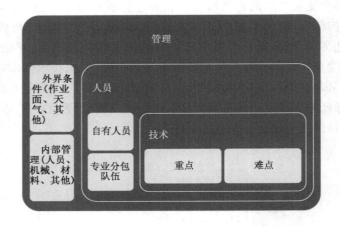

图 8-1-4　相关性分析图

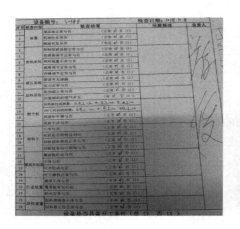 

图 8-1-5　清单化、可视化

8.2　钢桥面铺装施工组织策划

8.2.1　钢桥面环氧沥青混凝土铺装施工工艺

钢桥面环氧沥青混凝土铺装施工工艺分为喷砂除锈、环氧富锌漆施工、环氧树脂防水黏结层涂布、铺装下层施工、黏结层涂布、铺装上层施工6道施工工序。钢桥面环氧沥青混凝土铺装为系统工程，各工序衔接紧密，精细化程度要求高，在施工过程中必须严格控制各道施工工序，通过科学决策、精心组织才能将钢桥面环氧沥青混凝土铺装做成精品工程。钢桥面环氧沥青混凝土铺装施工工艺流程图如图8-2-1所示，钢桥面铺装施工所需设备如表8-2-1所示。

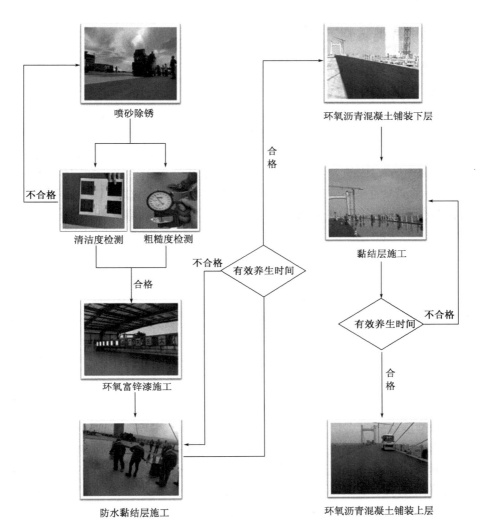

图 8-2-1　钢桥面环氧沥青混凝土铺装施工工艺流程图

钢桥面铺装所需主要施工设备一览表　　　　　　　　　　表 8-2-1

序　号	设 备 名 称	型　号	备　注
1	车载式抛丸机	B4800-L	—
2	环氧富锌漆移动式厂房	自主研制	智能化行走
3	环氧树脂智能化涂布系统	自主研制	智能化控制
4	3D 摊铺机	—	宽度大于>8.5m
5	胶轮压路机	—	>12t
6	钢轮压路机	—	>12t
7	振荡压路机	—	>12t
8	自卸保温运输车	—	>20t
9	环氧树脂混溶泵送系统	—	自动化
10	环氧树脂恒温房	—	智能化控温

8.2.2 钢桥面铺装施工组织策划

8.2.2.1 各工序施工模式

1）喷砂除锈及环氧富锌漆施工

为保证施工质量,环氧富锌漆施工应在喷砂除锈完成后4h内完成。为提高钢桥面铺装施工工效、避免交叉施工污染,主桥钢桥面喷砂除锈及环氧富锌漆施工采用左右幅全断面施工,根据整体工期安排及现场实际情况,两座桥喷砂除锈及环氧富锌漆施工均采用先左幅后右幅施工方式,在环氧树脂施工前,单座桥梁左右幅环氧富锌漆施工必须完成,且有足够的养生时间。考虑环氧沥青混凝土施工连续性和环氧富锌漆养生时间,环氧富锌漆施顺序为大沙桥水道桥左幅、坭洲水道桥左幅、坭洲水道桥右幅、大沙水道桥右幅,施工顺序如图8-2-2所示,施工过程如图8-2-3所示。

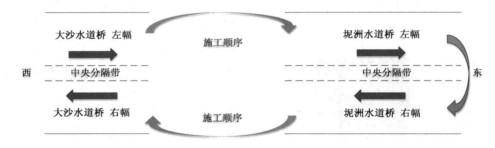

图8-2-2 环氧富锌漆施工组织顺序

2）防水（黏结层）施工

在主桥环氧树脂防水黏结层涂布前,应完成相应主桥钢桥面喷砂除锈及环氧富锌漆的全部施工工序,并养生固化5~7d,直至所有环氧富锌漆中溶剂挥发。

为保证施工顺畅,提高钢桥面防水（黏结层）施工工效,减少桥面铺装工程自身的交叉干扰,钢桥面环氧树脂防水（黏结层）施工采用自主研制的环氧树脂智能化涂布系统,全断面施工模式,即施工完一幅环氧树脂防水（黏结层）再施工另一幅（图8-2-4）。

图8-2-3 环氧富锌漆全断面施工

图8-2-4 环氧树脂防水（黏结层）全断面施工

3）环氧沥青混凝土施工

根据第三阶段——首件制施工经验,环氧沥青混凝土施工应在环氧树脂涂布完成后养生

1d 开始施工,全桥环氧沥青混凝土施工采用全幅摊铺施工方案,既提高施工工效,又避免分幅施工纵向接缝带来的质量隐患。在全幅施工时,应做好人员、设备、材料、气象预报等的准备工作。全幅施工如图 8-2-5 所示。

图 8-2-5 环氧沥青混凝土全幅摊铺

8.2.2.2 工效和工期策划

钢桥面铺装施工工序主要包括喷砂除锈、环氧富锌漆施工、环氧树脂防水(黏结层)施工、环氧沥青混凝土施工工序,钢桥面铺装施工组织顺序如图 8-2-6 所示。

图 8-2-6 钢桥面铺装施工组织示意图

1)喷砂除锈与环氧富锌漆

根据实际项目需求,项目配备 4 台车载式抛丸机 +3 台边带抛丸机,环氧富锌漆在喷砂除锈完成后同步开展,并配备移动式厂房,以提高施工工效和施工质量。广东南沙大桥喷砂除锈和环氧富锌漆净工期计算见表 8-2-2 ~ 表 8-2-4。

大沙水道桥喷砂除锈净工期 表 8-2-2

项 目	行车道面积 (m²)	单机效率 (m²/h)	设备配备 (套)	单日完成工作量 (m²)	工作日 (d)	总净工期 (d)
大沙水道桥	22500 左幅	144	4	4600	5	10
	22500 右幅				5	

钢桥面热拌环氧沥青混凝土铺装

坯洲水道桥喷砂除锈净工期 表8-2-3

项 目	行车道面积（m²）	单机效率（m²/h）	设备配备（套）	单日完成工作量（m²）	工作日（d）	总净工期（d）
坯洲水道桥	41925 左幅	144	4	4600	9	18
	41925 右幅				9	

环氧富锌漆喷涂工效测算 表8-2-4

喷涂泵（台）	喷枪（把）	每把喷枪工效（m²/h）	每台班完成工作量（m²）	备 注
2	2	350	5600	工效大于喷砂除锈工效，配置满足本项目需求

2）环氧树脂刷涂

传统的环氧树脂黏结剂施工均采用人工混合搅拌和人工滚涂施工，存在施工效率低、工人劳动强度大、工作界面多、交叉污染大等缺点；受工人操作熟练程度影响，环氧树脂黏结剂刷涂均匀性参差不齐，质量控制难度较大。经调研国内外多座桥梁桥面铺装使用状况，环氧沥青混凝土铺装病害问题多是由于黏结层失效引起的。

其次，环氧树脂属于危险化学品，刺激性气味较大，工人长时间闻味会感到身体不适，长时间接触环氧树脂会导致溃烂，因此传统环氧树脂搅拌和滚涂施工对一线作业工人职业伤害较大。

针对传统环氧树脂黏结剂施工中存在的问题，广东南沙大桥首次开发了钢桥面环氧树脂机械化智能化刷涂系统，有效地解决了传统环氧树脂黏结剂搅拌的一系列问题，提高了施工工效和改善了刷涂均匀性，大大减少了人工的投入，减少了界面交叉污染和对工人的职业伤害。其施工工效为用量 $0.4kg/m^2$ 时，效率为 $2150m^2/h$ 台，单日工作量 $2150×8=17200m^2/$ 台；用量 $0.6kg/m^2$ 时，效率为 $1672m^2/h$ 台，单日工作量 $1672×8=13376m^2/$ 台。经测算，在同等条件下一台钢桥面环氧树脂机械化智能化刷涂系统施工工效可等同于传统施工 57 人的施工工效。同时，施工质量大幅度提高。

根据环氧沥青混凝土铺装施工时间要求及实际施工工效，大沙水道桥全桥为一次性摊铺，单次摊铺长度为 1200m；坯洲水道桥桥全桥长为 2232m，计划分 2 次摊铺，每次摊铺长度为 $2232/2=1116m$；因此大沙水道桥单幅环氧树脂涂布 1 次完成，坯洲水道桥单幅环氧树脂涂布分 2 次完成，大沙水道桥与坯洲水道桥环氧树脂涂布总净工期 12d，环氧树脂防水（黏结层）施工净工期如表 8-2-5 所示。

环氧树脂防水（黏结层）施工净工期 表8-2-5

项 目	行车道面积（m²）	用 量	单机效率（m²/h）	设备配备（套）	单日完成工作量（m²）	工作日（d）	总净工期（d）
大沙水道桥	22500	0.4kg/m²	2150	2	34400	2	2
坯洲水道桥	41925	0.4kg/m²	2150	2	34400	4	4
大沙水道桥	22500	0.6kg/m²	1670	2	26720	2	2
坯洲水道桥	83850	0.6kg/m²	1670	2	26720	4	4

3）环氧沥青混凝土施工

根据第三阶段——首件制研究成果,环氧沥青混凝土铺装采用全幅摊铺施工工艺,需 2 台摊铺同时并机施工,摊铺宽度为 18.75m,下面层摊铺机速度为 2~2.5m/min,上面层摊铺速度为 3~3.5m/min。以大沙水道桥为例,全桥长度为 1200m,下面层施工时间为 534min(约 8.9h);上面层施工时间为 370min(约 6.2h)。根据环氧沥青混凝土施工时间测算结果,每天只能施工单幅长度控制在 1200m 以内,因此坭洲水道桥 2232m 需 2 次施工完成,单次施工长度约 1100m。大沙水道桥与坭洲水道桥环氧沥青混凝土施工净工期为 12d,环氧沥青混凝土施工净工期如表 8-2-6 所示。

环氧沥青混凝土施工净工期 表 8-2-6

项　　目	行车道长度(m)	单日完成工作量(m)	工作日(d)	总净工期(d)
大沙水道桥(下层)	1200	1200	2	2
坭洲水道桥(下层)	2232	1116	4	4
大沙水道桥(上层)	1200	1200	2	2
坭洲水道桥(上层)	2232	1116	4	4

8.3　钢桥面铺装施工及关键技术

8.3.1　人员培训与考核

钢桥面环氧沥青混凝土铺装施工过程中,人员素质及职业技术素养是最为关键的核心因素。在钢桥面铺装正式开始之前,应开展人员考核和技术培训。项目实行"基于职能小组"的管理方法,按照实际需求划分多个职能小组。

每个小组由有丰富施工经验的项目部技术员担任组长,全权负责本小组的人员培训、施工管理与调度,每组配置操作人员及配合工人,分工明确、定人定岗。施工人员职能小组见表 8-3-1。

现场施工主要人员职能分组表 表 8-3-1

序　号	职 能 小 组	职　责
1	喷砂抛丸及环氧富锌漆	工作面清理
		边角抛丸机
		车载式抛丸机
		环氧富锌漆搅拌
		环氧富锌漆喷涂
		质量检测
2	环氧树脂(防水层、黏结层)机械化涂布及人工配合	组长
		工作面清理
		界面清理与防护
		界面分布
		环氧搅拌

续上表

序号	职能小组	职责
2	环氧树脂(防水层、黏结层)机械化涂布及人工配合	配合刷涂机环氧涂布
		刷涂机操作员
		试验检测
3	环氧沥青EA10拌和	组长
		拌和楼操作员
		装载机
		割包挂包
		投放环氧树脂
		覆盖帆布
		指挥装料
		清理皮带
		后场料车清理与涂刷植物油
		试验检测
4	清理组	料车清理(包清车区域的界面防护)及施工界面清理
5	环氧沥青EA10摊铺	组长(负责全场协调)
		摊铺机操作员
		负责摊铺机传感器
		揭帆布
		指挥车辆(包清摊铺机收斗料)
		负责修边与缺陷修补及鼓包处理(包施工前的界面防护)
6	环氧沥青EA10碾压	组长
		压路机操作员
		拖把黏油与运送拖把
		压路机涂油
		夯锤,死料处理
		试验检测
7	交通安全维护组	现场交通安全维护
8	后勤组	后勤保障及休息区等

严格按照各职能小组进行施工,各小组分工明确。组长进行班前交底,将岗位职责传达到每一位组员,使他们熟悉岗位内容,见图8-3-1。通过试验段的实施,工人基本掌握环氧沥青施工工艺,满足主桥钢桥面铺装施工的要求。

施工前对相关施工人员按岗位要求进行技术培训并进行考核,通过考核后方可上岗。培训及考核内容涉及桥面试验段铺装施工的全过程,主要包括:①防水层涂布、后场的矿料的上料、拌和、出料、覆盖、抽样及试验检测等;②前场的测量、清扫、混合料运输、运输车调度、摊铺、碾压、接缝处理等。培训内容见表8-3-2。

a)现场工人班前交底

b)班前交底签到

c)压路机操作员交底

d)冷料仓上料交底

图 8-3-1　现场班前交底及签到

施工前培训内容表　　　　　　　　　　　　　　　　　表 8-3-2

培训主题	培训对象	培训内容
施工技术	全体人员	施工流程、施工工艺
安全管理	全体人员	安全注意事项
试验检测	试验员、质检员	施工检测内容,检测频率及标准
拌和站	拌和站操作人员	拌和站操作及混合料生产指标
机械设备	机械、设备人员	机械、设备操作及保养
材料管理	材料管理人员	材料的采购、存放等
档案管理	档案人员	施工的档案管理
现场施工	项目管理人员	一级技术交底
现场施工	施工人员、班组长	二级技术交底
现场施工	现场工班人员	三级技术交底

通过培训与考核(图8-3-2),各岗位人员基本明确岗位职责,熟悉岗位业务,并熟练掌握施工工艺。

图 8-3-2 技术交底与培训

8.3.2 降水临近预报系统

环氧沥青混凝土施工受外界条件影响较大,施工循环内不能出现雨水、潮湿等天气,因此准确掌握天气降水及湿度情况,对整体施工组织及生产安排十分重要。基于以往环氧沥青混凝土施工经验,必须及时准确地超前精准预测天气,动态调整施工计划,充分利用合理有效的施工窗口期。为此,与气象台合作建立降水临近预报系统,及时动态准确指导实际工程施工。

8.3.3 主桥封闭及基面处理

8.3.3.1 主桥封闭

钢桥面环氧沥青混凝土施工前,为确保施工质量,避免全线各施工标段之间交叉施工作业污染,主桥需进行全桥封闭(图8-3-3)。应设立专用岗亭,聘用专业保安公司进行24h全天候值守。

8.3.3.2 基面处理

钢桥面铺装施工前,钢桥面板表面存在焊渣、油斑、灰尘和其他污染物,因此在喷砂除锈前需对钢桥面板表面进行清洗(图8-3-4),对钢桥面板基面不同情况进行分类划分,制订合理可行的处理方案。具体处理方案如表8-3-3所示。

图8-3-3 主桥封闭

图8-3-4 钢桥面板清洗

钢桥面板基面处理方案　　　　　表8-3-3

序 号	钢桥面板基面状况	处理方案	备 注
1	焊渣、焊溜	打磨	
2	油污染	丙酮、乙酸乙酯或其他溶剂清洗	
3	灰尘污染、盐分	水车+人工配合清洗	
4	坑洞	钢板填充+焊接	

8.3.4 喷砂除锈

8.3.4.1 施工工艺流程

为保护钢桥面铺装结构的耐久性,在铺装前应对钢桥面板进行喷砂除锈处理。喷砂除锈流程如图8-3-5所示。

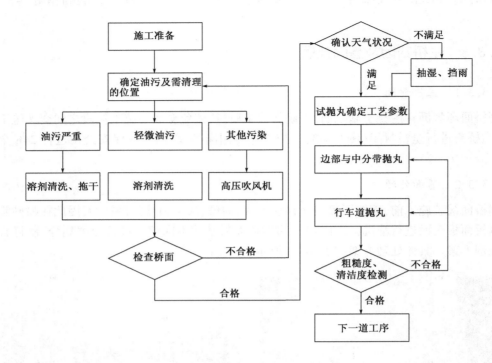

图 8-3-5　钢桥面喷砂除锈工艺流程图

8.3.4.2　施工环境

喷砂除锈需要在适宜的气候环境中进行,若气候有变化应当调整施工安排。

(1)适合在晴朗天气施工。遇雨、结露等天气条件时,严禁除锈作业。

(2)钢板喷砂温度高于露点3℃,相对湿度≤85%。

(3)施工过程中应随时监测施工环境条件,当环境条件满足上述要求且相对稳定时,每2h监测环境温度、湿度和露点温度;当环境条件发生改变时,应每隔0.5h监测一次。当环境条件不满足要求时,应暂停施工。

(4)天气不稳定时,适当减少作业长度。

钢桥面板喷砂除锈过程见图8-3-6、图8-3-7。

8.3.4.3　施工过程控制及关键控制点

在钢桥面板正式喷砂除锈前需选择试验段进行试抛丸,以验证不同砂丸比例及不同行走速度下钢桥面板表面处理情况,以清洁度和粗糙度作为控制指标,确定合理的施工参数,为大面积施工提供基础数据。受制于车载式抛丸机物理参数限制,钢桥面喷砂除锈分为边角除锈及主车道除锈两部分,边角除锈采用边角抛丸机,施工过程如图8-3-8~图8-3-11所示,主车道采用车载式抛丸机。在主车道喷砂除锈正式开工前,提前1~3d对钢路缘石边带及中央分隔带同时进行喷砂除锈施工,利于主车道施工,根据试验段测试及实桥验证,喷砂除锈工艺如

表8-3-4所示。钢桥面板喷砂除锈施工过程中,按照规定的检测频率检查钢板表面的粗糙度和清洁度,当粗糙度及清洁度达不到设计要时应进行复抛,直到合格为止。

图8-3-6 钢桥面板喷砂除锈(一)

图8-3-7 钢桥面板喷砂除锈(二)

图8-3-8 焊渣处理

图8-3-9 边角抛丸

图8-3-10 中央分隔带处理

图8-3-11 粗糙度与清洁度检测

喷砂除锈工艺参数选取　　　　　表8-3-4

部　位	设　备	工作宽度 (m)	工作速度 (m/min)	单机工效 (一个工作日)
边带	LK350边角喷砂除锈机	0.4	0.5~1.0	240~480m
主车道	2-4800DH车载式喷砂除锈机	1.22	2.0~2.5	1120~1420m²

钢桥面板喷砂除锈关键控制点如表8-3-5所示。

喷砂除锈工艺关键控制点　　　　　表8-3-5

序　号	关键控制点	序　号	关键控制点
1	钢桥面板基面缺陷处理	4	外界环境观测（温度、湿度、露点等）
2	喷砂除锈参数选择	5	中央分隔带钢砂与钢丸处理（采用吸尘器）
3	循环进尺长度（考虑与环氧富锌漆材料喷涂时间衔接）		

8.3.5　环氧富锌漆施工

8.3.5.1　施工工艺流程

在喷砂除锈检验合格后4h内喷涂环氧富锌漆，保持同步流水作业，行车道采用机械化人工喷涂，边部及钢路缘石侧面采用人工滚涂，具体施工流程见图8-3-12。

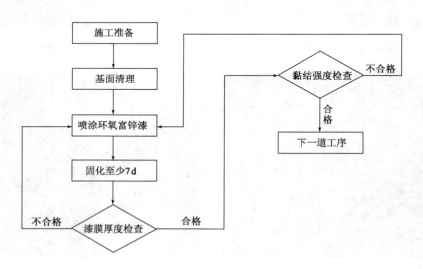

图8-3-12　环氧富锌漆施工流程图

8.3.5.2 施工环境

环氧富锌漆的施工应当充分注意施工环境。
(1) 喷砂除锈检测合格后,采用森林灭火器和吸尘器将表面残余砂丸清理干净。
(2) 适合在5℃以上晴朗天气施工;遇雨、结露等天气条件时,即刻暂停作业。
(3) 底板温度高于露点3℃,相对湿度≤85%。
(4) 环氧富锌漆施工时原则上要求钢板温度不高于50℃。

8.3.5.3 施工过程控制及关键控制点

环氧富锌漆施工采用无气式喷涂泵施工,为保证漆膜厚度和致密程度,保证环氧富锌漆施工钢板温度控制在50℃以下,必须在移动式厂房中进行。

环氧富锌漆喷涂前,应对工人进行严格培训,培训包括控制喷涂高度、枪嘴离钢板高度、喷枪行走速度等,施工过程中不准随意更换喷涂枪手。

过程中严格控制漆膜厚度的均匀性,并采用湿膜厚度卡动态跟踪漆膜喷涂厚度喷涂情况,发现漆膜厚度偏薄时,应重新进行复喷。紧密关注环氧富锌漆搭接部位,如漆膜厚度过厚,应及时调整搭接宽度和喷涂角度。

派专人监管环氧富锌漆A/B两组分混合比例及搅拌时间,确保环氧富锌漆比例正确和搅拌时间足够。

环氧富锌漆施工过程中紧密跟踪天气情况,原则上环氧富锌漆未固化前禁止雨水浸泡。

环氧富锌漆施工关键控制点见表8-3-6,施工过程见图8-3-13。

环氧富锌漆施工关键控制点 表8-3-6

序号	关键控制点	序号	关键控制点
1	钢桥面基面清洁情况	4	漆膜均匀性控制
2	钢桥面板温度情况	5	环氧富锌漆A/B比例控制及搅拌时间
3	施工条件(空气温度、湿度、露点等)		

图8-3-13 环氧富锌漆施工

8.3.6 环氧树脂防水（黏结层）施工

一般条件下，环氧富锌漆养生固化7d完成后才能开始环氧树脂防水（黏结层）施工，本项目防水黏结层施工使用自主研发的环氧树脂自动化涂布系统，提高施工效率和施工均匀性。

8.3.6.1 基面处理

环氧树脂施工前，对环氧富锌漆基面清洗，采用高压水枪与人工清洗结合方式进行，基面清洗完成后对环氧富锌漆基面进行检查，发现有油斑情况需采用丙酮或者乙酸乙酯清洗剂处理；若环氧富锌漆表面有锈斑情况，则应采用电砂轮打磨机或者砂纸打磨处理。环氧富锌漆表面处理完成后，采用吸尘器对表面的粉尘进行处理，确保环氧富锌漆基面干净整洁无污染，基面处理见图 8-3-14。

图 8-3-14 环氧富锌漆基面处理

8.3.6.2 施工流程

环氧树脂黏结剂主剂和固化剂温度控制在 25±2℃，现场施工采用移动式恒温房控制材料温度，以 1∶1 的比例混合后搅拌 3min 使其充分混合。环氧树脂自动化涂布系统采用横纵向"十"字涂布法，这样利于涂布均匀，防止漏涂。施工流程见图 8-3-15。

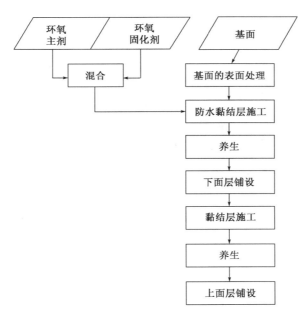

图 8-3-15　环氧防水黏结层及黏结层施工流程图

8.3.6.3　施工工艺

环氧树脂防水(黏结层)施工工艺要点如下：

(1)清洁界面。

(2)环氧树脂移动恒温房保温。

(3)桥梁结构物防护(钢路缘石采用塑料薄膜防护)。

8.3.6.4　施工控制

环氧树脂储存温度采用恒温房控制,温度为 $25\pm2℃$,施工过程中必须保持环氧树脂恒温房温度的稳定,进而确保环氧树脂黏度和环氧树脂刷涂时的用量。施工过程中应派专人监管环氧树脂 A/B 组分比例的数量,并采用编号打码管理,过程中进行用量反算,进而确保环氧树脂用量的准确性。在保证产量的前提下,环氧树脂控桶时间应足够,确保桶内残留量较好,按照桶内残留量为 1.5% 控制。

环氧树脂刷涂采用自主研制的环氧树脂自动化刷涂系统设备(图 8-3-16),实现了从人工涂布到机械化智能化涂布的里程碑式跨越,提高了施工效率。机械化涂布时应按照规定频率进行标定校核,确保涂布量的稳定。为使环氧树脂涂布均匀,防止漏涂现象的发生,在机械化刷涂完毕后采用人工垂直交叉涂布。

环氧树脂主剂和固化剂从混合到涂布结束时间必须在表 8-3-7 规定时间内完成。

环氧树脂黏结剂可使用时间　　　　　　表 8-3-7

温度(℃)	20	30	40
可使用时间(min)	45	20	5

涂布完成后对防水黏结层进行养生,有效养生期限见表 8-3-8。

图 8-3-16　环氧树脂自动化刷涂系统

环氧树脂黏结剂养生天数参考表　　　　表 8-3-8

温度条件	养生天数（d）	黏接有效期限（材料要求）(d)	黏结有效期限（施工建议）(d)
40~50℃	0.5	1.5	1.5
30~40℃	1	2	2
20~30℃	1	3	2
10~20℃	2	6	4

8.3.6.5　关键控制点

环氧树脂（防水）黏结层施工关键控制点见表 8-3-9。

环氧树脂（防水）黏结层施工关键控制点　　　　表 8-3-9

序号	关键控制点	序号	关键控制点
1	环氧树脂温度控制	4	残留量控制
2	涂布量控制	5	搅拌时间控制
3	均匀性控制		

8.3.7　环氧沥青混合料拌和

环氧沥青混合料生产时，预先将环氧树脂放入恒温房中保温，保温温度为 60℃±5℃。环氧沥青混合料生产时环氧树脂采用混溶、泵送和搅拌智能化系统。施工时应派专人监管环氧树脂投放比例、数量和残留量，确保投放准确。环氧沥青混合料生产流程如图 8-3-17 所示。

为降低主剂和固化剂黏度，采用恒温房预热环氧树脂主剂和固化剂至 60℃±5℃；采用专用混合及泵送设备，将主剂和固化剂按重量比 56∶44 混合；将环氧树脂和基质沥青按 50∶50 比例同时投入拌缸内；混合料干拌 10s，湿拌 60s，保证充足拌和时间。出料温度设定在 165~185℃，目标出料温度 175℃，根据现场气候及温度可适当调整，检验参数见表 8-3-10。

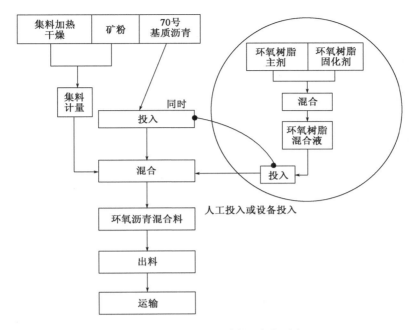

图 8-3-17 环氧沥青混合料生产流程图

环氧沥青生产工艺验证方案 表 8-3-10

项　目	检验工艺参数			出料温度(℃)
	环氧预热温度(℃)	沥青温度(℃)	混合时间(s)	
环氧沥青混合	主剂:60 固化剂:60	140~150	干拌:5~10 湿拌:60	165~185

对于热拌环氧沥青混凝土,将环氧树脂加入拌和楼里时应注意:

(1)选择合适位置设置投入口。AB 组分别人工投入不同的储罐中,投入位置见图 8-3-18。

(2)主剂和固化剂的计量和拌和。环氧树脂主机和固化剂主剂每桶 16.8kg、固化剂每桶 13.2kg,生产时按照生产配合比的数量由拌和站自控系统添加,泵送至拌和站三楼混合装置,根据环氧树脂添加量反算每盘拌和数量。环氧树脂混合搅拌设备见图 8-3-18。

图 8-3-18 环氧树脂投入口及环氧树脂混合搅拌装置

8.3.7.1 环氧沥青混合料生产

1)施工准备

(1)拌和楼出料前先与现场施工负责人联系,根据天气情况决定是否出料。

(2)严格按照"沥青搅拌站操作规程"进行相关操作。

2)人员定岗

职能小组人员主要负责 EA10 环氧沥青混合料的拌和与装料,人员布置图及岗位汇总表如图 8-3-19 所示,拌和工作流程如图 8-3-20 所示。

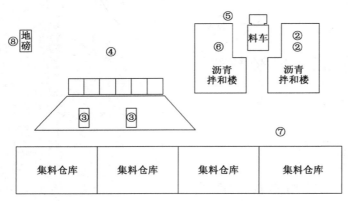

图 8-3-19　EA10 后场拌和小组岗位配置图

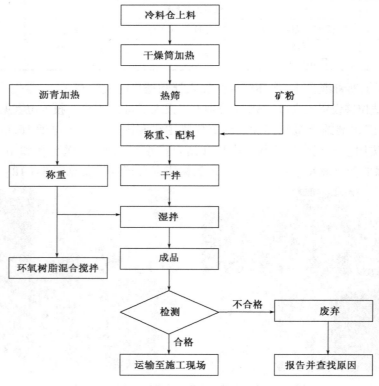

图 8-3-20　施工后场拌和组工作流程图

8.3.7.2 关键控制点

1)集料管理

EA10 混合料采用广东长大中山集料厂生产的袋装集料生产,袋装集料见图 8-3-21。应采用全密闭仓库储存,防止集料被雨水进入;同时细集料应采用内部为薄膜的袋装集料,防止细集料受潮。

图 8-3-21 桥面铺装专用集料储存及上料

2)集料加热温度确定

设定沥青加热温度 140~150℃,环氧树脂温度达到 50~60℃,集料加热温度 190~200℃,拌和后混合料出料温度须达到 165~185℃,可以根据现场气候条件做适当调整。

3)拌和工艺

(1)拌和楼拌和稳定后取混合料试样做马歇尔试验和抽提筛分试验,以检验油石比、矿料级配和 EA10 物理力学性能。

(2)拟采用插入式热电偶温度计动态监控出料温度,保证温度处于 165~185℃,不满足此要求的混合料不得使用,并及时查明原因,及时调整。

4)拌和要求

(1)生产 EA10 环氧沥青混合料采用间歇式拌和楼,在施工过程中,应安排专人对拌和楼进行日常检查维护,确保施工过程中拌和楼正常出料。

（2）严格控制油石比和矿料级配，避免油石比不当而产生泛油和松散现象。

（3）应安排专人观察沥青混合料出料情况，实时观察生产的沥青混合料是否搅拌均匀，有无色泽昏暗、结团、花白料、离析，如出现上述混合料，应及时废弃，并通知拌和楼操作人员查找原因。

（4）逐批记录各热料仓的集料、矿料、沥青以及混合料总量的称量数据，并与设定的控制值进行比较，实时评定是否超差。安排专人负责环氧树脂添加系统，杜绝多加、漏加及未添加现象，同时添加处安装了全天候摄像头对添加情况进行监控。

8.3.8 环氧沥青混合料运输

8.3.8.1 施工准备

环氧沥青混合料运输车的准备工作包括以下项目：

（1）检查自卸式沥青混合料运输车的工作性能，包括车辆动力的匹配和平顺性，确定车辆的最高承载量。

（2）料车底下设置彩条布，以防止油滴或水滴落入工作面内。

（3）运料车车槽在装载沥青混合料前应彻底清洗干净，杂物、土、砂石、混合料等残留物必须完全清除。

（4）车槽清洁后应在侧板和底板上均匀喷洒一层防黏剂。防黏剂可以用植物油或专门的防黏剂。不得用喷洒柴油或水来防止环氧沥青黏结。

（5）车槽侧板和底板应是光滑的，没有凹陷和压坑，以免滞留植物油。

8.3.8.2 人员定岗

本职能小组的主要职责是将混合料从后场运输至前场，无特殊情况，不得离开工作岗位。运输岗位职责及岗位汇总表见图8-3-22，工艺流程见图8-3-23。

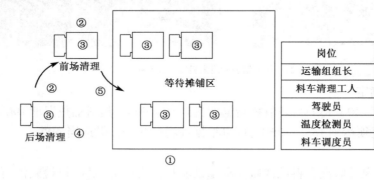

图8-3-22 EA运输小组岗位配置图及岗位汇总表

8.3.8.3 运输关键控制点

环氧沥青混合料运输过程应注意的关键点如下：

（1）从拌和楼向运料车上放料时，分"后、前、中"三次挪动汽车位置，以减少粗细集料的离析现象。

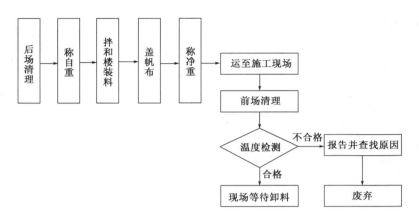

图 8-3-23　运输组工艺流程图

（2）为了防止表面混合料遇空气结成硬壳，运料车运输过程中加盖完整无损的棉被和篷布作为保温层，确保混合料温度稳定。

（3）运料车尾部宜加焊侧板，减少卸料时离析现象的发生。

（4）车厢侧壁开设测温孔，随时监控运输车内的混合料温度变化，采用插针式温度计检测到场温度，见图 8-3-24。

图 8-3-24　环氧沥青混合料运输

（5）运料车轮胎清洁后方可进入摊铺现场，轮胎上不得粘有泥土等可能污染工作面的脏物。

（6）运到摊铺现场的混合料，如温度不符合要求或遭雨淋，应作废弃处理。

8.3.9　环氧沥青混凝土摊铺

环氧沥青混凝土摊铺时需对摊铺机进行改进，螺旋布料器螺旋采用无悬挂螺旋，布料器料槽宽度增加挂板，缩小料槽宽度。同时沥青摊铺机需要增加防"死料"装置，防止"死料"掉入沥青混合料中，摊铺机改造见图 8-3-25。

通过现场改造，应确保摊铺机各项性能稳定。

图 8-3-25 摊铺机改造

8.3.9.1 施工准备

摊铺前的准备工作如下：

(1) 检查摊铺设备是否正常运转，填写相关机械点检表。

(2) 检查设备、器具是否准备齐全，充足。工具隔离剂宜采用植物油，涂好隔离剂的工具晾干备用。

(3) 摊铺前界面应清洁、干燥，发现有污染或水滴应立即擦干处理。做到施工前 1h 及时清洁。

(4) 预热摊铺机。在施工前仔细检查摊铺机运行状态。在进行 EA10 摊铺前，提前 60min 对摊铺机进行预热，预热温度应达到 110℃ 以上。

(5) 摊铺前须画好摊铺参考线。摊铺前根据摊铺松铺厚度在两侧混凝土侧面划好摊铺参考线。

8.3.9.2 人员定岗

本组的主要职责是进行混合料的摊铺和控制厚度，无特殊情况不得离开工作岗位。运输岗位职责及岗位汇总表见图 8-3-26，工艺流程见图 8-3-27。

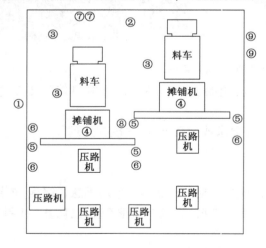

岗位	编号	人数
摊铺组组长	①	1
界面清理工人	②	1
卸料指挥员	③	3
摊铺机操作员	④	2
传感器操作员	⑤	4
整修工人	⑥	5
揭帆布工人	⑦	2
温度检测员	⑧	1
机动人员	⑨	2

图 8-3-26 环氧沥青混合料摊铺现场小组岗位配置图及岗位汇总表

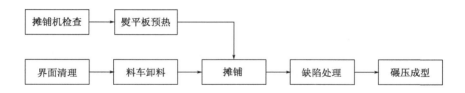

图 8-3-27　环氧沥青混凝土摊铺组工艺流程图

8.3.9.3　摊铺关键控制点

环氧沥青混凝土摊铺应注意的关键点如下：

(1) 摊铺机应加装刮"死料"装置，以液压除"死料"装置为主。

(2) 应控制合理的摊铺速度，下面层按照 2～2.5m/min，上面层按照 3～3.5m/min。

(3) 摊铺过程中避免停机等料的现象发生。

环氧沥青混凝土摊铺过程见图 8-3-28。

图 8-3-28　环氧沥青混凝土摊铺

8.3.10　环氧沥青混凝土碾压

8.3.10.1　碾压工艺

环氧沥青混凝土碾压对路用性能影响至关重要，碾压不足导致空隙率和压实度不足，碾压过度导致发生泛油现象。根据本项目实际施工过程中基础数据参数，推荐碾压方案如表 8-3-11 所示。

环氧沥青混凝土碾压工艺　　　　表 8-3-11

层位	初压	复压	终压(收迹)
铺装下层	3 台胶轮	3 台钢轮	2 台钢轮
遍数	3 遍	静压 3 遍	静压 2 遍
铺装上层	3 台钢轮	3 台钢轮	2 台钢轮
遍数	静压 3 遍	振荡 3 遍	静压 2 遍

8.3.10.2 碾压技术要点

环氧沥青混凝土路面碾压过程应掌握的技术要点如下:

(1) EA10 路面压实应遵循"紧跟、慢压、高频、低幅"的原则。上面层初压紧跟摊铺机后碾压,并保持较短的初压区长度,以尽快使表面压实,减少热量散失。复压采用振荡压实形式,紧跟在初压后开始,碾压段的总长度控制在 30m 以内。压路机前后停机、反向时,速度缓慢,有效减少了停机造成路面的凸凹不平,碾压速度见表 8-3-12,碾压过程见图 8-3-29。

碾 压 速 度 表　　　　　　　　　表 8-3-12

摊铺层	压路机类型	初压(km/h)	复压(km/h)	终压(km/h)
下面层	轮胎压路机	2~2.5	—	
	双钢轮压路机	—	2~2.5(静压)	3
上面层	钢轮压路机	3~3.5	3~3.5	3

图 8-3-29　环氧沥青混凝土碾压

(2) 钢轮压路机碾压过程中采用植物油作为隔离剂,刷涂量不宜过多,使钢轮表面均匀附着一层油膜,以不粘轮为度,禁止使用柴油、机油、清水等作为压路机隔离剂。

(3) 铺层压实度的不均匀性是导致沥青路面早期损坏的重要原因,碾压作业的质量控制不仅应控制铺层的平均压实度,而且还应控制压实度的变异性。

(4) 碾压过程中采用无核密度仪随时检测终压后压实度,发现压实度不足应及时补压。

(5) 碾压现场应设专岗对碾压温度、碾压工艺进行管理和检查,做到不漏压、不超压。初压、复压、终压段落应设置明显标识牌。

(6) 压路机上设置方便架,安排劳务工人专门负责压路机涂油,碾压过程中不允许在新铺的路面上制动、转向、中途停靠。

(7) 由于混合料在拌和时会进行化学固化反应,故从拌和生产到终压完成的时间宜控制在 2h 以内。

(8) 严格控制碾压温度,初压开始的混合料内部温度宜为 155℃以上,2 次复压开始时的混合料表面温度宜为 110℃以上,终压开始时的混合料表面温度宜为 90℃以上。

8.3.11 环氧沥青混凝土养生

环氧沥青混凝土养生期为 10~15d,环氧沥青混凝土采用自然养生方式,养生期间禁止任何车辆通行。同时成型马歇尔试件同步养生,以确定开放交通时间。

8.4 质量保证体系

广东南沙大桥钢桥面铺装工程对影响质量的因素进行全过程管理,建立质量保证体系,落实各项质量管理措施。

8.4.1 质量保证体系

本工程质量保证体系如图 8-4-1 所示。

8.4.2 工程质量稳定性影响因素分析

从人员、设备、材料、技术、外围环境方面,详细分析影响项目质量的因素,并对各种稳定性因素进行汇总如表 8-4-1 所示。

质量稳定性影响因素分析 表 8-4-1

因素分类	影响因素具体分析
人员 	管理层是否具有类似项目业绩和管理经验; 操作人员是否有类似工程经验; 团队组织是否高效,指令的传达和执行是否及时; 人员是否有流动,新进的工人是否培训考核是否组织相应培训
机械 	路面施工设备投入较大,是否充分和及时; 设备检修和保养是否有完善制度; 是否具备较强的设备故障排查能力; 设备匹配性是否合理
材料 	材料品质保证; 备料及时充分; 质量可追溯性; 材料仓储和保管; 配合比设计是否合理
技术 	建章立制,制度是否齐全; 质量检验流程和及时反馈,质量的持续提升措施; 按图施工能力,试验路和首件制; 施工组织方案的制订和审批
环境 	气候条件的把握; 相关单位的协调沟通; 成品、半成品的保护; 生态保护要求

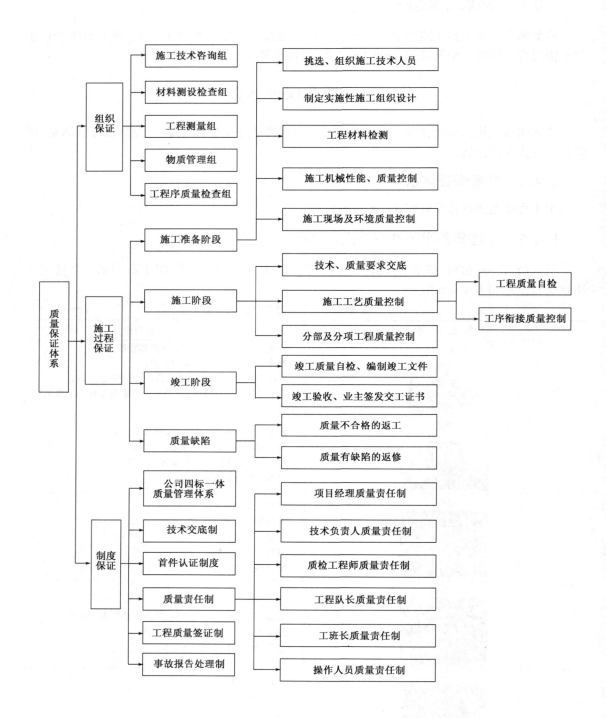

图 8-4-1 质量保证体系

8.5 风险预测与应急预案

广东南沙大桥项目具有施工场地限制多、施工环境要求苛刻、施工技术难度大和施工全面机械化的特点,因此施工过程中存在较大的风险。如果风险控制措施考虑不周,或者对施工过程中潜在风险估计不足而决策失误,将会造成重大经济损失和不良的社会影响。为解决这些问题,需对工程施工过程进行风险预测与分析,为项目管理提供依据。

8.5.1 预测主体

预测主体包括喷砂除锈、防水黏结层、环氧沥青混凝土的施工过程,关注的内容包括施工临时结构及设施、重要施工机械、多部门人员交叉作业等。

8.5.2 风险预测

主要考虑由自然条件(包括天气、水文、地质等)、自然灾害、质量管理、特殊问题等引起的影响施工目标顺利完成的风险事态,不考虑政策变化、汇率调整等因素对评估的影响。

8.5.3 风险影响因素

以项目施工质量、进度、安全为目标,考虑可能面临的人员、时间、物质损失。
据此对施工项目风险影响因素进行分析,见表8-5-1。

施工项目风险影响因素分析表　　　　　　表8-5-1

项目	施工人员	设备	材料	工艺方案	作业时间	工期要求	能源供给	施工环境
防水黏结层	管理人员 技术人员 技术工人	材料混合、全自动刷涂设备	防腐材料 防水材料	依次刷涂防腐、防水黏结材料	旱季、白天	施工期	柴油	江河环境、温度、湿度、雨季、大雾、雷暴
环氧沥青混凝土	管理人员 技术人员 技术工人	沥青拌和楼、摊铺机、压路机	沥青、集料	拌和楼搅拌、运输、摊铺、碾压	旱季、白天	施工期	电、柴油	江河环境、温度、湿度、雨季、大雾、雷暴、高空坠落

根据施工风险影响因素,运用工作危害分析法(JHA)辨识危害因素,分析预测项目实施风险。

本项目主要风险预测及分析见表8-5-2。

主要风险预测及分析　　　　　　表8-5-2

风险预测	风险分析
台风*	可能造成不及时撤离的设备倾覆、人员坠海、临时设施损毁等

续上表

风险预测	风险分析
汛期*	汛期天气会对施工造成影响; 珠江口排洪会造成运输海域水流较急、浪大等恶劣条件; 拌和站场地区域可能会积水
雷暴	雷暴天气伴随着大风、短时的雨量骤增; 易造成人员的雷击或触电伤害、船舶的驾驶困难; 临时建筑物损坏等事件发生
浓雾	影响作业人员视野,导致交通事故
环境污染	设备燃油溢漏; 生活污水排放; 维修设备油污处理不及时
机械伤害	拌和站高空坠物伤人,用电操作不当伤人,配套设备伤人; 摊铺机、压路机操作不当伤人; 设备维修防护不当伤人
交通安全*	运输车超速、超载行驶; 交通线路不畅通,交通组织不当
有毒有害物品	天然气泄漏、着火、爆炸; 高温沥青泄漏或焦化; 柴油泄漏着火、爆炸
高空坠落	两侧设置临边防护、中分带挂双层密目安全网
施工质量*	工人操作不熟练、配合不默契; 设备故障、数量不足,停机待料; 材料质量不合格; 施工方案不合理,工序衔接不顺畅; 施工环境超出要求强行施工
施工进度*	技术人员、工人数量缺少; 设备故障、数量不足,设备不配套; 材料供应不及时; 施工方案不合理; 工作面提交滞后
过程下雨	临近降水预报系统不准确; 施工时间安排不合理; 动态掌握天气能力不足; 对环氧沥青关键控制点掌握不足

注:*表示重大风险。

8.5.4 事故应急预案和应急措施

通过风险预测与风险评价,重大风险是台风、汛期、交通安全、施工质量和进度。针对重大风险,制订了应急预案。针对一般风险,制订了应急措施。

8.5.4.1 应急组织机构

项目经理为应急响应与处理的第一责任人,应急指挥的组织机构见图 8-5-1。

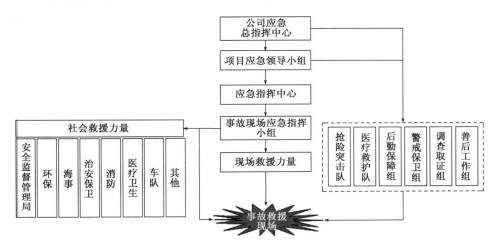

图 8-5-1 应急组织机构图

8.5.4.2 应急响应流程

事故应急响应坚持"以人为本、统一领导、分级负责、快速反应、协同应对"的原则。应急响应流程见图 8-5-2。按照应急响应流程,组织有针对性的应急演练。

8.5.4.3 应急响应机制

应急响应机制包括以下方面:
(1)根据本项目风险评价中的重大危险源,编制详细应急预案。
(2)根据制订的应急预案备足所需资源,并适时补充更换。
(3)定期进行应急演练,提高应对能力。
(4)配置应急专用通信指挥系统,确保通信畅通。
(5)事故发生后,按照相关程序逐级上报。
(6)根据现场事故的严重程度,确定应急预案启动时机和指令。
(7)应急预案启动后,派专人赴现场实地指挥。
(8)应急处置完成后对事故发生原因深入调查,并形成事故调查报告,针对类似事故的预防给出指导性意见。

8.5.4.4 重大风险源及应急处理

重大风险是台风、汛期、交通安全、施工质量和进度,针对重大风险编制应急处理措施,见表 8-5-3。

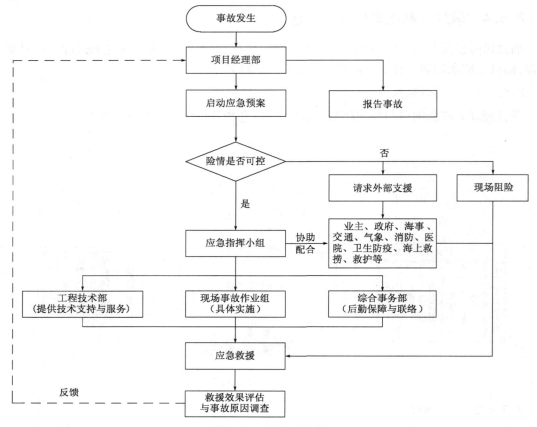

图 8-5-2 应急响应流程

重大风险源及应急处理措施　　　　　　　　　　　　　　　　　　　　表 8-5-3

风 险 源	处 理 措 施
台风	做好台风及热带风暴预报的记录； 根据台风警报等级，采取船舶防台应急措施； 切断电源，可移动机电设备原地固定或移于室内； 其他机电设备做好防雨、防风、防撞措施； 临时设施进行防风加固
汛期	汛期来临前，认真检查场地内外的排水系统，确保排水畅通； 汛期期间，专人检查排水系统； 各类电气设备做好防雨措施，避免漏电； 派专人对结构物关键部位沉降进行观测，发现问题及时上报
交通安全	迅速组织人员设备对被围困人员进行解救； 转移物资和机械设备； 做好事故现场保护并按相关程序上报； 对事故评估和预测发展方向，配合上级部门对事故进一步调查

8.6 信息化管理与文明施工

8.6.1 信息化管理

为打造高品质工程,本项目钢桥面铺装全过程贯穿信息化管理。以信息化带动铺装实现智能化、机械化、精细化,将现代信息技术与先进的管理理念融合和创新,有效整合前后场资源和内外部资源,建立分类集成化信息化管理平台,提高施工工效和实体质量。

1) 环氧混凝土可视化动态监控系统

为保证环氧沥青混凝土生产过程中环氧沥青、碎石等生产材料计量称重系统的准确性和动态监控混合料生产情况,开发了环氧沥青混凝土可视化动态监控系统,该系统可自动判别计量称重情况及混合料生产情况,进一步提高拌和质量和生产数量的准确性(图8-6-1和图8-6-2)。

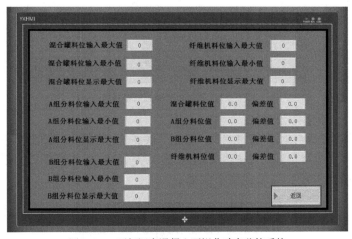

图 8-6-1 环氧沥青混凝土可视化动态监控系统

图 8-6-2 混合料生产监控系统

2）环氧树脂动态报警系统

传统环氧沥青混凝土在生产过程中，由于长时间的高强度作业，操作工人容易出现将环氧树脂主剂和固化剂投放比例不匹配或者漏投的现象，为避免以上现象的发生，本项目研发了环氧树脂动态报警系统（图8-6-3），可随时监控环氧树脂投放及使用情况，一旦出现异常状况，该动态报警系统自动启动，停止生产作业并将问题反馈到工作界面和监控人员。

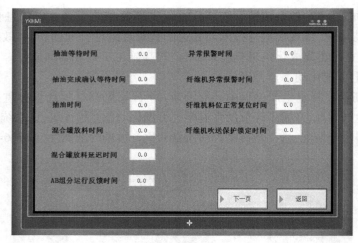

图 8-6-3　环氧树脂动态报警系统

3）项目经理部一体化办公系统

为更加精确了解项目经理部管理情况，动态掌握各生产要素工作信息，项目经理部开发了信息化管理软件（图8-6-4），通过手机可动态查看工程管理、任务管理、机械设备管理、材料管理等详细情况，为项目管控和纠偏提供了依据。

图 8-6-4　信息化管理软件

4)集料质量追踪系统

为动态了解原材料进场检测、成品检测等相关信息,建立集料质量追踪系统,通过微信二维码扫描,可了解集料级配、生产时间、生产批次、性能指标等情况,一旦出现问题可快速找出问题根源,确保集料质量,大幅度提高管理水平(图8-6-5)。

a)模板图　　　　　　　　　　　　　　b)实物图

图8-6-5　集料质量动态追踪系统

5)多维度联动指挥系统

为使参建各方及时了解混合料生产、运输、摊铺和碾压等工作情况,多方位交流施工业务,开发了多维度联动指挥系统(图8-6-6),该系统将沥青拌和站生产信息、运输车辆定位系统、摊铺机运行参数、压路机运行参数等生产要素集成进行大数据分析,为前后场动态衔接提供重要信息。

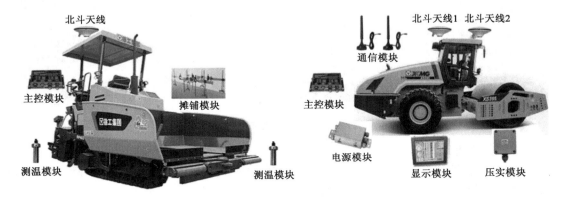

图8-6-6　多维度联动指挥系统

6)试验室数据实时采集传输系统

综合运用数据采集技术、计算机技术和信号处理技术等信息技术,建立试验室数据采集传输系统(图8-6-7),实现实时自动数据采集与处理,使参建各方及时动态了解试验数据信息,动态把控施工质量。

7)可视化动态视频监控系统

建立可视化动态视频监控系统(图8-6-8),及时了解项目上临建工程、现场情况、人员作业情况,快速准确获取合同作业范围内的工程实体情况。

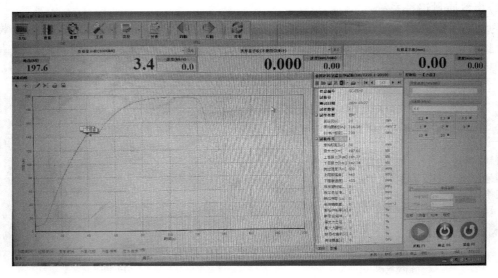

图 8-6-7 试验室数据采集传输系统

图 8-6-8 集料质量动态追踪系统

8)机械设备追踪系统

对摊铺机、压路机等机械设备进行二维码信息管理,通过手机、移动式终端等设备可随时了解设备进场时间、设备型号、设备厂家、工作状态及维修保养记录(图 8-6-9)。

8.6.2 文明施工

8.6.2.1 拌和楼环保系统

环氧沥青混凝土拌和温度为 165~185℃,在此温度范围内环氧树脂会散发出部分刺鼻性气味和烟雾,容易对周围工作人员及附近居民造成伤害;同时,集料含水率较小,处于干燥状态,在沥青混合料生产极易生产较多的粉尘。基于职业健康及环保角度考虑,本项目对沥青拌和站进行改造升级,增加了智能化环保系统,较好地解决了环氧沥青混凝土施工时粉尘和烟雾现象发生。环保系统装置主要由集气负压罩和喷淋塔装置组成。

1）集气负压罩及喷淋塔装置

进料皮带两端进出料处采用集气罩负压收集粉尘，并经过喷淋塔处理后排放，装置的工作原理如下：

（1）进料皮带进料斗增设支架和集气罩，三面围蔽，留一面敞开作为打料口，集气罩上方设置风口和风管，通过风管将粉尘带至喷淋塔进行处理，再通过引风机进行排放。

（2）进料皮带出料口增设过渡皮带机和较大容量的缓冲斗；在过渡皮带机和进料皮带机交汇处、缓冲斗上方和下方放料口均设置集气罩，通过风管将粉尘带至喷淋塔进行处理，再通过引风机进行排放。相关结构示意图如图 8-6-10 所示，实景图如图 8-6-11 所示。

图 8-6-9　机械设备追踪系统

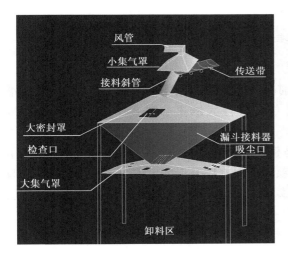
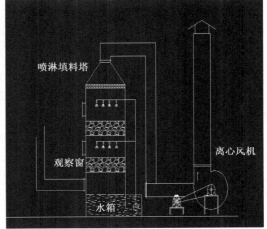

图 8-6-10　结构示意图

图 8-6-11　实景图

2）除尘、除味处理

对于干法除尘集料在沥青搅拌站使用过程中的粉尘和烟气采用负压收集过滤等手段进行处理后进行排放，工作原理如下：

（1）在沥青搅拌站的搅拌缸放料口加装一个 6m×4m 的集气罩，该罩左右方向垂直封闭到地面，前后进车处采用软帘，让搅拌缸卸料口下方形成一个相对密闭的空间。在集气罩上方设置有 6 个负压吸风口，将搅拌缸卸料口产生的粉尘烟气由该负压吸风口带走至后面设置的喷淋塔和活性炭过滤箱进行处理，处理达标后的废气由引风机通过 15m 高的烟囱进行排放。

（2）同理，在输送平皮带和斜皮带交汇处增设集气罩，通过风管将粉尘吸附至搅拌缸的主风管，再经过喷淋塔和活性炭处理后进行排放。技术原理见图 8-6-12。

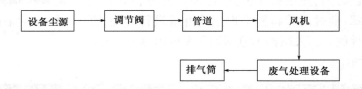

图 8-6-12　技术原理图

8.6.2.2　现场文明施工

在施工过程中应做好文明施工，施工开始前应进行作业区域规划，按照功能划分为施工准备区、施工作业区、参观区、休息区等，并派专人对各区域进行统筹管理（图 8-6-13 ~ 图 8-6-15）。

过程中严格落实"7S"管理制度，其内涵是整理、整顿、清扫、清洁、素养、安全、速度和节约，体现了现代企业现场管理的最高要求。本项目全面推广开展"7S"施工现场管理，并在日常生产中狠抓落实，加强"7S"管理过程的跟踪、督促、整改，确保文明施工落到实处，见图 8-6-16。

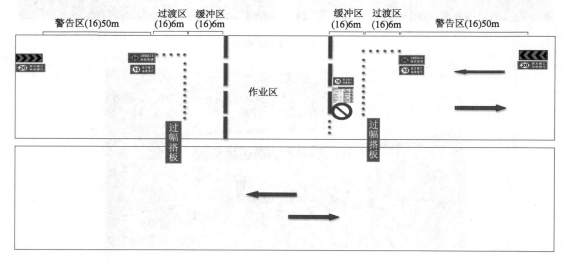

图 8-6-13　作业控制区布置示意图

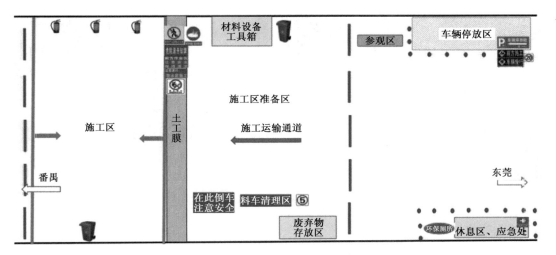

图 8-6-14 施工现场平面布置图

a)休息区

b)施工准备区交通指示

图 8-6-15 施工准备区

a)宣传栏

b)环氧树脂存放

图 8-6-16

c)中央分隔带间隙清理　　　　　　　　　　d)钢路缘石防护

图 8-6-16 "7S"管理

8.7 本章小结

本章详细介绍了钢桥面铺装施工工艺与管理,系统阐述了钢桥面铺装施工控制原则、钢桥面铺装施工关键控制技术、质量保证体系、信息化管理与文明施工等。

(1)首次阐述了钢桥面铺装为系统性控制工程,并对总体控制原则进行整体性、相关性、可靠性和要素集分析,明确了边界条件及相互关联性,建立了各生产要素之间联系。

(2)按照钢桥面铺装施工工序,着重对钢桥面铺装施工工艺及关键控制点进行介绍,系统梳理了钢桥面铺装施工核心技术问题,填补了该领域在国内外的空白。

(3)建立了质量控制保证体系,分析了工程质量关键影响因素,并对钢桥面施工风险预测及应急预案进行了详细说明,可为其他项目提供良好的借鉴。

(4)实现了钢桥面铺装施工全过程信息化管理,动态掌握施工状况及各生产要素资源配置情况,实行"7S"标准化管理,推行精细化管控,提高施工工效与质量保证率。

(5)钢桥面铺装具有技术密集化、高度专业化、标准化和精细化的特点,对施工质量要求苛刻,通常业界认为高品质的钢桥面铺装工程需要"三分设计、七分施工",必须建立完善的施工组织保障体系、实施高水平的施工技术和高标准的精细化管控才能确保钢桥面铺装施工质量。

第9章 基于大数据的钢桥面铺装施工质量评价与改进

本章通过三维探地雷达、无核密度仪、路面抗滑纹理测试仪和膜厚仪等无损检测手段,对环氧沥青混凝土钢桥面铺装三阶段——试拌试铺、引桥模拟试验段和首件工程进行试验验证,并对环氧富锌漆首件工程开展全过程跟踪检测;建立基于大数据的分析方法,准确查明各阶段存在的问题及产生原因;开展铺装层施工质量评价,并进一步指导施工质量的改进,通过试验段过程中的逐步改进,指导钢桥面铺装大规模施工。

9.1 项目质量管理体系

9.1.1 质量管理学原理与钢桥面铺装沥青路面施工质量管理

自2011年"全国质检工作会议"首次明确提出"质量强国"战略以来,质量在我国的发展与崛起中扮演着越来越重要的角色。著名质量管理专家朱兰指出:"21世纪是质量的世纪",这意味着21世纪将是高质量(产品和服务的高质量,经营的高质量)的世纪,质量管理学将有更蓬勃的发展。因此,在研究钢桥面铺装质量管理手段或质量改进措施之前,了解质量管理学的发展是有必要的。

9.1.1.1 质量管理学

质量管理学是哲学、行为科学、系统工程、控制论、数学、计算机技术等自然科学和社会科学相互渗透而形成的一门交叉学科,是最近几十年来快速发展的一门应用学科。质量管理学的研究对象就是质量,是研究和揭示质量产生、形成和实现过程的客观规律的科学。质量管理学的研究范围包括微观质量管理与宏观质量管理。微观质量管理着重从企业、服务机构的角度研究如何保证和提高产品质量与服务质量,宏观质量管理则着重从国民经济和全社会的角度,研究如何对企业与服务机构的产品质量与服务质量进行有效的统筹管理和监督控制。

质量管理需要在技术与管理充分结合的基础上进行。只有技术而缺乏管理,则技术难以发挥作用;只有管理而缺少技术,管理则成无米之炊。

质量管理学研究的内容有以下几个方面:
(1)质量管理的重要概念和观点。
(2)质量管理的基本工作方法。
(3)产品质量运动规律。
(4)产品质量波动规律和控制原理。
(5)产品质量的系统化管理。

(6) 产品质量与经济效益。

(7) 质量管理的方法和工具。

质量管理学是一门管理科学,因此也具有管理的二重性,即具有自然属性和社会属性。自然属性就是指质量管理的一般规律;由于制度不同,地区和行业不同,各企业情况不同,质量管理又有所差异。这就是质量管理的社会属性。各企业要结合自身特点,因地制宜、创造性地开展质量管理活动。

9.1.1.2 质量管理学的发展与应用

质量管理科学的发展是以社会对质量的要求为原动力的。按照质量管理在工业发达国家中的实践特点,质量管理学科的发展一般划分为质量检验、统计质量控制和全面质量管理三个阶段。

1) 质量检验阶段

20世纪初至20世纪30年代是质量管理科学发展的奠基阶段。在此之前,工业产品的质量检验都是通过生产工人对自己加工工序的质量自检完成,质量检验阶段则形成了以"事后"质量检验为主的质量管理特点。20世纪初,美国工程师泰勒(F. W. Taylor)提出了质量的科学管理理论,要求按照职能划分进行合理分工,首次将质量检验作为一种管理职能从生产过程中分离出来,建立了专职的质量检验岗位和以此为基础的质量管理制度,对保证产品质量发挥了重要的作用。时至今日,质量检验的专业化及其重要性仍不可轻视。当然,早期的质量检验或质量管理主要在产品制造出来后进行,即事后把关。在大生产情况下,事后检验信息反馈不及时造成的生产损失很大,此后萌发的质量"预防"思想推动了统计质量控制理论的诞生。

2) 统计质量控制阶段

20世纪40年代至50年代,统计质量控制使得单纯依靠质量检验、事后把关发展到过程控制,突出了质量的预防性控制管理方式。由于那时质量管理强调"用数据说话",强调应用统计方法进行科学管理,故将质量管理的第二个发展阶段称为统计质量控制(SQC,Statistical Quality Control)阶段。

统计质量控制阶段是质量管理学科发展历史上的一个重要阶段。质量管理学科在管理科学中首先引入了统计数学的方法。在20世纪40、50年代的统计质量控制研究与应用中,除去定性分析方法以外,特别强调了定量分析方法的运用,标志着质量管理科学开始走向成熟。正是统计质量控制阶段方法与技术的发展奠定了全面质量管理理论与发展的基础,1993年日本第31次高层经营者质量管理大会明确指出:"全面质量管理(TQM)的基础是统计质量控制(SQC),SQC与TQM二者不能偏离,专业技术与管理技术同等重要。"

3) 全面质量管理阶段

提出全面质量管理的代表人物是美国的费根堡姆(A. V. Feigenbaum)等,全面质量管理的基本原则即"三全"管理:①全面质量,即不限于产品质量,包括服务质量和工作质量等在内的广义质量;②全过程,即不限于生产过程,包括市场调研、产品开发设计、生产技术准备、制造、检验、销售、售后服务等质量环的全过程;③全员参加,即不限于领导和管理干部,而是全体员工都要参加,质量第一,人人有责。

事实上,"三全"管理是系统科学全局观点的反映,有些专家学者如数学大师华罗庚,将全面质量管理称为质量系统工程。

20世纪60年代以后,全面质量管理的观点在全球范围内得到了广泛的传播,各国都结合自己的实践进行了创新。例如,日本结合国情提出全公司质量管理(Company-wide Quality Control,CWQC)。全面质量管理的概念已逐步被世界各国接受。

4) 现代质量管理

进入全面质量管理阶段之后,为了更加有效地保证和提高产品质量,进一步从系统论的观点出发提出了若干新的理论与方法,如质量保证理论、产品质量责任理论、质量经济学、质量文化和质量管理与计算技术的结合等。

5) 质量管理学在21世纪的展望

进入21世纪,质量管理呈现出许多新的特点和趋势:①随着全球经济一体化的发展和国际贸易的迅速扩大,产品和资本的流动日趋国际化,企业的竞争范围逐渐扩大,随之而来的是国际产品质量保证和产品责任问题。制订质量管理国际标准以促进国际技术经济合作、消除技术贸易壁垒成为世界各国共同的需要。国际标准化组织(ISO)提出的ISO 9000族标准已为许多国家所采用,它标志着现代质量管理向着规范化、系列化、科学化和国际化的新高度不断地深入发展。②美国质量专家克劳斯比(Philip. B. Crosby)提出,质量就是一次成功、零的缺陷(Zero Defect,ZD)。零缺陷活动也称为ZD活动,以消除工作缺陷为目的。③对环境问题的重视以及可持续发展观的形成正促使人们重新审视全面质量管理,一种全新的生态质量观正在建立。④以微电子技术为中心的新技术革命使人类社会进入信息化时代。计算机软件在人类社会的经济生活中占据了日益重要的地位。全面质量管理理论同样被应用于这一重要技术产品领域。为保证并提高软件质量,有一些软件企业通过贯彻ISO 9000族标准或进行CMM(能力成熟度模型)认证,强调实施软件工程,采取在软件产品设计和开发阶段实行标准化、加强软件配置管理和技术状态管理等手段,取得了很好的效果。⑤在21世纪,各组织更加强调满足顾客的个性需求,通常采取"大规模定制"生产方式,形成以互联网、自动控制等技术为支撑的生产网络。同时,21世纪是一个"以知识为基础,以互联网为沟通纽带,形成全球化发展"的时代,质量管理观念将逐渐转化为组织的质量文化,质量管理的方针也将从持续改进转化。

9.1.1.3 质量管理体系的基本概念

1) 质量(Quality)

质量是一组固有特性满足要求的程度。

也可以说质量是对满足程度的一种描述,满足要求的程度的高低反映为质量的好坏。在比较质量的优劣时应注意在同一"等级"上进行比较。

2) 质量管理(Quality Management)

质量管理是在质量方面指挥和控制组织的协调的活动。

质量管理是组织管理的重要组成部分,是组织围绕着质量而开展的各种计划、组织、指挥、控制和协调等所有管理活动的总和。质量管理必须与组织其他方面的管理如生产管理、财务管理、人力资源管理等紧密结合,才能在实现组织经营目标的同时实现质量目标。质量管理通常包括制订质量方针和质量目标以及质量策划、质量控制、质量保证和质量改进等活动。组织可以通过建立和健全质量管理体系来实施质量管理。

3）质量策划（Quality Planning）

质量策划是质量管理的一部分，它致力于制订质量目标并规定必要的运行过程和相关资源以实现质量目标。

质量策划的目的在于制订并实现组织的质量目标。组织可以把八项质量管理原则作为质量方针制订的基础，然后依据质量方针所确定的框架，在不同的层次进一步细化制订出质量目标，同时确定为实现质量目标所需的措施（必要的运行过程）和必要条件（相关资源）。为实现组织的质量目标，策划应从建立质量管理体系入手，策划的结果会形成管理方面的文件，如质量手册和程序文件。为实现产品的质量目标，策划应从产品的实现过程入手，策划的结果可能会形成质量计划。应该认识到，质量策划强调的是一系列活动，而质量计划只是质量策划的结果之一，通常是一种书面的文件。

4）质量控制（Quality Control，QC）

质量控制是质量管理的一部分，它致力于满足质量要求。

质量控制的目的在于确保产品的质量能满足顾客、法律法规等方面所提出的质量要求（如适用性、可靠性、安全性等）。质量控制以预防为主。应该认识到，质量控制仍然需要检验，但检验的目的不是为了挑出不合格品，而是为了监控和改善过程。

5）质量改进（Quality Improvement）

质量改进是质量管理的一部分，它致力于增强满足质量要求的能力。

质量改进的目的在于增强组织满足质量要求的能力。

6）质量管理体系（Quality Management System）

质量管理体系是在质量方面指挥和控制组织的一种管理体系。

质量管理体系是一个把与质量有关的组织结构、过程和资源等组合起来的有机整体，强调系统性和协调性。

7）质量计划（Quality Plan）

质量计划是对特定的项目、产品、过程或合同，规定由谁及何时应使用哪些程序相关资源的文件。

质量计划是将某产品、项目或合同的特定要求与现行的通用程序相联结，通常引用质量手册或通用程序的适用内容。

9.1.1.4 钢桥面铺装施工质量管理问题与挑战

钢桥面铺装尤其是大跨径正交异性钢桥面板的铺装质量管理问题，在国际上一直是一个热点和难点。桥面铺装直接铺设在正交异性钢板上，在车辆荷载、风载、温度变化及地震等因素影响下，其受力和变形远较公路路面或机场道面复杂，因而对其强度、变形稳定性、疲劳耐久性等均有更高要求。同时，由于铺装所处的特殊位置，在使用性能上又提出重量轻、高黏结性、不透水性等特殊要求。作为桥梁行车系的重要组成部分，桥面铺装的好坏直接影响到行车的安全性、舒适性、桥梁耐久性及投资效益和社会效益。

针对我国部分钢桥面铺装早期损坏严重，施工工艺与质量控制技术难以适应铺装混凝土与铺装结构先进设计要求的现状，华南理工大学自2003年开始致力于钢桥面铺装施工质量控制与管理的理论与方法研究，力图引导、促进我国钢桥面铺装施工质量管理与控制技术体系的建立。20年来，在完成的港珠澳大桥、虎门大桥、黄埔大桥、湛江海湾大桥、榕江大桥、清云西江特大桥等桥面铺装科研与第三方施工质量控制与管理等技术服务中,其工作成果提高了钢桥面铺装的施工质量,有效消除或减少了钢桥面铺装早期损坏现象。与此同时,初步形成了针对钢桥面铺装作为公共产品的质量特性,引入业主质量验证(第三方质量验证)机制,重点解决建成钢桥面铺装对于设计的符合性检验、混合料生产质量的稳定性检验与铺筑质量的均匀性检验等关键问题的质量管理机制,这些技术原则目前已经得到国内同行的普遍认可。

9.1.2 质量改进的意义

9.1.2.1 概述

质量改进是质量管理的一个重要环节,也是改善质量管理体系,促进体系有效运行的重要措施。对于竞争性产品,制造商提供的产品质量或服务质量的好坏取决于顾客的满意程度,要提高顾客的满意程度,就必须不断自主地进行质量改进。制造商为了生存和发展,提高竞争地位,就应不断地进行质量改进活动,持续的质量改进是 ISO9000 标准(2000 版)提出的八项质量管理基本原则之一。

对于桥面铺装这一类"公共产品",促进施工质量不断改进不仅仅是工程建设管理者(业主)保证钢桥面铺装服务质量,提高服务于全社会用户的桥面使用性能,有效发挥建设投资效益的重要管理措施,而且可以促进承包商积累技术经验,提高施工质量管理水平,减少合同期质量保证成本,赢得良好商誉并创立优良的企业品牌。

持续地开展钢桥面铺装施工质量改进活动,不断提高桥面铺装建设的质量水平,应该是符合所有参建各方共同利益的举措,需要工程建设管理者、承包商、工程监理、材料供应商和其他相关方面的共同努力。但在目前的管理体系下,开展不断的质量改进活动还存在一定的阻碍,例如:

(1)工程建设管理者与承包商的利益并非完全一致。
(2)目前的方法规范多为方法规范,验收方法主要采用合格判定而不是按质判定。
(3)缺少适当的手段促进承包商积累技术经验。
(4)缺少适当的质量改进措施和方法。

9.1.2.2 质量改进

质量改进是质量管理的重要组成部分。按照 ISO 9000—2000 的定义,质量改进就是通过采取各项有效措施提高产品、体系或过程满足质量要求的能力,使质量达到一个新的水平、新的高度。质量改进是建立在一些基本过程之上的。

1)质量改进与质量纠错

钢桥面铺装施工过程中的多数环节采用合格判定作为质量控制与质量保证的基本标准。当过程中的某些检验指标(例如平整度、压实度、表面构造深度等)不能满足合格判定标准时,必须进行强制性的质量调整。这一类质量调整旨在提高某项质量检测指标的控制水平,保证钢桥面铺装质量达到合格(验收)标准的基本要求。不进行质量调整,产品不能通过合格检验,沥青路面质量就存在有显见的差错。这类产品质量调整在于纠正施工过程中材料、工艺、设备乃至人员产生的差错,可以将其称为质量纠错。

质量纠错不具有计划性和预防性,通常是事后纠正。钢桥面铺装作为"单件制造"产品,其建设成本很高,不可能像批量产品那样简单地剔除不合格产品。同时,尽管钢桥面铺装施工质量不能达到合格标准,但并不意味着它不具备使用功能,通常在质量管理过程中很少采用挖除不合格路段重新铺筑的措施。因此,在钢桥面铺装沥青施工质量管理的实践中,通常采用惩罚性措施施行质量纠错。常见的惩罚性措施如降低支付系数、责令停工整顿等。就承包商的施工成本而言,不能通过合格验收的钢桥面铺装产品存在被拒收的风险,拒收也将导致返工、废弃路面材料、降低工效或延误工期、罚款等意外成本增加。

质量改进活动应该在有效减少或者消除已经发生的某项质量问题,建立了避免或者减少这类质量问题的技术措施的基础之上进行,或者说,质量改进是在质量合格并保持稳定状态基础上进一步提高质量水平的管理活动。质量改进活动对于沥青路面施工质量的改进与提高应该具有显著的计划性和预防性。

2) 质量改进与质量控制

质量改进与质量控制都是质量管理的组成部分,两者既有区别又有联系,质量改进与质量控制的区别与联系见表 9-1-1。

质量改进与质量控制的区别与联系　　　　　　　表 9-1-1

项　目		质量改进	质量控制
区别	ISO 9000—2000 标准定义	是质量管理的一部分,致力于增强满足质量要求的能力	是质量管理的一部分,致力于保持满足质量要求的能力
	内容	消除系统性问题,对现有的质量水平在控制的基础上加以提高,使质量达到一个新水平、新高度	消除偶发性问题,使产品保持已有的质量水平,即质量维持
	重点	提高质量保证能力	充分发挥现有的能力,防止差错或问题的发生
	实现手段	不断采取纠正和预防措施	日常的检测、试验和配备必要的资源
	目的	增强组织质量管理水平,使产品的质量不断提高	使产品、服务质量维持在一定的水平
连续		首先搞好质量控制,充分发挥现有控制系统能力,使全过程处于受控状态,在质量控制的基础上进行质量改进,使产品从设计、制造到最终服务满足顾客要求,达到一个新水平	

美国著名质量管理学专家朱兰的三部曲图式也表现了二者的差异,见图 9-1-1。

作为承包商执行的质量控制与业主(监理工程师)执行的质量保证都具有一个显著的特点,就是作为钢桥面铺装施工质量管理的组成部分,质量控制与质量保证致力于保持钢桥面铺装施工质量要求的基本能力,使钢桥面铺装施工质量保持现有水平,实现质量维持功能。质量控制与质量保证注重发挥现有施工技术水平和施工能力,防止错误或问题偶然发生,因此以日常检验和试验作为基本方法。使钢桥面铺装施工质量维持在既定水平,是施工质量控制与保证的基本目标。

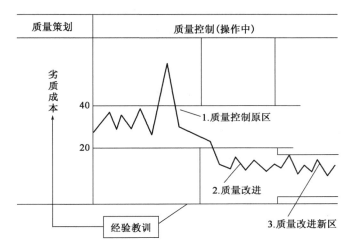

图 9-1-1　朱兰的三部曲图式

质量改进的基本目标是在现有施工质量维持水平基础之上,进一步增强施工质量管理能力,不断提高钢桥面铺装的路用性能与耐久性,全面提高钢桥面铺装产品质量。因此,质量改进更加注重系统性,通过解决系统性的问题来提高施工质量,使得钢桥面铺装的路用性能在现有基础上得到稳定的提高,使得施工质量达到一个新的技术水平。总之,钢桥面铺装施工的质量改进是在钢桥面铺装施工质量得到全面控制和保证的基础上进行的,是在施工过程处于受控状态下的改进,质量改进的结果必须经过系统评价予以确认,并且需要提出新的质量控制与质量保证标准来维护质量改进的成果,质量改进的实例见图 9-1-2。

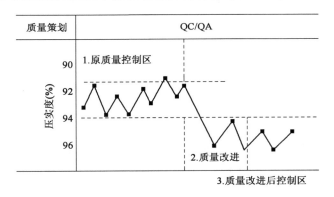

图 9-1-2　质量改进的实例

在实例中,某承包商施工的钢桥面铺装压实度均值约为 93%(相对于最大理论密度),总体控制在大于 92% 的合格水平。采用质量改进措施,加强了压实机具配置、调整了碾压工艺、严格实行温度管理之后,该标段压实度提高到 94%～96%,并得到稳定控制,通过质量改进,全面提高了压实工艺质量。

3) 质量改进与质量突破

质量改进与质量突破之间有联系也有区别,它们是密不可分的。

质量突破与质量改进的目的相同。它们都是为了实现质量水平的提高。质量突破是通过铲除认识、管理、技术水平等方面长期性原因,促使工作达到一个较高水平,将产品质量提高到一个新的更高的水平。质量改进是为质量突破完成的量的积累,以促进真正实现质的飞跃和现有水平的阶跃,从而完成质量突破。

质量突破与质量改进具有因果关系,质量突破是质量改进的结果。只有不断实施持续的质量改进,通过日常许多大大小小的质量改进,才能使产品质量水平不断提高,最终实现质量突破。

质量改进侧重过程,质量突破侧重结果。由于种种原因,每次质量改进过程不一定都能取得明显的效果,产品的质量并不一定能够明显提高,而质量突破则表明产品的质量水平一定是得到了提高,并取得了良好的效果。

9.1.3 质量改进的渐进性

质量改进是一个动态发展的过程,包括明确问题、掌握现状、分析原因、拟定对策、实施改进、确认效果、防止再发生、标准化和总结 8 个部分。可以不断改进产品质量,实现创新,在这样不断的循环中产品质量得到不断改进,最终实现产品质量突破。

在质量管理学中,质量改进的步骤可以按照"四阶段、八步骤"的规则循环进行。所谓四阶段就是计划、实施、检查和处置,八步骤则是明确问题、掌握现状、分析问题原因、拟定对策并实施、确认效果、防止再发生、标准化和总结。

1)明确问题

质量改进常常开始于对改进机会或者改进项目的认知与判定,一般围绕自身质量损失测定与相互质量水平比较两个方面来加以识别和确定。

应该注意,机构(工程项目)的运营肯定存在大小不同的质量问题,选择改进目标时要根据人力、物力和财力的支撑与限制,灵活运用现有的数据和资料进行优先排序,选择最需要或最可能优先解决的问题。

2)掌握现状

在明确需要或者必要的质量改进问题之后,需要对相关问题的现状开展调查,收集大量质量改进问题的数据和信息。

3)分析原因

在现状调查的基础上分析诊断产生质量问题的各种影响因素,确定主要影响因素。这一步骤的活动内容可以划分为两部分完成。根据已经获取的信息资料判断发生质量问题的可能原因(设立假说),从已设定因素中找出主要原因(验证假说)。

在上述过程中,建立假说时最有效的工具是因果图,应尽量将所有可能导致问题的因素列于图中。通过分析判别,最终因果图中包括的因素必须是主要的,并能够得到确认的。因果图中各影响因素应尽可能描述得详尽具体,尽量对引起某一类问题的原因进行分解细化。根据"掌握现状"阶段中分析过的信息,应删去与结果波动无关的影响因素,缩减因果图。因果图越小、影响因素越少越有效。在重新绘制的因果图中各因素引起不合格品出现的可能性大小是不同的,如有可能,应根据它们可能性的大小排列其重要度。

验证假说必须根据重新试验和调查,对数据的获得应有计划地进行。应核实原因与结果间是否存在密切关系,经常使用的管理工具有排列图、相关及回归分析、方差分析等统计技术。

此外，导致产品缺陷的主要原因可能是多个，没必要对所有影响因素都采取纠正措施，因而判断主要影响原因是重要的。有意识地再现缺陷是验证假说的有效手段，但要考虑到人力、时间、经济性等多方面的制约因素，即需谨慎采用。

日本玉川大学质量管理学专家谷津进教授曾将这几个阶段的活动形象地用图表示出来，见图 9-1-3。

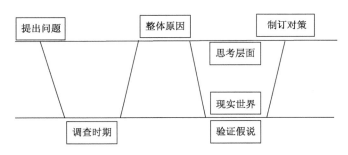

图 9-1-3　质量改进的阶段

4）拟定对策并实施

拟定实施对策的技术原则包括：

（1）实施对策可以划分为消除质量不合格现象的应急措施和排除导致质量不合格现象之原因以防问题再度发生的纠正措施两种，需要严格区分这两种不同性质的对策，针对影响质量的主要因素制订改进措施、计划并予以实施。

（2）实施的措施和计划应该具体明确，其内容可以概括成 5 个 W。即为什么制订这一措施或计划（Why），预计达到什么样的目标（What），在哪里执行这一措施或计划（Where），由谁来执行（Who），何时开始、何时完成（When）等。

5）确认效果

确认质量改进效果是质量改进过程中的重要内容，只有改进效果得以确认，才能制订更加完善的措施与对策，将质量改进的成果变成以后生产或施工过程中质量控制与质量保证活动的常规内容与方法，使之持之以恒。

6）防止再发生与标准化

在质量改进活动的"四阶段、八步骤"中，经常将防止再发生的措施标准化，防止再发生和标准化活动可以合并处理。

7）总结

找出遗留问题，考虑解决这些问题下一步该怎么做，总结本次改进活动过程中，哪些问题得到顺利解决，哪些尚未解决，这是一个提高的过程。

9.2　基于大数据的钢桥面铺装无损检测方法

广东南沙大桥钢桥面铺装过程中，使用基于三维探地雷达、无核密度仪、路面抗滑纹理测试仪、膜厚仪等设备开展无损检测，通过检测大数据的归集整理、统计分析，建立检验评价系统，准确发现各阶段存在的问题及产生原因，评价铺装上层、铺装下层和环氧富锌漆的施工质量,为质量改进提供方向。

9.2.1 三维探地雷达

9.2.1.1 雷达检测原理

三维探地雷达是集现代电子技术、信息技术与电磁技术为一体的高端雷达设备,可对公路实施面域性的无损检测。路用探地雷达的基本原理是向地下发送脉冲形式的高频电磁波,并将反射的电磁波接收、处理、分析,获得道路结构相关状况,如图 9-2-1 所示。

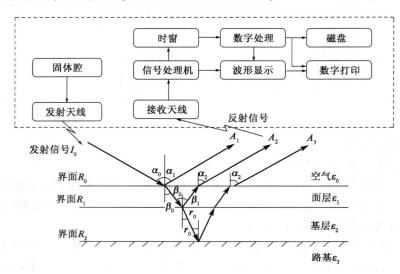

图 9-2-1 雷达检测原理图

电磁波在地下介质传播过程中,当遇到存在电性差异的地下目标体,如空洞、路面结构层分接口时,电磁波便发生反射,返回到地面时由天线接收。在对接收到的雷达波进行处理和分析的基础上,根据其波形、强度和双程走时等参数便可推断地下目标体的空间位置、结构、电性及几何形态,从而达到对地下隐蔽目标物的探测。当接收天线发生移动时,即可接收到连续的探地雷达反射波,对接收到的信号加以分析处理就可以形成沿天线移动方向切面的雷达分析图像,如图 9-2-2 所示(横坐标表示沿路面的距离,纵坐标表示深度)。

图 9-2-2 沥青路面面层厚度分层示意图

9.2.1.2 检测设备

本检测设备采用三维探地雷达系统,系统主要包括 GeoscopeTM MK IV 雷达主机(图 9-2-3)、DXG 系列多通道地面耦合天线阵(图 9-2-4)。

图 9-2-3　GeoscopeTM MK IV 雷达主机图　　　　图 9-2-4　DXG 系列多通道地面耦合天线阵

9.2.2　无核密度仪

9.2.2.1　检测原理

无核密度仪工作原理是通过产生的环形探测磁场来测试沥青路面的介电常数,再通过电子部件将场信号转换成密度读数。沥青路面主要是由集料、沥青、空气组成的三相材料,各种材料的介电常数均不同。

9.2.2.2　检测设备

本次检测项目采用 PQI380 无核密度仪(图 9-2-5)检测密度与空隙率。

图 9-2-5　无核密度仪实物图

9.2.3　路面抗滑纹理测试仪

9.2.3.1　设备原理

为高效、准确获取沥青路面的三维表面构造,肖宁事务所基于日本生产的超高速激光发射器,使用抗干扰能力强的蓝紫色半导体激光(波长405nm),自主设计与研发了面域路面抗滑纹理测试仪[图9-2-6a)],并申请了发明专利。其基本原理为:柱面物镜将半导体激光光束扩大为一条激光束,激光束在目标物表面产生漫反射,反射光通过2D Eenostar物镜返回到高速成像传感器(HSE[3]-CMOS)上,通过接收的时间差,反算出目标物表面的纹理相对高程,即可重构出构造物表面纹理特征。根据激光三角测距的原理,利用激光器在沥青路面的表面进行扫描,根据对于不同测点的测量数据,可以判断出不同测点的高度关系,从而得到路表的轮廓构造情况。计算公式为:

$$PS = \frac{count - (0.5 \times 2^{16})}{0.5 \times 2^{16}} \times 2 \times sf \times 10^{-dp}$$

式中:PS——纹理相对高程;
  count——激光装置测量值;
  sf——放大系数;
  dp——激光装置点位置系数。

a)实物照片

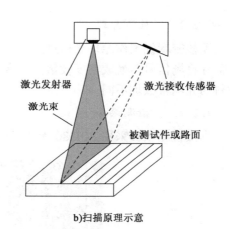
b)扫描原理示意

图9-2-6 路面抗滑纹理测试仪

9.2.3.2 设备参数

设备参数如下:
(1)有效测量纹理相对高程范围:±23mm。
(2)测量精度:≤0.01mm。
(3)点阵分辨率:0.05mm。
(4)激光束线宽:25~39mm。
(5)最大测量范围:300mm×300mm。
(6)数据采集速度:≤0.64m/s。
(7)纹理相对高程标定误差:<0.1%。
(8)系统工作环境:温度0~45℃;相对湿度20%~85%(无冷凝)。

9.2.4 环氧富锌漆膜厚仪

9.2.4.1 设备原理

磁性干膜测厚仪(图9-2-7)的工作原理是交流电产生一个磁场,通过钢板表面与探头之间的距离变化引起磁通量的改变,仪器通过磁通量的改变计算漆厚度,高斯磁场定律公式如下:

$$\varphi = B \times S \times \cos\theta$$

式中:φ——磁通量(Wb);
B——磁感应强度(T);
S——通过磁场的平面面积(m^2);
θ——B 与 S 的垂面之间的夹角(°)。

图9-2-7 磁性干膜测厚仪

9.2.4.2 设备参数

设备参数如下:
(1)测量范围:0~1500μm。
(2)测量精度±1%。
(3)快速读数:70+/min,使用超声/扫描探头为:140+/min。
(4)金属基体上测量厚度达30mm的涂层。
(5)操作温度:-10~50℃。

9.3 基于大数据的铺装下层施工质量评价与改进

采用三维探地雷达和无核密度仪收集铺装下层场地内试拌试铺、引桥模拟试验段和钢桥面首件工程摊铺厚度和空隙率数据,采用大数据分析的方法准确定位各阶段存在的问题及产生原因,开展施工质量评价,为质量改进提供方向,指导后一阶段施工质量改进。

9.3.1 试拌试铺

广东南沙大桥钢桥面铺装下层试拌试铺试验路段选择在沥青拌和站场地内,摊铺宽度为9m,厚度为3cm,摊铺长度为60m,桩号为K0+000~K0+060,施工情况见图9-3-1。针对试验段情况,采用三维探地雷达和无核密度仪的无损检测,分析试验段整体施工情况,并提出相关建议,指导后一阶段施工。

9.3.1.1 检测方法

1)三维探地雷达检测

三维探地雷达在横断面方向依次平移覆盖整个待检区域进行检测,具体检测方法如图9-3-2所示,检测现场如图9-3-3所示。

图 9-3-1　施工现场

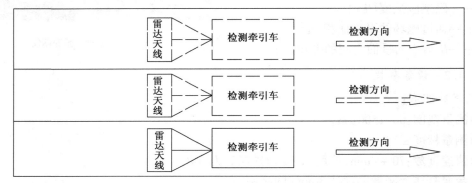

图 9-3-2　三维探地雷达检测示意图

图 9-3-3　三维探地雷达检测现场

2）无核密度仪检测

在垂直于桩号方向测点间距设为1m,在沿桩号方向测点间距设为1m（图9-3-4）,在待检区域铺装下层采集448个数据,铺装上层采集536个数据。检测现场如图9-3-5所示。

采用无核密度仪对选取的每个测点进行路面密度检测,对同一个测点测量读取一个数值后转动无核密度仪120°后再次测量,重复测得三个数值取平均值作为该点的密度值。此外,在20个芯样钻取位置每个点位转动不同角度重复测取13个数值取平均,与实际挂篮法测得芯样密度做比较得到无核密度仪标定系数。

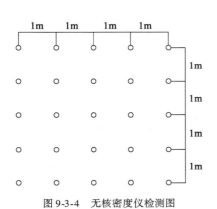

图 9-3-4　无核密度仪检测图

图 9-3-5　无核密度仪检测现场

9.3.1.2　检测结果

1）三维探地雷达检测

K0+008～K0+056铺装下层设计厚度为3cm,将厚度偏薄超过设计值 -10% 的下层区域用红色显示,为偏薄区域;厚度偏厚超过设计值 10% 的下层区域用黄色显示,为偏厚区域,介于两者之间的用绿色显示,为均匀区域。为了更直观地反映试验段的厚度分布情况,将采集的厚度数据绘制成厚度分布图如图 9-3-6 和图 9-3-7 所示。

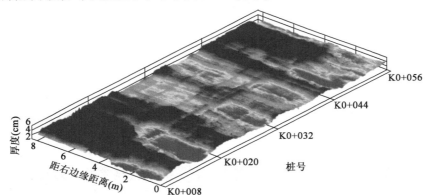

图 9-3-6　K0+008～K0+056 环氧沥青混凝土铺装下层厚度三维图

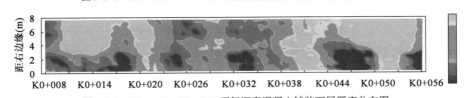

图 9-3-7　K0+008～K0+056 环氧沥青混凝土铺装下层厚度分布图

根据三维探地雷达检测结果得出沥青层厚度值统计表如表 9-3-1 所示。

K0+008～K0+056 环氧沥青混凝土铺装下层厚度统计表　　表 9-3-1

平均值 (cm)	标准差 (cm)	变异系数 (%)	厚度分布(%)		
			<2.7cm	2.7～3.3cm	>3.3cm
3.19	0.88	27.69	32.99	26.05	40.96

介电常数检测是评定路面均匀性的重要手段,与空隙率存在一定关系;在其他条件相同的情况下,介电常数越大,空隙率越小。将介电常数值偏大超过30%的采样点标记为白色,偏小超过30%的采样点标记为黑色。对介于两者之间的根据数值大小用不同灰度表示,数值越大,相应地灰度值也越大,将K0+008~K0+056试验段路面介电常数检测结果绘制成直观的介电常数分布图,如图9-3-8所示。

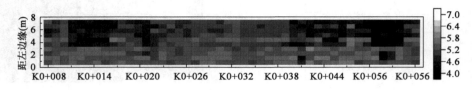

图9-3-8　K0+008~K0+056环氧沥青混凝土铺装下层介电常数分布图

根据检测结果计算得出介电常数统计表如表9-3-2所示。

K0+008~K0+056环氧沥青混凝土铺装下层介电常数统计表　　表9-3-2

平均值	标准差	变异系数(%)
5.30	0.58	11.01

2)无核密度仪检测

根据无核密度仪检测结果得出环氧沥青混凝土铺装层毛体积密度数值统计表如表9-3-3所示。

环氧沥青混凝土铺装层毛体积密度值统计表　　表9-3-3

测点桩号	平均值(g/cm³)	标准差(g/cm³)	变异系数(%)
K0+031~K0+056	2.570	0.1014	3.945

采用无核密度仪检测出来的毛体积密度换算成沥青层空隙率,得出下层K0+000-K0+057空隙率分布情况,如图9-3-9所示。

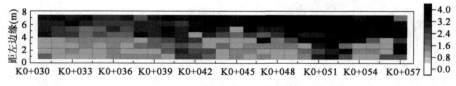

图9-3-9　K0+031~K0+057下层空隙率分布图

根据换算结果可得到沥青层空隙数值统计表,如表9-3-4所示,空隙率分布饼状图如图9-3-10所示。

下层K0+031~K0+057空隙率数值统计表　　表9-3-4

序号	空隙率区间(%)	点数(个)	占比(%)	平均值(%)
1	0~2	103	51.69	
2	2~3	64	29.63	2.12
3	大于3	49	18.69	
4	总计	216	100	

9.3.1.3 结果分析

分析三维探地雷达检测和无核密度检测的结果,可得如下结论:

(1)三维探地雷达测试结果表明,K0+008~K0+056 厚度均值为 3.19cm,满足设计 3.0cm±0.3cm 的要求;主要受原基面不平整的影响,检测区域铺装下层厚度均匀性不理想,检测厚度在 2.7~3.3cm 的区域占比为 26.05%,变异系数较大。后一阶段模拟试验段应排除基面影响因素,更好地模拟钢桥面铺装施工。为避免暴露钢桥面铺装层厚度施工中可能出现的问题,在钢桥面铺装施工前要确定摊铺机找平方式,提高钢桥面铺装施工的厚度和厚度均匀性的控制水平,确保铺装层的质量。

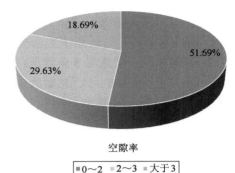

图 9-3-10 下层 K0+031~K0+057 空隙率分布饼状图

(2)无核密度仪测试结果表明,铺装下层空隙率平均值为 2.12%,满足设计图纸的要求,但均匀性一般。从图上可见存在局部区域空隙率偏大的现象,有明显的块状粗离析。空隙率 0~3% 占比为 81.31%,有不同程度的粗离析,粗离析占比为 18.69%,建议后期施工应加强控制混凝土局部离析的现象。

(3)雷达图像上显示沥青混凝土厚度偏薄的区域,无核密度仪上出现不同程度的空隙率偏大现象,分析为混凝土厚度偏薄时,混凝土级配容易出现离析变异,混凝土形成不了密实结构,造成空隙率偏大的现象。空隙率偏大容易渗水,渗水会造成钢桥面铺装早期病害,是钢桥面铺装需要严格控制的。

因此,在后一阶段及钢桥面施工时,为尽量消除基面的影响,充分模拟实桥状态,可以设置调平层,通过调平层的施工,提高基面的平整度,更好地模拟钢桥面铺装下层的施工。应重点确保环氧沥青混凝土的厚度,保证下层铺装的质量。

9.3.2 引桥模拟试验段

广东南沙大桥在大沙水道桥西引桥左幅开展引桥模拟试验段工作,为尽量消除基面的影响,充分模拟实桥状态,设置铺筑了 AC-10 调平层,下层试验段铺装全长 150m,宽度 19m,30mm 厚的细粒式环氧沥青混凝土 EA-10F。

2018 年 9 月 29 日,K2+756~K2+906 内侧摊铺 EA-10F 铺装下层环氧沥青混凝土。碾压工艺为:初压 2 遍胶轮碾压+复压 2 遍钢轮静压+1 遍胶轮碾压+终压 1 遍钢轮静压。

2018 年 10 月 2 日,K2+756~K2+906 外侧摊铺 EA-10F 铺装下层环氧沥青混凝土。碾压工艺为:初压 2 遍胶轮碾压+复压 2 遍钢轮静压+1 遍胶轮碾压(K2+816 之后取消)+终压 1 遍钢轮静压。

9.3.2.1 检测方法

采用三维探地雷达与无核密度仪等进行无损检测,检测铺装下层环氧沥青混凝土的厚度、介电常数与密度及其均匀性,评价试验段下层铺装效果。

1) 三维探地雷达检测

扫描桩号范围为 K2+756~K2+906 共 150m,扫描宽度总共 16.5m。

如图 9-3-11 所示,从距中央防撞护栏 0.5m 开始,对 1.5m 宽的雷达扫描跑道进行编号;9月29日铺装的下层选择 5 条跑道(编号 1~5)总宽度 7.5m 进行扫描,10 月 2 日铺装的下层选择 6 条跑道(编号 6~11)总宽度 9m 进行扫描。最外边的跑道距外侧防撞栏间距为 0.5m。沿桩号方向每隔 30m 选取检测控制点,在横断面方向依跑道次序对整个待检区进行覆盖检测。检测现场如图 9-3-12 所示。

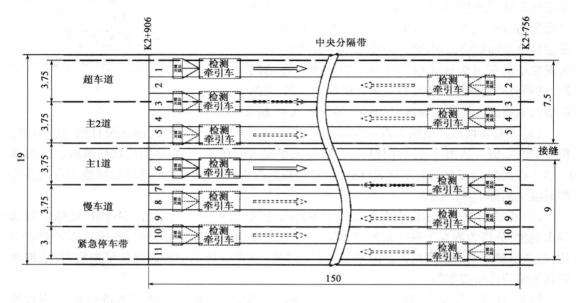

图 9-3-11 雷达检测示意图(尺寸单位:m)

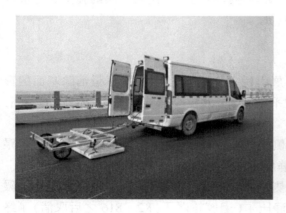

图 9-3-12 三维探地雷达现场检测图

2) 无核密度仪检测

检测桩号范围为 K2+756~K2+906,共 150m,检测宽度范围为 18m。

垂直桩号即横断面方向,从距中央防撞护栏开始每隔 1m 选取一个测点进行检测,一个断面测点数为 18 个。沿桩号方向每隔 5m 选取一个断面,其中在开始与结尾的桩号范围内,选取 20m 作为加密检测区域,区域内沿桩号方向每隔 1m 选取一个断面。

9.3.2.2 检测结果

1)三维探地雷达检测

将采集的厚度数据绘制成厚度分布图如图 9-3-13 和图 9-3-14 所示。

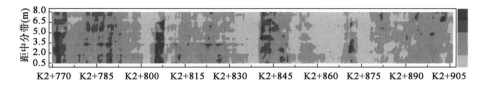

图 9-3-13　9 月 30 日内侧铺装下层厚度分布图

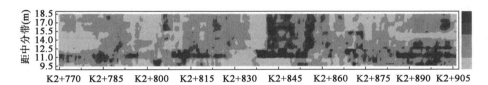

图 9-3-14　10 月 2 日外侧铺装下层厚度分布图

根据采集的数据绘制统计表如表 9-3-5 和表 9-3-6 所示。

9 月 29 日内侧铺装下层厚度统计表　　表 9-3-5

平均值 (mm)	变异系数 (%)	厚度分布(%)			
		<24mm	24~27mm	27~33mm	>33mm
30.50	19.45	6.63	14.20	44.51	34.66

10 月 2 日外侧铺装下层厚度统计表　　表 9-3-6

平均值 (mm)	变异系数 (%)	厚度分布(%)			
		<24mm	24~27mm	27~33mm	>33mm
29.92	26.29	4.91	13.78	48.58	32.73

2)无核密度仪检测

以灰度图显示标定后的无核密度仪实测值计算得到的空隙率分布情况,良好、合格、粗离析区域用依次减少的灰度值表示。检测结果如图 9-3-15 和图 9-3-16 所示。

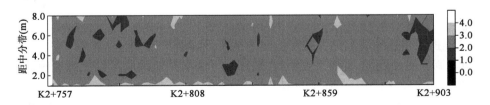

图 9-3-15　9 月 29 日摊铺内侧铺装下层空隙率分布图

根据检测数据汇总统计数据表如表 9-3-7 和表 9-3-8 所示,空隙率饼状图如图 9-3-17 和图 9-3-18 所示。

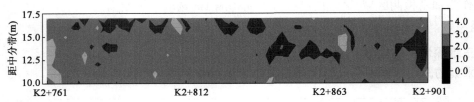

图 9-3-16　10 月 2 日摊铺外侧铺装下层空隙率分布图

9 月 29 日内侧铺装下层空隙率统计表　　　　表 9-3-7

空隙率区间(%)	点数(个)	占比(%)	均值(%)	变异系数(%)
0~2	60	11.7	2.47	16.35
2~3	402	78.5		
3~4	50	9.8		
总计	512	100		

10 月 2 日外侧铺装下层空隙率统计表　　　　表 9-3-8

空隙率区间(%)	点数(个)	占比(%)	均值(%)	变异系数(%)
0~2	73	15.0	2.37	17.18
2~3	381	78.1		
3~4	34	7.0		
总计	488	100		

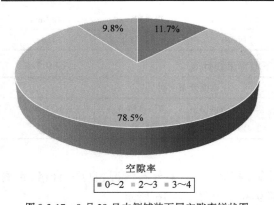

图 9-3-17　9 月 29 日内侧铺装下层空隙率饼状图

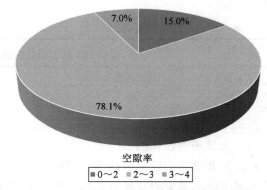

图 9-3-18　10 月 2 日外侧铺装下层空隙率饼状图

9.3.2.3　结果分析

分析三维探地雷达检测和无核密度检测的结果,可得如下结论:

(1)通过调平层的施工,基面平整度较好,铺装下层引桥试验段可以更好地模拟钢桥面铺装下层的施工,更好地指导后一阶段的施工。

(2)从三维探地雷达检测厚度数据看,9 月 29 日和 10 月 2 日的厚度平均值分别为 30.5mm 和 29.92mm,满足设计图纸的要求;从厚度分布和厚度变异系数来分析,铺装下层的厚度均匀性比试拌试铺阶段有较大改观,厚度均匀性更好,可以更好地确保铺装下层的质量,但厚度均匀性有进一步提升的空间,后一阶段须进一步优化摊铺机找平方式。

(3)9月29日施工的铺装下层空隙率均值2.47%,满足空隙率0~3%的要求,空隙率均匀性一般,有部分值偏出合格区间,0~3%占比为90.2%,超出3%的有9.8%;10月2日施工的铺装下层改进碾压工艺后均匀性有所改善,合格率出现明显,空隙率均值2.37%,满足空隙率0~3%的要求,0~3%占比为93%,超出3%的有7%。除边部局部区域空隙率控制不佳,其余区域空隙率分布良好。

(4)沥青混凝土边部区域空隙率较中间区域大,容易偏出合格的范围。原因是边部区域容易出现漏压,边部受护栏的影响,对压路机操作员的要求较中间区域高,应重点加强压路机操作员的培训,确保边部的碾压效果。

9.3.3 首件工程

在抛丸喷砂除锈及环氧富锌漆喷涂养生工作完成后,对大沙水道桥左幅依次进行工作面清洗、环氧树脂防水黏结层涂布及铺装下层首件铺筑。首件工程段全长475m,桩号范围为K3+305~K3+780,宽度为19m,分两幅进行。

2018年11月6日上午,施工K3+305~K3+780段上游EA-10F环氧沥青混凝土铺装下层。

2018年11月11日上午,施工K3+305~K3+780下游EA-10F环氧沥青混凝土铺装下层。

9.3.3.1 检测方法

1)三维探地雷达检测

扫描桩号范围为K3+320~K3+760共440m,扫描宽度为7.5m。

检测时在垂直桩号即横断面方向上,从距中央防撞护栏0.25m开始,依次选对5条1.5m宽的雷达扫描跑道编号,5条跑道共7.5m宽。沿检测桩号方向选取检测控制点,依跑道次序对整个待检区进行覆盖检测,检测现场见图9-3-19。

2)无核密度仪检测

第一个检测段桩号范围为K3+310~K3+761,检测长度为451m,检测宽度为距中0.25~7.75m共7.5m;第二个检测段桩号范围为K3+323~K3+779,检测长度为456m,检测宽度为距中9.5~17m共7.5m。

第一个检测段在垂直桩号即横断面方向,从距中央防撞护栏0.25m开始每隔1.5m选取一个测点进行检测,一个断面测点数为6个;第二个检测段在垂直桩号即横断面方向,从距中央防撞护栏9.5m开始每隔1.5m选取一个测点进行检测,一个断面测点数为6个。沿桩号方向均每隔4.8m选取一个断面,检测现场见图9-3-20。

9.3.3.2 检测结果

1)三维探地雷达检测

将三维探地雷达采集的厚度数据绘制成厚度分布图如图9-3-21所示,厚度统计表如表9-3-9所示。

厚 度 统 计 表　　　　表9-3-9

测点桩号	平均值（mm）	变异系数（%）	厚度分布（%）				
			<27mm	27~30mm	30~36mm	36~42mm	>42mm
K3+320~K3+761	35.20	19.52	4.31	11.15	41.22	24.05	19.26

| 图 9-3-19 | 三维探地雷达现场检测 | 图 9-3-20 | 铺装下层无核密度仪检测 |

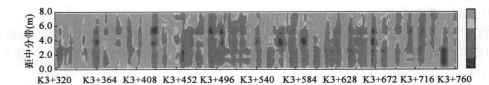

图 9-3-21　上游 K3 + 320 ~ K3 + 761 厚度分布图

此外，根据三维探地雷达采集的介电常数数据绘制介电常数灰度图如图 9-3-22 所示。

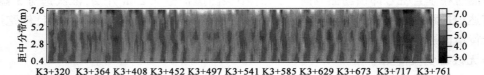

图 9-3-22　上游 K3 + 320 ~ K3 + 761 介电常数灰度图

根据数据汇总介电常数统计表如表 9-3-10 所示。

介电常数统计表　　　　　　　　　　　　表 9-3-10

测点桩号	平均值(m)	标准差(m)	变异系数(%)
K3 + 320 ~ K3 + 761	5.23	0.61	11.73

厚度及介电常数与钢桥吊索位置关系如图 9-3-23 所示。

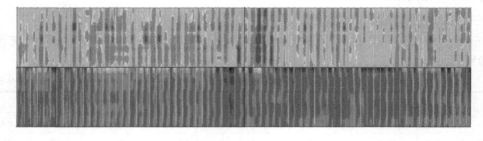

图 9-3-23　厚度及介电常数与吊索位置分布图

2) 无核密度仪检测

以灰度图显示标定后的无核密度仪实测值计算得到的空隙率分布情况，良好、合格、粗离析区域分别以依次减小的灰度值表示，检测结果如图9-3-24和图9-3-25所示。

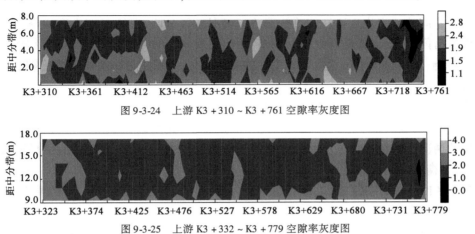

图9-3-24　上游K3+310~K3+761空隙率灰度图

图9-3-25　上游K3+332~K3+779空隙率灰度图

根据检测数据汇总统计表格如表9-3-11和表9-3-12所示，空隙率饼状图如图9-3-26和图9-3-27所示。

上游K3+310~K3+761密度统计　　　　　　　　　　　　表9-3-11

空隙率区间(%)	点数(个)	占比(%)	均值(%)
0~2	197	51.3	1.99
2~3	187	48.7	
总计	384	100	

上游K3+332~K3+779空隙率数值统计表　　　　　　　　表9-3-12

空隙率区间(%)	点数(个)	占比(%)	均值(%)
0~2	239	65.3	1.90
2~3	125	34.2	
3~4	2	0.5	
总计	366	100	

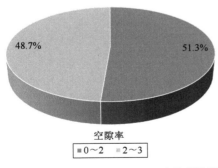

图9-3-26　上游K3+310~K3+761空隙率饼状图

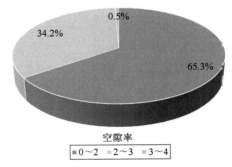

图9-3-27　上游K3+324~K3+780空隙率饼状图

9.3.3.3 结果分析

分析三维探地雷达检测和无核密度检测的结果,可得如下结论:

(1) K3+320~K3+761 的摊铺厚度平均值为 35.2mm,检测结果显示总体摊铺厚度偏厚,在局部吊索中间位置出现规律性的摊铺偏薄的情况。经分析,总体摊铺厚度偏厚的原因为松铺系数设置有问题,应对松铺系数进行调整,而出现规律性的摊铺偏薄的原因为钢桥面板受自重和吊索影响,钢桥面板沿吊索出现规律性的翘曲变化,后续应进一步研究改善钢桥面摊铺机的找平方式。

厚度改善过程中,应考虑厚度均匀性和平整度的协调。如果摊铺机完全跟着钢桥面的翘曲变化调节布料高度,铺装层的平整度可能不满足要求;完全确保平整度,则钢桥面厚度容易出现不均的情况。后续应进一步研究改善钢桥面摊铺机的找平方式,以适应钢桥面板的实际情况,协调平衡好铺装层厚度和平整度。

(2)上游 K3+310~K3+761 空隙率均值为 1.99%,满足空隙率 0~3% 的要求,0~3% 占比为 100%,超出 3% 的为 0%;上游 K3+332~K3+779 空隙率均值 1.90%,满足空隙率 0~3% 的要求,0~3% 占比为 99.5%,超出 3% 的有 0.5%。铺装层的空隙率较试拌试铺和引桥模拟试验段有大幅的提高,起步阶段空隙率略高,其他位置空隙率良好,后续大面积施工,应重点管控摊铺机起步阶段布料和碾压作业。

9.4 基于大数据的铺装上层施工质量评价与改进

采用三维探地雷达、无核密度仪和路面抗滑纹理测试仪收集铺装上层场地内试拌试铺、引桥模拟试验段和钢桥面首件工程摊铺厚度、空隙率和抗滑性能数据,采用大数据的方法准确定位各阶段存在的问题及产生原因,开展施工质量评价,为质量改进提供方向,指导后一阶段施工质量改进。

9.4.1 试拌试铺

开展试拌试铺铺装上层(K0+000~K0+056,ZK0+000~ZK0+024)的铺筑工作,摊铺宽度为 8m,设计厚度为 3.5cm,摊铺长度合计 80m。采用三维探地雷达、无核密度仪和路面抗滑纹理测试仪的无损检测大数据,分析试验段整体施工情况,并提出相关建议,指导后一阶段施工。

9.4.1.1 检测方法

1)三维探地雷达检测

检测方法同 9.3.1.1 所述。

2)无核密度仪检测

检测方法同 9.3.1.1 所述。

3)路面抗滑纹理测试仪检测

检测路段共两段场区试铺段,试铺段一:桩号 K0+000~K0+56,试铺段二:桩号 ZK0+

000~ZK0+021;每间隔10m为一个检测断面,每个断面在每个车道中部进行纹理扫描;靠近拌和站一侧为内侧,另一侧为外侧。扫描范围300mm×300mm,扫描分辨率为0.05mm,检测情况见图9-4-1和图9-4-2。

图 9-4-1　路面纹理扫描检测

图 9-4-2　路面构造深度检测

9.4.1.2　检测结果

1)三维探地雷达检测

K0+000~K0+056试验段设计厚度为7.5cm,铺装上层设计厚度为3.5cm。为了直观地反映试验段的厚度分布情况,将采集的厚度数据绘制成厚度分布图,如图9-4-3所示。

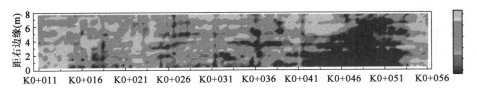

图 9-4-3　K0+008~K0+056 环氧沥青混凝土铺装上层厚度分布图

根据三维探地雷达检测结果得出环氧沥青混凝土上层厚度值统计表如表 9-4-1 所示。

环氧沥青混凝土上层厚度统计表　　　　　　表 9-4-1

平均值（cm）	标准差（cm）	变异系数（%）	厚度分布（%）		
			<3.15cm	3.15~3.85cm	>3.85cm
3.34	0.91	27.3	40.3	29.8	29.9

介电常数检测是评定路面均匀性的重要手段，与空隙率存在一定关系，在其他条件相同的情况下，介电常数越大，空隙率越小。将介电常数值偏大超过 30% 的采样点标记为黑色，偏小超过 30% 的采样点标记为白色。对介于两者之间的根据数值大小用不同灰度表示，数值越大，相应地灰度值也越大，将 K0+000~K0+048 试验段路面介电常数检测结果绘制成直观的介电常数分布图，如图 9-4-4 所示。

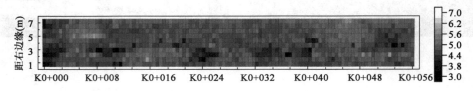

图 9-4-4　K0+000~K0+056 环氧沥青混凝土路面介电常数分布图

根据检测结果计算得出介电常数统计表如表 9-4-2 所示。

环氧沥青混凝土路面铺装上层介电常数统计表　　　　　　表 9-4-2

平均值（m）	标准差（m）	变异系数（%）
5.26	0.46	8.67

2）无核密度仪检测

根据无核密度仪检测结果得出环氧沥青混凝土铺装层毛体积密度数值统计表如表 9-4-3 所示。

环氧沥青混凝土铺装层毛体积密度值统计表　　　　　　表 9-4-3

平均值（g/cm³）	标准差（g/cm³）	变异系数（%）
2.541	0.0226	0.89

将用无核密度仪检测出来的毛体积密度换算成沥青层空隙率，得出铺装上层 K0+010~K0+056 空隙率分布情况如图 9-4-5 所示。

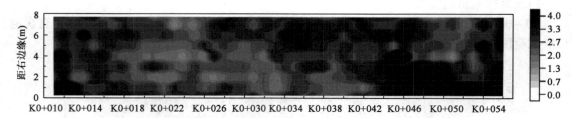

图 9-4-5　K0+010~K0+056 铺装上层空隙率分布图

根据换算结果可得到沥青层空隙数值统计表如表 9-4-4 所示，空隙率分布饼状图如图 9-4-6 所示。

上层 K0+031~K0+050 空隙率数值统计表　　　　表 9-4-4

空隙率区间(%)	点数(个)	占比(%)	平均值(%)
1~2	24	5.8	
2~3	200	48.3	
3~4	137	33.1	
大于 4	53	12.8	
总计	414	100	

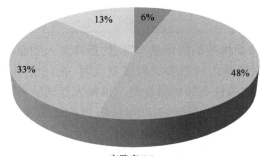

图 9-4-6　K0+010~K0+056 铺装上层空隙率分布饼状图

在空隙率为 3%~4% 区间开展渗水试验,所有测点均不渗水,具有良好的密水性能。

3)路面抗滑纹理测试仪检测

(1)构造深度

构造深度检测结果见表 9-4-5。

构造深度检测结果　　　　表 9-4-5

测点桩号	直径 (mm)	平均值 (mm)	平均构造深度 (mm)	三维激光构造深度 (mm)
K0+035 内侧	310　300	305	0.34	0.333
K0+035 外侧	340　328	334	0.29	0.319
K0+045 内侧	247　245	246	0.53	0.598
K0+045 外侧	210　210	210	0.72	0.706
均值	—	—	0.47	0.489
变异系数	—	—	41.73%	39.55%
室内成型试件 FAC-10	—	—	0.66	0.675

对比室内成型的 FAC-10 试件,现场铺装上层成品表面构造深度和三维激光构造深度均出现明显下滑,混合料被胶轮过压,导致表面浮浆较多,粗糙构造被浮浆覆盖。

(2)构造轮廓峰顶夹角

路面构造轮廓峰顶夹角占比汇总表见表 9-4-6。

路面构造轮廓峰顶夹角占比(%)　　　　　表9-4-6

测点桩号	角度区间(°)			
	0~45	45~90	90~135	135~180
K0+035 内侧	1.10	1.10	4.55	93.25
K0+035 外侧	1.47	1.41	4.52	92.60
K0+045 内侧	3.50	3.38	11.33	81.79
K0+045 外侧	3.38	3.53	12.75	80.34
均值	2.36	2.36	8.29	86.99
室内成型试件 FAC-10	3.08	5.47	17.16	74.29

根据胎/路抗滑机理,路面构造的棱角越丰富,构造峰刺入胎面橡胶的深度越大,则产生的切削犁沟力越大。此外,沥青路面构造尖锐程度较大时,在路面潮湿的条件下能更好刺破水膜,有利于提高沥青路面湿滑条件下的抗滑性能。根据大量试验与工程实际的检测研究,发现沥青路面表面构造的顶角主要位于135°~180°区间,即构造轮廓峰顶夹角主要表现为钝角,与实际路面构造分布状态相符。

不同试验路段由于混合料级配、碾压成型工艺的差异,路表构造轮廓特征也有明显差别:根据现场碾压工艺,路段被胶轮过压,导致表面浮浆较多,粗糙构造被浮浆覆盖。建议控制胶轮碾压遍数和碾压温度,保证路表的"竖立"粗集料比例及其构造峰的尖锐棱角性,以便提高路面构造对汽车轮胎的犁沟摩擦力。

(3)微观纹理密度

计算不同试验路段表面构造的轮胎接触微观纹理分布密度,结果见表9-4-7。

路面微观纹理分布密度计算结果　　　　　表9-4-7

测点桩号	微观纹理面积(mm²)	测量范围面积(mm²)	微观纹理分布密度	密度均值	变异系数(%)
K0+035 内侧	37863	32382	1.169	1.338	13.54
K0+035 外侧	38687	32382	1.195		
K0+045 内侧	49115	32382	1.517		
K0+045 外侧	47612	32382	1.470		
室内成型试件 FAC-10	58029	32382	1.792		

分析可得:不同测点间的纹理分布密度均匀性较差,变异系数均达到10%以上,局部测点接近光滑平面(微观构造分布密度接近1.0),路面构造浮浆较厚,沥青胶浆掩盖了大部分集料粗糙纹理,导致微纹理密度偏低。

(4)摆式摩擦系数

采用摆式摩擦仪对试铺路段进行摩擦系数检测,试验结果见表9-4-8。

分析可得:摩擦系数较低,该规律与路面构造微观纹理分布密度规律基本一致;试铺路段的摩擦系数局部测点偏低,主要与测点处的泛油与过压有关。

摆式摩擦系数测量结果汇总 表 9-4-8

测点桩号	摆式摩擦系数试验修正值（BPN20）					变异系数（%）
	距右 1m	距右 3m	距右 5m	距右 7m	平均值	
K0+034	54	41	48	53	49	5.52
K0+039	54	51	45	58	52	
K0+043	54	—	57	55	55	
K0+047	58	58	54	56	57	
总平均值	—	—	—	—	53.25	

9.4.1.3 结果分析

分析 9.4.1.2 的检测结果，可得如下结论：

（1）三维探地雷达测试结果表明，K0+008~K0+056 厚度均值为 3.34，满足设计 3.5cm±0.3cm 的要求，但厚度整体为负偏差，应调整摊铺的松铺系数，提高铺装层的厚度。受原基面不平整的影响，检测区域铺装上层厚度均匀性不理想（检测厚度在 3.15~3.85cm 的区域占比分别只有 29.8%），后一阶段模拟试验段应排除基面影响因素，更好地模拟钢桥面铺装施工。在钢桥面铺装施工前确定摊铺机找平方式和松铺系数，提高钢桥面铺装施工的厚度和厚度均匀性的控制水平，确保铺装层的质量。

（2）无核密度仪测试结果表明，铺装上层空隙率平均值为 3.08%，稍微超出设计要求的 0~3% 范围，均匀性一般，空隙率 0~3% 占比为 54.1%，有不同程度的粗离析。对空隙率为 3%~4% 的区域进行渗水试验，检测区域均不渗水。铺装上层采用的粗集料配环氧沥青混合料 FAC-10，具有良好的抗滑性能，空隙率略微偏大，在保证不渗水的前提下，铺装上层现场空隙率指标可以调整为 0~4%。

（3）根据激光扫描测试结果，主要存在如下问题：①路面构造深度不足，大部分路段构造深度均值为 0.5mm 以下；②路面构造粗糙度不足，局部路段浮浆较厚，沥青胶浆掩盖了大部分集料粗糙纹理，微纹理密度较低，甚至出现镜面现象；③路面构造棱角性不足，轮廓峰顶夹角的锐角比例不足 4%，0~135°区间的构造比例仅约占 10%，远低于正常路段棱角性；④局部路段过压，路表粗集料基本呈现"卧倒"状态，降低了轮胎与路面构造的啮合效应；以上问题不仅造成摆式摩擦系数 BPN 偏低，横向力系数 SFC 亦会明显减少。

根据上述的结果分析，建议在后一阶段引桥模拟试验段总结试拌试铺成果的基础上，进一步解决如下问题：

（1）铺装层厚度是影响铺装层质量的关键指标，确保铺装层厚度，提高铺装层厚度均匀性，以提高铺装上层环氧沥青混凝土质量。

（2）环氧沥青混凝土空隙率受铺装厚度和碾压作业的双重影响。铺装层厚度不足，混凝土级配容易发生变异，混凝土不再是骨架密实结构，应加强混凝土厚度控制；加强混凝土各阶段温度控制和优化碾压组合，确保环氧沥青混凝土在可压实阶段得到合理充分的碾压作业，确保环氧沥青混凝土压实度和密水性能。

（3）在保证混凝土压实度与密水性的前提下，提高路面构造深度，以增加胎/路滑移的阻滞摩擦力。

(4)减少粗集料的过度整形效果与磨损破坏,降低沥青胶浆的上浮量,提高路面裸露粗集料构造的粗糙度(微纹理密度1.5以上),以增加胎/路接触的黏附摩擦力。

(5)取消胶轮压路机,保证路表的"竖立"粗集料比例及其构造峰的尖锐棱角性,以便提高路面构造的犁沟摩擦力。

(6)加强沥青混凝土摊铺设备的布料均匀性,减少混凝土竖向与水平方向的粗细离析,并严格控制碾压成型工艺,保证路表构造的均匀性。

9.4.2 引桥模拟试验段

在一阶段两次试拌试铺工作成果与数据基础上,广东南沙大桥在大沙水道桥西引桥左幅上开展二阶段模拟试验段工作,试验段全长150m,宽度19m,铺装上层采用35mm厚细粒式富沥青混凝土 FAC-10。

2018年10月3日,K2+756~K2+906内侧摊铺FAC-10铺装上层环氧沥青混凝土。碾压工艺为:初压2遍钢轮静压+复压2遍钢轮振荡碾压+终压1遍钢轮静压。

2018年10月5日,K2+756~K2+903外侧摊铺FAC-10铺装上层环氧沥青混凝土。碾压工艺为:2遍钢轮前静压后振荡碾压+1遍钢轮振荡碾压+1遍钢轮静压。

9.4.2.1 检测方法

1)三维探地雷达检测

检测方法同9.3.2.1所述,检测现场见图9-4-7。

2)无核密度仪检测

检测方法同9.3.2.1所述,检测现场见图9-4-8。

图9-4-7 引桥试验段三维探地雷达检测

图9-4-8 引桥试验段无核密度仪检测

3)路面抗滑纹理测试仪检测

根据检测方案,检测试验段构造深度、摆式摩擦系数、抗滑构造纹理检测来评价试验段的抗滑性能,检测现场见图9-4-9。

(1)根据引桥模拟试验段检测方案,沿桩号方向每隔15m选取一个断面,从K2+775~K2+890桩号范围内选取8个断面,每个断面选取4个点,采用人工铺砂法对个测点进行构造深度检测。

(2)根据引桥模拟试验段检测方案,沿桩号方向每隔 30m 选取一个断面,从 K2+775~K2+905 桩号范围内选取 4 个断面,每个断面选取 4 个点,采用摆式摩擦系数仪对每个测点测定摩擦系数。

根据引桥模拟试验段检测方案,沿桩号方向每隔 30m 选取一个断面,从 K2+820~K2+895 桩号范围内选取 4 个断面,每个断面选取 4 个点,采用路面抗滑纹理测试仪对每个测点进行路面构造纹理扫描测试,计算三维激光构造深度、构造轮廓峰顶夹角及微观纹理分布密度三个构造形态指标。

图 9-4-9　引桥试验段路面抗滑文理仪检测

9.4.2.2　检测结果

1)三维探地雷达检测

将采集的数据绘制成厚度分布图如图 9-4-10 和图 9-4-11 所示。

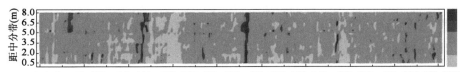

图 9-4-10　10 月 3 日内侧铺装上层厚度分布图

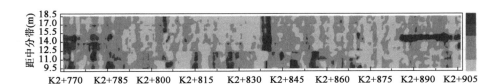

图 9-4-11　10 月 5 日外侧铺装上层厚度分布图

根据采集数据绘制厚度统计表如表 9-4-9 和表 9-4-10 所示。

10 月 3 日铺装上层厚度统计表　　　表 9-4-9

平均值(mm)	变异系数(%)	24.5~28	厚度分布(%)		
			28~31.5mm	31.5~38.5mm	>38.5mm
35.19	16.25	5.91%	14.76	54.93	24.41

10 月 5 日铺装上层厚度统计表　　　表 9-4-10

平均值(mm)	变异系数(%)	厚度分布(%)			
		24.5~28mm	28~31.5mm	31.5~38.5mm	>38.5mm
36.59	22.40	5.94	10.30	42.44	41.32

2)无核密度仪检测

无核密度仪检测结果如图 9-4-12 和图 9-4-13 所示。

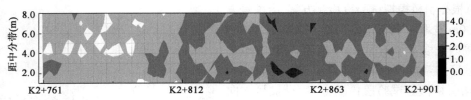

图 9-4-12　10 月 3 日摊铺内侧铺装上层空隙率分布图

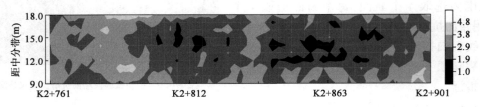

图 9-4-13　10 月 5 日摊铺外侧铺装上层空隙率分布图

根据检测结果汇总统计数据表如表 9-4-11 和表 9-4-12 所示，空隙率饼状图如图 9-4-14 和图 9-4-15 所示。

10 月 3 日内侧铺装上层空隙率统计表　　　　　　　　　　　　　　表 9-4-11

空隙率区间(%)	点数(个)	占比(%)	均值(%)	变异系数(%)
0~3	215	44.08	3.06	19.84
3~4	242	49.59		
4~5	31	6.35		
大于 5	0	0		
总计	488	100		

10 月 5 日外侧铺装上层空隙率统计表　　　　　　　　　　　　　　表 9-4-12

空隙率区间(%)	点数(个)	占比(%)	均值(%)	变异系数(%)
0~3	67	11.0	2.78	20.85
3~4	329	53.9		
4~5	201	33.0		
总计	610	100		

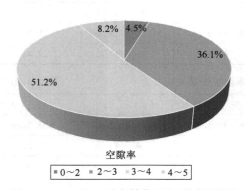

图 9-4-14　10 月 3 日内侧铺装上层空隙率饼状图

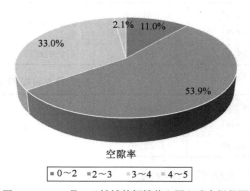

图 9-4-15　10 月 5 日摊铺外侧铺装上层空隙率饼状图

对 3%~4%区域开展 20 组渗水试验,均不渗水。

3) 路面抗滑纹理测试仪检测

(1) 铺砂法测得构造深度计算结果如表 9-4-13 和表 9-4-14 所示。

10 月 3 日摊铺内侧构造深度结果 表 9-4-13

桩 号	距中分带距离 (m)	铺 砂 直 径			构造深度 (mm)
		横向(mm)	纵向(mm)	均值(mm)	
K2+775	3	190	190	190	0.88
	7	180	200	190	0.88
K2+790	3	240	230	235	0.58
	7	215	230	225	0.63
K2+805	3	220	235	230	0.60
	7	220	205	215	0.69
K2+820	3	250	250	250	0.51
	7	230	240	235	0.58
K2+835	3	205	210	210	0.72
	7	210	210	210	0.72
K2+850	3	230	210	220	0.66
	7	205	220	215	0.69
K2+865	3	235	235	235	0.58
	7	205	220	215	0.69
K2+890	3	215	220	220	0.66
	7	225	250	240	0.55
均值		—	—	—	0.70
变异系数		—	—	—	20.00%

10 月 5 日摊铺外侧构造深度结果 表 9-4-14

桩 号	距中分带距离 (m)	铺 砂 直 径			构造深度 (mm)
		横向(mm)	纵向(mm)	均值(mm)	
K2+775	11	180	180	180	0.98
	14	190	190	190	0.88
K2+790	11	205	205	205	0.76
	14	210	215	215	0.69
K2+805	11	190	185	190	0.88
	14	175	200	190	0.88
K2+820	11	225	220	225	0.63
	14	200	215	210	0.72
K2+835	11	200	205	205	0.76
	14	205	200	205	0.76

续上表

桩号	距中分带距离（m）	铺砂直径			构造深度（mm）
		横向(mm)	纵向(mm)	均值(mm)	
K2+850	11	210	220	215	0.69
	14	210	230	220	0.66
K2+865	11	215	215	215	0.69
	14	225	250	240	0.55
K2+890	11	215	175	195	0.84
	14	225	210	220	0.66
均值		—	—	—	0.75
变异系数		—	—	—	14.65%

（2）摆式摩擦测得摩擦系数如表9-4-15和表9-4-16所示。

10月3日摊铺内侧摆式摩擦系数值　　　　表9-4-15

测点桩号	距中分带距离（m）	摆式摩擦系数（BPN）					平均值（BPN）	温度（℃）	修正后平均值（BPN）
K2+775	3	48	46	46	46	44	46	36	51
	7	44	44	46	46	44	45	32	49
K2+805	3	40	40	42	40	41	41	32	45
	7	51	53	52	50	50	51	33	55
K2+835	3	58	55	56	58	57	57	30	60
	7	55	54	53	56	56	55	33	59
K2+905	3	64	64	65	64	63	64	34	69
	7	61	60	58	61	58	60	33	64
均值		—	—	—	—	—	—		56.5
变异系数		—	—	—	—	—	—		13.30%

10月5日摊铺外侧摆式摩擦系数值　　　　表9-4-16

测点桩号	距中分带距离（m）	摆式摩擦系数（BPN）					平均值（BPN）	温度（℃）	修正后平均值（BPN）
K2+775	11	50	50	47	48	50	49	31	52
	14	50	48	50	50	48	49	31	52
K2+805	11	51	49	52	52	52	51	32	55
	14	51	51	48	51	48	50	33	54
K2+835	11	59	60	60	62	62	61	32	65
	14	60	60	60	62	62	61	32	65

续上表

测点桩号	距中分带距离（m）	摆式摩擦系数（BPN）					平均值（BPN）	温度（℃）	修正后平均值（BPN）
K2+905	11	60	60	60	63	60	61	34	66
	14	59	62	60	59	62	60	36	65
均值	—	—	—	—	—	—	—	—	56.25
变异系数	—	—	—	—	—	—	—	—	10.26%

（3）在试验段不同位置测得路表抗滑构造形态指标，计算汇总结果如表9-4-17和表9-4-18所示。测得路表抗滑构造图见附图。

10月3日摊铺内侧试验段抗滑构造结果　　　　表9-4-17

桩号	距中（m）	三维激光构造深度（mm）	各区间占比（%）				微观纹理分布密度
			0~45°	45°~90°	90°~135°	135°~180°	
K2+820	3	0.56	0.22	0.65	6.42	92.70	1.161
	7	0.81	0.69	1.76	9.60	87.95	1.325
K2+850	3	0.73	0.83	1.93	10.64	86.59	1.313
	7	0.73	0.66	1.80	11.05	86.49	1.295
K2+865	3	0.71	0.52	1.34	9.09	89.05	1.264
	7	0.56	0.25	0.77	6.98	92.00	1.175
K2+895	3	0.70	0.38	1.11	8.89	89.62	1.229
	7	0.71	0.38	1.21	8.35	90.06	1.241
均值		0.69	0.49	1.32	8.88	89.31	1.250
变异系数（%）		12.65	44.82	36.34	18.22	2.56	4.87

10月5日摊铺内侧试验段抗滑构造结果　　　　表9-4-18

桩号	距中（m）	三维激光构造深度（mm）	各区间占比（%）				微观纹理分布密度
			0~45°	45°~90°	90°~135°	135°~180°	
K2+820	12	0.72	0.77	1.46	8.21	89.56	1.270
	15	0.91	1.24	2.21	10.06	86.49	1.353
K2+850	12	0.69	1.13	2.10	9.86	86.92	1.348
	15	0.71	0.98	1.80	9.29	87.94	1.318
K2+865	12	0.89	1.42	2.75	11.88	83.95	1.415
	15	0.66	0.85	1.69	8.97	88.50	1.284
K2+895	12	0.75	1.06	2.03	9.93	86.98	1.319
	15	0.69	1.04	1.83	8.65	88.48	1.295
均值		0.75	1.06	1.98	9.61	87.35	1.325
变异系数（%）		12.74	19.74	19.66	11.76	1.96	3.50

9.4.2.3 结果分析

分析 9.4.2.2 的检测结果,得出如下结论:

(1)从三维探地雷达检测厚度数据看,10月3日和10月5日的厚度平均值分别为 35.19mm 和 36.59mm,满足设计图纸的要求;从厚度分布和厚度变异系数来分析,厚度均匀性较试拌试铺阶段有明显改善,但仍有较大提升空间,后一阶段须进一步优化摊铺机找平方式。

(2)10月3日施工的铺装上层空隙率均值 3.06%,满足空隙率 0~4%的要求,0~4%占比为 93.67%,超出 4%的有 6.35%;10月5日施工的铺装上层空隙率均值 3.12%,满足空隙率 0~4%的要求,0~4%占比为 86.56%,超出 4%的有 13.44%。试验段铺装上层环氧沥青混凝土空隙率与密度均匀性总体良好,摊铺开始段落和铺装外侧紧急停车道位置局部区域出现压实不足的情况。试拌试铺和引桥试验段空隙率为 3%~4%的区域检测均不渗水,钢桥面铺装铺装上层无核密度仪检测空隙率指标确定为 0~4%。后续应重点加强摊铺起步阶段的温度控制和碾压工艺组合。

(3)由检测结果可以看出,10月3日摊铺内侧铺装上层环氧沥青混凝土构造深度在期望区间 0.6~0.8mm 的占比为 61.11%,不合格区间(<0.6mm)占比为 11.11%,均值为 0.70mm,但变异系数达到 20%;10月5日外侧铺装上层环氧沥青混凝土构造深度在期望区间 0.6~0.8mm 的占比为 66.67%,不合格区间(<0.6mm)占比为 5.56%,均值为 0.75mm,变异系数相比内侧较小,为 14.65%。总体路面构造均匀性不佳,部分泛油区域浮浆较厚,沥青胶浆掩盖了集料的粗糙纹理导致构造深度较小。

(4)铺装上层摆式摩擦系数全体检测值最小值为 45,均大于设计文件与检测方案要求的 45,检测合格率为 100%。10月3日摊铺内侧铺装上层环氧沥青混凝土摆式摩擦平均值为 56.5,变异系数为 13.30%;10月5日摊铺外侧铺装上层环氧沥青混凝土摆式摩擦平均值为 56.25,变异系数为 10.26%,均匀性相对内侧较好,与铺砂法测得的构造深度规律一致。但总体上摩擦系数均匀性仍较差,泛油区域缺少纹理构造而造成抗滑能力不足。

(5)采用路面抗滑纹理测试仪采集试铺路段表面构造深度,计算的各试验段路面构造深度均值皆大于 0.6mm,路面宏观构造良好。其中内侧试验段平均构造深度为 0.69mm,外侧试验段平均构造深度为 0.75mm。外侧试验段碾压工艺下的路面构造深度优于内侧试验路碾压工艺下的路面构造深度。但两条试验段的构造深度分布离散性偏大,变异系数达 12%以上,说明路面构造均匀性较差。而两种碾压工艺下的试验段构造均匀性接近,说明碾压工艺并非影响均匀性主要因素,应关注混凝土拌和与摊铺均匀性。

(6)两个工作日的试验路段表面构造的棱角性一般,其中锐角(<90°)区间比例不足 5%;0~135°区间的构造比例不足 15%。就成型的路面构造棱角性而言,外侧试验路段碾压工艺略优于内侧试验路段碾压工艺。各测点的棱角性分布变异性较大,尤其是尖锐夹角区间,变异系数高达 40%,路表抗滑构造的棱角均匀性有待提高。

(7)计算试验路段表面单位区域的微观纹理分布密度,两条试验路段抗滑构造的微观纹理分布密度均值均低于 1.5,路表构造粗糙程度偏低。外侧试验路段碾压工艺下成型的路面构造微观纹理分布密度为 1.325,略优于内侧试验路段碾压工艺下的构造微观纹理分布密度(1.250)。

两种碾压工艺下的试验段构造微观纹理分布密度均匀性接近,说明碾压工艺并非路表粗糙度均匀性主要因素,应关注混凝土拌和与摊铺均匀性。

9.4.3 首件工程

在大沙水道桥主桥西边左幅进行首件工程铺装上层铺筑。首件工程段铺装上层全长446m,桩号范围为K3+350~K3+796,宽度为18.5m,分上下游两幅、前后两段进行施工。2018年11月25日,施工K3+305~K3+796的FAC-10环氧沥青混凝土铺装上层。

9.4.3.1 检测方法

1)三维探地雷达检测

检测方法同9.3.3.1所述。

2)无核密度仪检测

检测方法同9.3.3.1所述,检测现场见图9-4-16。

3)路面抗滑纹理测试仪检测

根据检测方案,检测试验段构造深度、抗滑构造纹理检测来评价试验段的抗滑性能。

沿桩号方向每隔50m选取一个断面,从K3+305~K3+796桩号范围内选取8个断面,每个断面选取4个点,采用路面抗滑纹理测试仪对每个测点进行路面构造纹理扫描测试,计算三维激光构造深度、构造轮廓峰顶夹角及微观纹理分布密度三个构造形态指标。

9.4.3.2 检测结果

1)三维探地雷达检测

图9-4-16 首件工程无核密度仪检测

三维探地雷达检测数据过于庞大,为直观表现试验段铺装层厚度分布情况,将采集的总厚度数据绘制成厚度分布图如图9-4-17所示。

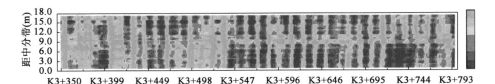

图9-4-17 K3+350~K3+796厚度分布图

厚度统计表见表9-4-19。

K3+350~K3+796厚度统计表　　　　表9-4-19

平均值(mm)	变异系数(%)	24.5~28mm	28~31.5mm	31.5~38.5mm	>38.5mm
34.07	11.36	3.79%	13.14%	68.35%	14.72%

此外,根据三维探地雷达采集的全厚介电常数数据绘制介电常数灰度图如图9-4-18和图9-4-19所示。

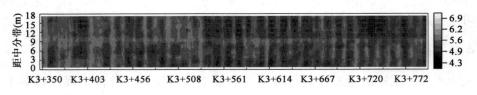

图 9-4-18　K3+350~K3+796 介电常数灰度图

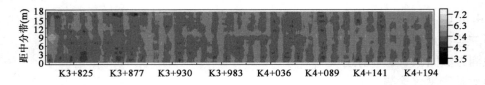

图 9-4-19　K3+796~K4+210 介电常数灰度图

根据数据汇总,介电常数统计表如表 9-4-20 所示。

介电常数统计表　　　　　　　　　　表 9-4-20

桩　　号	平均值(m)	标准差(m)	变异系数(%)
K3+350~K3+796	5.29	0.26	4.90
K3+796~K4+210	5.32	0.25	4.68

2) 无核密度仪检测

以灰度图显示标定后的无核密度仪实测值计算得到的空隙率分布情况,良好、合格和粗离析区域分别以依次减小的灰度值表示,根据施工日期分为前后两段,具体检测结果如图 9-4-20 和图 9-4-21 所示。

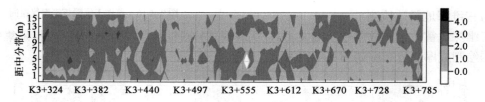

图 9-4-20　K3+324~K3+795 空隙率灰度图

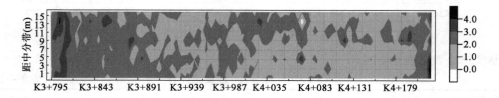

图 9-4-21　K3+795~K4+217 空隙率灰度图

根据检测数据汇总统计,表格如表 9-4-21 和表 9-4-22 所示,空隙率饼状图如图 9-4-22 和图 9-4-23 所示。

K3 +324 ~ K3 +795 空隙率统计　　　　　　　　　表 9-4-21

空隙率区间(%)	点数(个)	占比(%)	均值(%)	变异系数(%)
0 ~ 2	345	48.46	2.03	33.79
2 ~ 3	325	45.65		
3 ~ 4	35	4.92		
大于 4	7	0.98		
总计	712	100		

K3 +795 ~ K4 +217 空隙率统计表　　　　　　　　表 9-4-22

空隙率区间(%)	点数(个)	占比(%)	均值(%)	变异系数(%)
0 ~ 2	422	53.83	1.91	36.02
2 ~ 3	344	43.88		
3 ~ 4	17	2.17		
总计	784	100		

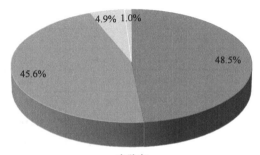

图 9-4-22　K3 +324 ~ K3 +795 空隙率饼状图　　　　图 9-4-23　K3 +795 ~ K4 +217 空隙率饼状图

3) 路面抗滑纹理测试仪检测

路面微观纹理分布密度计算结果如表 9-4-23 所示，路面微观纹理图如图 9-4-24 所示。

路面微观纹理分布密度计算结果　　　　　　　　表 9-4-23

| 桩　号 | 距中(m) | 三维激光构造深度(mm) | 各区间占比(%) | | | | 微观纹理分布密度 |
			0 ~ 45°	45° ~ 90°	90° ~ 135°	135° ~ 180°	
K3 +350	4	0.76	1.76	2.45	9.21	86.58	1.363
	8	0.77	1.58	2.15	12.02	84.25	1.412
	12	0.76	1.67	2.31	11.05	84.97	1.403
	15	0.81	1.85	2.21	10.06	85.88	1.398
K3 +400	4	0.74	1.06	2.18	9.86	86.90	1.403
	8	0.79	1.77	2.25	10.69	85.29	1.388
	12	0.82	1.98	2.42	9.57	86.03	1.384
	15	0.78	0.96	2.28	9.29	87.47	1.385

续上表

桩号	距中(m)	三维激光构造深度(mm)	各区间占比(%)				微观纹理分布密度
			0~45°	45°~90°	90°~135°	135°~180°	
K3+450	4	0.81	0.98	2.39	11.88	84.75	1.402
	8	0.79	1.22	2.32	10.53	85.93	1.411
	12	0.79	0.98	2.37	11.54	85.11	1.422
	15	0.82	1.35	2.24	9.78	86.63	1.413
K3+500	4	0.76	1.89	2.31	9.93	85.87	1.407
	8	0.79	0.58	2.50	11.68	85.24	1.411
	12	0.83	1.54	2.19	10.97	85.30	1.397
	15	0.84	1.99	2.30	8.97	86.74	1.413
K3+550	4	0.74	0.88	2.27	9.93	86.92	1.404
	8	0.72	1.68	1.89	11.05	85.38	1.412
	12	0.79	1.63	2.67	10.36	85.34	1.415
	15	0.74	0.78	2.51	9.76	86.95	1.414
K3+600	4	0.78	1.76	1.98	9.93	86.33	1.409
	8	0.74	0.84	2.43	11.24	85.49	1.421
	12	0.77	1.23	2.23	10.23	86.31	1.406
	15	0.78	0.98	1.83	10.36	86.83	1.401
K3+650	4	0.78	1.48	2.03	11.50	84.99	1.416
	8	0.79	1.52	2.46	9.58	86.44	1.397
	12	0.76	0.96	2.55	10.26	86.23	1.421
	15	0.79	1.47	1.94	10.45	86.14	1.418
K3+700	4	0.77	1.53	2.23	9.93	86.31	1.398
	8	0.77	1.05	1.89	10.48	86.58	1.407
	12	0.78	1.22	1.95	9.82	87.01	1.402
	15	0.78	1.02	2.63	10.06	86.29	1.399
均值		0.78	1.35	2.26	10.37	86.02	1.404
变异系数(%)		3.52	19.74	19.66	11.76	1.96	3.50

9.4.3.3 结果分析

分析9.4.3.2的检测结果,可得如下结论:

(1) K3+350~K3+796 和 K3+796~K4+210 的厚度平均值分别为 69.09mm 和 70.8mm,满足设计图纸的要求;从厚度分布和厚度变异系数来分析,K3+796~K4+210 好于 K3+350~K3+796,但仍有一定提升空间,大规模摊铺可以进一步优化摊铺机找平方式。雷达检测结果显示总厚度与设计厚度 65mm 相比偏厚,大部分落在合格区间内,负偏差值较少,后续应加强成品厚度控制。

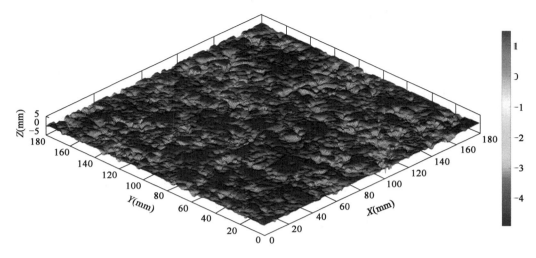

图 9-4-24　路面微观纹理图

（2）K3+324～K3+795 铺装上层空隙率均值 2.03%，满足空隙率 0～4% 的要求，0～4% 占比为 99.02%，超出 4% 的有 0.98%；K3+795～K4+217 铺装上层空隙率均值 1.91%，满足空隙率 0～4% 的要求，0～4% 占比为 100%，无超出 4% 的情况。首件工程铺装上层压实度指标良好，为后续大规模铺装积累了经验，后续碾压应严格按照首件工程确定的工艺开展作业，继续加强施工摊铺开始阶段的摊铺碾压。

（3）采用路面抗滑纹理测试仪采集铺路段表面构造深度数据，三维激光构造深度均值为 0.78mm，抗滑构造的微观纹理分布密度均值达到 1.404，铺装上层的构造深度较好，从变异系数看，3.52% 的三维激光构造深度指标变异系数和 3.82% 的微观纹理分布密度指标变异系数反映出路面构造粗糙度的均匀性良好。

9.5　基于大数据的环氧富锌漆膜厚控制

9.5.1　环氧富锌漆试验段施工基本情况

在坭洲水道桥和大沙水道桥两次开展环氧富锌漆试验段工作成果和获得的数据基础上，广东南沙大桥在大沙水道桥主桥靠西边左幅处开展环氧富锌漆首件工程工作，首件段全长 354m，宽度 18m，总面积 6372m^2。首件工程分 4 个阶段，4 个施工段进行。

2018 年 10 月 19 日，K3+410～K3+471 内开展第 1 个施工段，施工段长 61m，施工面积 1098m^2。喷砂除锈耗时 360min。

2018 年 10 月 20 日，K3+471～K3+507 内开展第 2 个施工段，施工段全长 31m，施工二面积 558m^2。喷砂除锈耗时 210min，喷环氧富锌漆耗时 40min。

2018 年 10 月 21 日，K3+507～K3+563 开展第 3 个施工段，施工段全长 56m，施工面积 1008m^2。喷砂除锈耗时 205min，喷环氧富锌漆耗时 54min。

2018 年 10 月 23 日，K3+560～K3+623 开展第 4 个施工段，施工段全长 63m，施工面积

1134m²。喷砂除锈耗时230min,喷环氧富锌漆耗时70min。

9.5.2 检测方法

检测频率为每施工段24点,检测时间为环氧富锌漆漆膜干燥(硬干)后。测点布置如图9-5-1所示,画有圆圈的点为检测布点,其中12个位于无搭接正常点位。6个点位仅有喷涂作业纵向搭接,4个点位仅有喷涂作业横向搭接,2个点位有横向和纵向双向搭接。

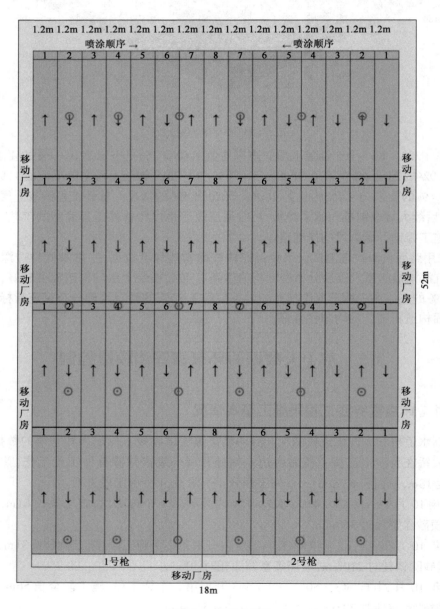

图9-5-1 检测布点图

9.5.3 膜厚检测与分析

在喷砂除锈完成后,进行人工喷涂环氧富锌漆。环氧富锌漆涂布膜厚检测采用磁性干膜测厚仪,根据第5章漆膜厚度要求为80～120μm。下限按照90:10,上限按照80:20的原则控制。漆膜厚度允许范围:72～144μm。

10月19—25日施工过程中,当天抛丸喷砂结束后进行喷涂环氧富锌漆,次日早上进行漆膜厚度检测,对接下来的施工段进行指导。

9.5.3.1 第一施工段

第一个施工段膜厚检测现场见图9-5-2,检测数据结果及分析见表9-5-1、表9-5-2和图9-5-3。从表9-5-1、表9-5-2和图9-5-3可知,正常位置膜厚80～120μm区间为75%,膜厚72～144μm区间为92%,膜厚>144μm的区间占8%;搭接位置膜厚80～120μm区间为8%,膜厚72～144μm区间为33%,膜厚>144μm的区间占67%。正常区域膜厚控制良好,横向搭接区域和纵向搭接区域膜厚容易偏厚,特别是横纵双向搭接区域,漆膜厚度高达195μm,远超出设计范围。因此,应调整喷

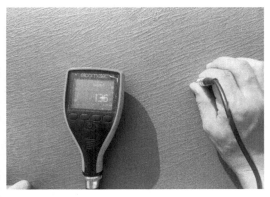

图9-5-2 第一个施工段膜厚检测图

涂作业时的喷涂手法,重点控制搭接区域质量,提高搭接区域膜厚合格率。

第一个施工段膜厚检测结果 表9-5-1

桩 号	<内侧 膜厚(μm) 外侧>					
	1	2	3	4	5	6
K3+414	119	129.7	118.8	166.6	129	136.4
K3+428(横搭)	136	141.4	149.6	195.0	158.6	98.5
K3+442	90.3	149.7	92.9	155.6	102.9	109.1
K3+455	100	146.1	155.3	104.3	187.3	110.4

注:1. K3+428为喷涂环氧富锌漆横向搭接处。
2. 纵向搭接以灰色填充表格表示。

第一个施工段中膜厚占比表 表9-5-2

第一个施工段	<72μm	72～144μm (80～120μm)	>144μm
正常位置(12点)	0	92%(75%)	8%
搭接位置(12点)	0	33%(8%)	67%

9.5.3.2 第二施工段

第二个施工段膜厚检测详细数据见表9-5-3,数据分析见表9-5-4和图9-5-4。从表9-5-3、表9-5-4和图9-5-4可知,正常位置膜厚80～120μm区间为50%,膜厚72～144μm区间为67%,膜厚>144μm的区间占0%,膜厚<72μm区间为33%;搭接位置膜厚80～120μm区间

为42%,膜厚72~144μm区间为83%,膜厚>144μm的区间为0,膜厚<72μm区间为17%。由数据可以看出,喷涂手法调整后,第二施工段正常位置和搭接位置均出现较多区域厚度不足的情况,说明喷涂手法调整过度。应总结第一、二施工段的喷涂手法,提高膜厚合格率。

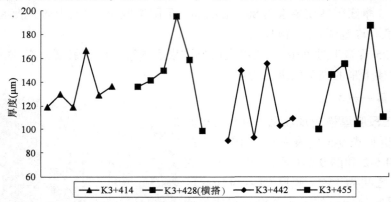

图 9-5-3　第一个施工段膜厚图

第二个施工段膜厚检测结果之一　　　　　　　　　　　　　　表 9-5-3

桩　号	<内侧		膜厚(μm)			外侧>
	1	2	3	4	5	6
K3+478	53.8	77.1	60.1	81.9	86.7	100.1
K3+485(横搭)	61.4	64.3	130.7	92.8	96.4	75.1
K3+488	79.9	92.7	81.6	118.1	120.7	95.6
K3+498	73.4	58.9	64.7	101.3	70.8	85

注:1. K3+485 为喷涂环氧富锌漆横向搭接处。
　　2. 纵向搭接以灰色填充表格表示。

第二个施工段中膜厚占比表之一　　　　　　　　　　　　　　表 9-5-4

第二个施工段	<72μm	72~144μm (80~120μm)	>144μm
正常位置(12点)	33%	67%(50%)	0
搭接位置(12点)	17%	83%(42%)	0

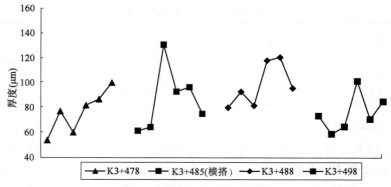

图 9-5-4　第二个施工段膜厚图

第二个施工段由于偏向内侧处膜厚整体偏薄,在第三施工段时应对其进行了补涂。膜厚检测详细数据见表 9-5-5,数据分析见表 9-5-6。补涂后,除横纵双向搭接位置出现一个点 171μm > 144μm,其余正常位置、横向搭接和纵向搭接位置膜厚均满足设计。

第二个施工段补涂膜厚检测结果之二　　　　　　　　　　　　表 9-5-5

桩　　号	<内侧	膜厚(μm)	外侧>
	1	2	3
K3+478	95	130.3	142.1
K3+485(横搭)	100.1	93.3	171
K3+488	98	130.4	114.1
K3+498	134.7	134	125.1

注:1. K3+485 为喷涂环氧富锌漆横向搭接处。
　　2. 纵向搭接以灰色填充表格表示。

第二个施工段中膜厚占比表之二　　　　　　　　　　　　表 9-5-6

第二个施工段	<72μm	72~144μm (80~120μm)	>144μm
正常位置(9点)	0	100%(55%)	0
搭接位置(3点)	0	67%(67%)	33%

9.5.3.3　第三施工段

第三个施工段膜厚检测详细数据见表 9-5-7,数据分析见表 9-5-8 和图 9-5-5。从表 9-5-7、表 9-5-8 和图 9-5-5 可知,正常位置膜厚 80~120μm 区间为 67%,膜厚 72~144μm 区间为 83%,膜厚 >144μm 的区间为 17%,膜厚 <72μm 区间为 0;搭接位置膜厚 80~120μm 区间为 17%,膜厚 72~144μm 区间为 58%,膜厚 >144μm 的区间占 42%,膜厚 <72μm 区间为 0。由数据可以看出,经过第一施工段和第二施工段的调整后,喷涂作业的膜厚合格率提升,喷涂的稳定性也有一定程度提升,但正常区域和搭接区域均存在一定量的超厚情况,应对喷涂手法进行微调,提高膜厚合格率。

第三个施工段膜厚检测结果　　　　　　　　　　　　表 9-5-7

桩　　号	<内侧		膜厚(μm)			外侧>
	1	2	3	4	5	6
K3+515	110.3	152.9	125.8	156.6	155.8	125.5
K3+523(横搭)	122.7	157.3	144.6	135.6	108.4	119
K3+540	93	141.1	86.4	119	109.3	150.1
K3+555	96	128.4	148	98.3	109.3	125.9

注:1. K3+523 为喷涂环氧富锌漆横向搭接处。
　　2. 纵向搭接以灰色填充表格表示。

第三个施工段中膜厚占比表　　　　　　　　　　　　表 9-5-8

第三个施工段	<72μm	72~144μm (80~120μm)	>144μm
正常位置(12点)	0	83%(67%)	17%
搭接位置(12点)	0	58%(17%)	42%

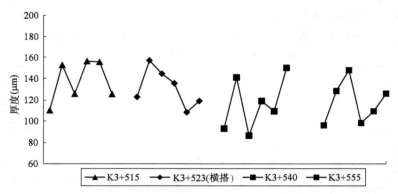

图 9-5-5 第三个施工段膜厚图

9.5.3.4 第四施工段

第四个施工段在 K3+562~K3+615 进行施工。膜厚检测详细数据见表 9-5-9,数据分析见表 9-5-10 和图 9-5-6。从表 9-5-9、表 9-5-10 和图 9-5-6 可知,正常位置膜厚 80~120μm 区间为 86%,膜厚 72~144μm 区间为 100%,膜厚 >144μm 的区间为 0,膜厚 <72μm 区间为 0;搭接位置膜厚 80~120μm 区间为 40%,膜厚 72~144μm 区间为 100%,膜厚 >144μm 的区间为 0,膜厚 <72μm 区间为 0。由数据可以看出,经过前三个施工段的调整后,喷涂作业的膜厚全部合格;可见应对喷涂手法进行固化,加强喷涂机手喷涂作业的熟练度,提高喷涂作业的稳定性,为钢桥面铺装环氧富锌漆大规模施工做好准备。

第四个施工段膜厚检测结果　　表9-5-9

桩 号	<内侧		膜厚(μm)		外侧>	
	1	2	3	4	5	6
K3+562	91.1	104.6	112	98.8	110.3	96
K3+568(横搭)	105.9	119.2	136.9	136	122.6	98.1
K3+575	123	142.8	142.3	131.6	104.2	100.6
K3+579	137.6	132.4	117.5	122	99.7	94.6
K3+590	102.2	92.1	130.4	80	108.3	102.4
K3+615	77.4	132	111.5	89.9	90.6	89

注:1. K3+568 为喷涂环氧富锌漆横向搭接处。
　　2. 纵向搭接以灰色填充表格表示。

第四个施工段中膜厚占比表　　表9-5-10

第四个施工段	<72μm	72~144μm (80~120μm)	>144μm
正常位置(21点)	0	100%(86%)	0
搭接位置(15点)	0	100%(40%)	0

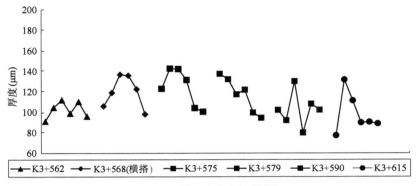

图 9-5-6　第四个施工段膜厚图

9.6　本章小结

（1）铺装下层采用路面三维探地雷达和无核密度仪,收集了大量的试拌试铺、引桥模拟试验段和首件工程环氧沥青混凝土铺装厚度、压实等数据。通过大数据的综合检测评价,准确找出了各阶段存在的问题及产生原因,洞悉了铺装下层各阶段关于厚度、压实等方面存在的问题,实现了热拌环氧沥青混凝土铺装下层的快速精确检测评价反馈控制,为环氧沥青混凝土铺装下层施工质量优化改善提供数据支撑和改进方向。

（2）采用路面三维探地雷达、无核密度仪和路面抗滑纹理测试仪,收集了环氧沥青混凝土铺装上层厚度、压实、抗滑等大量数据。通过大数据的综合检测评价,准确找出了各阶段存在的问题及产生原因,洞悉了铺装上层试拌试铺、引桥模拟试验段和首件工程各阶段关于厚度、压实、抗滑性能等方面的问题,实现了铺装上层的快速精确检测评价反馈控制,为环氧沥青混凝土铺装上层施工质量优化改善提供数据支撑和改进方向。

（3）通过对环氧富锌漆首件工程四个施工段的膜厚检测,规范了喷涂作业的手法,至第四施工段膜厚检测合格率为100%,为钢桥面铺装环氧富锌漆大规模施工奠定了基础。

第10章　质量检验和阶段性使用性能评价

广东南沙大桥钢桥面铺装面积高达13.6万 m^2,相当于18个标准足球场的面积,单体工程热拌环氧沥青混凝土铺装面积为世界之最。广东南沙大桥通车时间已定,钢桥面铺装成为项目能否按时建成通车的最关键工程。在此情况下,建设者敢于挑战,勇于担当,攻坚克难,砥砺前行,充分发扬工匠精神,坚持创新驱动,攻克了一个又一个难题,在极其严苛的技术和质量保证前提下,连续10次创造全幅摊铺面积超2万 m^2/d 的世界纪录,为广东南沙大桥2019年4月2日建成通车奠定了坚实的基础。

广东南沙大桥钢桥面铺装自2018年10月12日正式开始钢桥面板喷砂除锈及环氧富锌漆施工,至2019年1月30日圆满完成,共历时112天。广东南沙大桥钢桥面铺装各阶段施工留影图如图10-0-1～图10-0-3所示,施工大事记如图10-0-4所示。

图10-0-1　2019年1月18日广东南沙大桥主桥喷砂除锈及环氧富锌漆施工圆满完成

图10-0-2　2019年1月20日广东南沙大桥泥洲水道桥钢桥面铺装圆满完成

图10-0-3　2019年1月30日广东南沙大桥钢桥面铺装圆满完成

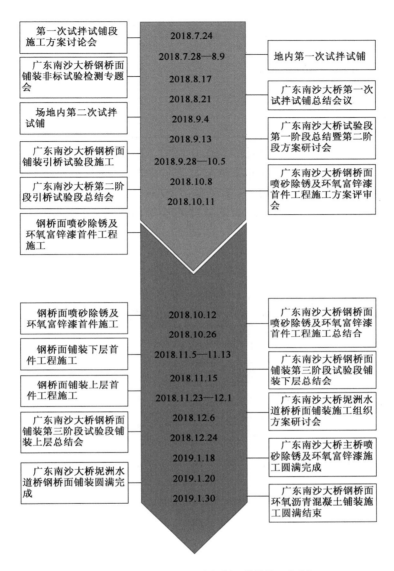

图 10-0-4　广东南沙大桥二期钢桥面铺装施工大事记

10.1　质量检验

10.1.1　施工质量检验结果

10.1.1.1　大沙水道桥质量检验

1）防水黏结层

防水黏结层检测结果见表 10-1-1。

K7 + 504.6 ～ K9 + 740.6 防水黏结层质量检测结果汇总表　　表 10-1-1

检测项目	单位	技术要求	检测数	检测值	合格率(%)	备注
钢桥面板清洁度	Sa	3.0	250	3.0	100	车载式抛丸机
底漆厚度	μm	80～120	307	80～124	99.1	
底漆与钢板间结合力	MPa	6	240	7.95～13.05	100	
防水黏结层用量	kg/m²	0.4±0.05	8	0.4～0.41	100	按每组定量涂布

实体检测：桥面喷砂除锈达到设计的 Sa3.0 要求；环氧富锌漆喷涂均匀，与钢桥面板的黏结力满足设计要求；桥面环氧树脂涂布采取分格定量涂布，均匀性满足设计要求。

外观质量：防水黏结层洒布均匀、平整密实，无破损、气孔和起皱，无油污和其他污染现象。

以上结果表明车载式抛丸设备、环氧富锌漆喷涂等机具设备配置合理、施工性能稳定，满足设计要求。

2）EA-10 铺装下层

大沙水道桥 K7 + 504.6 ～ K9 + 740.6，EA-10 混凝土指标检测结果汇总表见表 10-1-2，大沙水道桥 K7 + 504.6 ～ K9 + 740.6，EA-10 混凝土现场质量检测结果汇总表见表 10-1-3。

大沙水道桥 K7 + 504.6 ～ K9 + 740.6 EA-10 混凝土指标检测结果汇总表　　表 10-1-2

检测项目	单位	技术要求	检测数	检测值	合格率(%)	备注
油石比	%	6.5±0.2	4	6.50～6.55	100	
马歇尔孔隙率	%	0～3	8	0.8～1.2	100	
马歇尔矿料间隙率	%	—	8	14.3～15.8	—	
马歇尔饱和度	%			89.9～94.8	—	
马歇尔稳定度	kN	≥40	8	49.9～60.2	100	
马歇尔流值	0.1mm	30～60	8	49.9～55.8	100	
矿料级配	4.75mm 2.36mm 0.075mm	±4 ±3 ±2	8	符合设计偏差要求	100	满足设计
70℃(0.7MPa)动稳定度	次/mm	≥10000	4	≥10000	100	
冻融劈裂强度比	%	≥90	4	95.1～99.4	100	
残留稳定度	%	≥90	4	92.7～98.9	100	
冲击韧性	N·mm	—	4	3765～4446	—	参考值
弯曲极限应变	-10℃, 50mm/min	≥3×10⁻³	4	(4.3～5.6)×10⁻³	100	

大沙水道桥 K7 + 504.6 ～ K9 + 740.6 EA-10 现场质量检测结果汇总表　　表 10-1-3

检测项目	单位	技术要求	检测数	检测值	合格率(%)	备注
现场孔隙率	%	0～3	44	0～2.7	100	无核密度仪检测
厚度	mm	30	6	31～33	100	总量反算
渗水系数	ml/min	0	44	0	100	
横坡	%	±0.3	76	-0.03～0.03	100	

实体检测:环氧沥青混凝土各项指标与现场实体数据均满足设计要求。

外观质量:施工完成后的 EA-10F 环氧沥青层表面平整密实,无泛油、松散、裂缝、粗细集料集中现象,表面无明显碾压轮迹,搭接处紧密、平顺,与其他构筑物接衔顺畅,无积水现象。

以上各检测数据符合设计要求。表明实体结构层质量满足设计要求。

3)黏结层

大沙水道桥 K7+504.6~K9+740.6 黏结层质量检测结果汇总表见表 10-1-4。

大沙水道桥 K7+504.6~K9+740.6 黏结层质量检测结果汇总表　　表 10-1-4

检测项目	单位	技术要求	检测数	检测值	合格率(%)	备注
洒布量	kg/m²	0.6	6	0.6~0.61	100	每工作日总量反算

黏结层洒布均匀、平整密实,无破损、气孔和起皱,无油污和其他污染现象,洒布量满足设计需要。

4)FAC-10 铺装上层

大沙水道桥 K7+504.6~K9+740.6,FAC-10 铺装上层混凝土指标检测结果汇总表见表 10-1-5。大沙水道桥 K7+504.6~K9+740.6,FAC-10 铺装上层现场质量检测结果汇总表见表 10-1-6。

大沙水道桥 K7+504.6~K9+740.6 FAC-10 铺装上层混凝土指标检测结果汇总表　　表 10-1-5

检测项目	单位	技术要求	检测次数	检测值	合格率(%)	备注
油石比	%	6.4±0.2	4	6.4~6.5	100	
马歇尔孔隙率	%	0~3	8	1.0~1.3	100	
马歇尔矿料间隙率	%	—	8	14.6~15.2	—	
马歇尔饱和度	%		8	91.8~94.1		
马歇尔稳定度	kN	≥40	8	44.9~50.2	100	
马歇尔流值	0.1mm	30~60	8	49.8~51.3	100	
矿料级配	4.75mm 2.36mm 0.075mm	±4 ±3 ±2	8	复核设计偏差要求	100	
70℃(0.7MPa)动稳定度	次/mm	≥10000	4	≥10000	100	
冻融劈裂强度比	%	≥90	4	94.2~98.6	100	
残留稳定度	%	≥90	4	92.7~99.0	100	
冲击韧性	N·mm	—	4	3633~4250	—	参考值
弯曲极限应变	-10℃,50mm/min	≥3×10⁻³	4	(4.4~5.7)×10⁻³	100	

**大沙水道桥 K7+504.6～K9+740.6 FAC-10 铺装上层
现场质量检测结果汇总表**　　表10-1-6

检测项目	单位	技术要求	检测数	检测值	合格率(%)	备注
现场孔隙率	%	0～4	49	0～2.8	100	无核密度仪检测
厚度	mm	35	4	37～38	100	每工作日总量反算
渗水系数	ml/min	≤50	49	0	100	
平整度	mm	σ≤1.5mm	92	0.43～0.68	100	
摆式摩擦系数	BPN	≥45	20	56～58	100	
构造深度	mm	—	49	0.7～1.0	—	评价表面纹理
横坡	%	±0.3	49	-0.03～0.03	100	

实体检测：环氧沥青混凝土各项指标与现场实体数据均满足设计要求。抗滑构造深度满足行车要求，各项检测指标优良。

外观质量：施工完成后的 FAC-10 环氧沥青层表面平整密实，无泛油、松散、裂缝、粗细集料集中现象，表面无明显碾压轮迹，搭接处紧密、平顺，与其他构筑物衔接顺畅，无积水现象。

10.1.1.2 坭洲水道桥质量检验

坭洲水道桥在完成第一阶段大沙水道桥后开始施工，以下为实桥检测情况。

1）防水黏结层

防水黏结层严格按照设计连续施工，坭洲水道桥 K7+504.6～K9+740.6 防水黏结层质量检测结果汇总表见表10-1-7。

坭洲水道桥 K7+504.6～K9+740.6 防水黏结层质量检测结果汇总表　　表10-1-7

检测项目	单位	技术要求	检测数	检测值	合格率(%)	备注
钢桥面板清洁度	Sa	3.0	465	3.0	100	车载式抛丸机
底漆厚度	μm	80～120	470	80～133	99.2	
底漆与钢板间结合力	MPa	6	470	7.32～13.35	100	
防水黏结层用量	kg/m²	0.4±0.05	8	0.4～0.41	100	按每组定量涂布

实体检测：桥面喷砂除锈达到设计的 Sa3.0 要求；环氧富锌漆喷涂均匀，与钢板的黏结力满足设计要求；桥面环氧树脂涂布采取分格定量涂布，均匀性满足设计要求。

外观质量：防水黏结层洒布均匀、平整密实，无破损、气孔和起皱，无油污和其他污染。

2）EA-10F 铺装下层

坭洲水道桥 K7+504.6～K9+740.6 的 EA-10 铺装下层混凝土指标检测结果见表10-1-8，坭洲水道桥 K7+504.6～K9+740.6 的 EA-10 铺装下层现场质量检测结果见表10-1-9。

坭洲水道桥 K7+504.6~K9+740.6 EA-10 铺装下层混凝土指标检测结果　　表 10-1-8

检测项目	单位	技术要求	检测数	检测值	合格率(%)	备注
油石比	%	6.5±0.2	8	6.51~6.68	100	
马歇尔孔隙率	%	0~3	8	0.7~1.2	100	
马歇尔矿料间隙率	%	—	8	15~15.5	—	
马歇尔饱和度	%	—	8	92.1~95.5	—	
马歇尔稳定度	kN	≥40	8	58.5~62.4	100	
马歇尔流值	0.1mm	30~60	8	50.8~55.5	100	
矿料级配	4.75mm 2.36mm 0.075mm	±4 ±3 ±2	8	复核设计偏差要求	100	满足偏差要求
70℃(0.7MPa)动稳定度	次/mm	≥10000	4	≥10000	100	
冻融劈裂强度比	%	≥90	4	93.2~96.4	100	
残留稳定度	%	≥90	4	94.1~97.7	100	
冲击韧性	N·mm	—	4	3747~4559	—	参考值
弯曲极限应变	-10℃, 50mm/min	$\geq 3 \times 10^{-3}$	4	$(5.0\sim5.8) \times 10^{-3}$	100	

坭洲水道桥 K7+504.6~K9+740.6 EA-10 铺装下层现场质量检测结果　　表 10-1-9

检测项目	单位	技术要求	检测数	检测值	合格率(%)	备注
现场孔隙率	%	0~3	88	0~2.5	100	无核密度仪检测
厚度	mm	30	4	31~34	100	总量反算
渗水系数	ml/min	0	88	0	100	
横坡	%	±0.3	92	-0.02~0.02	100	

实体检测：环氧沥青混凝土各项指标与现场实体数据均满足设计要求。

外观质量：施工完成后的 EA10 环氧沥青层表面平整密实，无泛油、松散、裂缝、粗细集料集中现象，表面无明显碾压轮迹，搭接处紧密、平顺，与其他构筑物衔接顺畅，无积水现象。

以上各检测数据符合设计要求。表明实体结构层质量满足设计要求。

3）黏结层

坭洲水道桥 K7+504.6~K9+740.6 黏结层质量检测结果见表 10-1-10。

坭洲水道桥 K7+504.6~K9+740.6 黏结层质量检测结果汇总表　　表 10-1-10

检测项目	单位	技术要求	检测数	检测值	合格率(%)	备注
洒布量	kg/m²	0.6±0.05	8	0.6~0.62	100	每工作日总量反算

黏结层洒布均匀、平整密实，无破损、气孔和起皱，无油污和其他污染；洒布量满足设计

需要。

4) FAC-10 铺装上层

整座坼洲水道桥铺装上层分为 4 个循环完成,坼洲水道桥 K7 +504.6～K9 +740.6 的 FAC-10 铺装上层混凝土指标检测结果见表 10-1-11,坼洲水道桥 K7 +504.6～K9 +740.6 的 FAC-10 铺装上层现场质量检测结果见表 10-1-12。

坼洲水道桥 K7 +504.6～K9 +740.6 FAC-10 铺装上层混凝土指标检测结果　　表 10-1-11

检测项目	单 位	技术要求	检测次数	检测值	合格率(%)	备 注
油石比	%	6.4±0.2	8	6.4～6.45	100	
马歇尔孔隙率	%	0～4	8	0.9～1.5	100	
马歇尔矿料间隙率	%	—	8	14.4～14.6	—	
马歇尔饱和度	%	—	8	91.8～94.4	—	
马歇尔稳定度	kN	≥40	8	48.8～52.2	100	
马歇尔流值	0.1mm	30～60	8	50.4～53.3	100	
矿料级配	4.75mm 2.36mm 0.075mm	±4 ±3 ±2	8	复核设计偏差要求	100	
70℃(0.7MPa)动稳定度	次/mm	≥10000	4	≥10000	100	
冻融劈裂强度比	%	≥90	4	95.6～99.7	100	
残留稳定度	%	≥90	4	95.3～99.5	100	
冲击韧性	N·mm	—	4	3480～4045	—	参考值
弯曲极限应变	-10℃, 50mm/min	$\geq 3 \times 10^{-3}$	4	$(4.6～6.3) \times 10^{-3}$	100	

坼洲水道桥 K7 +504.6～K9 +740.6 FAC-10 铺装上层现场质量检测结果　　表 10-1-12

检测项目	单 位	技术要求	检测数	检测值	合格率(%)	备 注
现场孔隙率	%	0～4	90	0～3.0	100	结构层压实后实际孔隙率
厚度	mm	35	4	37～39	100	每工作日总量反算
渗水系数	ml/min	≤50	90	0	100	
平整度	mm	σ≤1.5mm	168	0.4～0.63	100	
摆式摩擦系数	BPN	≥45	32	48～56	100	
构造深度	mm	—	90	0.7～1.0	—	评价表面纹理
横坡	%	±0.3	90	-0.03～0.02	100	

实体检测:环氧沥青混凝土各项指标与现场实体数据均满足设计要求。抗滑构造深度满足行车要求,各项检测指标优良。

外观质量：施工完成后的FAC-10环氧沥青层表面平整密实，无泛油、松散、裂缝、粗细集料集中现象，表面无明显碾压轮迹，搭接处紧密、平顺，与其他构筑物衔接顺畅，无积水现象。

10.1.2 第三方监控咨询单位无损检测结果

在广东南沙大桥钢桥面铺装施工过程中，第三方监控咨询单位进行了全过程的跟踪检测和技术指导，监控各阶段施工质量，为施工全过程提供动态控制的依据。过程中采用膜厚仪监控环氧富锌漆干膜厚度和厚度均匀性，采用三维探地雷达监测环氧沥青混凝土铺装层厚度情况及其均匀性、介电常数及其均匀性，采用无核密度仪监测环氧沥青混凝土空隙率情况，采用路面抗滑纹理测试仪监测环氧沥青混凝土铺装上层的抗滑性能。

10.1.2.1 环氧富锌漆干膜厚度检测

在坭洲水道桥中共检测1752个点，在大沙水道桥中共检测948个点。

1）坭洲水道桥环氧富锌漆干膜厚度检测

检测频率采取每50m取4个断面，1个断面取6个点。在坭州水道桥中，共检测1752个点，厚度检测结果见表10-1-13。

坭洲水道桥环氧富锌漆干膜厚度检测结果统计表　　　　　表10-1-13

坭洲水道桥	点数	均值	<72μm	72~144μm	80~120μm	>144μm
正常位置	1197	102	0%	100%	77%	0%
搭接位置	555	116	0%	100%	60%	0%

2）大沙水道桥环氧富锌漆干膜厚度检测

检测频率采取每50m中取4个断面，1个断面取6个点。在大沙水道桥中，共检测948个点，检测结果见表10-1-14。

大沙水道桥环氧富锌漆干膜厚度检测结果统计表　　　　　表10-1-14

大沙水道桥	点数	均值	<72μm	72~144μm	80~120μm	>144μm
正常位置	636	108	0%	100%	78%	0%
搭接位置	312	125	0%	100%	63%	0%

从坭州水道桥和大沙水道桥的检测情况看，环氧富锌漆干膜厚度完全满足要求，漆膜厚度良好。

10.1.2.2 三维探地雷达检测

1）坭洲水道桥铺装层

坭洲水道桥铺装层进行三维探地雷达检测，分别对左幅K7+530~K8+550、左幅K8+700~K9+650、右幅K7+530~K9+700开展检测。检测长度为4140m，检测宽度为18m，检测面积为74520m^2。

（1）厚度检测结果

根据三维探地雷达检测结果得出沥青混凝土铺装层厚度值统计表如表10-1-15所示。

环氧沥青混凝土铺装层厚度统计表　　　　　　　表 10-1-15

桩　　号	长　　度	平均值（cm）	标准差（cm）	变异系数（%）
左幅 K7+530～K8+550	1020	6.60	0.63	9.62
左幅 K8+700～K9+650	950	6.52	0.70	10.73
右幅 K7+530～K9+700	2170	6.51	0.71	10.98

广东南沙大桥钢桥面铺装层设计厚度为 6.5±0.3cm，由上表可知，坭洲水道桥铺装层厚度均满足设计要求，且都稍微高于 6.5cm，铺装层环氧沥青混凝土厚度施工良好；从变异系数分析，铺装层厚度分布较均匀，具有良好的厚度均匀性。

（2）介电常数检测结果

介电常数检测是评定路面均匀性的重要手段，与空隙率存在一定关系，在其他条件相同的情况下，介电常数越大，空隙率越小。将介电常数值偏大超过 30% 的采样点标记为白色，偏小超过 30% 的采样点标记为黑色。对介于两者之间的根据数值大小用不同灰度表示，数值越大，相应地灰度值也越大。将左幅 K7+530～K8+550、左幅 K8+700～K9+650、右幅 K7+530～K9+700 介电常数检测结果绘制成直观的介电常数分布图，如图 10-1-1～图 10-1-3 所示。

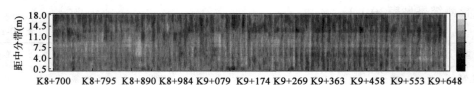

图 10-1-1　左幅 K8+700～K9+650 介电常数灰度图

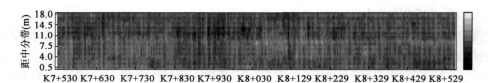

图 10-1-2　左幅 K7+530～K8+550 介电常数灰度图

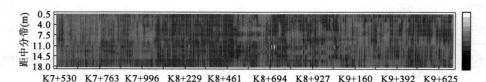

图 10-1-3　右幅 K7+530～K9+700 介电常数灰度图

根据检测结果计算得出介电常数统计表如表 10-1-16 所示。

环氧沥青混凝土铺装下层介电常数统计表　　　　　　　表 10-1-16

桩　　号	平均值（m）	标准差（m）	变异系数（%）
左幅 K7+530～K8+550	5.23	0.13	2.51
左幅 K8+700～K9+650	5.32	0.15	2.87
右幅 K7+530～K9+700	5.25	0.33	5.33

根据三维探地雷达检测大数据,广东省高速公路沥青上面层介电常数变异系数大部分在 8%~12% 之间。由上表可知,坭州水道桥介电常数变异系数较小,具有良好的介电常数均匀性,坭州水道桥环氧沥青混凝土施工质量良好。

2) 大沙水道桥铺装层

大沙水道桥铺装检测桩号为左幅 K3+350~K4+210、右幅 K3+340~K4+236。检测长度为 1756m,检测宽度为 18m,检测面积为 31608m²。

(1) 厚度检测结果

根据三维探地雷达检测结果得出沥青层厚度值统计表如表 10-1-17 所示。

环氧沥青混凝土铺装层厚度统计表　　　　表 10-1-17

桩　　号	长　度	平均值(cm)	标准差(cm)	变异系数(%)
左幅 K3+350~K3+796	446	6.51	0.52	11.36
左幅 K3+796~K4+210	324	6.61	0.55	10.11%
右幅 K3+340~K4+236	896	6.54	0.60	10.12

由上表可知,大沙水道桥铺装层厚度均满足设计要求,且都稍微高于 6.5cm,铺装层环氧沥青混凝土厚度施工良好;从变异系数分析,铺装层厚度分布较均匀,具有良好的厚度均匀性。

(2) 介电常数检测结果

根据三维探地雷达采集的全厚介电常数数据绘制介电常数灰度图如图 10-1-4~图 10-1-6 所示。

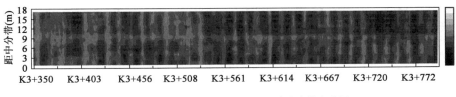

图 10-1-4　左幅 K3+350~K3+796 介电常数灰度图

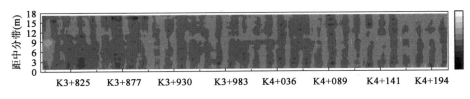

图 10-1-5　左幅 K3+796~K4+210 介电常数灰度图

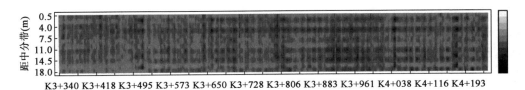

图 10-1-6　右幅 K3+340~K4+236 介电常数灰度图

根据检测结果计算得出介电常数统计表如表 10-1-18 所示。

环氧沥青混凝土铺装上层介电常数统计表   表10-1-18

桩　　号	平均值(m)	标准差(m)	变异系数(%)
左幅 K3+350~K3+796	5.29	0.26	4.90
左幅 K3+796~K4+210	5.32	0.25	4.68
右幅 K3+340~K4+236	4.98	0.20	4.02

由上表可知,大沙水道桥介电常数变异系数较小,具有良好的介电常数均匀性,大沙水道桥环氧沥青混凝土施工质量良好。

10.1.2.3 无核密度空隙率检测

1) 坭洲水道桥铺装上层

坭洲水道桥铺装上层无核密度空隙率检测分4个段进行,桩号范围分别为左幅 K8+820~K9+320、左幅 K8+000~K8+500、右幅 K7+600~K8+200、右幅 K8+680~K9+180。共检测 3070m,共采样 3140 点,检测合格率 100%。

根据空隙率换算压实度统计表如下表 10-1-19 所示。

坭洲水道桥铺装上层压实度统计表   表10-1-19

桩　　号	压实度均值 K_0 (%)	标准差 S (%)	$\dfrac{t_a}{\sqrt{N}}$	压实度代表值 K' (%)	检测点数 N	合格数 N'	合格率
左幅 K7+504~K8+030	97.56	0.629	0.073	97.51	510	510	100%
左幅 K8+030~K9+740	98.08	0.589	0.073	98.03	510	510	100%
右幅 K7+504~K8+030	97.19	0.550	0.067	97.15	610	610	100%
右幅 K8+030~K9+740	97.95	0.706	0.073	97.89	510	510	100%

2) 大沙水道桥铺装上层

大沙水道桥上层无核密度空隙率检测桩号范围分别为左幅 K3+324~K4+217 和右幅 K3+330~K4+230。共检测 1803m,共采样 2406 点,检测合格率 100%。

根据空隙率换算压实度统计表如表 10-1-20 所示。

大沙水道桥铺装上层压实度统计表   表10-1-20

桩　　号	压实度均值 K_0 (%)	标准差 S (%)	$\dfrac{t_a}{\sqrt{N}}$	压实度代表值 K' (%)	检测点数 N	合格数 N'	合格率
左幅 K3+324~K3+795	98.09	0.668	0.059	98.05	784	784	100%
左幅 K3+795~K4+217	97.97	0.685	0.062	97.93	712	712	100%
右幅 K3+330~K4+230	97.95	1.007	0.055	97.90	910	910	100%

根据统计结果可以看出,三个检测段铺装上层压实度合格率均为 100%,压实效果良好,

变异系数较小,施工均匀性良好。

10.1.2.4 钢桥面构造深度检测

钢桥面构造深度检测采用新型的激光纹理扫描仪法和传统的手工铺砂法。激光纹理扫描仪法在大沙水道桥中共检测 8 个点,在坭洲水道桥中共检测 8 个点;手工铺砂法在大沙水道桥中共检测 30 个点,在坭洲水道桥中共检测 24 个点。

1) 坭洲水道桥构造深度检测

(1) 激光纹理扫描仪法

坭洲水道桥激光纹理扫描仪法构造深度检测,随机挑选了 8 个点,检测结果见图 10-1-7 和表 10-1-21。

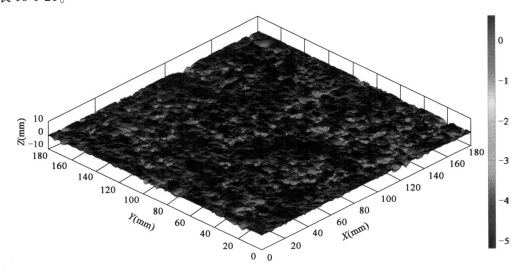

图 10-1-7 坭州水道桥某测点的激光图像

坭洲水道桥激光纹理扫描仪构造深度检测结果统计表　　表 10-1-21

测 点 编 号	三维构造深度(mm)	微观纹理分布密度
1	0.77	1.265
2	0.83	1.356
3	0.74	1.352
4	0.74	1.28
5	0.83	1.358
6	0.8	1.074
7	0.67	1.422
8	0.71	1.195
均值	0.76	1.288
标准差	0.057	0.111
变异系数	7.46%	8.65%

采用激光扫描检测试铺路段表面构造深度,三维构造深度均值为 0.76mm,均能达到 >0.6mm 的质量控制标准,变异系数为 7.46%,构造深度的均匀性良好。

计算检测位置表面单位区域的微观纹理分布密度,均值为1.288,说明路表构造粗糙度良好。从变异系数看,8.65%的微观纹理分布密度指标变异系数反映出路面构造粗糙度的均匀性良好。

(2)手工铺砂法

坭洲水道桥桥构造深度检测桩号范围为左幅 K7 + 700 ~ K8 + 300,右幅 K7 + 850 ~ K8 + 450,共 8 个断面,每个断面根据距中 4m、9m、14m 各取一点,共 24 个点,检测结果均在 0.6 ~ 1.0mm 之间,构造深度均匀性良好。检测结果见表10-1-22。

坭洲水道桥构造深度检测结果统计表　　　表 10-1-22

桩　　号	距中(m)	试验次数	圆直径(mm)			构造深度 TD (mm)	平均值 (mm)
			1	2	平均值		
左幅 K7 + 700	4	1	200	205	203	0.78	0.76
		2	210	205	208	0.74	
		3	200	210	205	0.76	
	9	1	200	210	205	0.76	0.75
		2	200	210	205	0.76	
		3	205	210	208	0.74	
	14	1	210	215	213	0.70	0.73
		2	215	200	208	0.74	
		3	210	200	205	0.76	
左幅 K7 + 900	4	1	210	200	205	0.76	0.75
		2	210	205	208	0.74	
		3	205	205	205	0.76	
	9	1	220	210	215	0.69	0.68
		2	210	220	215	0.69	
		3	225	210	218	0.67	
	14	1	205	200	203	0.78	0.76
		2	200	210	205	0.76	
		3	200	210	205	0.76	
左幅 K8 + 100	4	1	210	205	208	0.74	0.74
		2	200	215	208	0.74	
		3	205	210	208	0.74	
	9	1	215	210	213	0.70	0.73
		2	210	205	208	0.74	
		3	200	215	208	0.74	
	14	1	200	205	203	0.78	0.76
		2	200	210	205	0.76	
		3	205	210	208	0.74	

续上表

桩 号	距中（m）	试验次数	圆直径（mm）			构造深度 TD（mm）	平均值（mm）
			1	2	平均值		
左幅 K8+300	4	1	210	205	208	0.74	0.76
		2	210	205	208	0.74	
		3	195	200	198	0.82	
	9	1	205	210	208	0.74	0.75
		2	215	205	210	0.72	
		3	205	200	203	0.78	
	14	1	210	215	213	0.70	0.73
		2	210	205	208	0.74	
		3	205	205	205	0.76	
右幅 K7+850	4	1	215	200	208	0.74	0.73
		2	210	210	210	0.72	
		3	205	210	208	0.74	
	9	1	205	210	208	0.74	0.73
		2	205	210	208	0.74	
		3	210	210	210	0.72	
	14	1	205	215	210	0.72	0.75
		2	210	200	205	0.76	
		3	210	200	205	0.76	
右幅 K8+050	4	1	210	215	213	0.70	0.73
		2	210	205	208	0.74	
		3	205	210	208	0.74	
	9	1	220	215	218	0.67	0.69
		2	210	205	208	0.74	
		3	225	215	220	0.66	
	14	1	205	205	205	0.76	0.77
		2	200	205	203	0.78	
		3	200	205	203	0.78	
右幅 K8+250	4	1	210	210	210	0.72	0.78
		2	200	195	198	0.82	
		3	205	195	200	0.80	
	9	1	215	205	210	0.72	0.73
		2	210	205	208	0.74	
		3	200	215	208	0.74	
	14	1	200	200	200	0.80	0.75
		2	200	215	208	0.74	
		3	205	220	213	0.70	

续上表

桩　号	距中（m）	试验次数	圆直径（mm）			构造深度 TD（mm）	平均值（mm）
			1	2	平均值		
右幅 K8+450	4	1	210	215	213	0.70	0.72
		2	210	215	213	0.70	
		3	215	200	208	0.74	
	9	1	205	215	210	0.72	0.72
		2	215	210	213	0.70	
		3	205	210	208	0.74	
	14	1	210	215	213	0.70	0.72
		2	210	215	213	0.70	
		3	205	210	208	0.74	

2）大沙水道桥构造深度检测

（1）激光纹理扫描仪法

在第三阶段摊铺的大沙水道桥铺装上层开展激光纹理扫描仪法构造深度检测，随机挑选8个点，检测结果见图10-1-8和表10-1-23。

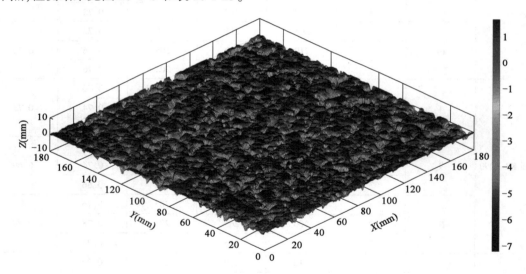

图 10-1-8　大沙水道桥某测点的激光图像

大沙水道桥激光纹理扫描仪构造深度检测结果统计表　　表10-1-23

测点编号	三维构造深度（mm）	微观纹理分布密度
1	0.93	1.529
2	0.87	1.309
3	0.86	1.435
4	0.92	1.436
5	0.87	1.516

续上表

测点编号	三维构造深度(mm)	微观纹理分布密度
6	0.92	1.538
7	0.9	1.569
8	0.96	1.621
均值	0.9	1.494
标准差	0.035	0.097
变异系数	3.84%	6.52%

采用激光扫描检测试铺路段表面构造深度,均值为0.9mm,均能达到>0.6mm的质量控制标准,变异系数为3.84%,构造深度的均匀性良好。

计算检测位置表面单位区域的微观纹理分布密度,均值为1.494,说明路表构造粗糙度良好。从变异系数看,6.52%的微观纹理分布密度指标变异系数反映出路面构造粗糙度的均匀性良好。

(2)手工铺砂法

大沙水道桥构造深度检测桩号范围左幅K3+370~K4+410,共10个断面,每个断面根据距中5m、11m、17m各取一点,共30个点,检测结果均在0.6~1.0mm之间,构造深度均匀性良好。检测结果见表10-1-24。

大沙水道桥构造深度检测结果统计表　　　　表10-1-24

桩号	距中(m)	试验次数	构造深度TD(mm)	平均值(mm)
K3+370	3	1	0.84	0.85
	8	2	0.85	
	13	3	0.85	
K3+460	4	1	0.86	0.90
	9	2	0.98	
	14	3	0.87	
K3+550	5	1	0.90	0.91
	10	2	1.01	
	15	3	0.82	
K3+640	6	1	0.90	0.84
	11	2	0.82	
	16	3	0.79	
K3+730	7	1	0.78	0.86
	12	2	0.87	
	17	3	0.93	
K3+820	8	1	0.76	0.76
	13	2	0.77	
	18	3	0.75	

续上表

桩 号	距中(m)	试验次数	构造深度 TD(mm)	平均值(mm)
K3+910	1	1	0.76	0.79
	6	2	0.83	
	11	3	0.78	
K4+000	2	1	0.74	0.75
	7	2	0.70	
	12	3	0.80	
K4+090	3	1	0.75	0.76
	8	2	0.72	
	13	3	0.79	
K4+180	4	1	0.71	0.71
	9	2	0.71	
	14	3	0.73	

10.1.2.5 小结

分别采用三维探地雷达、无核密度仪、激光纹理扫描仪和铺砂法对广东南沙大桥钢桥面铺装层的厚度、空隙率和抗滑性能进行了评价。结果表明：广东南沙大桥铺装层平均厚度符合设计要求，厚度均匀性较好；压实度表征的空隙率情况均满足设计要求，具有良好的压实度；表面构造均在0.6~1.0mm之间，抗滑性能优良。

10.2 广东南沙大桥钢桥面铺装阶段性使用性能评价

广东南沙大桥通车后面临的交通压力巨大，交通量呈现急剧式增长的态势，通车第一年日均交通量即可达到约15万辆标准车；特别是临近的虎门大桥2019年8月限行货车通行后，广东南沙大桥的日均交通量超过15万辆标准车，其中货车比例超过30%（重载货车占比超过45%）。为及时掌握通车第一年钢桥面铺装的整体状况，2019年12月，对广东南沙大桥钢桥面铺装开展了阶段性使用性能的检测评价，主要包括表面状况路况调查、内部损伤调查和抗滑性能检测等。根据检测的钢桥面铺装层性能数据，分析评价钢桥面铺装体系的整体使用状况和铺装层性能的变化趋势。

10.2.1 检测评价目的

1）确定铺装层破损状况

采用BHJ5044TLJ型多功能检测车采集路面破损状况图像。根据路面破损状况检测结果，确定铺装层主要破损类型及破损情况。形成病害平面分布图（可编辑的CAD文件）、路面行驶质量指数（RQI）、路面损伤状况指数（PCI），做出各路段的综合评价并提出对应处治建议。

2）探明铺装层内部结构

采用三维探地雷达对铺装层进行全断面覆盖扫描，探明铺装层结构内部是否存在裂缝、鼓包、脱层、积水,确定一般横向裂缝位置和长度、纵向裂缝位置和长度、鼓包的位置和面积、脱空区域位置和面积、贯穿裂缝位置和长度、富水区域的位置和面积,为处治方案的拟定及方案选取提供定量的基础数据。

3)评价铺装层抗滑性能

采用自动开发的路面抗滑纹理测试仪测定计算三维激光构造深度、构造轮廓峰顶夹角及微观纹理分布密度三个构造形态指标;采用铺砂法采集铺装层典型位置表面构造深度;采用自动路面摩擦系数测试设备采集铺装层各路段横向力系数(SFC)。根据检测结果,分析铺装层表面的微观构造、宏观构造、构造轮廓峰顶夹角、微观纹理分布密度、横向力系数,并与通车前表面各数据进行比对分析,评价铺装层抗滑性能。

10.2.2 检测方案

10.2.2.1 铺装层路况调查

1)检测设备

采用 BHJ5044TLJ 型多功能车进行道面外观检测,车上装载激光扫描仪,GPS 系统,CCD 相机和距离测量装置 DMI 等专用设备(图 10-2-1)。

BHJ5044TLJ 型多功能车主要由以下系统构成:

(1)纵向断面测量系统(平整度)。该系统是使用高速激光传感器和加速度计来采集道路断面数据并实时计算国际平整度指数(IRI);可变速测量,最高检测速度可达 100km/h。

图 10-2-1　BHJ5044TLJ 型多功能车

(2)定位定向系统(横坡、纵坡)。该系统是一套高精度的几何参数测量系统。用安装在车上的陀螺仪测量路面横坡、弯道的半径和超高及道路的纵坡。

(3)道路全景摄像系统(前方摄像)。该系统可生成道路路况的录像;2 台像素为 1920×1080 的摄像机可同时记录不同角度的图像,能够采集整个调查范围内道路和路面的数字图像,以识别路表病害。

(4)全球定位 GPS 系统(全球定位)。该系统用于测定地球空间的三维坐标,还可提供道路设施的经度和纬度,并用 CAD 和 GIS 生成地图。如果 GPS 接收器不能追踪足够的卫星以确定其位置,或者卫星失锁时,距离测量仪(DMI)将取代 GPS 实现数据定位功能。

2)检测原理

多功能检测车沥青路面检测包括路面损坏状况指数(PCI)检测和路面行驶质量指数(RQI)检测。不同的检测项目采用不同的专用设备,应用的检测原理也有所差异。

路面损坏状况指数检测采用检测车拍摄方式进行。安装在伸缩悬臂上的高速摄像机记录清晰、连续、无重叠、高对比度 1.5m×4m 的图像。同步的闪光灯即使在明亮的阳光下也能消除树木、桥梁、隧道或其他上方物体的阴影。在工作站上运行图像识别软件处理图像。确定路表病害类型、严重程度、范围和位置。根据《公路技术状况评定标准》(JTG 5210—2018)的规定,计算出各种病害类型的面积或长度,按式(10-2-1)、式(10-2-2)计算出路面的破损率 DR 和路面损坏状况指数 PCI。

$$PCI = 100 - a_0 DR^{a_i} \tag{10-2-1}$$

$$DR = 100 \frac{\sum_{i=1}^{i_0} w_i A_i}{A} \tag{10-2-2}$$

式中：DR——路面破损率，为各种损坏的折合损坏面积之和与路面调查面积之百分比(%)；

A_i——第 i 类路面损坏的面积(m^2)；

A——调查的路面面积；

w_i——第 i 类路面损坏的权重；

a_0——沥青路面采用 15，水泥混凝土路面采用 10.66；

i——考虑损坏程度(轻、中、重)的第 i 类路面损坏类型；

i_0——包含损坏程度(轻、中、重)的损坏类型总数，沥青路面取 21，水泥混凝土路面取 20。

路面行驶质量指数(RQI)检测系统采用非接触式位移传感器对路面纵断面曲线进行动态测量。系统工作时，通过控制激光位移传感器发射、接收激光信号，得到路面纵断面曲线的纵坐标；路面纵断面曲线的横坐标则通过距离传感器来得到。与此同时加速度传感器测得车辆竖直方向的位移量，将竖直方向的位移量与位移传感器测出的纵坐标信号进行互差，得到消除车体振动后的相对真实的路面纵断面曲线。最后由软件计算出国际平整度指数。同时采用式(10-2-3)计算路面行驶质量指数(RQI)。

$$RQI = \frac{100}{1 + a_0 e^{a_1 IRI}} \tag{10-2-3}$$

式中：IRI——国际平整度指数；

a_0——高速公路和一级公路采用 0.026，其他等级公路采用 0.0185；

a_1——高速公路和一级公路采用 0.65，其他等级公路采用 0.58。

3)检测方法

多功能检测车在横断面方向依次平移覆盖整个待检区域，本次检测对单幅按车道依次采集检测数据，检测覆盖坭州水道桥超车道和慢车道两个行车道(图 10-2-2)。在多功能检测车检测过程中，委托方应负责做好交通围蔽工作，以保证检测车辆及人员安全。

10.2.2.2 三维大数据探测系统检测

本次检测所采用的是路用三维探地雷达系统，三维探地雷达系统可三维成像，大大减小了过去在二维成像状况下对道路内部结构的误判情况。三维探地雷达系统主要包括 Geoscope-TM MKIV 雷达主机、DX 系列多通道空气耦合天线阵。

三维探地雷达系统探测深度可达 8m，探测行驶速度可达 60km/h，具有检测效率高、深度大、覆盖宽、不破损路面等优势，可实现对路面各结构层厚度、介电常数以及结构损伤的探测。横向采样间距为 0.071m，行车方向为 0.025m，竖向为 0.004m，这些密集的采样点构成三维点阵，采用肖宁道路工程技术研究事务所自编程序对其进行后期数据处理，形成清晰直观的高分辨率三维雷达图像。

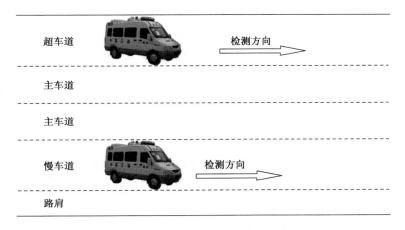

图 10-2-2　多功能检测车检测方法示意图

1）检测原理

当接收天线发生移动时，即可接收到连续的探地雷达反射波，将接收到的信号加以分析处理就可以形成沿天线移动方向切面的雷达分析图像；横坐标表示沿路面的距离，纵坐标表示深度（图 10-2-3）。除此之外，还可将扫描的数据处理成水平方向切面，图 10-2-4 为结构层概览图图像。

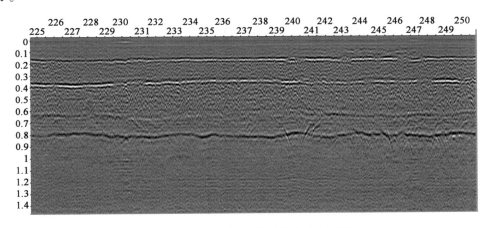

图 10-2-3　沥青道路雷达检测纵剖面图示例图

图 10-2-4　沥青面层表面病害检测概览图示例图（面层表面）

在三维探地雷达探测过程中，向地下连续发射电磁波，电磁波在传播过程中遇到不同的病害时，会根据病害类型产生特定病害的特征回波。探地雷达对病害进行检测主要根据电磁波回波的特征信号对病害进行判别。

钢桥面铺装层铺装层结构内部常见病害的主要表现形式为裂缝、积水、脱层和鼓包等。内部常见病害对应雷达图像上的特征信号如图 10-2-5 和图 10-2-6 所示。

图 10-2-5　一般横向裂缝病害概览图雷达特征信号示例图

图 10-2-6　纵向裂缝病害概览图雷达特征信号示例图

2）检测方法

三维探地雷达检测车在横断面方向依次平移覆盖整个待检区域,本次检测对单幅按车道依次采集检测数据,检测覆盖坯州水道桥超车道和慢车道两个行车道,在三维探地雷达检测车检测过程中,委托方应负责做好交通围蔽工作,以保证检测车辆及人员安全。本次检测三维探地雷达检测车扫描的检测方法如图 10-2-7 所示。

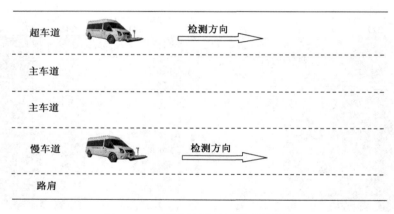

图 10-2-7　三维探地雷达检测方法示意图

10.2.2.3　铺装层抗滑性能测试

1）检测设备

（1）本次检测采用的肖宁道路工程技术研究事务所开发的路面抗滑纹理测试仪,其技术指标的先进性和可靠性达到了国际上路面纹理检测技术的发展水平。

自主研发的路面抗滑纹理测试仪由面域激光传感器、电气控制系统、数据采集系统、标定系统、数据处理与显示系统组成,共同完成数据采集、传输、储存与计算、三维显示任务。

（2）路面横向力系数检测采用 JGMC-2 自动路面摩擦系数测试设备进行检测,设备由洒水车、摩擦系数检测车、电控装置、计算机及控制测量软件组成,检测设备见图 10-2-8。测试过程是:检测车向前运动,摩擦轮与地面之间有 0.5～1mm 水膜。由于摩擦轮有一定角度,将产生垂直于行驶方向的横向力,特征值由高精度力传感器测量并输到计算机进行处理;再由计算机给出路面位置与摩擦系数的对应表及曲线,通过软件的数据处理后即可得出每段(20m)的横向力系数(SFC)。

2)检测原理

路面构造深度是路面表面构造特征的关键性指标,也是形成路面抗滑构造的主要因素。

(1)铺砂法纹理测试的原理为:将事先量出体积,粒度均匀且比较细的砂堆放在路表面,用砂板在路面上将沙子刮平,至刮不下余砂为止;摊刮时尽可能使砂摊成圆形,并取得尽可能大的圆面积,根据圆的平均直径算数其面积。

图 10-2-8　路面横向力系数检测车

(2)路面抗滑纹理测试仪,从三维尺度测定沥青混合料表面宏观轮廓特征,测试出铺装层表面的三维纹理数据,得出铺装层表面的三维构造(图 10-2-9 和图 10-2-10);并提出了轮廓峰顶夹角和峰顶夹角衰减率等抗滑性能和抗滑耐久性评价指标,并以轮廓峰顶夹角小于 90°(锐角)个数的占比作为抗滑有效保证率指标,以此评价作为评价沥青路面抗滑性能衰减特性。

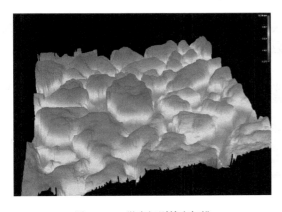

图 10-2-9　微米级别精度扫描

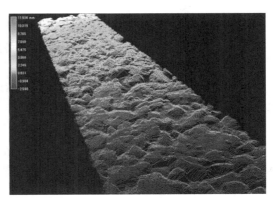

图 10-2-10　面域扫描、三维实时显示

(3)横向力检测。

由于车辆行驶速度、外界温度条件对横向力系数影响较大,因此,路面摩擦系数测定设备得到的数据应根据实际测试条件进行速度、温度修正。

①SFC 值的速度修正

测试系统的标准测试速度范围规定为 $50 \pm 4 \text{km/h}$,其他速度条件下测试的 SFC 值必须通过式(10-2-4)转换至标准速度下的等效 SFC 值:

$$\text{SFC}_{标} = \text{SFC}_{测} - 0.22(v_{标} - v_{测}) \qquad (10\text{-}2\text{-}4)$$

式中:$\text{SFC}_{标}$——标准测试速度下的等效 SFC 值;

$\text{SFC}_{测}$——现场实际测试速度条件下的 SFC 测试值;

$v_{标}$——标准测试速度,取值 50km/h;

$v_{测}$——现场实际测试速度。

②SFC 值的温度修正

测试系统的标准现场测试地面温度范围为20℃±5℃,其他地面温度条件下测试的SFC值必须通过表10-2-1转换至标准温度下的等效SFC值。系统测试要求地面温度控制在8~60℃范围内。

SFC 值温度修正表　　　　　表10-2-1

温度(℃)	10	15	20	25	30	35	40	45	50	55	60
修正	-3	-1	0	+1	+3	+4	+6	+7	+8	+9	+10

③SFC 代表值的计算

根据《公路工程质量检验评定标准　第一册　土建工程》(JTG F80/1—2017)中相关规定,横向力摩擦系数使用代表值进行工程质量评定,按式(10-2-5)计算:

$$\mathrm{SFC_r} = \overline{\mathrm{SFC}} - \frac{t_v}{\sqrt{n}} S \tag{10-2-5}$$

式中:$\mathrm{SFC_r}$——标准测试速度下的等效SFC值;

$\overline{\mathrm{SFC}}$——现场实际测试速度条件下的SFC测试值;

S——标准测试速度,取值50km/h;

n——数据个数;

t_v——t分布表中随测点数和保证率(或置信度)而变的系数,采用的保证率:高速公路、一级公路为95%,其他公路为90%。

④路面抗滑性能指数(SRI)评定

路面抗滑性能用路面抗滑性能指数(SRI)评价,依据《公路技术状况评定标准》(JTG 5210—2018)按式(10-2-6)计算:

$$\mathrm{SRI} = \frac{100 - \mathrm{SRI_{min}}}{1 + a_0 e^{a_1 \mathrm{SFC}}} + \mathrm{SRI_{min}} \tag{10-2-6}$$

式中:SFC——横向力系数;

$\mathrm{SRI_{min}}$——标定参数,采用35.0;

a_0——模型参数,采用28.6;

a_1——模型参数,采用-0.105。

3) 检测方法

(1) 构造深度

开展构造深度、抗滑构造纹理检测来评价坯州水道桥铺装层的抗滑性能。

①对坯州水道桥超车道和慢车道两个行车道沿桩号方向每隔200m选取一个断面(共选取3个断面),每个断面选取3个点。采用人工铺砂法对测点进行构造深度检测。

②对坯州水道桥超车道和慢车道两个行车道沿桩号方向每隔200m选取一个断面(共选取3个断面),每个断面选取3个点。采用路面抗滑纹理测试仪对测点进行路面构造纹理扫描测试,计算三维激光构造深度、构造轮廓峰顶夹角及微观纹理分布密度三个构造形态指标。

(2) 横向力系数

横向力系数检测车在横断面方向依次平移覆盖整个待检区域,本次检测对单幅按车道依次采集检测数据,检测覆盖坨州水道桥超车道和慢车道两个行车道。在横向力系数检测车检测过程中,委托方应负责做好交通围蔽工作,以保证检测车辆及人员安全。本次检测多功能检测车扫描的检测方法如图10-2-11所示。

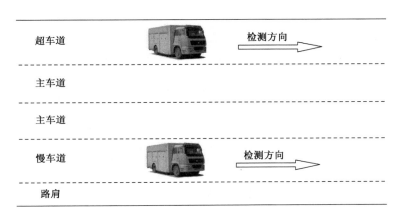

图 10-2-11　横向力系数检测车检测方法示意图

10.2.3　检测结果

10.2.3.1　铺装层路况调查结果

检测结果表明,所测路段未出现破损,铺装层行驶质量调查结果汇总如表10-2-2所示。

铺装层行驶质量调查结果表　　　　表10-2-2

序　号	开始桩号	结束桩号	左轮迹 IRI (m/km)	右轮迹 IRI (m/km)	最不利值 (m/km)	RQI	评　价
上行第1车道	K7+500	K8+000	0.94	0.96	0.96	95.36	优
	K8+000	K9+000	0.97	0.91	0.97	95.33	优
	K9+000	K9+740	0.91	0.92	0.92	95.48	优
上行第4车道	K7+500	K8+000	1.36	0.78	1.36	94.09	优
	K8+000	K9+000	0.70	0.69	0.70	96.06	优
	K9+000	K9+740	0.91	0.90	0.91	95.52	优
下行第1车道	K7+500	K8+000	1.36	1.47	1.47	93.65	优
	K8+000	K9+000	1.00	0.90	1.00	95.26	优
	K9+000	K9+740	1.06	1.01	1.06	95.07	优
下行第4车道	K7+500	K8+000	1.24	1.38	1.38	94.01	优
	K8+000	K9+000	0.77	0.80	0.80	95.80	优
	K9+000	K9+740	0.92	0.93	0.93	95.45	优

上行第1车道路面行驶质量指数RQI平均值为95.39,评价等级为优。上行第4车道RQI平均值为95.22,评价等级为优。下行第1车道RQI平均值为94.66,评价等级为优。下行第4车道RQI平均值为95.09,评价等级为优。

10.2.3.2 三维大数据探测系统检测结果

三维大数据探测系统检测结果表明坭洲水道桥上行第 1 车道与第 4 车道、下行第 1 车道与第 4 车道铺装层结构内部无病害（图 10-2-12）。

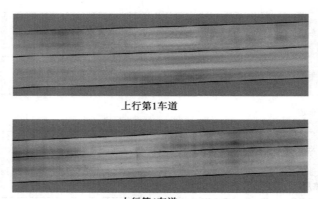

上行第1车道

上行第4车道

图 10-2-12 三维大数据探测系统检测部分结果图

10.2.3.3 横向力系数检测结果

对桥面铺装层路面构造的三维形态进行检测，计算 SFC 平均值、标准差、变异系数、SRI，检测结果汇总如表 10-2-3 所示，横向力系数 SFC 在整个检测段落范围内的分布如图 10-2-13 所示。

抗滑性能检测结果汇总表　　　　　表 10-2-3

序 号	评价里程	SFC 平均值	SFC 标准差	SFC 变异系数	SRI
上行第 1 车道	K9+740 ~ K9+000	63.1	2.29	3.64%	97.62
	K9+000 ~ K8+000	63.6	2.27	3.57%	97.74
	K8+000 ~ K7+500	62.47	2.5	4.02%	97.47
上行第 4 车道	K9+740 ~ K9+000	59.2	2.49	4.22%	96.48
	K9+000 ~ K8+000	59.5	2.55	4.29%	96.6
	K8+000 ~ K7+500	58.31	2.5	4.29%	96.16
下行第 1 车道	K7+500 ~ K8+000	58.6	4.27	7.28%	96.27
	K8+000 ~ K9+000	60.1	3.99	6.54%	97.09
	K9+000 ~ K9+740	60.27	4.3	7.20%	96.84
下行第 4 车道	K7+500 ~ K8+000	57.8	0.68	1.17%	95.96
	K8+000 ~ K9+000	58.2	0.77	1.33%	96.1
	K9+000 ~ K9+740	57.87	0.6	1.12%	95.99

上行第 1 车道路面抗滑性能指数 SRI 平均值为 97.61，评价等级为优，SFC 均值为 63.06。上行第 4 车道路面抗滑性能指数 SRI 平均值为 96.41，评价等级为优，SFC 均值为 59.00，下行第 1 车道路面抗滑性能指数 SRI 平均值为 96.73，评价等级为优，SFC 均值为 59.66，下行第 4 车道路面抗滑性能指数 SRI 平均值为 96.02，评价等级为优，SFC 均值为 57.96。

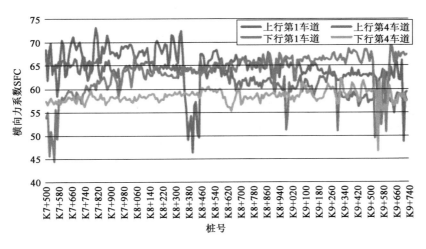

图 10-2-13 检测段落横向力系数分布图

10.2.3.4 路面抗滑纹理测试仪

对比桥面铺装层路面构造的三维形态进行检测,计算路面三维构造深度、轮廓峰顶夹角、微观纹理分布密度指标,检测结果汇总如表10-2-4和表10-2-5所示。

上行方向路面构造评价指标统计　　　表10-2-4

桩号	位置	测点	三维构造深度(mm)	轮廓峰顶夹角各区间比例(%)				微观纹理分布密度
				0~45°	45°~90°	90°~135°	135°~180°	
K7+600	第1车道	左轮迹带	0.96	0.01	0.18	9.85	89.96	1.355
		非轮迹带	0.86	0.00	0.12	12.10	87.79	1.343
		右轮迹带	0.83	0.00	0.14	9.74	90.11	1.337
K7+790	第4车道	左轮迹带	0.8	0.00	0.19	10.10	89.70	1.292
		非轮迹带	0.77	0.00	0.26	11.28	88.47	1.299
		右轮迹带	0.83	0.01	0.20	10.82	88.98	1.296
K7+800	第1车道	左轮迹带	0.8	0.00	0.14	9.58	90.28	1.27
		非轮迹带	0.76	0.01	0.14	11.40	88.45	1.283
		右轮迹带	0.85	0.01	0.17	11.61	88.21	1.315
K7+995	第4车道	左轮迹带	0.81	0.01	0.17	8.65	91.16	1.286
		非轮迹带	0.73	0.00	0.27	11.26	88.47	1.271
		右轮迹带	0.79	0.00	0.24	12.51	87.24	1.309
K8+000	第1车道	左轮迹带	1.01	0.00	0.13	9.21	90.66	1.356
		非轮迹带	0.9	0.00	0.24	11.90	87.87	1.376
		右轮迹带	0.95	0.01	0.20	11.86	87.93	1.392
K8+200	第4车道	左轮迹带	1.01	0.00	0.42	14.38	85.20	1.433
		非轮迹带	0.86	0.02	0.34	14.67	84.97	1.372
		右轮迹带	0.72	0.01	0.27	11.31	88.43	1.298

续上表

桩号	位置	测点	三维构造深度(mm)	轮廓峰顶夹角各区间比例(%)				微观纹理分布密度
				0~45°	45°~90°	90°~135°	135°~180°	
均值		—	0.85	0.00	0.21	11.24	88.55	1.327
标准差		—	0.088	0.01	0.08	1.61	1.67	4.61
变异系数		—	10.43	—	—	—	—	3.48

下行方向路面构造评价指标统计　　　　表10-2-5

桩号	位置	测点	三维构造深度(mm)	轮廓峰顶夹角各区间比例(%)				微观纹理分布密度
				0~45°	45°~90°	90°~135°	135°~180°	
ZK9+300	第1车道	左轮迹带	0.77	0.01	0.20	11.43	88.36	1.27
		非轮迹带	0.78	0.00	0.31	13.60	86.08	1.276
		右轮迹带	0.64	0.00	0.12	8.16	91.72	1.183
	第4车道	左轮迹带	0.48	0.00	0.00	0.00	100.00	1.1
		非轮迹带	0.55	0.00	0.10	8.35	91.55	1.189
		右轮迹带	0.5	0.00	0.05	4.89	95.06	1.142
ZK9+500	第1车道	左轮迹带	0.88	0.01	0.29	12.72	86.98	1.336
		非轮迹带	0.63	0.01	0.12	8.58	91.29	1.197
		右轮迹带	0.48	0.00	0.06	4.53	95.41	1.119
	第4车道	左轮迹带	0.58	0.00	0.05	4.40	95.55	1.137
		非轮迹带	0.57	0.00	0.05	6.86	93.09	1.176
		右轮迹带	0.51	0.00	0.03	3.46	96.50	1.114
ZK9+700	第1车道	左轮迹带	0.65	0.01	0.17	8.08	91.74	1.23
		非轮迹带	0.76	0.01	0.22	11.88	87.89	1.323
		右轮迹带	0.8	1.11	1.11	23.33	74.44	1.267
	第4车道	左轮迹带	0.68	0.01	0.09	8.31	91.59	1.207
		非轮迹带	0.71	0.01	0.23	11.44	88.33	1.259
		右轮迹带	0.61	0.00	0.16	7.73	92.11	1.192
均值		—	0.64	0.07	0.19	8.76	90.98	1.207
标准差		—	0.12	0.26	0.25	5.08	5.50	7.06
变异系数		—	18.69	—	—	—	—	5.85

根据三维激光测试结果分析可知：

（1）上行方向三维构造深度均值为0.85mm，下行方向三维构造深度均值0.64mm，宏观构造良好。

（2）路表微观纹理分布密度指标，上行方向密度值为1.327，下行方向的1.207，纹理密度指标良好。

第11章 总结与展望

11.1 总　　结

钢桥面铺装质量和使用性能取决于铺装材料结构、施工技术、质量管控三位一体的综合体系。广东南沙大桥针对热拌环氧沥青混凝土铺装关键技术问题,通过系统化集成创新形成了热拌环氧沥青混凝土铺装成套关键技术,为广东南沙大桥钢桥面铺装的使用性能和耐久性提供了强有力的技术支撑和质量保证。系统化集成创新主要体现在以下三个方面:

1)基于热拌环氧沥青混凝土铺装材料结构体系的一体化研究创新

(1)通过大量实体工程调研和钢桥面铺装方案专题研究,设计了具备优良施工可控性及抗疲劳耐久性的热拌环氧沥青混凝土材料,这种高性能铺装材料可以满足钢桥面铺装的高模量、高韧性、耐疲劳、耐高温等综合技术性能要求。

(2)基于CAVF体积法优化设计FAC,能有效平衡铺装表面构造、密实防水与变形抗疲劳性能,在保证耐久性的基础上,显著提高了铺装抗滑性能,并可避免环氧沥青混凝土铺装典型的鼓包等病害。

(3)通过钢桥面板表面喷砂构造、环氧富锌漆、防水黏结层、铺装层复合结构交互界面优化设计与工程实施,实现了钢桥面铺装复合结构的有机可靠组合,形成铺装结构体系的防腐、保护、黏结、行驶的一体化综合功能。

2)热拌环氧沥青混凝土铺装施工技术装备集成体系创新

(1)研发了环氧树脂控温与混融注入、环氧沥青混合料生产精准控温的智能化控制成套装置设备,实现了环氧沥青混合料的自动精准配制与生产控制。

(2)研发了环氧树脂黏结层的智能化涂布装置设备,实现了黏结层施工的机械化、自动化精确控制,较人工涂布的均匀性和效率大幅提高,为10万 m^2 以上大规模环氧沥青混凝土钢桥面铺装黏结层施工提供了设备技术基础。

(3)针对环氧沥青混凝土铺装的高精度施工要求,形成了整幅摊铺、智能压实、全生产线动态控制的施工技术体系,显著提高了铺装整体性、施工效率、压实均匀性和平整度,为环氧沥青混凝土铺装施工控制形成了先进的工艺技术基础。

3)基于高精度检测评价的铺装工程品质精细化管控体系创新

(1)基于三维探地雷达、路面抗滑纹理测试仪、红外成像仪、无核密度仪等设备,研发了环氧沥青混凝土铺装厚度、压实、抗滑、病害识别的综合检测评价体系,实现了热拌环氧沥青混凝土铺装的快速精确检测评价反馈控制,为环氧沥青混凝土铺装施工质量控制提供可靠、高效、精确的检测评价支撑。

(2)根据热拌环氧沥青混凝土铺装施工控制环节和要点,编写了网格化、流程化、岗位化、细节化、信息化的施工控制精细管理实操手册,实现了施工质量全面控制、问题可追溯、反馈改进机制,形成了标准化、系统化、科学化的环氧沥青混凝土铺装施工质量管理体系。

11.2 展　　望

广东南沙大桥钢桥面铺装以创新驱动高质量发展为理念,深入践行创建品质工程,从科研、设计、施工、质量管控、检验评价等方面着手,开展了大量卓有成效的工作,攻克了不少难关,取得了较为丰富的创新型成果。但由于时间和空间条件的限制,有些问题还有必要进一步的探讨和深入研究;虽然广东南沙大桥通车后即经受了超大交通量和重车比例高的严酷考验,但钢桥面铺装的使用性能还需要更长时间的检验。

在此,仅对后续类似钢桥面铺装工程的建设和维养做进一步的展望,以开阔思路,供借鉴参考,期望开展进一步研究,共同推动我国钢桥面铺装技术的发展。

(1)目前国内外主要通过建立力学模型和数值模拟等手段计算分析钢桥面铺装结构的受力状况,对于钢桥面铺装结构的实际受力状态和动态力学的响应等缺乏长期有效的监测,对钢桥面铺装结构的长期性能健康监测基本处于空白。广东南沙大桥通车后面临的交通压力巨大,有必要开展钢桥面铺装结构健康监测的研究,通过科学监测运营期钢桥面铺装结构的实际使用状态,获取使用环境和铺装结构力学的响应参数,建立长期性能评价体系。

(2)广东南沙大桥是广东省首个采用建管养一体化模式的钢桥面铺装工程。如何更好地打造集科研、设计、施工、管理和养生五位一体的建管养一体化钢桥面铺装实施模式尚需进一步探索和研究。完善建管养一体化模式,建立全寿命周期综合评价体系,有助于进一步推广和应用建管养一体化模式,具有良好的工程应用价值。

(3)进一步开展钢桥面铺装养生策略及预防性养生研究,对于维护钢桥面铺装使用性能、延长使用寿命,提高钢桥面铺装路产保值和保护钢桥梁结构都具有重要的意义。

(4)进一步完善基于无损检测模式的钢桥面铺装施工质量检测评价系统,建立基于大数据的质量检验评定标准体系,为钢桥面铺装工程质量检验评定标准规范的形成做好积累。

参 考 文 献

[1] 张肖宁.沥青路面施工质量控制与保证[M].北京:人民交通出版社,2009.
[2] 张肖宁.沥青与沥青混合料的黏弹力学原理及应用[M].北京:人民交通出版社,2006.
[3] 杨东来.沥青路面集料加工质量控制技术[M].北京:人民交通出版社,2013.
[4] 刘涛,杨东来.沥青路面集料特性与加工工艺[M].北京:人民交通出版社,2013.
[5] 张肖宁,张顺先,徐伟,等.基于使用性能的钢桥面铺装环氧沥青混凝土设计[J].华南理工大学学报(自然科学版),2012,40(7):1-7.
[6] 张肖宁,任永利,迟凤霞.基于动态频率扫描的环氧沥青混合料性能研究[J].华中科技大学学报(自然科学版),2009,37(07):102-105.
[7] 刘晓文,张肖宁.日本TAF环氧沥青混凝土在桥面铺装中的应用[J].筑路机械与施工机械化,2010,27(01):69-71.
[8] 徐伟,张肖宁.钢桥面铺装材料黏弹性及疲劳损伤特征的试验研究[J].中南公路工程,2006(04):110-112+119.
[9] 徐伟,李智,张肖宁.正交异性钢桥面铺装研究及设计要点分析[J].中外公路,2006(04):175-179.
[10] 黄文通,虞将苗,张肖宁.钢桥面铺装材料疲劳性能研究[J].公路工程,2007(04):37-39+44.
[11] 张肖宁,王绍怀,吴旷怀,等.沥青混合料组成设计的CAVF法[J].公路,2001(12):17-21.
[12] 徐伟,张肖宁.正交异性桥面结构数值模拟优化分析[J].中南公路工程,2006(03):59-62.
[13] 徐伟,韩大建,张肖宁.应用RLWT车辙仪评价沥青路面抗车辙性能[J].公路交通科技,2005(01):5-8.
[14] 徐伟,张肖宁,韩大建.高速公路早期车辙病害调查及处治试验分析[J].公路,2004(03):113-117.
[15] 徐伟,郑国梁,张肖宁.混凝土桥面沥青铺装层受力敏感性分析[J].公路交通科技,2004(01):8-11.
[16] 马林,黄雷,代希华,等.正交异性钢桥面环氧沥青混凝土铺装层疲劳耐久极限研究[J].桥梁建设,2019,49(04):29-34.
[17] 黄雷,马林,李伟雄,等.钢桥面环氧沥青混凝土铺装环氧富锌漆防腐功能研究[J].桥梁建设,2020,50(01):50-54.
[18] 徐伟,李智,张肖宁.子模型法在大跨径斜拉桥桥面结构分析中的应用[J].土木工程学报,2004(06):30-34.
[19] 张顺先,张肖宁,徐伟,等.基于冲击韧性的钢桥面铺装环氧沥青混凝土疲劳性能设计研究[J].振动与冲击,2013,23:15-19.
[20] 张肖宁,容洪流,黄文柯,等.大型MA类钢桥面铺装高温性能加速加载试验研究[J].华南理工大学学报(自然科学版),2014,42(12):21-26+34.

[21] 谭积青,徐伟,张肖宁.正交异性钢桥面铺装有限元模拟和优化分析(英文)[J]. Journal of Southeast University(English Edition),2006(04):539-543.

[22] 王中文,曾利文.TAF 环氧沥青混合料的施工控制[J].公路交通科技,2013,30(1):12-16.

[23] 徐伟,李孝旭,苏权科,等.热拌环氧沥青混凝土钢桥面铺装施工控制试验研究[J].公路,2014,59(10):17-21.

[24] 徐伟,张肖宁,涂常卫.虎门大桥钢桥面铺装维修方案研究与工程实施[J].公路,2010(05):67-71.

[25] 张丽娟,张肖宁,徐伟.重复荷载下沥青混合料变形的数值模拟[J].公路,2010(04):138-143.

[26] 李智,张肖宁,徐伟.FAC 沥青混合料在处理基层裂缝中的研究与应用[J].中外公路,2006(06):182-184.

[27] 聂文,张顺先,陈搏,等.南沙大桥钢桥面铺装过程的精细化管理应用[J].科技和产业,2020,20(01):166-170.

[28] 聂文.MA 类沥青混合料疲劳性能评价方法研究[D].广州:华南理工大学,2014.

[29] 聂文.基于 MIDAS 分析不同交通荷载作用下钢桥面系最不利状态截断面研究[J].黑龙江交通科技,2020,43(02):82-84.

[30] 葛折圣,张肖宁,高俊合.富沥青混合料设计方法的改进[J].公路交通科技,2007(11):48-50+54.

[31] 李红杰,张肖宁,马林,等.测量标距对沥青混合料动态模量的影响[J].公路交通科技,2012,29(11):25-29.

[32] 马林,迟凤霞,张肖宁.综合应用无损检测技术评价沥青混凝土路面施工离析[J].公路,2009(04):113-118.

[33] 马林,张肖宁.发展沥青混合料间接拉伸动态模量及其主曲线(英文)[J].科学技术与工程,2008,8(23):6271-6277+6287.

[34] 马林,张肖宁.基于间接拉伸试验模式的沥青混合料动态模量[J].华南理工大学学报(自然科学版),2008(10):86-91.

[35] 马林,陈佩林,徐科,等.粗集料颗粒几何形状对 VCA_(DRC)的影响研究[J].公路交通科技,2007(12):5-9.

[36] 聂文,张肖宁,吴志勇.不同工艺对浇筑式沥青混合料疲劳性能的影响[J].交通科学与工程,2013,29(04):8-12.

[37] 罗传熙,张肖宁,虞将苗,等.基于介电常数沥青路面均匀性评价[J].科学技术与工程,2018,18(15):305-309.

[38] 杨东来,徐永钢,张广平,等.沥青路面集料加工技术的进步与发展[J].筑路机械与施工机械化,2015,32(12):32-40.

[39] 王偕,游宏,吴志勇,等.应用冲击韧性评价纤维沥青混合料疲劳特性[J].公路,2014,59(10):247-250.

[40] 钱振东,黄卫.正交异性钢桥面铺装层的力学特性分析[J].交通运输工程学报,2002,2

(3):47-51.

[41] 顾兴宇.悬索桥桥面沥青铺装层力学分析及结构设计研究[D].南京:东南大学,2002.

[42] 李昶.大跨径钢箱梁桥面铺装深入研究[D].南京:东南大学,2002.

[43] 李昶,邓学钧.钢箱梁桥桥面铺装层动态响应分析[J].东南大学学报(自然科学版),2004,34(2):253-256.

[44] 成峰.大跨径钢桥面铺装力学分析深入研究[D].南京:东南大学,2004.

[45] 罗剑.钢混结构混合桥桥面铺装体系受力分析:桃天门大桥钢桥面铺装力学分析[D].南京:东南大学,2004.

[46] 陈仕周,倪小军.桥面铺装与路面温度差异研究[J].中国公路学报,2005,18(2):56-60.

[47] 邓强民,倪富健,顾兴宇,等.大跨钢桥桥面铺装有限元分析合理简化模型[J].交通运输工程学报,2008,8(2):53-58.

[48] 茅荃,顾兴宇.钢桥面力学分析合理有限元模型研究[J].现代交通技术,2008,5(1):25-29.

[49] 赵朝华,韩绪,李亚.界面材料参数和层间状态对钢桥面铺装体系受力的影响[J].重庆交通大学学报(自然科学版),2013,32(3):385-388.

[50] 李国芬,王宏畅,王勇,等.基于修正Burgers模型的钢桥面铺装车辙有限元分析[J].林业工程学报,2016,1(5):120-125.

[51] 姚波,张于晔,李方超.钢桥面与环氧沥青混凝土铺装界面剪切特性[J].中国公路学报,2017,30(3):132-138.

[52] 向浩,朱洪洲,钟伟明.沥青混合料水稳定性评价方法综述[J].中外公路,2016(6):278-283.

[53] Cho D, Bahia H U. New parameter to evaluate moisture damage of asphalt-aggregate bond in using dynamic shear rheometer[J]. Journal of Materials in Civil Engineering, 2010, 22(3): 267-276.

[54] Canestrari F, Cardone F, Graziani A, et al. Adhesive and cohesive properties of asphalt-aggregate systems subjected to moisture damage[J]. Road Materials and Pavement Design, 2010, 11(sup1): 11-32.

[55] Zhang J, Airey G D, Grenfell J, et al. Moisture damage evaluation of aggregate – bitumen bonds with the respect of moisture absorption, tensile strength and failure surface[J]. Road Materials and Pavement Design, 2017, 18(4): 833-848.

[56] Zhang J, Apeagyei A K, Airey G D, et al. Influence of aggregate mineralogical composition on water resistance of aggregate-bitumen adhesion[J]. International Journal of Adhesion & Adhesives, 2015.

[57] Zollinger C J. Application of surface energy measurements to evaluate moisture susceptibility of asphalt and aggregates[D]. Texas: A&M University, 2005.

[58] Little D N, Bhasin A. Using surface energy measurements to select materials for asphalt pavement[R]. 2006.

[59] Caro S, Masad E, Bhasin A, et al. Moisture susceptibility of asphalt mixtures, Part 2:

characterisation and modelling[J]. International Journal of Pavement Engineering,2008,9(2):99-114.

[60] Mehrara A, Khodaii A. A review of state of the art on stripping phenomenon in asphalt concrete[J]. Construction and Building Materials,2013,38:423-442.

[61] 周卫峰.沥青与集料界面黏附性研究[D].西安:长安大学,2002.

[62] 庞渊.环氧沥青混合料钢桥面铺装疲劳性能研究[D].西安:长安大学,2010.

[63] 尚飞,王民,彭元诚,等.马普托大桥钢桥面铺装高温稳定性指标中欧试验对比分析[J].公路交通技术,2017,33(06):9-13.

[64] 傅栋梁,钱振东.钢桥面铺装预防性养生对策分析[J].公路,2010(01):201-206.

[65] 陈勇.正交异性板钢桥面铺装病害与结构刚度匹配性研究[D].重庆:重庆交通大学,2012.

[66] 虞将苗,张肖宁.沥青混合料四点弯曲疲劳试验方法及夹具改进[J].公路,2011(03):132-136.

[67] 崔晨,孙立军.正交异性钢桥面铺装的力学分析[J].公路工程,2010,35(06):49-53.

[68] 刘世忠,冀伟,毛亚娜,等.鱼腹式钢箱梁正交异性桥面板复合铺装层有限元分析及试验研究[J].土木工程学报,2011(44):128-134.

[69] 兰超,王民.正交异性板对钢桥面铺装荷载响应的影响分析[J].公路交通技术,2014(06):19-21+31.

[70] 林广平,黄卫,刘振清.正交异性钢桥面铺装层表面裂缝应力强度因子分析[J].公路交通科技,2006(02):74-78.

[71] 赵岩荆,杨宁,蒋玲.正交异性钢桥面铺装层疲劳开裂试验的改进研究[J].交通运输工程与信息学报,2015,13(04):61-67.

[72] 李世春,肖尧.加劲肋正交异性钢桥面铺装纵向开裂原因分析[J].西部交通科技,2017(03):67-69.

[73] 徐鸥明,韩森,段小琦.SBS改性沥青混合料疲劳极限拉应变研究[J].建筑材料学报,2010,13(02):193-197+202.

[74] 平树江,申爱琴,李鹏.长寿命路面沥青混合料疲劳极限研究[J].中国公路学报,2009,22(01):34-38.

[75] Carpenter S H, Ghuzi A N K, Shen S. Fatigue Endurance Limit for Highway and Airport Pavements[C].TRB 2003 Annual Meeting, Washington, 2003:131-138.

[76] 朱建平.基于长寿命沥青路面设计理念的沥青混合料疲劳阈值研究[D].沈阳:沈阳建筑大学,2011.

[77] 伍永芳.重交通荷载下的沥青路面结构力学响应研究[J].公路交通科技(应用技术版),2011,7(06):112-115.

[78] 胡光伟.大跨径钢桥面铺装体系力学分析与优化设计[D].南京:东南大学,2005.

[79] 曾宪武,王永珩.桥梁建设的回顾和展望[J].公路,2002(01):14-21.

[80] Wai-Fai. Bridge Engineering Handbook[M]. Boca Raton:CRC Press,2000.

[81] 罗桑.基于损伤断裂分析的钢桥面铺装层疲劳行为与寿命预估研究[D].南京:东南大

学,2010.

[82] I. J. Dussek, Well (Trinidad Lake Asphalt) Lid. Mastic asphalt (and gussasphalt) surface courses[C]. In:Cliff Nicholls Asphalt Surfacing London and New York E&FN Sponan print of Routledge,1998.

[83] 张力,陈仕周.钢桥面铺装技术的研究与发展[J].公路,2001(01):2-3.

[84] 沈金安.改性沥青与SMA路面[M].北京:人民交通出版社,1998.

[85] 田其轩,译.德国钢桥面铺装规范[S].重庆交通科研设计院,2000.

[86] 吕伟民,孙大权.沥青混合料设计手册[M].北京:人民交通出版社,2007.

[87] 黄卫,胡光伟,张晓春.大跨径钢桥面沥青混合料特性研究[J].公路交通科技,2002,02(19):53-55.

[88] 刘帅,罗蓉,王民,等.沌口长江大桥钢桥面铺装荷载谱研究[J].交通科技,2017(05):46-49.

[89] 兰中秋,何川,丹宇,等.钢箱梁桥SMA沥青路面温度场的数值模型[J].重庆大学学报(自然科学版),2003(06):66-69.

[90] 逯彦秋,张肖宁,唐伟霞.桥面铺装层温度场的ANSYS模拟[J].华南理工大学学报(自然科学版),2007(02):59-63.

[91] Elbadry M. M, Ghali A. Temperature variations in concrete bridge[J]. Journal of the Structural Engineering. (ASCE),1983(10):2355-237.

[92] 胡德勇,吕奖国,王民,等.浇注式沥青混合料特点及发展动态[J].公路交通技术,2015(06):14-17.

[93] 赵建平,张秀敏,沈士明.材料韧脆转变温度数据处理方法探讨[J].石油化工设备,2004,33(4):29-31.

[94] 罗晓蓉,陈晨枫,丁欲晓,等.基于Origin软件正确评定韧脆性转变温度[J].物理测试,2010,02(28):43-47.

[95] 胡光伟,黄卫,等.润扬大桥钢桥面铺装层力学分析[J].公路交通科技,2002,19(4):1-3.

[96] 吴旷怀,张肖宁,张志发.单一粒径为主的密断级配沥青混合料研究[J].哈尔滨建筑大学学报,1998,06(31):120-125.

[97] 丛卓红,郑南翔.沥青混合料级配优化设计[J].长安大学学报(自然科学版),2007,03(27):14-17.

[98] William R V,William J P,Samuel H C. Bailey method for gradation selection in HMA mixture design[R]. Transportation Research Circular Number E-C44,2002.

[99] William R V,William J P,Samuel H C. Aggregate blending for asphalt mix design Bailey method[J]. Transportation Research Record,2001,17(89):146-153.

[100] 郝培文,徐金枝,周怀治.应用贝雷法进行级配组成设计的关键技术[J].长安大学学报(自然科学版),2004,06(24):1-4.

[101] 王艳丽.利用贝雷法参数对沥青混合料嵌挤骨架结构的判别[J].公路交通科技,2008,2008(09):76-79.

[102] 王立久,刘慧.骨架密实型沥青混合料集料级配设计方法[J].中国公路学报,2008,05(21):6-10.

[103] 张肖宁,郭祖辛,吴旷怀.按体积法设计沥青混合料[J].哈尔滨建筑大学学报,1995,02(28):5-9.

[104] 张增平,班孝义,魏龙,等.环氧沥青及其混合料性能研究[J].筑路机械与施工机械化,2015,32(12):80-83.

[105] 邹桂莲,张肖宁,王绍怀,等.富沥青混合料的CAVF法设计[J].公路,2002,03(03):77-79.

[106] 孙立军.沥青路面结构行为理论[M].北京:人民交通出版社,2005.

[107] 薛连旭.环氧沥青的黏弹特性[J].华南理工大学学报(自然科学版),2008(10):71-75.

[108] 交通部重庆公路科学研究所,译.《美国公路战略研究计划(SHRP)》[M].北京:人民交通出版社,1995.

[109] 尹应梅.基于DMA法的沥青混合料动态黏弹特性及剪切模量预估方法研究[D].广州:华南理工大学,2011.

[110] 迟凤霞.基于变形特性的沥青混合料形态学研究[D].广州:华南理工大学,2008.

[111] 刘浪.环氧沥青材料及混合料性能研究[D].长沙:长沙理工大学,2012.

[112] 姚波.钢桥面铺装抗疲劳设计研究[D].南京:东南大学,2011.

[113] Y. H. Huang. Pavement Analysisand Design. Prentice Hall[J]. NewJersey. 1993:72-186.

[114] 陈仕周.钢桥面铺装关键技术指标的研究.[D].南京:东南大学,2003.

[115] 高英.基于动态参数的沥青路面设计方法研究[D].上海:同济大学,1999.

[116] 赵延庆,吴剑,文健.沥青混合料动态模量及其主曲线的确定与分析[J].公路,2006(8):163-167.

[117] 闵召辉.热固性环氧树脂沥青及沥青混合料开发与性能研究[D].南京:东南大学,2004.

[118] 薛连旭.基于疲劳特性的环氧沥青混合料设计研究[D].广州:华南理工大学,2010.

[119] Airey G D, Rahimzadeh B, Collop. Linear and Nonlinear Rheological Properties of Asphalt Mixtures [C]. Proceedings the 4th European Symp. on the Performance of Bituminous and Hydraulic Materials in Pavements, The Netherlands,2002:137-145.

[120] 田宁宁,陈露一.钢桥面铺装材料与技术的研究与现状[J].建材世界,2017,38(01):47-50.

[121] Gordon D Airey, Behzad Rahimzadeh, Andrew C Collop. Linear Rheological Behavior of Bituminous Paving Materials [J]. Journal of Materials in Civil Engineering. 2004, 16(3):212-220.

[122] Airey G D, Rahimzadeh. Linear viscoelastic limits of bituminous binders[J]. Assoccation Asphalt Paving Technolgy,1971,160-196.

[123] Wekumbura C. Linear and Non-linear viscoelastic Behaviour of Selected Neat and Polymer Modified Asphalts(PMAs)[D]. Calgary：University of Calgary,2005.

[124] 易春龙,丁望星,安云岐.钢桥面的长效防腐蚀方案探讨[C]//第六届全国表面工程学

会会议暨首届青年表面工程学术论坛论文集,2006:1036-1039.
[125] 王民,张华.钢桥面铺装特点及设计要求综合分析[J].世界桥梁,2013,41(01):39-42.
[126] Toubia E A, Emami S. Experimental Evaluation of Structural Steel Coating Systems[J]. Journal of Materials in Civil Engineering. 2016,28(12):04016147.
[127] 阎春霞,李志国,苏波,等.钢桥面板粗糙度及防腐层优选[J].天津建设科技,2014,24(1):45-47.
[128] 杨国涛.钢桥面铺装材料低温性能的深入研究[D].南京:东南大学,2007.
[129] Amleh L, Mirza M S. Corrosion Response of a Decommissioned Deteriorated Bridge Deck[J]. Journal of Performance of Constructed Facilities. 2004,18(4):185-94.
[130] Dinh K, Zayed T. GPR-Based Fuzzy Model for Bridge Deck Corrosiveness Index[J]. Journal of Performance of Constructed Facilities. 2016,30(4):04015069.
[131] 王民,李玉龙,郝增恒,等.钢桥面铺装防腐性能评价方法探讨[J].公路工程与运输,2009(4):152-155.
[132] 李勇,付红,张伯权.钢桥面防腐蚀方案的比较与选择[J].材料保护,2006(12):61-63.
[133] 张丽萍,张其滨.涂料黏度的测量及对施工性能的影响[J].涂料铺装与电镀,2004,2(2):44-47.
[134] US-ANSI., Standard Test Method for Apparent Viscosity of Hot Melt Adhesives and Coating Materials[S]. West Conshohocken, PA, ASTM International, 2015.
[135] 虞莹莹.漆膜耐冲击性测定方法的探讨[J].中国石油和化工标准与质量,2007:25-26.
[136] Huang J, Wang W, Lu X, et al. Effect of Particle Size on the Thermal Shock Resistance of Plasma-Sprayed YSZ Coatings[J]. Coatings. 2017,7(12):150.
[137] Liang L, Li X, Wei Y, et al. The Mechanism of High Thermal Shock Resistance of Nanostructured Ceramic Coatings[J]. International Journal of Applied Ceramic Technology. 2015,12(5):1096-102.
[138] 刘振作.漆膜耐冲击性试验技术现状[J].试验技术与试验机,2003,43(1):3-6.
[139] Parhizkar N, Ramezanzadeh B, Shahrabi T. Corrosion protection and adhesion properties of the epoxy coating applied on the steel substrate pre-treated by a sol-gel based silane coating filled with amino and isocyanate silane functionalized graphene oxide nanosheets[J]. Applied Surface Science. 2018,439:45-59.
[140] 任艳,刘细军.不同钢桥面铺装黏结层材料性能研究[J].城市道桥与防洪,2014(6):286-288.
[141] 王胜,叶奋,武金婷,等.钢桥面环氧沥青防水黏结层耐久性影响分析[J].华东交通大学学报,2012(29):39-42.
[142] 陈志一.大跨径正交异性钢桥面铺装防水黏结剂层研究[D].西安:长安大学,2008.
[143] Feng D-c, Xu M, Wei W-d. Analysis of the Influence of Cement Concrete Deck Moisture Content on the Bonding Performance of Waterproof Adhesion Layer[J]. Journal of Highway and Transportation Research and Development (English Edition). 2014,8(2):31-6.
[144] 赵国云,王军.钢桥面铺装防水黏结层常见病害类型与设计应考虑的因素[J].道路与

桥梁防水,2014(24):42-48.

[145] Liu Y, Qian Z, Zheng D, et al. Interlaminar thermal effect analysis of steel bridge deck pavement during gussasphalt mixture paving [J]. International Journal of Pavement Engineering. 2017:1-13.

[146] 赵苑,李欣.涂料老化机理及寿命评估方法研究进展[J].合成材料老化与应用,2014,43(2):64-69.

[147] Croll SG, Buratto M, Calzone T, et al. Changes during the Weathering of Polyurethane Water Pipeline Coatings[J]. Conference Paper. 2016:44-56.

[148] 陈爱民,余君强,魏嘉良.表面活性剂对渗透型环氧树脂防水涂料性能影响的研究[J].中国建筑防水,2017(12):9-12.

[149] 张清华,张鹏,刘益铭,等.新型大纵肋正交异性组合桥面板力学性能研究[J].桥梁建设,2017,47(3):30-35.

[150] 梅大鹏,廖贵星.新型镦边U肋与面板连接焊缝切口应力分析[J].桥梁建设,2017,47(1):65-67.

[151] 郑玉芳,王守松,王锋,等.界面脱层的钢桥面铺装结构温度应力分析[J].世界桥梁,2016,44(02):37-40.

[152] 钱振东,张勍,许静.动水压力对钢桥面环氧沥青混凝土铺装裂缝扩展影响[J].郑州大学学报(工学版),2016,37(06):48-52.

[153] 吉伯海,叶枝,傅中秋,等.江阴长江大桥钢箱梁疲劳应力特征分析[J].世界桥梁,2016,44(2):30-36.

[154] 宋君超,周艳.正交异性钢桥面铺装有限元分析方法的比较[J].中外公路,2019,39(01):82-86.

[155] 张己存.大跨径桥梁正交异性钢桥面铺装受力分析[J].城市道桥与防洪,2018(01):37-39.

[156] 张勇,高岩,王石磊.桥面铺装改造对正交异性钢桥面板受力性能的影响[J].桥梁建设,2016,46(04):55-60.

[157] 孟凡超,苏全科,徐伟.长寿命钢桥面铺装关键技术[M].北京:人民交通出版社股份有限公司,2018.

[158] 陈仕周,闫东波.钢桥面浇注式沥青混凝土铺装技术[M].北京:人民交通出版社股份有限公司,2015.

[159] 吴胜东,黄卫.润扬长江公路大桥建设(第五册)钢桥面铺装[M].北京:人民交通出版社,2006.

[160] 南京重大路桥建设指挥部.南京长江第四大桥工程技术总结[M].北京:人民交通出版社,2013.

[161] 肖庆一,郝培文,徐鸥明,等.沥青与矿料黏附性的测定方法[J].长安大学学报,2007,1(27):19-22.

[162] 肖庆一,薛航,徐金枝,等.基于表界面理论的沥青路面水损坏模型研究[J].武汉理工大学学报,2007,29(5):71-73.

[163] 刘亚敏,韩森,李波.基于表面能理论的沥青与矿料黏附性研究[J].建筑材料学报,2010,13(6):769-772.

[164] 廖玉春,史朝辉,霍典.基于表面能评价沥青-石料界面黏结性能的研究[J].公路,2013(5):94-97.

[165] 陈燕娟,高建明,陈华鑫.基于表面能理论的沥青-集料体系的黏附特性研究[J].东南大学学报(自然科学版),2014,44(1):183-187.

[166] 郭鹏,唐伯明,冯敏,等.基于表面自由能理论的温拌再生沥青-集料黏附特性[J].长安大学学报(自然科学版),2014,34(04):38-44.

[167] 王姣兰.大跨径钢桥桥面铺装问题研究[J].国外建材科技,2007(06):51-54.

[168] 吴刚.大跨径桥梁钢桥面铺装现状与发展分析[J].工程与建设,2014,28(04):436-438.